멈추지
　못하는
학교

별도의 표시가 없는 한 교육공동체 벗이 생산한 저작물은 크리에이티브 커먼즈
[저작자표시-비영리-변경금지 4.0 국제 라이선스]에 따라 이용하실 수 있습니다.
http://creativecommons.org/licenses/by-nc-nd/4.0

멈추지 못하는 학교
- 입시가속체제와 시간주권

ⓒ 정용주, 2025

2025년 8월 25일 처음 펴냄
　　　11월 17일 초판 2쇄 찍음

글쓴이 | 정용주
편집부장 | 공현
책임편집 | 이진주
출판자문위원 | 이상대, 박진환
디자인 | 이수정, 박대성
제작 | 세종 PNP

펴낸이 | 김기언
펴낸곳 | 교육공동체 벗
이사장 | 오정오
사무국 | 최승훈, 설원민, 공현
출판등록 | 제2011-000022호(2011년 1월 14일)
주소 | (03998) 서울시 마포구 월드컵북로7길 76-12 102호
전화 | 02-332-0712
전송 | 0505-115-0712
홈페이지 | communebut.com

ISBN 978-89-6880-194-5 (93370)

정용주 씀

Exam Acceleration Regime

멈추지 못하는 학교

입시가속체제와 시간주권

& Time Sovereignty

교육공동체벗

| 추천의 글 |

이 책을 읽는 내내 마음이 아렸고 동시에 시원했다. 병든 한국 교육의 상처를 예리하게 도려내고 있음에 아렸고 상처를 파헤치는 데 머물지 않고 우리 교육이 나아갈 길을 명확하게 제시하고 있다는 점에 시원했다. 초등학교 교장으로서 저자는 한국 교육의 한복판에서 우리 학생들이 '교육'이라는 이름으로 어떻게 착취당하고 통제당하고 있는지를, 그리고 우리 선생님들이 교사로서의 '주체성'과 '공동체성'을 어떻게 해체당하고 위협당하고 있는지를, 아울러 우리 학교가 어떻게 철저히 '관리 시스템화'되어 가고 있는지를 온몸으로 고발하고 있다. 저자는 이 모든 것이 멈추지 못하는 우리 교육의 가속체제에 있음을 간파하고 가속의 페달을 멈추고 인간 소외에서 인간 존재의 회복으로 나아가자고 호소하고 있다. 교육을 위한 최소한의 요건인 감정과 감응이 존중되는 학교와 교실, 만남과 공존 그리고 기다림과 여유가 있는 시간주권을 되찾는 교사와 학생이 되어야 한다고 강변하고 있다. 여기에 머무르지 않고 우리가 가야 할 새로운 돌파구로서 '느린학교'의 방향과 원리도 친절하게 제시해 주고 있다. 이 책은 교육을 어떻게 바꿔 보자는 방법론 책이 아니라 교육의 본질을 회복하자는 심오한 사유의 철학 책이다. 방법론에만 혈안이 되어 있는 작금의 교육 현실에 한 줄기 빛과 같은 책이다. 저자는 세차게 밀려오는 가속 교육의 현실을 용감하게 거스르는 한 마리 연어가 되어 우리 교육의 운명을 우리 스스로 만들어 가자고 촉구하고 있다. 이제 우리는 그의 촉구에 정직하게 실존적 응답을 해야 한다.

김병찬 | 경희대학교 교육대학원 교수, 한국교육학회 수석부회장

블록버스터 영화처럼, 오랜만에 교육계 서적에서도 대작이 등장했다는 것이 첫 감상이다. 많은 사람들이 한국이 초경쟁주의와 입시 문화, 학벌주의의 문제를 안고

있다는 사실을 잘 알고 있다. 그리고 매번 대학 입시 개선을 둘러싼 교육 정책들이 남발되지만, 어떤 정책도 기대하는 효과를 가져오지 못한 채 실패하곤 했다. 우리의 사유가 근본에 이르지 못하고 표면에 머물러 있었기 때문은 아닐까.

그 점에서 이 책은 내가 지금까지 읽어 온 교육 관련 서적 가운데, 현 체제를 가장 근본적으로 흔드는 동시에 가장 위험한 책이다. 저자는 사유의 가장 아래로 내려가 '그라운드 제로'에서 다시 시작한다. 그리고 시간이라는 인간 오성의 가장 원초적인 범주에서부터 사유를 전개하면서, 현재의 학교를 '입시가속체제'라는 이름으로 진단한다. 가속학교와 초가속학교의 폭력 속에서 소멸되어 가는 존재의 문제를 직시하며, 저자는 시간주권을 되찾는 느린학교를 대안으로 제시한다.

독자들에게 이 대안은 다소 추상적으로 보일지도 모른다. 손에 잡히는 정책을 이 책은 제안하지 않기 때문이다. 그러나 그것이야말로 저자의 전략이라고 생각한다. 가속체제의 조급증에 포획된 우리들은 늘 평상시와 같은 습관으로 책에서 당장의 해결책을 찾으려 한다. 그러나 그 모든 가속사회의 관습에서 해방되는 일, 바로 그것이 새로운 길을 여는 통로가 아니겠느냐고 저자는 묻고 있는 것이다.

이 책은 매우 두껍다. 그러나 두껍다는 사실보다 더 중요한 것은, 이 책을 천천히 읽어야 한다는 점이다. 문장 하나하나가 그냥 넘길 수 없는 존재의 의미, 교육의 감각 회복, 공명의 시간을 품고 있기 때문이다. 그러므로 이 책을 손에 든 독자라면, 자신도 그라운드 제로에 서서 느림의 윤리와 감응의 리듬을 회복하기 위한 여정을 준비해야 한다.

이혁규 | 청주교육대학교 사회과교육과 교수, 전 총장

2023년, 서울의 초등학교에서 발생한 한 교사의 안타까운 죽음에 대한 책임감에서 촉발된 필자의 교육 병리 진단과 처방은 한국 교육학이 도달한 최고봉의 하나다. 목차를 보는 순간부터 가슴이 벅차올라 때때로 심호흡을 해야 했다. 기관차처럼 쉬지 않고 달리는 교육적 사유의 힘에 감탄했다. 껍데기와 쭉정이가 전혀 없다. 존재를 얇게 만드는 입시 맞춤형 가속 교육 체제에서 각자의 존재를 두텁게 만드는 감응과 깊이의 감속 교육 체제로 일대 전환하자는 필자의 제안은 교육에 대한 새로운 사회 계약이자 교육의 오래된 미래가 아닐 수 없다. 이 책은 국적과 철학이 분명하고 OECD 교육 문건과 달리 경제 담론에서 자유롭다. 우리나라의 교육 현장과 교육 실천에 뿌리박은 고도의 참교육 이론 작업이라는 점에서 더 값지다. 잠언급 요약 정리가 숱하게 많은 것도 장점이다. "배움은 단지 지식을 습득하는 과정이 아니다. 교육은 제도가 아니며, 학교는 시스템이 아니다. 교육은 사람이고, 학

교는 관계이며, 배움은 존재를 울리는 사건이어야 한다"는 선언이나 "우리는 결과보다 관계를, 속도보다 리듬을, 경쟁보다 공명을 선택할 수 있다"는 믿음이 그런 보기이다. 현직 교장인 필자가 펼치는 사유의 향연에 초대받아 공명하며 새 길을 떠나는 교육자들은 복되다.

곽노현 | (사)징검다리교육공동체 이사장, 전 서울시 교육감

    이 책은 현재의 입시제도와 학교교육이 우리 학생과 교사들을 어떻게 비본질적이고 가시적 성과에만 연연하는 수동적 존재로 만들어 나가는지를 저자의 오랜 현장 경험을 바탕으로 생생하게 증언하고 있다. '시간주권을 회복한 느린학교'라는 이 책의 대안은 향후 우리 교육 개혁을 이끌어 나갈 중요한 화두가 될 것이다. 학교와 교실의 속도가 아이들의 존재를 학교에서 어떻게 지워 나가는지를 온몸으로 목격하고 있는 현장 교사/교장, 교육 정책을 설계하는 행정가/연구자, 자녀의 소중한 시간을 그들에게 다시 오롯이 돌려주고 싶은 가슴 따뜻한 학부모들에게 이 책을 권한다. 읽어 가면서 '학교란 무엇이어야 하는가'라는 저자가 던지는 근본적 물음의 의미가 독자들에게도 명징하게 보일 것이다. 내가 알기로 정용주 교장은 평생에 걸쳐 누구에게도 굴하지 않고 자신의 신념을 실천으로 옮기는 데 진심인 사람이었다. 이 책에는 저자의 그런 올곧음과 현장을 가슴으로 품어 내는 따뜻함과 통찰이 녹아 있다. 나는 그의 오래된 벗이자 스승으로서 이 소중한 책에 기꺼이 내 이름을 보태고자 한다.

변기용 | 고려대학교 교육학과 교수, 한국교육행정학회 회장

    당대 교육장場에서는 관습적 이해를 초월하는 사상事象들이 빈번하다. 4세 고시, 7세 고시, 내신 관련 자퇴, N·장수생, 그리고 학업자살 등이 그 예다. 전방위적 엉망감! 교육계 내부에서조차 노골적이고 직설적인 자조가 들리는 지경이다. 이런 상황에서 만나는 정용주 선생님의 신간은 반가움과 고마움 그 이상이다.
    저자는 문제의 정곡正鵠을 짚는다. 철학 개념을 사유의 올 삼아 그물을 짜듯 분석 틀을 만들고, 교육 체제부터 교실 수업까지 입체적으로 응시한다. 저자의 눈길을 따르다 보면, 당대 교육 체제가 은폐하고 있는 체제적 각본, 대개 학생들이 빠질 수밖에 없는 '수모의 함정', 건조해진 비장소로서의 학교 풍경, 삽목揷木식 교육 정책의 실상까지 그 실체가 낱낱이 드러난다. 특히 저자는 특유의 오목하고 볼록한 언어 렌즈를 통해, '민주공화장民主共和場으로서의 학교' 구성 방향과 실천적 지혜를 구체적으로 밝힌다. 핵심은 느린학교다. 이는 마치 수수께끼 같은 한 명 한 명의 학

생들이 실존적 윤기를 더해 가는 학교일 게다. 부디 많은 학교들이, 그리고 교육 주체들이, 의지적 느림보가 되길 기대해 본다. 이 책 사이사이에 그 길이 보인다.

　독자의 입장에서, 벌써 저자의 다음 저작이 기대된다. 재촉하고 싶다. 더 큼직한 '벽돌 책'이어도 좋다. 저자의 책은 내게 늘 청신한 선생님이다.

이수광 | 경남교육청 미래교육원장, 전 경기도교육연구원장

　경제와 법의 논리가 교육을 사로잡은 지 오래다. 교육의 해석권은 경제로 넘어갔고, 학교는 이제 교육 본연의 언어가 아닌 법적 잣대와 행정의 논리에 따라 재단당하고 있다. 가속화된 사회의 속도에 흔들리는 교육은 방향과 리듬을 잃은 채 질주하고 있다.

　저자는 우리가 맞닥뜨린 이 모든 문제의 핵심이 바로 '속도'에 있다고 진단한다. 입시가속체제라는 이름 아래 교육은 증명과 평가, 비교와 선택의 압박 속에서 쉼 없이 움직이고 있다. 교사는 가르치기 전에 서류를 쓰고, 학생은 존재하기 전에 성과를 증명해야 한다. 저자는 그런 학교에 주저 없이 작전 타임을 요청한다. 이제 교육의 리듬을 되찾을 때다.

　이 책은 단순한 교육 비판서가 아니다. 속도의 구조가 어떻게 교육을 잠식했는지를 해부하고, 교육만의 고유한 시간성과 존재의 윤리를 되찾자고 제안하는 존재론적 실천서다. 시간주권, 느린학교, 감응의 리더십은 더디더라도 살아 있는 교육을 위한 전환의 언어다.

　교육은 다시 관계의 언어로, 감정의 리듬으로, 존재의 시간으로 되돌아가야 한다. 이 책은 느림을 두려워하지 않는다. 오히려 그 느림 속에서 교육이 다시 살아날 수 있다고 말한다. 느림은 낙후가 아니라 윤리이며, 교육은 성과가 아니라 존재를 향한 실천이다. 이 책을 통해 독자들은 왜 교육이 민주주의의 훈련장이어야 하는지를 깊이 이해하게 될 것이다.

김승호 | 충북 서원고 교사, 실천교육교사모임 대외정책실장

| 차례 |

추천의 글　4

책을 펴내며　**멈춤 없는 학교에서 사라지는 존재들**　13
서문　**도래하지 않은 학교, 민주주의를 다시 기획하며**　18

그라운드 제로
한국 교육을 다시 묻는 자리

1절 | 고착된 생존 가치 체제 : 경제 성장 이후에도 머문 자리　34
2절 | 학교의 외주화와 배움의 상실 : 외주화된 책임과 무력해진 배움의 장　44
3절 | 민주적 불평등의 심화 : 능력주의의 역설　57
4절 | 가족개인주의와 교육의 사적 소비 : 사회적 연대의 해체와 교육의 상품화　71
5절 | 보편적 삶이 보편화되지 못하는 공포 : 존재의 경계에 선 삶　83

　　　그라운드 제로 사유의 혈관들　95

제1부
입시가속체제와 시간정치

제1장　**존재를 삼키는 속도의 구조**　106

1절 | 가속사회란 무엇인가 : 가속은 어떻게 존재를 재구성하는가　107
2절 | 가속의 세 가지 형태 : 기술, 사회, 삶의 가속이 만드는 연결망　110
3절 | 리듬의 해체, 일상의 분절 : 다중작업과 비동시성의 일상화　113
4절 | 가속은 어떻게 공동체를 해체하는가 : 관계, 의례, 정체성의 위기　117
5절 | 정보의 폭풍, 이해의 실종 : 인식 구조의 피상성과 교육의 위기　120

제2장　**입시가속체제의 형성과 고착화**　124

1절 | 입시는 제도가 아니라 질서다 : 입시가속체제 개념의 출현　125
2절 | 입시의 시간정치 : 왜 시간은 학생의 것이 아닌가　128
3절 | 비교와 경쟁의 구조화 : 평가 체제와 계층 재생산　131
4절 | 존재의 시간에서 기능의 시간으로 : 배움의 감각적 해체　134
5절 | 학교는 입시의 전위대인가 : 입시가속체제와 공교육의 변형　137

제3장 입시가속체제는 어떻게 작동하는가 141

  1절 | 체계로서 입시를 사유하다 : 루만의 사회체계 이론과 교육체계의 자기준거성 **142**
  2절 | 입시가속체제의 세 가지 시간 코드 : 선택, 예측, 누적의 압축 **145**
  3절 | 교육체계의 통제 불가능성과 가속의 자기강화 구조
　　　 : 구조적 불확실성과 체계 내 운동성 **148**
  4절 | 입시가속체제는 IB를 품을 수 있는가 : 체계의 자기준거성과 외부 대안의 파열 **151**

제4장 입시가속체제의 여섯 가지 병리 154

  1절 | 존재의 소외 : 타자와의 공존을 외면하는 교육 **155**
  2절 | 자기연출성의 지배 : 성과가 존재를 대체 **159**
  3절 | 의례의 붕괴와 서사의 위기 : 반복 없는 학교, 기억 없는 배움 **162**
  4절 | 감응과 공명의 소멸 : 반응 없는 교실, 감정 없는 수업 **166**
  5절 | 관리적 리더십의 강화 : 학교는 감정을 통제하는 조직 **169**
  6절 | 존재 가능성의 계층화 : 삶의 감각조차 불평등한 사회 **172**

제5장 병리의 토대로서 시간의 문제 175

  1절 | 시간은 중립이 아니다 : 시간의 통제와 표준화 **176**
  2절 | 시간은 정치다 : 누가 시간의 흐름을 결정하는가 **179**
  3절 | 시간 식민화의 구조 : 압축, 선형화, 최적화 **183**
  4절 | 여섯 가지 병리의 시간 구조 분석 : 왜곡된 시간의 윤리 **187**

　　　 제1부 사유의 혈관들 **191**

제2부

가속학교 : 가속되는 학교, 소진되는 존재

제1장 가속의 교실 : 시간에 쫓기는 배움 204

1절 | 교육과정 구조의 압축화 : 진도표와 지식의 단속적 배치 205
2절 | 교수-학습의 다중작업화 : 멀티태스킹 교사, 분절된 학생 209
3절 | 수업 시간의 단위화와 감정의 배제 : 정서 없는 수업 설계 213
4절 | 배움의 여백 없음 : 느림의 삭제와 집중력의 해체 216

제2장 가속의 평가 : 숫자가 교육을 점령하다 219

1절 | 기다림 없는 평가와 지연된 이해의 제거 : 즉각성과 정량성의 평가 체계 220
2절 | 루브릭과 지표 중심의 수업 피드백 체계 : 표준화된 피드백과 수업 감시 구조 224
3절 | 성취 기준과 학습 표준화의 시간정치학 : 교육과정의 역량화와 시간의 통제 227
4절 | 자기연출성과 내면화된 성과주의 : 학생 주체의 성과 내면화 구조 230

제3장 가속의 조직 : 의사 결정과 리더십의 자동화 234

1절 | 속도의 규범화 : 빠른 회의, 즉각적 결재의 조직 문화 235
2절 | 지침 공화국 : 창의성 없는 위계적 정렬과 자율성의 붕괴 239
3절 | 업무량 경쟁과 교사의 자율성 침식 : 교사의 책무성 강화와 주체성 약화 243
4절 | 리더십의 감응 부재 : 통제와 피로의 일상화 247

제4장 가속의 문화 : 존재가 삭제된 학교 251

1절 | 루틴의 속도화와 감정의 무시 : 일상의 자동화와 정서 소외 252
2절 | 공감 없는 관계, 자동화된 상호작용 : 관계성의 기술화와 감정의 탈배치 256
3절 | 예측 가능한 학생, 규격화된 교사 : 데이터 기반 분류와 행동 표준화 261
4절 | 의미 없는 행사와 정체성의 불안정 : 서사 없는 의례와 소진되는 소속감 265

제5장 가속학교와 학교 민주주의의 위기 : 관료제의 시간정치학 269

1절 | 시간의 행정화 : 통제된 흐름과 예측 가능한 시간의 폭력 270
2절 | 규칙과 형식의 우선 : 판단 불능의 조직과 '절차적 시간'의 팽창 274
3절 | 시간의 표준화와 교사의 자율성 침식 : '동기-과정-성과'의 정량적 시간 구조 278
4절 | 정책-집행의 시간 분리 : 결정은 빠르고 실행은 지연되는 시간의 비대칭성 282
5절 | 시간 없는 참여, 감시로 변한 자율 : 반민주주의적 시간 구조의 교육적 폐해 286

제2부 사유의 혈관들 290

제3부
초가속학교 : 겸허하지 않은 기술과 현장의 비명

제1장 **AI 디지털 전환과 초가속학교**　300

1절 | 초가속화 : 기술 가속이 학교에 떨어뜨린 충격파　301
2절 | 알고리즘 진도표가 된 교육과정 : 계획-실행 자동화와 교육의 비인간화　306
3절 | 프로파일링이 된 교수-학습 : 예측 가능한 학습자와 자동화된 교사의 역할　309
4절 | 추적, 자동화, 정답 중심의 감시 체계로서 평가 : 기술의 통제성과 주체의 데이터화　312
5절 | 사라진 숙의와 플랫폼화된 학교 : 플랫폼 기반 거버넌스와 민주주의의 소멸　317

제2장 **개별 맞춤형 교육 담론의 역설**　321

1절 | 개별화 교육 담론의 기원과 정치성 : 특성화와 표준화의 모순 구조　322
2절 | 기술적 개별화의 시간정치학 : 예측, 최적화, 리듬 해체의 시간 구조　332
3절 | 초가속사회에서 역량 담론의 이중 작동 : 자기조절성과 관리 가능한 주체의 생산　340
4절 | '학습자 중심'이라는 패러독스 : 개별화된 통제와 통합된 자기규율　351
5절 | 교육의 윤리를 다시 묻다 : 능력주의, 공공성, 기술정치학　363

　　　제3부 사유의 혈관들　374

제4부
느린학교 : 시간주권을 되찾는 교육

제1장 **시간의 주권적 전환**　386

1절 | 시간역량 논의의 부상과 기술주의적 함정 : '시간을 다룰 힘'은 누가 설계하는가　387
2절 | 시간권리 담론의 보호주의적 한계 : 타인의 시간에 개입할 권리는 누구에게 있는가　391
3절 | 시간주권의 개념 정의 : 주권, 권능, 자기시간　394
4절 | 교육에서 시간주권이 작동하는 방식 : 교육 장면에서의 시간 회복 전략　398
5절 | 시간주권의 다섯 가지 구성 요소 : 리듬주권, 여유주권, 의미주권, 정동주권, 행위주권　402

제2장 **느린학교의 설계 원리**　413

1절 | 교육의 그라운드 제로를 다시 묻다 : 존재의 회복을 위한 출발점으로서 학교　414
2절 | 비동시성의 동시성 : 서로 다른 시간들이 공존하는 교육 공간　422
3절 | 느린학교라는 새로운 가능성 : 속도가 아닌 존재의 리듬을 중심에 둔 학교 실험　433
4절 | 느린학교의 여섯 가지 전환 원리 : 관계, 감정, 리듬을 회복하는 교육적 구조화　442
5절 | 느린 민주주의의 설계 원리 : 감응, 숙의, 참여의 시간 구조를 설계하는 공교육　454

　　　제4부 사유의 혈관들　464

　　마무리 **느린 교육 선언**　474

일러두기

이 책은 칼 폴라니Karl Polanyi의 『거대한 전환』처럼 구조를 통찰하고 사유를 관통하는 서사 형식을 따르되, 외재적 권위에 기대는 인용 방식은 가능한 한 피하고 저자 자신의 언어와 사유로 통합된 글쓰기를 지향하였다. 모든 개념은 외부 이론을 설명하기 위한 보조 장치가 아니라, 교육 현장에서의 관찰과 실천, 그리고 그에 대한 끈질긴 사유의 반복을 통해 형성된 내면화된 인식의 결정체이다. 독서의 리듬을 방해하지 않도록 필요한 경우에만 후주를 통해 근거를 암시적으로 제시하는 방식을 취하였으며, 이 또한 해석의 여백을 열어 두기 위한 선택이었다. 특히 '입시가속체제'와 '시간주권'은 저자가 현장 연구자이자 교육 실천가로서 오랜 시간 축적해 온 경험과 성찰을 바탕으로 이론적 언어로 재구성한 개념들로, 한국 교육의 시간 구조와 존재 조건을 분석하기 위한 고유한 이론 틀로 기능한다. 이 책은 설명을 통해 독자의 이해를 유도하기보다는, 그렇게 정립된 개념들 속에서 독자가 자신의 교육 경험을 감응하고 재사유할 수 있도록 하나의 사유의 장으로 열려 있다.

| 책을 펴내며 |

멈춤 없는 학교에서 사라지는 존재들

2023년 여름, 서울 ○○초등학교에서 박인혜 선생님이 스스로 생을 마감했다는 비보를 들었을 때, 나는 오랫동안 어떤 말도 할 수 없었다. 그것은 단순한 개인의 비극이 아니었다. 우리 모두가 암묵적으로 받아들이고 있었던 교육의 구조, 그리고 학교라는 공간이 실제로는 얼마나 조용한 폭력과 소외의 지층 위에 놓여 있었는지를 드러낸 사건이었다. 매일 반복되는 수업, 학생들의 이름을 부르고, 다투는 학생을 말리고, 보건실을 오가며, 조용히 수업을 이어 가는, 지극히 평범해 보이는 교사들의 삶 속에, 사실은 가속과 고립의 병리가 깊숙이 침투해 있었음을 우리는 그제야 마주했다.

이 비극은 ○○초에서 돌연히 시작된 것이 아니었다. 우리는 이미 그 이전부터 신호를 받고 있었다. 고도의 시험 문화 속에서 살아가는 학생과 학부모, 그리고 생활 지도와 수업 사이에서 이중의 부담을 짊어진 교사들이 있었다. 교사의 정당한 지도를 보호해 줄 제도는 부재했고, 민원과의 충돌은 오롯이 개인의 몫으로 남았다. 전국의 수많은 학교에서 교사들이 스스로 생을 마감했지만, 그 소식은 '개별 사건'이라는 이름 아래 조용히 사라졌다. 그러나 이 일련의 죽음들은 결코 분절된 예외가 아니다. 특히 민원, 과중한 행정, 심리적 고립이라는 구조는 이미 하나의 패턴이 되었고, 그 속에서 교사들은 점차 사회적 존재로서의 자리를 잃어 갔다. 그들은 입시 중심의 학력주의 속에서 수업은 고도로 표준화되고 생활 지도는 무한 책임의 윤리로 내맡겨지는 이중 구조 속에서 고립되었고, 교장과 교육청은 침묵했다. ○○초 사건은 단지 그 병리의 결정적 지점을 드러낸 사건이었을 뿐이다.

우리는 이후에도 연이어 일어난 사건들의 또 다른 이름들을 기억하게 되었다. 지역에 상관없이 특수학교에서, 초등학교에서, 중학교에서 이어진 교사의 죽음은 결코 단절된 사건이 아니다. 그것은 명백히 구조적 연쇄이며, 같은 문장의 다음 단어처럼 반복되고 있는 교육의 실패이다. 그 중심에는 가속과 통제의 언어만이 남아 버린 교육 정책, 개인의 책무성만을 강조하며 제도적 책임을 분산시킨 통치 구조가 있다. 이 모든 흐름은 교육의 존재론적 지반이 무너지고 있다는 신호였다.

나는 2023년부터 서울 공립 혁신초등학교인 천왕초등학교에서 교장으로 일하고 있다. 교사들의 잇따른 죽음을 바라보며, 한 사람 한 사람의 마지막을 떠올릴 때마다 말없이 고개를 숙일 수밖에 없었다. 슬픔을 표현할 언어가 없었다. 분노와 무력감, 그리고 설명할 수 없는 책임감이 한꺼번에 밀려왔다. 그날 이후, 나는 나 자신에게 되묻기 시작했다. 학교는 무엇이 되어야 하는가. 교육은 무엇을 지켜야 하는가. 교장이란 누구여야 하는가. 그리고 어떻게 이 구조 속에서 다시 살아 있는 학교를 꿈꿀 수 있는가.

교사들의 부고는 단순히 한 사람의 죽음을 알리는 것이 아니었다. 그것은 우리 모두가 함께 짊어진 교육 시스템의 구조적 폭력과 정서적 방기, 그리고 리더십의 실종을 고발하는 것이었다. 나는 이 책을 통해, 그 죽음들이 헛되지 않도록, 교장이라는 이름으로 교육을 다시 사유하고 학교를 다시 설계하고자 했다.

학교는 교육의 장이어야 한다. 그러나 나는 매일 그곳이 얼마나 빠르게 '성과의 장', '증명의 장'으로 변해 가고 있는지를 체감했다. 교사는 수업보다 계획서를 작성하는 데 더 많은 에너지를 쏟고, 학생은 삶보다 이력을 설계하며, 교장은 교육의 의미보다 행정의 정상성을 보고하는 존재로 전락했다. 이 흐름 속에서, 학교는 점점 더 사람을 지우고, 존재를 얇게 만들고 있었다.

하르트무트 로자Hartmut Rosa는 현대 사회를 '가속사회'라 규정했다. 기술과 시스템의 진보는 인간 삶의 리듬을 초과하며, 그 결과 인간은 세계와의 공명resonance을 상실하게 된다. 공명이란, 세계의 타자성과 마주하여 내 존재가 울리는 경험이다. 그러나 가속은 이 울림의 시간을 허락하지 않는다. 학교는 바로 이 가속사회의 가장 선명한 전위대가 되었다. 수업은 빠르게 지나가고, 평가와 인증은 빠르게 축적된다. 변화는 빠르게 요구된다. 그 결과, 학생은 존재를 감지하기 전에 과업을 수행해야 하고, 교사는 가르침을 느끼기도 전에 결과를 보고해야 한다.

한병철은 현대 사회를 '성과사회'라 부른다. 외부의 강제가 아니라 스스로를 착취하는 구조가 인간을 지배한다고 보았다. 성과를 내야 한다는 내면화된 압박은 교사를, 학생을, 교장을 모두 자기 자신의 감시자로 만들었다. 이제 학교는 외부의 억압 없이도 가속하고, 외부의 강제 없이도 자기착취를 반복하는 체제로 변모했다. 이러한 현상을 나는 입시가속체제Exam-driven Acceleration Regime와 가속학교라 부르고자 한다.

입시가속체제란 단순히 대학 입시를 의미하는 것이 아니다. 그것은 초등학교부터 고등학교까지, 교육의 전 과정이 미래 성취를 증명하기 위해 현재를 끊임없이 압축하고 조정하는 구조를 가리킨다. 수업은 목표를 달성하기 위한 훈련이 되고, 배움은 포트폴리오와 기록물로 환원된다. 삶의 흐름은 멈추고 존재의 리듬을 잃어버린다. 현재는 미래의 성취를 위해 희생되고, 배움은 내면적 변형이 아니라 외부적 평가를 위한 퍼포먼스가 된다.

이 입시가속체제 위에 세워진 것이 바로 오늘날의 가속학교다. 가속학교는 수업, 평가, 행정, 관계, 의사 결정의 모든 층위에서 가속을 내면화한 구조이다. 학교는 느림, 머무름, 울림을 허용하지 않는다. 대신 빠른 결과, 빠른 성과, 빠른 성장만을 요구한다. 학생은 존재하기보다 준비되어야 하고, 교사는 살아 있기보다 실적을 만들어야 하며, 교장은 사유하기보다 정상성을 입증해야 한다. 존재는 과업화되고, 감정은 절차화되며, 관계는 지표화된다.

가속학교는 단순히 빠른 학교가 아니다. 그것은 존재를 증명하는 것 외에는 아무것도 허락하지 않는 구조다. 학생은 점수와 스펙으로, 교사는 수업안과 실적으로, 교장은 보고서와 성과 지표로만 자신을 증명해야 한다. 이 속도와 증명의 구조 속에서, 존재는 얇아지고 삶은 소외된다. 누구도 기다려 주지 않는다. 누구도 울림을 요구하지 않는다. 모두가 빠르게, 효율적으로, 조용히 살아남아야 한다.

나는 2년여 동안 교장이라는 자리에서 어떻게 입시가속체제와 가속학교를 사유하고 실천할 것인가를 묻고자 했다. 감응을 상실한 학교에서, 나는 교장이야말로 가장 먼저 감응해야 한다고 믿게 되었다. 교사는 가르침의 주체이고, 학생은 배움의 주체라면, 교장은 공명을 설계하는 존재여야 한다. 사람과 사람 사이의 리듬을 감각하고, 감정과 감정 사이의 여백을 열어 주며, 존재와 존재가 서로 울릴 수 있도록 시간을 설계하는 존재다.

이 책은 그 여정의 기록이다. 슬픔에서 시작되었지만, 사유를 통해, 실천을 통해 감응의 윤리를 다시 세우려는 시도다. 나는 이 책을 비판의 언어가 아니라 감응의 언어로, 구조의 해체가 아니라 존재의 회복을 위한 언어로 쓰고자 했다.

배움은 단지 지식을 습득하는 과정이 아니다. 교육은 제도가 아니며, 학교는 시스템이 아니다. 교육은 사람이고, 학교는 관계이며, 배움은 존재를 울리는 사건이어야 한다. 우리는 다시 물어야 한다. 우리는 지금 학교라는 공간에서, 누구의 존재를 기억하고 있는가. 누구의 감정을 감싸고 있는가. 그리고 교육은 다시, 어떻게 살아 있어야 하는가.

나는 이 책을 버티고 있는 모든 교사에게 바친다. 그리고 감응하는 리더십을 믿는 모든 교장, 교육을 다시 살아 있는 감정과 관계의 리듬으로 되돌리고자 하는 모든 이들에게도 바친다. 이 책이 작은 울림이 되어, 다시 질문하고 다시 시작할 용기를 건넬 수 있기를 바란다. 우리가 지켜야 하는 것은 더 빠른 성과가 아니라 더 깊은 존재의 시간이다. 그 느림과 공명의 윤리를 향해, 이 길을 함께 걸을 수 있기를.

2025년 8월
정용주

| 서문 |

도래하지 않은 학교, 민주주의를 다시 기획하며

이식된 민주주의 제도의 그림자
— 국가 건설의 기획, 미완의 학교

해방 이후 대한민국의 공교육은 "대한민국은 민주공화국이다"라는 헌법 제1조의 선언과 함께 제도적으로 출발하였다. 그러나 이 출발은 '시민의 정치적 각성과 공동체적 기획'의 산물이기보다는, 해방 직후 미군정의 행정 구조와 미국식 제도의 이식에서 비롯된 것이었다. 1919년 임시정부가 선언했던 민주공화국의 이상은 법적 장치에 명기되었지만, 그것이 실제 제도화되는 과정은 시민혁명적 구성이라기보다 국가 건설의 효율성과 안정성에 초점이 맞춰져 있었다. 공화국의 학교는 해방된 주권자들의 토론과 참여로 형성된 것이 아니라 점령 행정의 하위 체계로 자리 잡았다.

후불제 민주주의란 제도의 형식을 먼저 도입한 뒤, 그 정신과 문화를 나중에 따라가야 하는 역설적 조건을 말한다. 한국 교육은 이와 같은 시간적 비대칭 속에서 출발했다. 그러나 이 조건은 단지 민주주의의 지체를 의미하는 것이 아니라, 제도와 삶 사이의 단절을 고착시키는 방식으로 작동한다. 학교는 제도의 외형을 갖춘 채 운영되지만, 그 안에 담겨야 할 일상의 시간과 감정의 구조, 관계의 문법은 뒷전으로 밀려나 있다. 민주주의는 규범이 아니라 기술처럼 작동하고, 교육은 생생한 공동체 경험이 아니라 지연된 제도의 복제물처럼 기능한다. 한국의 학교는 민주공화국의 교육 공간이라기보다, 미국식 국가 모델의 기능적 이식물로서 출발했고, 우리는 아직 공화국이라는 이름의 교육적 공동체를 실질적으로 구현해 본 적이 없다.

학교에서 민주주의가 결핍된 이유는 정책 실패 때문이 아니다. 그것은 민주주의가 제도 설계의 출발점에 놓이지 않았기 때문이다. 해방 이후의 국가 건설은 민주주의를 공화국적 가치로 구성하기보다는 냉전 체제 속 반공 국가로 정비해 나가는 일이었고, 학교는 그 국가 이성의 종속 구조로 기능했다. 자율적 사유의 시간은 행정적 질서에 종속되었고, 삶의 윤리는 관리의 논리로 대체되었다. 민주주의는 선언으로 존재했지만, 그 감각은 일상에서 훈련되지 못했다.

이식된 민주주의는 법과 제도에서는 현존했지만, 존재의 리듬과 사회적 상상력에서는 부재했다. '공공성'은 구성되는 것이 아니라 주어지는 것으로 간주되었고, '시민'은 형성되는 존재가 아니라 행정 대상이 되었다. 결국 학교는 공화국이라는 이름을 달고 있지만 그 질서를 감각할 수 없는 장소에 머물렀다.

공교육이 제도로는 존재하지만 실질적으로 비공공적인 이유는 그 제도가 경험적 삶의 질서에서 기원하지 않았기 때문이다. 민주주의는 단지 헌법의 조항이 아니라 일상의 관계를 새롭게 배열하는 리듬이고 윤리다. 그러나 한국의 학교는 민주적 삶의 훈련장이기보다는, 국가의 목적을 위해 일사불란하게 움직이는 작업장이었다. 교사는 지시를 따르는 관리자였고, 학생은 성취를 내는 생산 주체였다. 존재는 수단으로 전락했다.

  한병철이 말하듯 현대의 불안은 자유의 이름 아래 통제의 내면화를 요구하는 사회 구조에서 비롯된다. 한국의 학교도 '민주적 학교 운영'이라는 말 아래 수많은 회의를 하고, 수많은 서류를 만들고, 수많은 투표를 진행하지만, 그것이 삶을 바꾸는 실질적 구조로 이어지지는 않는다. 교사는 피드백을 점검하며 불안을 감내하고, 학생은 성과를 연출하며 존재를 증명해야 한다. 이러한 시간의 배열 속에서 민주주의는 실천이 아니라 형식으로 소모된다.

  그러므로 학교 민주주의의 결핍은 단순히 현실의 미달이 아니라 기획의 불균형에서 비롯된 원형적 결손이다. 교장은 이 구조적 유산의 계승자이자, 그 한계를 넘어서야 할 기획자다. 학교 민주주의는 되찾아야 할 이상이 아니라 새로 설계할 현실이다. 교장의 책임은 과거를 보존하는 일이 아니라 미래를 가능케 하는 실천이다.

  나는 이 구조적 자각에서 이 책을 쓰기 시작했다. 혁신학교를 운영하며 마주한 수많은 지표와 기획서, 민주주의를 흉내 낸 형식적 회의들 속에서 나는 '민주주의의 부재'를 보았다. 나는 단지 더 많은 투표나 더 많은 회의로 학교가 민주적이 된다고 믿지 않는다. 민주주의는 다수가 결정한다고 해서 실현되는 것이 아니라 서로가 감응하는 시간의 구조 속에서 비로소 이루어진다. 이 책은 민주주의를 이미 실현한 듯 꾸미는 이들을 위한 것이 아니라 민주주의가 아직 도착하지 않았다는 사실을 자각한 이들을 위한 기록이다. 나는 이 결핍의 구조에 맞서 윤리적 실천을 시작하고자 한다.

'국가의 관리자'와 '학교의 리더' 사이
— 지침을 기다리는 교장이라는 정체성

나는 대통령의 임명장을 받고 공립 초등학교에서 공모 교장으로 일하고 있는 국가공무원이다. 내가 매일 마주하는 현실은 '국가의 명령'을 받아 움직이는 현장의 관리자에 가깝다. 교육부와 교육청의 지침은 수시로 쏟아지고, 그 지침을 이행하기 위한 결재와 보고, 회의와 계획이 내 업무의 대부분을 차지한다. 교장은 학생들과의 거리가 가장 멀고 국가에 가장 가까운 위치다. 이 간극이 커질수록, 나는 내가 누구인지 묻게 된다.

지침은 때로 학교 운영의 최소 조건이 되지만 그 자체로 교육의 철학은 아니다. 그러나 지금의 교장은 교육을 설계하는 존재라기보다는 행정 문서를 정리하고, 지시를 해석하며, 실적을 관리하는 기술자로 기능한다. 교사의 교육 활동을 '보호'하기보다는 '관리'해야 하고, 학생의 교육권을 '증진'하기보다는 '충족'시켜야 한다. 행정은 앞서고 교육은 따라간다. 이 흐름은 학교 민주주의의 실종을 예고한다.

학교는 정책의 말단이 되었다. 그리고 교장은 그 정책을 원활하게 연결해 주는 매개자로 기대된다. 이 과정에서 교장은 교육과정의 전문가라기보다는 '교사 인사와 평가를 책임지는 인사권자', '학교 시설을 관리하는 장', '정책을 전달하는 기관장'으로 환원된다. 교육의 윤리는 이 사이에서 증발한다. 학생의 삶, 교사의 수업, 학부모의 기대는 지침이라는 구조 속에서 기계화된다.

나는 이 구조 속에서 스스로를 '정책의 사용자'로 여기며 버텨 왔다. 그러나 어느 순간, 나는 묻지 않을 수 없었다. '교장은 왜 교육의 주체가 아니라 정책의 종속자로 존재하는가?' '교사는 교육과정을 설계하고 학생들과 만나는데, 교장은 왜 이 모든 흐름에서 멀어지는가?' 정책에서는 학교 자치를 강조하지만 정작 교장은 자율적으로 운영할 수 있는 시간 구조조차 갖고 있지 않다.

이러한 교장의 위치는 '후불제 민주주의'의 또 다른 표상이다. 제도적으로는 자율성과 민주성이 보장되어 있지만, 실제로는 위계와 복종의 질서가 작동한다. 교육부가 아니라 학교가 교육의 중심이 되어야 한다고 말하면서도, 정작 모든 결정은 위로부터 내려온다. 교장의 책상에는 학교의 철학이 아니라 지침이 놓인다. 민주주의는 교사의 책상에는 있지만, 교장의 결재 판에는 없다.

나는 이제 이 역할에서 벗어나고자 한다. 교장은 단지 정책을 '정리'하는 존재가 아니라 학교를 '재구성'하는 리더여야 한다. 학교는 단지 운영되어야 할 조직이 아니라 만들어 가야 할 공동체다. 나는 교사들과 함께 교육과정을 나누고, 학생들과 학교의 시간을 설계하며, 학부모와 마을과 연결된 관계의 구조를 설계하고자 한다. 지침은 따라야 할 지도가 아니라 성찰해야 할 기획이어야 한다.

이 책을 쓰는 이유는 여기에 있다. 학교 자치는 선언이 아니라 구조이고, 민주주의는 감정과 시간의 리듬 속에서 실현되어야 한다. 나는 교장으로서 교육의 구조를 바꾸려 한다. 학교는 단지 교육부의 매뉴얼을 이행하는 기관이 아니라 새로운 사회 계약을 실현하는 실천의 장이어야 한다. 교육은 행정이 아니라 삶이며, 학교는 국가가 아니라 학생들의 미래를 위한 공간이어야 한다.

나는 이제 교장으로서 지침을 기다리지 않는다. 대신 교사와 학생, 학부모와 함께 질문한다. '우리는 어떤 학교를 만들어 갈 것인가?' 이 질문이 민주주의의 출발점이자, 내가 이 책을 쓰는 이유다. 학교 민주주의는 권한의 위임이 아니라 관계의 재설계이며, 그 시작은 교장 자신의 역할을 새롭게 정의하는 일이다. 그 윤리적 질문에서 이 책은 출발한다.

이 책은 무엇이 아닌가 — 사례집도, 정책서도 아니다

이 책은 특정 학교의 사례집도 아니고 교장의 일을 잘했다고 홍보하기 위함도 아니다. 나는 이 책을 '실천으로서의 철학'으로 쓰고자 한다. 이 실천은 제도를 설명하거나 사례를 홍보하는 것이 아니라 교육의 구조를 다시 묻는 시도로부터 출발한다.

많은 책이 학교의 문제를 외부 구조 탓으로 돌리며 정책 제안을 시도하지만, 나는 정책이 아닌 '시간 구조'에 주목한다. 학교는 교육의 시간 구조 안에서 작동하는 공간이며, 이 구조가 민주주의의 실현 가능성을 좌우한다. 교육은 단지 '내용을 전달하는 활동'이 아니라 시간을 구성하고 감정을 나누며 관계를 설계하는 과정이다. 이 과정이 생략된 학교는 민주주의의 형식만을 따라갈 뿐이다.

나는 '복원'이라는 단어에 신중하다. 과거의 이상을 회복하겠다는 말은 종종 현재의 병리 구조를 덮는 수사로 기능한다. 교육은 돌아가야 할 곳이 아니라 아직 도달하지 못한 세계를 향해 나아가야 할 존재론적 실천이다. 그러므로 이 책은 복원하려는 시도가 아니라 '존재의 재구성'을 위한 기획이다. 학교는 다시 만들어져야 하며, 그 출발은 바로 시간과 감정, 관계의 구조를 재설계하는 데 있다.

이러한 기획은 추상적인 이론이 아니다. 교장으로서의 실천은 매일 아침 등교 시간, 한 줄 알림장, 수업 시간표, 회의의 구성, 결재의 방식에서 시작된다. 학교 민주주의는 교사의 목소리를 듣는 시간의 구조에 달려 있고, 교육과정의 유연성은 수업 시간에 여백을 허락하는 리듬에 달려 있다. 철학은 회의실이 아니라 복도에서, 교무실이 아니라 교실에서 작동한다. 나는 이 감각을 복원하고자 한다.

이 책을 쓰는 방식은 '시간주권time sovereignty'이라는 개념과 연결된다. 시간주권은 학생과 교사가 자신들의 시간을 어떻게 구성할 것인가에 대한 권리이며, 동시에 책임이다. 민주주의가 단지 절차가 아니라 '공명하는 시간'이라는 관점에서 보자면, 학교는 이 시간 구조를 설계해야 할 윤리적 책무를 갖는다. 이 책은 그 시간 구조의 윤리를 다시 그려 보는 시도이며, 나는 그 시작점을 교장의 자리에서 탐색한다.

나는 혁신을 말하기 전에 구조를, 실천을 말하기 전에 시간을 먼저 살펴야 한다고 생각한다. 구조의 전환은 단지 내용을 바꾸는 것이 아니라 감정의 리듬과 시간의 결을 바꾸는 일이다. 교육에서 '함께 살아가는 존재'를 가능하게 만드는 것은 지식이 아니라 리듬이다. 감응과 공명은 민주주의의 기술이 아니라 존재의 방식이며, 그 방식은 느림과 기다림, 멈춤에서 자란다.

이 책은 '아직 도래하지 않은 학교'를 그리는 실천적 사유의 기록이다. 학교는 이미 존재하는 공간이지만, 동시에 여전히 만들어져야 할 가능성이다. 교장은 그 가능성의 도래를 '기다리는 자'가 아니라 '함께 설계하는 자'가 되어야 한다. 민주주의는 완성된 시스템이 아니라 감응하는 실천이고, 학교는 그 윤리적 실험이 펼쳐지는 최초의 사회다.

학교는 이미 존재하지만, 우리는 아직 함께 도착하지 않았다

학교는 이미 존재하는 장소다. 교실은 매일 열리고, 수업은 매시간 진행된다. 교육 행정은 작동하고, 학생은 등교하며, 교사는 가르친다. 그러나 이 일상의 작동만으로 학교가 충분히 '존재하고 있다'고 말할 수는 없다. 존재한다는 것은 단지 물리적 실체를 의미하는 것이 아니라 어떤 '가능성의 장'으로서의 상태를 뜻한다. 교육은 언제나 잠재성의 영역에서 의미를 획득한다.

이런 의미에서 학교는 '아직 오지 않은 공간'이다. 민주주의가 선언된 이후에도 학교는 비민주적인 방식으로 운영되고 있으며, 참여와 숙의, 공감과 공명은 형식적으로만 존재하거나 주변화되어 있다. 우리는 언제나 '이대로는 안 된다'는 감각을 공유하지만, 그것을 대체할 시간 구조와 관계 양식을 충분히 실험해 보지 못했다. 교육의 가능성은 실현의 지체 속에서 멈춰 있다. 이 지체는 단지 실행력의 문제가 아니다. 학교는 구조적으로 '지침을 기다리는 공간'이 되었기 때문이다. 교장은 대통령의 임명장을 받고도 교육부와 교육청의 방침을 수행하는 데에만 에너지를 소진한다. 자율과 책임이라는 말은 있지만, 실제로는 정책 순응이 리더십의 핵심 조건으로 작동한다. 민주주의는 언제나 '다음'으로 미루는 후불제 논리 안에서 진부한 이상으로 소비된다.

그렇기에 나는, 학교를 재구성하는 일은 윤리의 문제라고 생각한다. 제도를 어떻게 바꿀 것인가보다 지금 여기서 무엇을 견딜 것인가가 더 중요하다. 견딘다는 것은 감내가 아니라 실천이다. 혁신이란 멀리 있는 이상이 아니라 교사의 시간을 보호하고, 학생의 감정을 존중하며, 학교의 리듬을 되찾는 작은 결정들이 축적되는 윤리적 구조다. 나는 그

축적을 믿고자 한다.

학교가 감정의 공동체가 되기 위해서는 시간의 구조부터 다시 설계해야 한다. 진도표로 규정된 시간은 교육의 리듬을 똑같이 만들고 감정의 흐름을 무시한다. 회복과 기다림, 멈춤과 여백은 교육이 일어나는 조건이지만, 지금의 학교는 그러한 시간의 질을 허용하지 않는다. 학생의 리듬은 교사의 리듬에, 교사의 리듬은 시스템의 속도에 종속된다. 이 연결 고리를 끊어야 한다.

이 책은 바로 그 '끊어 내기'와 '다시 짓기'의 기록이다. 어떤 대단한 전환을 설계했다기보다는, 교육이 인간의 삶에 속해 있다는 단순한 진실을 붙잡고 놓지 않으려는 시도다. 학교가 기술적 시스템이나 효율적 기관이 아니라 감응하고 응답하는 공동체가 될 수 있는지, 그 가능성을 교장으로서 매일 실험해 보고자 했다. 나는 이 실험을 '책무'가 아닌 '응답'으로 이해한다.

교장은 구조 속의 관리자이자, 의미를 만들어 내는 존재다. 나는 업무를 조정하면서도 교육의 윤리를 끊임없이 되묻고, 학교의 시간 흐름을 설계하면서도 인간의 리듬을 잊지 않으려 한다. 민주주의는 시스템이 아니라 실천이며, 실천은 정해진 매뉴얼이 아니라 끊임없는 윤리적 선택의 과정이다. 그 선택은 외롭지만, 그 외로움 속에서 교육의 본질이 드러난다.

따라서 이 책은 선언이 아니다. 나는 공교육이 가야 할 방향을 '설명'하려는 것이 아니라 함께 만들어 가자는 제안을 하고 싶다. 이 책은 완성된 학교 모델의 제시가 아니라 교장으로서의 존재적 몸부림이다. 학교는 도래하지 않은 가능성이며, 이 가능성은 정해진 미래가 아니라 구성되는 현재 안에서 피어난다. 나는 그 현재를 함께 구성하고 싶다.

행정가이자 교육자로서, 나는 학교가 감정과 시간과 관계의 공간이 되기를 바란다. 공교육의 미래는 거창한 이념이 아니라 오늘의 학교에서 '어떻게 존재할 것인가'라는 질문에 정직하게 응답하는 실천으로부터 시작된다고 믿는다. 나는 그 믿음 하나로, 이 책을 쓴다.

이 책의 구성

이 책은 입시가속체제에 의해 구조화된 한국 교육의 병리를 진단하고 느림과 공명의 교육을 복원하려는 시도로 구성되어 있다. 전체는 그라운드 제로와 4개의 부, 그리고 마무리 선언으로 이루어진다. 각각은 질문을 축으로 이어지며, 빠름의 시대 속에 존재를 지키는 교육의 길을 더듬어 간다.

가장 먼저 그라운드 제로에서 우리는 '교육이 시작되는 자리가 아닌 다시 시작되어야 할 자리'에 서 있다는 통렬한 자각으로 출발한다. 고착된 생존 가치 체계, 학교의 외주화로 인한 배움의 상실, 능력주의 심화에 따른 민주적 불평등, 가족개인주의와 사적 소비 구조를 분석하며, 존재가 공적 세계로부터 소외되는 과정을 사유한다.

제1부에서는 입시가속체제와 시간정치의 구조를 본격적으로 분석한다. 기술적 가속, 사회 변화의 가속, 일상의 리듬 해체, 정보의 피상화, 교육의 기능화 등으로 인해 학교가 어떻게 속도에 포획되었는지를 구조적으로 해명한다. 이어서 입시가속체제를 구성하는 세 가지 시간 코드(선택, 예측, 누적)와 그로 인해 발생하는 여섯 가지 병리(존재의 소외, 자기연출성의 지배, 의례와 서사의 붕괴, 감응과 공명의 소멸, 관리적 리더십의 강화, 존재 가능성의 계층화)를 개념적으로 정리한다. 이 과정은 교

육과정, 교수-학습, 평가, 조직 문화까지 모든 교육 장면이 가속화되어 어떻게 민주주의를 잠식하는지를 비판적으로 성찰하는 분석으로 이어진다.

제2부는 '가속된 학교'의 현장 진단이다. 교육과정은 단속적 진도표로, 수업은 다중작업과 루틴화된 전달로, 평가는 지연 없는 정량화로, 학교 문화는 공감 없는 관계와 자동화된 의사 결정으로 구성된다. 교사와 학생은 성과와 매뉴얼의 루프 안에서 자율을 상실하고, 존재는 점차 사라진다. 이 부는 학교가 가속 기술, 지표 중심 평가, 성과주의, 능력주의를 통해 어떻게 '정치 없는 조직'으로 재편되고 있는지를 추적한다. 동시에 이런 구조가 정서, 공감, 감응, 판단 같은 교육의 윤리적 기초를 어떻게 제거하는지를 세밀히 분석한다.

제3부는 초가속사회에서 기술 가속이 학교에 어떤 충격을 가했는지를 분석한다. 디지털 전환, AI 기반 예측 시스템, 개별 맞춤형 학습 플랫폼, 역량 중심 교육과정은 학교를 '정답 있는 감정'과 '예측 가능한 배움'의 구조로 환원시키고 있다. 이 부에서는 기술이 교육을 어떻게 자동화된 감시 체계로 만들고, 학생의 시간과 감정, 존재를 어떻게 프로파일링하고 통제하는지를 구조적으로 분석한다. 아울러 정책과 제도, 리더십의 가속도 또한 기술에 의해 중첩되며, 공론장의 시간은 점차 삭제되는 현실을 진단한다.

제4부는 시간의 주권적 전환이 가진 의미를 소개하고 느린학교를 다시 상상한다. 시간주권의 다섯 가지 구성 요소(리듬주권, 여유주권, 의미주권, 정동주권, 행위주권)와 느린학교의 여섯 가지 전환 원리(공명하는 연대, 생성적 공동성, 반복과 서사의 회복, 정동적 배움의 공동체, 감응적 리더십, 존재 역량의 보편화)를 제시하고 교육과정, 교수-학습, 평가, 자치 문화, 정책·기술의 다섯 영역에 걸쳐 느린 민주주의의 설계 원리를 구체

화한다. 이는 존재의 시간을 다시 설계하는 학교를 위한 실천적 대안이기도 하다.

　마무리에서는 '느린 교육 선언'을 통해, 이 책이 말하고자 하는 핵심을 선언한다. 교육은 시간을 기다리는 일이며, 존재가 감응할 수 있는 리듬을 복원하는 행위이다. 느림은 낙후가 아니라 존재의 윤리이며, 공동의 시간을 다시 구성하는 실천이다. 이 선언은 단지 정책을 제안하는 것이 아니라 교육을 존재론적으로 다시 상상하려는 느린 사유의 정치적 제안이다.

그라운드 제로

한국 교육을
다시 묻는 자리

| 여는글 |

우리는 왜 지금, 한국 교육의 가장 밑바닥 시간에서 다시 질문을 시작해야 하는가?

나는 이 자리를 '그라운드 제로Ground Zero'라 부르기로 했다.

어떤 교육은 끝났고, 어떤 교육은 아직 시작되지 않았다. 그리고 그 사이에, 지금 우리가 있다. 학교는 여전히 존재하지만, 배움은 점점 지워지고 있다. 교실은 열려 있지만, 학생들은 연결되지 않는다. 우리는 여전히 수업을 하고, 평가를 하며, 학생을 지도하지만, 그 모든 것 위로 무언가 결정적인 것이 빠르게 사라지고 있다. 나는 그것을 시간이라 부른다. 그리고 그 시간의 상실이 교육의 뿌리까지 흔들고 있다는 것을, 이 자리에서 똑바로 마주하기로 했다.

그라운드 제로는 재난의 흔적이자 새로운 지도를 다시 그려야 하는 장소다. 이 책은 바로 그 지점에서 시작된다. 입시 중심의 교육 체제, 정량화된 배움, 예측 가능한 미래만을 설계하는 교육 정책. 그 속에서 학생들은 점점 더 빠르게 살아야 하고, 교사들은 점점 더 얇게 존재해야 하며, 학교는 하나의 목적지로 환원되고 있다. 그 무너진 시간 위에 다시 서서, 우리는 교육을 '다시 묻는' 일을 시작해야 한다.

그라운드 제로에서는 우리가 발 딛고 선 자리의 조건을 진단한다. '무엇이 소진되었는가.' '누가 밀려났는가.' '우리는 무엇을 놓치고 있는가.' '시간은 누구의 것이며, 교육은 누구의 삶을 반영하고 있는가.'

입시는 어떻게 구조가 되었는지, 가속은 어떻게 규범이 되었는지, 정책은 어떻게 학교의 시간을 점령했는지를 고고학처럼 파헤친다.

나는 이 책을 어떤 해답으로 시작하지 않았다. 오히려 모든 해답이 무너진 자리에서 질문을 다시 찾고자 했다. 그 질문은 한 학생의 표정에서, 한 교사의 무력한 말투에서, 한 교장의 망설임에서 다시 태어났다.

우리는 멈추어야 한다. 그리고 무너진 시간 위에서, 다시 시작할 수 있을지 묻고 또 물어야 한다. 이제, 교육은 그 질문으로 돌아가야 한다.

1절
고착된 생존 가치 체제 :
경제 성장 이후에도 머문 자리

질문 왜 교육은 미래를 꿈꾸는 일이 아니라 살아남는 기술이 되었는가?

1.1. 조용한 혁명은 왜 한국을 비껴갔는가?
— 풍요 속의 결핍, 포용과 공존으로 나아가지 못한 사회

근대 이후 산업화가 진행된 모든 사회에서, 경제 성장은 생존의 압박을 완화시키고 자아실현의 기회를 확대하는 방향으로 작동할 것이라는 믿음이 있었다. 로널드 잉글하트 Ronald Inglehart 는 『조용한 혁명』과 『민주주의는 어떻게 오는가』에서 이 믿음을 실증적으로 뒷받침하며, 경제적 안정이 성취될수록 사회는 생존 가치 survival values 에서 자기표현 가치 self-expression values 로 이행한다고 보았다. 세계 가치 조사 WVS; World Values Survey 를 통해 그는 전 지구적 가치 전환의 궤적을 추적하였고, 후기 산업 사회는 점차 인간의 자유, 자율성, 다양성, 감정, 관계와 같은 고차원의 삶의 가치를 지향하게 된다고 주장하였다.

그러나 한국의 경험은 이 보편적 궤적에서 일정하게 비껴나 있다. 1980년대 이후 고도성장을 경험한 한국은 분명히 경제적으로는 생존의 조건을 벗어난 듯 보인다. 그럼에도 불구하고 세계 가치 조사 결과에서 한국은 여전히 생존 가치에 강하게 고착되어 있으며, 자기표현 가

치는 기대보다 낮은 수준을 유지하고 있다. 이 역설은 단지 통계의 문제가 아니라 교육 현장에서 감지되는 깊은 구조적 불균형으로 이어진다. 학생들은 생존의 방식으로 경쟁을 배우고, 교실은 평가를 통해 선별을 수행하는 장소로 기능하며, 사회는 불안을 연료로 삼아 자율을 억압한다.

잉글하트의 이론에 따르면, 물질적 조건의 향상은 가치관의 변화를 견인해야 한다. 그러나 한국에서는 오히려 물질의 풍요 속에서도 결핍의 감각이 반복적으로 재생산된다. 이른바 '조용한 혁명'이 일어나지 않은 것이다. 경제 성장의 수혜자들이 새로운 가치를 지향하지 못한 이유는 무엇인가? 이는 한국 사회의 압축적 근대화 경로와 긴밀히 연관되어 있다. 해방 이후 군사 정권과 산업화, 민주화 과정을 압축적으로 겪은 한국은 가치의 진화보다 제도의 외연 확장에 집중해 왔고, 이는 생존 담론을 구조적으로 고착화시키는 원인이 되었다.

교육 역시 이러한 고착의 중추에 있었다. 교육은 능력을 입증해야만 생존할 수 있는 장치로 기능하였고, 이는 능력주의와 결합하여 교육의 정당성을 강화시키는 이데올로기가 되었다. 능력은 곧 생존을 위한 무기가 되었고, 자기표현은 능력 뒤에 숨어야 했다. '자율성'은 표현의 자유가 아니라 자기관리의 책임으로 번역되었으며, 이는 결과적으로 학생을 능력의 연출자로 만들어 놓았다. 공감, 감정, 관계와 같은 자기표현 가치는 성적이나 지표로 측정되지 않기 때문에 배움의 구조에서 배제되었다.

세계 가치 조사의 분석 틀을 조금 더 깊이 들여다보면, 한국의 경우 자기표현 가치의 결핍이 단순한 개인주의 결핍이나 공동체주의 과잉 때문이 아님을 알 수 있다. 오히려 이는 '공적 자율성'의 부재에서 기인한다. 즉, 스스로를 타자와 함께 공동으로 구성할 수 있는 삶의 설계 능력, 공공적 감각 속에서의 자기선택의 경험이 부족했던 것이다. 자기표현 가치는 표현의 자유만으로 생겨나지 않는다. 그것은 자율의 경험, 관계의 신뢰, 실패와 회복의 안전지대가 뒷받침될 때 비로소 가능해지는 삶의 방식이다.

잉글하트는 후기 산업 사회가 탈물질주의post-materialism로 향한다고 보았다. 그러나 한국의 교육은 탈물질적 삶의 전제 조건인 안정감, 신뢰, 안전망이 제도적으로 부재한 가운데 물질주의적 목표와 자율적 책임을 동시에 요구받는 역설적 조건 속에 놓여 있다. 결과적으로 학생들은 탈물질주의로 향할 수 없으며, 그 자리에 놓인 것은 생존의 내면화, 경쟁의 체화, 그리고 자율성의 과잉 부여 속 책임의 전가이다.

이러한 조건 속에서 한국 교육은 진정한 의미에서의 자율성을 육성하지 못한다. 오히려 자율은 통제된 자율, 즉 통제 가능한 개인의 표준화로 전환된다. 그리고 이러한 표준화는 스스로를 경쟁과 비교 속에서 측정하고 관리하는 존재로 살아가게 만든다. 이것이 바로 '조용한 혁명'이 한국에서 비껴간 자리이다.

'조용한 혁명'의 결핍은 한국 교육의 존재론적 결핍의 다른 이름이다. 우리는 성장을 이루었지만, 그 성장의 의미를 해석하고 재구성하는 감각은 잃어버렸다. '왜 교육은 여전히 생존을 가르치는가'라는 질문은 단지 경제적 불균형의 문제가 아니라 교육이 지향하는 존재론적 가치의 위기라는 점에서 성찰되어야 한다. 지금 우리에게 필요한 것은 더 빠른 진도표가 아니라 다른 가치로의 이동이다. 존재의 의미를 회복하는 혁명은 결코 조용하지 않다.

1.2. 자기표현 가치의 부재와 생존의 내면화
― 타인을 품을 언어는 사라지고, 견디는 법만 남은 교실

　세계 가치 조사는 1981년부터 전 세계 100여 개국 이상을 대상으로 반복 시행되고 있는 가장 방대한 글로벌 사회 조사 중 하나로, 인간의 가치 체계와 문화 변동을 종단적으로 관찰해 왔다. 이 조사의 가장 핵심적인 이론적 틀은 잉글하트와 벨젤^{Christian Welzel}이 제시한 '가치의 이차원 모델'이다. 이 모델은 두 축 ― 전통 가치 대 세속-합리주의 가치, 생존 가치 대 자기표현 가치 ― 을 중심으로 국가와 사회의 위치를 배치함으로써 세계 문화 지형도를 형성한다. 특히 '자기표현 가치'는 후기 산업 사회로의 이행과 민주주의 성숙의 지표로 강조된다.

　자기표현 가치란, 인간의 자율성, 타자에 대한 관용, 삶의 의미에 대한 주체적 탐색, 공공적 참여, 감정적 관계의 회복, 삶의 질에 대한 민감성을 포함하는 일련의 가치들을 포괄한다. 이는 단지 자유를 말하는 것이 아니라 자유를 실천하고 구성할 수 있는 사회적·정서적 조건의 총합이다. 다시 말해, 자기표현 가치는 존재를 지탱하는 사회적 생태계를 전제한다. 따라서 경제 성장이 이루어졌다고 해서 자동적으로 자기표현 가치가 상승하지는 않는다. 그것은 물질적 안정성과 더불어 정치적 자유, 사회적 신뢰, 정서적 안정이라는 공적 자원이 함께 구축될 때 가능해진다.

　바로 이 지점에서 한국의 가치 지형이 가진 특수성이 드러난다. 세계 가치 조사 제7차 조사(2017~2022)에 따르면, 한국은 GDP 수준이나 교육 수준에서 높은 위치에 있음에도 불구하고 자기표현 가치 지표는 비교적 낮은 수준을 유지하고 있다. 이는 같은 수준의 경제 성장을 이룬 북유럽 국가들 ― 스웨덴, 노르웨이, 덴마크 등 ― 과는 현저히

다른 궤적이다. 이들 국가는 경제적 풍요를 기반으로 공공성, 신뢰, 참여를 강화하며 자기표현 가치가 높아지는 경향을 보였다. 반면 한국은 경제 성장을 이루었음에도 불구하고, 국가와 제도에 대한 신뢰는 여전히 낮고, 사회적 관계망은 촘촘하지 않으며, 시민 참여 역시 활발하게 뿌리내리지 못하고 있다.

이러한 차이는 교육을 포함한 사회 전반의 구조적 조건과 깊이 연결된다. 한국 사회는 개인에게 책임을 과잉 전가하는 구조를 통해 '생존 책임형 자율성'을 강제해 왔다. 즉, 자기표현의 자유는 허용되지만, 그 자유를 실현할 수 있는 조건 — 실패의 수용, 다양성의 존중, 감정의 환대, 참여의 학습 — 은 제공되지 않는다. 결과적으로 자유는 책임으로, 자율은 자기관리로 치환되며, 자기표현 가치는 형식적으로 존재하지만 실제로는 억제된 가치로 머무른다.

더욱이 세계 가치 조사에서 자기표현 가치의 하위 항목으로 포함된 '자녀에게 가르쳐야 할 덕목' 문항을 보면 한국은 '자율성', '상상력', '관용'보다 '노력', '규율', '복종'을 상대적으로 더 중시한다. 이는 교육 현장에서의 현실을 반영하는 지표이기도 하다. 배움은 감응이 아니라 수행의 공간이 되고, 수업은 관계의 장이 아니라 평가의 장으로 기능하며, 교사는 안내자가 아니라 성과 촉진자로 전락한다. 이러한 환경에서 학생들은 자기표현을 '드러냄'이 아니라 '억제'와 '포장'으로 학습하게 된다.

또한 자기표현 가치의 중심에는 감정과 관계가 있다. 삶의 의미를 스스로 구성하고자 하는 주체는 필연적으로 타자와의 감정적 교류를 필요로 한다. 그러나 한국 교육은 감정을 통제의 대상으로 삼고, 관계는 과업 수행의 맥락으로 축소시키며, 성장의 리듬은 '지연된 이해 delayed understanding'가 아니라 '즉각적인 정답'에 맞춰지도록 유도한다.

이런 구조는 자기표현 가치를 싹트게 하는 생태적 조건을 원천적으로 제거한다.

자기표현 가치의 부재는 단순히 문화적 문제나 개인의 선택이 아니라 구조화된 환경의 결과이다. '왜 한국은 자기표현 가치를 성장시키지 못하는가'라는 질문은 '왜 한국 교육은 실패할 권리와 표현할 공간을 허용하지 않는가'라는 물음으로 치환되어야 한다. 세계 가치 조사는 한국 사회가 직면한 이러한 교육적·존재론적 결핍을 숫자의 언어로 말해 주고 있다. 문제는 그것을 읽고 바꾸는 실천적 사유의 부재다.

나는 우리가 이제 '무엇을 더 가르칠 것인가'가 아니라 '어떤 삶을 가능하게 할 것인가'로 질문을 바꾸어야 한다고 생각한다. 자기표현 가치는 가르치는 대상이 아니라 함께 살아가는 방식 속에서 배워야 하는 사회적 감각이다. 교육은 그 감각을 복원하는 감응적 공간이 되어야 하며, 그 공간은 수치가 아닌 서사로, 평가가 아닌 관계로 채워져야 한다. 세계 가치 조사가 알려 준 것은 단지 한국의 예외성이 아니라 우리가 지켜 내지 못한 교육의 기본이다.

1.3. 절차적 공정성의 함정 — 공감보다 공정이 우선된 학교

"열심히 한 만큼 보상받아야지."

이 문장은 오늘날 한국 교육에서 가장 널리 통용되는 윤리적 판단의 기준이다. 하지만 그 문장 속에 감춰진 함정은 깊다. 절차적 공정성을 내세운 이 정언 명령은 경쟁이 전제된 사회를 '자연스러운' 것으로 만들며, 교육의 공존적 가치, 감정적 관계성, 존재의 다양성을 부차화한다. 공정의 기준은 언제나 표준화된 잣대 위에서 결정되며, 그 기준을 받아들인 학생들은 서로를 '함께 배우는 존재'가 아니라 '이겨야 할 경쟁자' 혹은 '비교를 통해 우위에 올라서야 할 상대'로 인식하게 된다. 결과적으로 오늘날의 교실은, 정서적으로 평평하지만 심리적으로 압축된 공간으로 바뀌고 있다. 공감은 경쟁에 밀려 후순위가 되고, 배움은 상호작용이 아닌 단속적 성취로 분절된다.

절차적 공정성은 정치철학적으로 볼 때, 롤즈John Rawls가 제시한 공정한 절차가 결과의 정당성을 보장한다는 논리에 뿌리를 두고 있다. 하지만 그 논의는 애초에 평등한 출발점을 전제로 한 것이었다. 한국 교육에서의 '공정'은 정작 그 출발점의 불평등을 은폐하거나 정당화하는 효과를 낳는다. 특히 대학 입시와 성적 평가에 있어서 '공정하게 경쟁하라'는 구호는, 구조적으로 불평등한 학습 조건과 정보 접근성을 가진 학생들에게 또 다른 소외의 레토릭으로 작동한다. '너도 할 수 있었어'라는 메시지는, 사실상 불가능한 조건에서의 성과를 요구하며, 학생 간의 신뢰와 연대를 분열시키는 장치로 전락한다.

이러한 공정 담론의 내면화는 학생 스스로를 심판하는 존재로 만드는 자기감시 구조를 강화한다. 나보다 성적이 낮은 친구에게는 우월감을 느끼고, 높은 친구에게는 위축과 경쟁심을 느끼는 관계 설정 속에서 학생은 감정과 존재를 지운 '역할 수행자'로 자리를 잡는다. 특히 최근의 입시제도는 내신, 비교과, 수행 평가, 면접 등 다층적 요소를 포괄하면서 평가의 외연을 확장시키는 동시에 학습자의 내면에는 더욱 철저한 '비교의 논리'를 각인시킨다. 이는 경쟁을 더 미세하고 지속적으로 만들며, 단 한순간도 경쟁의 루틴에서 벗어나지 못하게 한다. 이때의 학교는 더 이상 배움의 공간이 아닌 '성과 연출의 무대'로 기능하게 된다.

공정이라는 이상은 '공감의 소외'를 대가로 삼는다. 경쟁에 몰입한 교실에서는 타인의 실패를 연민이 아닌 기회로 받아들이고, 타자의 고통은 공감의 대상이 아니라 불운의 변수로 간주된다. 서로의 실패와 아픔에 감응하지 못하는 정서 구조 속에서, '다름'을 이해하고 포용하는 교육은 설 자리를 잃는다. 이는 관계적 문제를 넘어서 민주주의의 감정적 기반인 '타자에 대한 감수성'을 제거하는 치명적 교육 효과를 만들어 낸다. 결국 공정의 이름으로 감정이 사라지고 공존의 윤리가 해체된다.

1.4. 성장 이후에도 불안한 사회 — 성취와 생존이 분리되지 않는 구조

학교는 끊임없이 "성취하라"고 말한다. 그러나 그 성취가 도달점이 아니라 반복되는 시작점일 뿐이라는 사실은 학생들에게 숨겨진 채다. 앞서 살펴보았듯 공정 담론이 감정의 부재를 정당화하며 경쟁을 내면화하게 했다면, 이제 그 경쟁의 결과는 성취를 무한히 추구하게 만드는 불안의 메커니즘으로 이어진다. 한국 사회는 경제 성장을 이루었지만 그 성장은 삶의 안정이나 존재의 안정을 보장하지 못했다. 학생들에게 성취란 '불안을 밀어내기 위한 유일한 무기'가 되었고, 이는 공정이라는 이름의 무대를 떠받치는 심리적 지주가 된다. '더 잘해야만 존재할 수 있다'는 전제는 학생들의 내면을 조용히 갉아먹는다.

이 성취의 무한 루프는 단지 학업 성취에만 머무르지 않는다. 학생들은 일찍이 '무엇이 되어야 한다'는 정체성 규정 속에 들어서며, 그 과정을 점수와 수치로 측정되는 지표들로 내면화한다. 여기서 '성취'란 자아의 실현이 아니라 타자의 기대를 충족시키기 위한 결과로 환원된다. 어떤 학교를 나왔는가, 어떤 과목에서 상위권을 유지했는가, 어떤 인증을 갖추었는가가 존재의 질을 대변하게 된다. 이런 구조에서는 잠시 멈춰 자신을 들여다보는 일이 허락되지 않는다. '성취하지 않으면 불안'하고, '성취해도 여전히 불안한' 이중 구속double bind이 학생들의 시간을 지배한다.

한편 이 구조는 불안정한 노동 시장, 높아진 주거 비용, 낮은 사회 안전망과 맞물리며 더 큰 압박으로 확장된다. 성취해도 살아남을 수 있을지 장담할 수 없는 사회는, 오히려 더 치열한 성취주의를 요구한다. 고등학생은 중학생 때보다 더 불안하고, 대학생은 고등학생보다 더 흔들리며, 사회 초년생은 대학생보다 더 고립된다. 이처럼 사회는 연속적인 불안을 사적 성취의 문제로 치환하고, 학교는 그것을 준비하는 예행연습장이 된다. 교육은 삶의 준비가 아니라 불안의 전이 과정이 되고, 학생들은 언제나 '충분하지 않다'는 감정 속에 자란다.

1.5. 가치는 전환될 수 있는가 — 느린 교육과 존재의 윤리로

교육의 시간이 성과로만 환산되는 이 구조 속에서, 우리는 '다른 가치'를 상상할 수 있을까? 느린 교육은 바로 그 질문에서 출발한다. 느리다는 것은 단지 속도를 줄인다는 의미가 아니다. 그것은 존재의 리듬에 귀 기울이고, 타자와의 관계를 존중하며, 배움이 시간을 통과하며 성숙되는 과정을 믿는 교육적 감각이다. 느린 교육은 배움에 시간이 필요하다는 것을 인정하며, 성취가 아닌 '있음'을 중심에 두는 교육이다. 이는 경쟁을 통한 우열이 아니라 공감과 감응을 통한 성장을 지향한다.

이러한 전환은 단지 수업 방식이나 평가 구조의 변화만으로는 이루어지지 않는다. 그것은 교육이 '무엇을 옳다고 여기는가'에 대한 가치의 전환 없이는 불가능하다. 이때 중요한 것은 '윤리'다. 교육은 존재의 윤리를 회복해야 한다. 즉, 학생들이 있는 그대로 존재할 수 있도록 인정하고, 그 존재가 관계 속에서 성장할 수 있도록 시간을 부여하는 것. 성취가 아닌 관계, 지식이 아닌 서사, 평가가 아닌 감정이 교육의 중심이 되는 구조를 꿈꾸어야 한다.

느린 교육은 이윤이 아닌 감응을, 효율이 아닌 여백을, 표준이 아닌 다양성을 중심에 둔다. 그리고 무엇보다 학생이라는 존재를 불안의 순환에서 해방시켜 '존재의 시간' 속에 살 수 있도록 하는 교육의 토대를 지향한다. 우리는 지금, 교육의 시간 구조를 넘어 그 내면의 윤리를 다시 묻는 자리 앞에 있다. 그리고 이는 단순히 교육의 기술적 조정이 아니라 교육이 삶과 세계를 어떻게 인식할 것인가에 대한 존재론적 물음이다.

'가치는 전환될 수 있는가?'라는 질문에 대한 교육의 응답은, 느림과 감응, 공존과 의미의 회복을 향한 실천이어야 한다. 그것은 미래를 위한 선언이 아니라 지금 이 자리의 교실에서부터 다시 시작되어야 할 교육의 감각이다. 우리는 그 느린 시작을, 이제야 비로소 다시 꿈꾸어야 한다.

2절

학교의 외주화와 배움의 상실 :
외주화된 책임과 무력해진 배움의 장

질문 학교는 언제부터 배움을 생산하는 곳이 아니라 교육 서비스를
중개하는 장소가 되었는가?

2.1. 사교육의 구조화 — 학교 밖에서 이뤄지는 교육 권력

한국 사회는 지난 반세기 동안 교육을 통한 사회적 이동의 신화를 구축해 왔다. 베이비붐 세대는 학력을 통해 중산층으로 진입할 수 있었고, 이러한 경험은 자녀 세대에게도 대학 진학을 필수적인 경로로 인식하게 만들었다. 그 결과, 고등교육의 팽창과 함께 학력 인플레이션 현상이 나타났으며, 이는 사교육을 확대하고 교육 불평등을 심화하는 요인이 되었다.

이러한 학력 인플레이션은 단순한 학력 상승을 넘어 교육의 질적 가치 하락과 사회적 불평등을 초래하였다. 고등교육의 대중화로 인해 학력의 희소성이 감소하였고, 이는 학력의 사회적 가치 하락으로 이어졌다. 동시에, 상위 계층은 자녀의 교육을 위해 더 많은 자원을 투자하며 교육 격차는 더욱 심화되었다.

사교육은 이러한 구조 속에서 필연적으로 확장되었다. 공교육이 제공하지 못하는 선행 학습과 맞춤형 교육을 사교육이 담당하게 되었고 이는 사교육의 구조화를 초래하였다. 사교육은 더 이상 보충적인 역할

이 아니라 필수적인 교육 경로로 자리 잡았다. 이는 교육의 외주화를 의미하며 학교는 점차 배움의 중심에서 벗어나게 되었다.

이러한 구조 속에서 교실은 점차 '빈 공간'으로 변한다. 교실은 수업이 이루어지는 곳이 아니라 이미 배운 것을 잠시 머물러 반복하는 곳 혹은 아직 배우지 못한 자들의 부족함을 확인하는 곳이 된다. 교사는 이 공간에서 더 이상 학습을 창조하거나 의미를 구성하는 존재가 아니라 외부에서 입력된 지식을 정리·보충해 주는 '관리자'로 기능화된다. 그리고 학생은 능동적 탐구자가 아니라 사교육의 진도표를 기준으로 자기 위치를 확인하는 존재로 전락한다.

무엇보다도 중요한 변화는 이 구조가 학생과 학부모 모두에게 '자연스러운 것'으로 받아들여지고 있다는 점이다. "학원에서 배워야 한다"는 명제는 더 이상 전략이 아니라 상식이며, "학교 수업만으로는 부족하다"는 인식은 현실 진단이 아닌 문화적 신념으로 고착되었다. 이 신념은 공교육에 대한 신뢰를 허물고, 동시에 학생에게도 학교 밖 시간에서 배움의 진정성이 형성된다는 역전된 시간 감각을 각인시킨다.

이 구조화는 계층 간 격차와도 깊이 연결된다. 사교육에 대한 접근 가능성과 그 수준은 곧 학생의 배움의 질을 결정짓는 '비공식적 교육 자산'이 된다. 이로 인해 교육의 평등 원리는 허울이 되고, 학교는 형식적 평등만을 보장한 채 실질적 교육 기회의 불평등을 방치하게 된다. 교실은 평등을 위한 공간이 아니라 불평등을 조용히 재생산하는 장소가 되고, 교사는 그것을 목격하면서도 개입할 수 없는 구조적 한계에 부딪힌다.

이러한 이중 학교 체제의 본질은, 학교의 무능력이 아니라 학교를 '무력하게 만드는' 구조적 의존성에 있다. 배움은 더 이상 공적 제도의 중심에서 이루어지지 않고 그 주변에서, 그늘에서, 혹은 불안 위에서 지속된다. 학교는 존재하지만 교육의 중심은 사라졌다. 사교육의 구조화란 단순히 바깥의 교실이 커졌다는 말이 아니라 안쪽의 교실이 점점 더 비어 가고 있다는 의미다.

2.2. 교사의 권한 상실 — 교육의 설계자가 아닌 행정 하청자

한때 교사는 교육의 중심이자 학교의 철학을 구현하는 주체로 여겨졌다. 교사가 교육에서 언제나 중심에 있었다고 말하는 것은 지나친 이상화일지도 모른다. 과거에도 제도적 제약과 구조적 한계는 분명 존재했으며 교사들이 늘 교육의 주체로 대우받았던 것은 아니었다. 그러나 분명한 것은, 그때의 교실에는 지금보다 더 많은 여백이 있었고 교사의 말과 눈빛이 수업의 방향이 되던 시간이 존재했다는 사실이다. 교실은 단지 지식을 전달하는 공간이 아니라 교사가 자신의 신념과 교육적 태도를 드러내며 학생들과 의미 있는 관계를 맺을 수 있는 장소였다. 오늘날 교사들이 감당해야 하는 통제의 강도, 책임의 무게, 분절된 역할을 떠올려 보면, 비록 그 시절이 완전하진 않았더라도 그때의 학교는 교육이 숨 쉬고 머무를 수 있는 여백을 더 많이 품고 있었다고 말할 수 있다. 그러나 오늘날 교사는 더 이상 자신만의 시간과 공간을 설계할 수 없다. 수업은 개인의 교육관이 드러나는 창조적 작업이 아니라 정해진 커리큘럼, 외부 지침, 수많은 '가이드라인'에 따라 정돈된 작업이 되어 버렸다. 무엇보다 교사는 교실의 리듬을 결정하지 못한다. 행정 일정, 정책 시범, 민원 대응, 학부모 알림장, 학습관리시스템LMS; Learning Management System과 같은 기술적 매뉴얼들이 교사의 시간 위에 덧씌워지고, 수업은 시스템 사이에 낀 간헐적 행위로 밀려난다.

이러한 전환의 문제는 단순히 교사의 자율성이 줄어들었다는 데 있지 않다. 그것은 교사의 존재론적 지위를 약화시키고, 교육의 본질을 서비스화된 업무로 환원시킨다. 수업 시간에 어떤 개념을 어떤 방식으로 구성할지를 스스로 설계하던 교사는 이제 '지시된 진도'를 '무사히 소화'해야 하는 전달자에 가깝다. 교사는 더 이상 학생의 세계를 해석하는 사유의 주체가 아니라 정답률을 계산하는 채점기의 연장선으로 다뤄지고, 생활 지도는 돌봄이 아니라 간섭으로 오인될까 두려워 말조차 아끼게 되는 경계의 기술이 되어 버렸다. 심지어 칭찬이나 격려의 언어조차 조심스럽게 선택되어야 하며, 훈육은 교육적 개입이 아닌 감정적 억압으로 해석되기 일쑤다. 교사는 말을 줄이고, 감정을 감추고, 판단을 유보하는 존재가 된다. 그렇게 교사의 권한은 체계적으로 사라진다.

교육 서비스화는 교사의 역할을 더욱 축소시킨다. 교사는 이제 '교육 소비자 만족도'에 따라 평가받는 서비스 제공자처럼 다뤄진다. 수업은 성찰적 사유와 감정적 몰입이 아니라 결과물로 측정되는 성과 중심의 도구가 되고, 배움의 과정은 효율적 콘텐츠 소비의 흐름으로 축소된다. 이때 교사는 질문을 유도하는 존재가 아니라 오류를 관리하고 잡음을 줄이는 운영자로 기능하게 된다. 어떤 수업이 좋은 수업인가에 대한 기준은 '조용하고 말 잘 듣는 교실', '실수가 없는 과제물', '즉시 올라오는 점수'로 환원된다. 교사는 '가르침'보다 '실수 없이 잘 운영하는' 능력으로 평가되며, 교육은 서비스 산업의 언어로 감금된다.

이런 환경에서 교사의 언어는 점점 침묵에 가까워진다. 말을 아낀다는 것은 곧 교육적 감각과 해석의 여지를 줄인다는 뜻이다. 질문은 위험 요소가 되고, 관계는 감정적 유착의 의심을 받으며, 교실은 조심과 절차가 앞서는 공간으로 바뀐다. 훈육의 순간은 '신고'의 대상이 되고, 열정의 표현은 '폭력적 개입'으로 곡해된다. 그 결과, 교사는 가장 잘 아는 영역에서조차 조심스럽게 말해야 하며, 정작 개입이 필요한 순간에는 침묵하게 된다. 관계는 얕아지고, 배움은 낯설어지고, 감정은 중립을 강요받는다. 교사는 존재하지만 발화하지 못하고, 배움은 구조적으로 감각을 상실해 간다.

정책은 이를 보완하기보다 오히려 교사를 더 분해한다. 교사 전문성 향상이라는 이름으로 주어지는 수많은 연수와 워크숍은 행정의 안도감을 위한 형식이 되었고, 실제로 교사의 자율적 설계 능력을 회복시키는 데는 거의 기여하지 못한다. 혁신 정책, 정책 연구 학교, 시범 사업은 끊임없이 교사를 호출하지만, 그것은 '정책 수혜자'나 '실험자'로서의 호출일 뿐 '설계자'나 '주체'로서의 요청은 아니다. 회의에 참여하되 결정할 수는 없고, 계획서를 작성하되 방향은 이미 정해져 있다. 교사는 목소리는 있지만 결정권은 없고, 책임은 있지만 권한은 없다. 이 상태에서 교사는 무엇을 창조할 수 있을까?

사교육 시장과의 긴장 관계는 이러한 권한 상실을 더욱 심화시킨다. 교사의 수업은 학원의 선행 진도에 의해 미리 평가되며, 학생은 '이미 다 배운 내용'을 학교 수업에서 다시 듣는다. 교사의 수업은 새로움의 공간이 아니라 반복과 정리의 시간으로 취급되며, 학원에서 제시한 문제 풀이 방법이 '정답'으로 받아들여진다. 교사는 가르치기보다 '보충'하는 자가 되고, 수업은 사교육 진도와의 추격전이 된다. 평가 문제조차 학원과 사설 출판사에서 만든 유형을 반복하는 방식으로 제공되며, 교육과정은 내부에서 설계되지 않고 외부에서 조정된다. 이로써 교사의 전문성과 고유 권한은 상실된다.

이러한 현실은 교사의 자질 문제로 환원되어서는 안 된다. 권한의 상실은 개인의 노력이나 태도의 문제를 넘어서는 구조적 배제다. 교사는 능력이 부족해서가 아니라 구조적으로 배움의 설계자로 존재하지 못하도록 만들어진다. 교육의 시간은 끊임없이 외부적 요소에 의해 압축되고, 학교는 교육 기관이 아니라 운영 기관이 되어 간다. 교사는 정체성을 잃은 채 '교사인 듯 아닌 듯'한 위치에서, 존재하지만 발언할 수 없는 자로 남는다. 그들은 교육과 가장 가까운 접점에 있음에도, 교육의 방향을 말할 수 없는 위치로 점점 밀려나고 있다.

교사의 권한 상실은 곧 학교의 존재 위기와 직결된다. 학생은 교사의 말에서 삶의 방향과 사유의 가능성을 만나야 한다. 그러나 그 말이 허락되지 않는 구조 속에서 학생은 배움의 감각을 잃는다. 교사의 권한은 누군가의 위에 서기 위한 권력이 아니라 학생과의 관계를 열고 그 안에서 배움의 장면을 섬세하게 구성해 낼 수 있는 토대다. 교사가 자기리듬과 철학을 바탕으로 교실을 설계할 수 있어야만, 교육은 다시 공적 공간으로 기능할 수 있다. 따라서 교사의 권한 회복은 단지 교권 신장이나 직무 보호가 아니라 교육의 존재론을 지키는 문제다. 그것이 무너지면, 학교는 '학교인 척하는 행정 기관'으로 남을 뿐이다.

2.3. 학습의 외주화 — '공부는 학원에서'라는 학습 문화

오늘날 학생들에게 "공부는 어디서 하는가?"라고 물으면, 많은 이들이 주저 없이 "학원"이라고 답한다. 학교는 시험 일정과 생활을 관리하는 공간으로 기능하고, 실질적인 학습은 '학원 시간'에 일어난다는 인식이 지배적이다. 이 인식은 단순한 개인의 의견이나 일시적 문화가 아니다. 그것은 구조화된 학습 문화, 즉 '공부는 학교가 아니라 학원에서 하는 것'이라는 사회적 상식이자 감정적 습관이다. 학생의 하루는 이미 학교 시간과 별개로 운영되는 학원 진도표에 맞춰 조정되며, 교사의 수업은 사교육에서 다루었는지를 기준으로 평가받는다. 공부의 중심이 교실이 아니라 교실 밖에서 형성되는 이 전도된 학습 질서는 공교육의 정당성을 뿌리째 흔든다.

이 외주화된 학습 질서에는 두 가지 층위가 겹쳐 있다. 하나는 인지적 구조로서, 학생 스스로 '학교는 늦고 비효율적이다'라고 학습하는 경험의 누적이다. 빠른 진도, 반복적 훈련, 정답 중심 사고에 익숙해진 학생은 교사의 수업을 '설명 중심'의 느린 구조로 느끼며 지루함을 호소한다. 다른 하나는 정동적 구조이다. 학원에서 배운 내용은 이미 익숙하고 반복된 것이기 때문에 '확실함'과 '자기효능감'을 제공한다. 반면, 학교 수업은 언제든지 새로운 실수의 가능성이 열려 있고, 친구들과의 상호작용은 오히려 비교와 긴장으로 작동할 수 있다. 이 두 층위가 맞물리며, 학생은 학원에서 배운 것을 '진짜 공부'로, 학교에서의 활동은 '보충'이나 '형식적 참여'로 인식하게 된다.

이러한 문화적 전환은 단지 학생의 선택이 아니라 제도적 설계와 학부모의 기대, 사교육 시장의 전략이 삼중으로 얽혀 만들어 낸 결과다. 학생은 초등학교 고학년부터 사교육 진입을 강요받는다. 중학교에 이르기 전 이미 수학과 영어는 '학교 진도보다 2단계 이상 빠르게 나가야 한다'는 불문율이 형성되고, 이는 '선행 없이는 불안하다'는 감정 구조를 강화한다. 학부모는 자녀의 미래를 위해 정보를 수집하고 투자하며, 이 과정에서 사교육의 과잉이 점점 더 표준화된다. 학교는 이 흐름을 지켜보며 외면하거나 적응할 수밖에 없고, 심지어 학부모 민원을 피하기 위해 '문제없는 수업'을 선택하게 된다. 결국 학습의 외주화는 학습 주체의 이동이 아니라 학습 책임의 전가이며, 교육 공동체의 해체를 의미한다.

이 학습 외주화 체계에서 가장 손해를 보는 집단은 단연코 학생들이다. 배움은 관계 안에서 살아 숨 쉬며, 실수와 질문, 몰입과 멈춤, 반복과 체화의 리듬 속에서 비로소 생동한다. 그러나 외주화된 학습은 문제 풀이 중심, 결과 중심, 서열 중심으로 재구성되며, 학생은 자신이 무엇을 왜 배우는지를 묻지 않는다. 의미 없는 반복은 학습을 기계화시키고, 그 결과 학생은 자기시간 없이 '누가 짜 준 시간'을 따라가기만 한다. 배움의 감정적 몰입은 사라지고, '정답'이라는 기표만이 남는다.

이러한 상황에서도 학교는 여전히 시험 중심으로 작동한다. 이 모순은 교육을 더욱 병리화시킨다. 시험은 학교에서 보지만 시험 준비는 학원에서 이뤄지는 이중 구조 속에서, 학생은 '학교에서의 평가를 위하여 학원에서 공부하는' 기묘한 상황에 놓인다. 이때 학교는 평가 기구로 기능하며, 교사는 출제의 난이도와 형평성을 둘러싼 끊임없는 압박에 시달린다. '내신을 위해 수업을 조정해 달라'는 요구, '출제된 내용은 사전에 안내됐느냐'는 민원, '비교과 활동은 점수에 들어가느냐'는 질문이 교실을 점령한다. 시험은 존재하지만 배움은 없고, 배움의 과정은 존재하지만 그 리듬은 외부에서 조율된다. 이 구조는 교사와 학생 모두에게 피로감을 주며, 교육에 대한 신뢰를 갉아먹는다.

2.4. 신뢰의 위기 — 감시와 의심의 관계로 굳어진 교육 공동체

교육은 본질적으로 신뢰를 기반으로 한다. 교사는 학생을, 학생은 교사를, 학부모는 학교를, 학교는 지역 사회를 믿는 구조 안에서만 교육은 살아 움직일 수 있다. 그러나 지금의 학교 안팎에서 작동하는 관계의 메커니즘은 신뢰보다는 감시, 기대보다는 의심에 가깝다. 학생은 교사의 말보다 유튜브 강사의 해설을 더 정확하다고 느끼고, 학부모는 자녀가 무엇을 배웠는지를 묻기보다 어떤 점수를 받았는지를 먼저 추궁한다. 교사는 학부모의 민원을 우려해 수업에서 어떤 표현을 쓸지, 어떤 피드백을 할지를 신중히 고르고, 관리자 역시 교사들의 발언을 문서화하고 기록화함으로써 민원의 가능성을 봉쇄한다. 이처럼 교육 공동체의 전면에 자리 잡은 것은 협력의 언어가 아니라 '관리'의 언어다.

이 감시적 관계는 제도적으로 정착된 학교 운영 체계와도 밀접하게 맞물린다. 학생부 기록의 문서화, 생활 지도 내역의 실시간 공유, 수업 녹화 및 자료 공개의 의무화는 겉으로는 투명성과 신뢰를 위한 장치로 기능한다. 그러나 실제로는 교사에게 '항상 감시받고 있다'는 정서적 압박을 주며, 자유롭고 창조적인 교육 실험을 위축시킨다. 교육청은 '데이터 기반 행정'을 강조하고, 학부모는 '정보 공개 청구'를 통해 학교의 세부 활동까지 감시할 수 있는 구조를 갖춘다. 이 체계는 교사의 전문성을 믿고 자율성을 부여하는 것이 아니라 예외와 오류를 사전에 차단하려는 통제의 시스템이다. 감시는 곧 예측 가능성의 확보이며, 교육의 우발성과 우연성은 관리 대상이 된다.

이러한 구조는 교사와 학생 사이의 관계에도 균열을 낳았다. 물론 예전에도 교사와 학생 사이의 신뢰는 자동적이지 않았다. 다만 그 시절 교실에는 교사의 언어가 도달할 수 있는 정서적 여백이 있었고 학생이 교사를 신뢰하게 되는 시간이 존재했다. 지금은 그 여백조차 사라졌다. 통제 중심의 수업과 생활 지도가 관계 형성을 가로막으며, 교사와 학생 모두 서로를 오해하거나 단절된 감정 속에서 머물기 쉬운 구조에 놓여 있다. 교사는 말을 아끼게 되고, 학생은 교사와 거리감을 둔다. 교사는 학생이 실수나 잘못을 했을 때 "괜찮다"는 말을 건네기보다 "부모님께 전달하겠다"라는 표현으로 방어막을 친다. 감정의 교류보다 행정적 안정이 우선되고, 교육적 실천보다 절차적 안전이 중요시된다.

학부모와의 관계도 크게 달라졌다. 과거라 해서 언제나 협력적이었던 것은 아니지만 학교와 가정이 함께 아이를 키운다는 인식이 어느 정도는 공유되던 시절이 있었다. 지금은 그보다 더 많은 불신이 교사를 향한다. 학부모는 학교가 책임을 다했는지, 교사가 무엇을 놓친 것은 아닌지부터 확인하고 따지는 경우가 늘었고, 이로 인해 교사는 학부모와의 관계에서 방어적으로 행동하게 된다. 책임의 분담보다는 귀속이 중심이 된 이 변화는 교사의 실천 공간을 점점 좁혀 가고 있다. 특히 생활 지도나 평가 문제에 있어 학부모의 개입은 점점 더 구체적이고 직접적인 방식으로 이뤄진다. "왜 우리 아이는 이 점수를 받았는가?" "어떤 근거로 이런 피드백을 했는가?" "그날 무슨 말을 했기에 아이가 기분이 상했는가?" 같은 질문은 교사를 수시로 방어적 위치로 몰아넣는다. 교사는 학생의 가능성을 보고 지지하는 역할보다는 오류를 만들지 않는 '절차 관리자'로 기능하게 되며, 그 결과 교사와 학부모 사이의 신뢰는 무너진다.

이러한 신뢰의 위기는 결국 학생에게 가장 큰 손실을 입힌다. 교사는 마음 놓고 지지해 줄 수 없고, 친구 관계는 비교와 감시의 정서 속에서 약해지며, 학생은 타인의 시선을 내면화하며 살아간다. 질문은 감시당할 수 있는 위험 요소가 되고, 협력은 누군가가 '내 몫을 뺏어 갈지 모른다'는 불안으로 이어진다. 교사는 실수를 통해 배우게 하려 하지 않고 실수를 막기 위한 사전 안내와 피드백으로 선회한다. 학습은 안전해졌지만 의미를 잃고, 관계는 공손해졌지만 진정성이 사라진다. 결국 교육은 살아 있는 상호작용이 아니라 서로를 조심하는 방식으로 정지된다. 이 정지된 공간에서 배움은 멈추고 존재는 움츠러든다.

2.5. 배움의 회복은 가능한가 — 존재의 중심으로서의 학교를 다시 묻다

'배움은 언제, 어디서 일어나는가?' 질문은 단순하지만, 이 시대의 교육은 그 답을 회피한다.

배움은 정보의 습득이 아니라 존재의 변형이다. 학생은 어떤 개념을 아는 것보다 그것을 통해 세계와 자기를 다르게 느끼는 경험 속에서 자란다. 그러므로 배움은 정답보다 질문의 열림 속에서 발생한다. 그 질문은 누군가의 눈빛에 반응하고, 말의 결에 감응하며, 우연한 침묵 속에서 자라난다. 오늘날의 교실은 이러한 질문을 감당할 수 있는 구조인가? 빠른 진도, 짜인 시간, 계획된 수행 속에서 우리는 배움의 느림과 우회, 실패와 혼란의 여백을 지워 버렸다. 그러나 진정한 배움은 늘 그 여백에서 시작된다. 우리는 그 여백을 되찾을 수 있는가?

학교가 다시 배움의 중심이 되기 위해선, 단지 콘텐츠를 바꾸거나 시스템을 개선하는 것만으로는 부족하다. 그것은 시간 구조의 재설계, 관계의 윤리 회복, 감정의 리듬 복원을 포함한 존재론적 전환이어야 한다. 교사는 감시자의 자리를 내려놓고 동행자의 위치로 복귀해야 하며, 학생은 대상이 아닌 응답 가능한 존재로 회복되어야 한다. 학부모는 소비자의 감각을 넘어서, 교육의 느린 리듬에 참여할 수 있는 공동체의 일원으로 다시 서야 한다. 학교는 관리되는 장소가 아니라 서로의 존재가 반응하며 시간과 의미를 만들어 가는 생동의 장이어야 한다.

이때 학교는 더 이상 '무엇을 성취했는가'를 묻는 곳이 아니라 '무엇을 마주하며 변화했는가'를 묻는 공간이 된다. 성과주의를 넘어선 배움, 자기 삶의 서사를 써 나가는 교육, 그 중심에 학교가 존재할 수 있을까? 이를 위해선 교육과정 그 자체가 인간의 성장 리듬에 맞게 다시 짜여야 한다. 유연한 시간표, 대화의 수업, 실패의 기록, 질문의 역사들이 교육과정 안에 배치되어야 한다. 이것은 단지 제도 개편이 아니라 교육을 다시 삶의 형식으로 되돌리는 일이다.

우리는 이 회복의 가능성을 교사 한 사람, 수업 한 시간, 관계 한 장면에서 본다. 어떤 교실에서는 여전히 질문이 살아 있고, 어떤 교사는 여전히 '배움이란 무엇인가'를 묻는다. 어떤 학생은 자신의 감정을 수업 시간에 발견하고, 어떤 학부모는 시험보다 배움의 기쁨을 먼저 말한다. 이들은 제도 바깥에서 저항하는 것이 아니라 제도 안에서 관계를 다시 그리는 사람들이다. 회복은 언제나 가장 가까운 곳에서 시작된다. 공교육은 멀어진 것이 아니라 우리 안에서 자리를 잃은 것이다. 그 자리를 다시 회복할 수 있다면, 배움도 함께 돌아올 것이다.

그러므로 묻자. '학교는 무엇을 다시 품을 수 있는가?' '학생들의 존재가 머물 수 있는 공간인가?' '질문이 멈추지 않고, 감정이 억압되지 않으며, 실패가 허락되는 공간인가?' '학교는 존재를 통과하는 시간 구조를 갖고 있는가?' 이러한 질문들은 단지 비판이 아니라 회복의 실마리다. 우리가 감당하지 못한 것들을 다시 품을 수 있을 때, 배움은 기능이 아니라 생명이 된다. 그리고 그 생명은, 관계와 감응을 통해 다시 공동체로 자라날 수 있다. 존재들이 서로를 반응하는 느린 리듬 위에서.

결국 배움의 회복은 학교의 회복이 아니라 존재의 회복이다. 우리는 다시 믿을 수 있는가? 학교라는 공간, 교사라는 사람, 친구라는 관계,

나라는 존재의 가능성을. 믿는다면, 우리는 다시 설계할 수 있다. 학교는 배움의 중심이 될 수 있다. 아니, 다시 되어야 한다. 그것은 교육의 회복이자, 공동체의 윤리를 다시 일으키는 일이다. 학교는 물리적 제도가 아니라 존재의 감응을 담는 살아 있는 그릇이어야 한다.

3절

민주적 불평등의 심화 :
능력주의의 역설

질문 '기회의 평등'이라는 말은 누구에게 정당성을 주고 누구를 침묵시키는가?

3.1. 능력주의의 허상 — 계층 이동의 신화와 정당화된 불평등

능력주의meritocracy는 표면적으로는 공정해 보인다. 각자의 능력에 따라 기회를 부여하고, 노력에 따른 보상을 보장하며, 개인의 자유로운 선택과 성취를 전제로 한다고 말하기 때문이다. 그러나 실제로 능력은 결코 독립적인 것이 아니다. 그것은 부모의 배경, 문화 자본, 정서적 안전지대, 돌봄의 밀도, 실패에 대한 사회적 용인도 등에 따라 매우 불균등하게 형성되는 조건적 능력이다. 마이클 영Michael Young이 『능력주의』에서 예견한 대로, 능력주의는 이렇게 전제를 가린 채 불평등을 개인 탓으로 전환하고, 구조적 차이를 정당화한다. 능력주의를 상징하는 제도 중 하나인 시험은 개인의 실력만을 측정하는 것처럼 보이지만, 그 실력은 앞에서 언급한 대로 복합적인 사회적 자산에 의해 형성된다. 그러나 시험 결과만이 '능력'으로 간주되며 그 뒤의 구조는 은폐된다. 그래서 낙오한 학생은 "노력하지 않았다"고 해석되고, 성취한 학생은 "스스로 해냈다"고 찬양받는다. 이때 불평등은 더 이상 구조의 문제가 아니라 개인의 태도 문제로 전환된다.

능력주의는 이처럼 불공정한 조건을 공정한 결과로 포장하는 이념 장치로 작동한다. 피에르 부르디외 Pierre Bourdieu가 지적했듯이, 학교는 이러한 문화 자본의 차이를 보편적인 학력이라는 이름으로 정당화한다. 즉, 기회의 평등이 곧 존재의 평등을 의미하지 않는다는 사실이 무시되고 있는 것이다.

이러한 능력주의적 시선은 교육 제도 전반에 깊숙이 내면화되어 있다. 중학교에서 고등학교, 대학, 취업에 이르기까지 모든 과정은 '선발'이라는 명목으로 정당화된다. 성적은 서열을 만들고, 서열은 기회를 규정하며, 그 기회는 다시 차이를 재생산한다. 그러나 중요한 것은 이 체계가 '경쟁하지 않으면 안 된다'는 정서 구조를 통해 감정적으로도 작동한다는 점이다. 학생은 성적이 낮을 때 슬퍼하거나 화를 내기보다 '내가 잘못했다'는 죄책감을 느낀다. 교사는 "너도 할 수 있어"라고 말하지만, 학생은 이미 '나는 할 수 없는 존재'로 자기 자신을 판단한다. 능력주의는 이렇게 자기 존재에 대한 해석을 자기책임의 언어로 제한시킨다.

더욱 위험한 것은, 이 능력주의가 오히려 '공정'이라는 이름으로 사람들의 동의를 얻는다는 점이다. "기회는 공평했다, 결과는 각자의 몫이다"라는 구호는 매우 합리적으로 들린다. 하지만 그 기회가 과연 동등했는지, 어떤 출발선에서 시작했는지는 논외로 밀려난다. 공정 담론은 사회적 격차를 감춘다. 부모의 소득, 사는 지역, 정보에의 접근성, 문화 자본 등은 기회의 평등을 구조적으로 방해하지만 시험 점수만이 그 사람의 능력으로 환원되면서 사회는 불평등을 객관적 결과로 받아들인다. 결과의 평등을 요구하는 이들은 '형평성을 해치는 불공정한 자'로, 구조를 지적하는 자는 '노력을 부정하는 위험한 자'로 몰린다.

능력주의는 공동체의 감정을 고립시키고, 개인을 고립된 단위로 전락시킨다. 서로의 고통에 공감하거나 실패의 경험을 함께 해석하기보다는, 각자의 실패는 각자의 탓이 되고 성공은 질투와 비교의 대상이 된다. 학교는 더 이상 함께 배우는 공간이 아니라 경쟁 결과를 증명하는 무대가 된다. 친구는 협력자가 아니라 시험에서 이겨야 할 상대가 되고, 교사는 격려자보다 판별자처럼 기능하게 된다. 이 구조 안에서 '같이'는 사라지고 '각자'만이 남는다. 능력주의는 교육을 존재의 만남이 아니라 통과의 의례로 만들며, 공동체성을 파괴하는 정서적 해체 장치로 작동한다.

능력주의의 역설은 여기 있다. '차별 없는 경쟁'을 통해 공정한 사회를 만들겠다던 능력주의는 오히려 불평등을 정당화하고 고착시키는 이념이 되었다. 성적이 전부가 아니라고 말하면서도, 학생부, 내신, 수능, 면접까지 모든 구조는 성과를 정량화하고 순위화하며, 사람을 수치로 환원시킨다. 그 속에서 우리는 삶을 기획하는 존재가 아니라 끊임없이 자신의 가치를 증명해야 하는 상품이 된다. 능력주의 사회는 결국 '자기서사'를 쓰는 인간을 지우고 '수치화된 자아'를 만들어 낸다. 교육은 점점 더 인간의 숨결을 지운 자리에 성적표만을 남기고 우리는 그 빈자리를 공정이라는 말로 덮는다.

그렇다면 이 능력주의의 허상을 넘어서기 위해 우리는 어디서부터 다시 시작해야 하는가? 그것은 단순한 제도 개혁이 아니라, 능력이라는 개념 자체를 다시 묻는 사유로부터 시작되어야 한다. '능력이란 무엇인가?' '그것은 누구의 시선에 의해 정의되며, 어떤 기준에 따라 판단되는가?' '우리는 배움의 과정과 서사를 제거한 채 결과로만 사람을 판단하고 있지 않은가?' 교육은 누군가의 잠재성을 실현하는 공간이어야 한다. 그리고 그 잠재성은 경쟁의 결과가 아니라 질문과 실수, 돌봄과 관계 속에서 비로소 드러난다. 우리는 다시 능력을 '측정'이 아니라 '존재의 발현'으로 사유할 수 있어야 한다.

3.2. 선택의 자유라는 강제 — 평등을 위협하는 경쟁의 일상화

지금의 교육은 '선택의 자유'를 전면에 내세운다. 학교 유형의 다양화, 교육과정의 유연화, 진로의 다각화는 모두 학생의 주체성과 선택권을 보장하기 위한 것으로 포장된다. 그러나 선택은 언제나 그 자체로 자유로운 것이 아니다. 어떤 선택지는 사회적으로 더 높게 평가되며, 어떤 경로는 '실패한 선택'으로 간주된다. 이때 선택은 자유의 이름을 달고 있지만 사실상 강요된 경로가 된다. 부모는 아이에게 "하고 싶은 걸 해"라고 말하지만, 동시에 "그걸로 먹고살 수 있겠니?"라는 질문을 숨기지 않는다. 학생은 선택하는 존재가 아니라 '실패하지 않을 답안'을 고르는 존재가 된다. 우리는 선택하되, 정답이 있는 선택만을 허용받는다.

이러한 선택의 강제는 교육의 전 과정에서 작동한다. 중학교에서 고등학교, 고등학교에서 대학, 대학에서 취업으로 이어지는 선택의 연쇄 속에서, 학생은 끊임없이 더 나은, 더 안전한, 더 효율적인 선택을 해야 한다. 이러한 선택의 문화는 교육을 점점 더 경쟁 중심으로 만든다. 학교는 '다양한 선택'을 보장하기보다 그 선택이 '어떤 대학에 유리한가', '어떤 스펙이 더 경쟁력 있는가'를 계산하는 곳이 된다. 학생은 자기가 무엇을 좋아하는지보다 남들이 무엇을 선택했는지를 기준 삼아 행동한다. 진로 활동은 흥미 탐색이 아니라 입시에 유리한 이력 채우기가 되고, 자유학기제는 자기표현이 아닌 성적 부담 없는 포트폴리오 시간으로 전락한다. 선택은 주체화의 조건이 아니라 타인의 기준을 내면화하는 과정이 되고, 결국 교육은 '자율적 경쟁'이라는 이름의 강제된 경로로 일상화된다.

여기서 '자율'은 더욱 역설적인 개념이 된다. 학생은 강요받지 않지만 자유롭지도 않다. 누구도 "이 길로 가라"고 명령하지 않지만, 모두가 "이 길 외엔 없다"고 느낀다. 이 모순은 학생을 감정적으로 고립시킨다. 실패는 누구의 탓도 아니므로 위로받을 수도 없다. 선택은 스스로 한 것이니, 결과도 스스로 감당해야 한다. 이로써 교육은 타자에 의해 통제되지 않지만, 관계 없이 내면화된 통제로 작동하는 자기감시 시스템이 된다. 자율과 감시가 뒤섞이고, 선택과 강제가 공존하는 이 구조 속에서 학생은 자기결정이라는 이름 아래 자기서사마저 빼앗긴다.

특히 이 선택의 강제는 계층에 따라 다르게 작동한다. 상위 계층은 더 많은 정보와 자원을 바탕으로 '리스크가 적은 선택'을 구성할 수 있고, 중하위 계층은 오히려 '실패하면 회복 불가능한 선택'을 반복하게 된다. 사교육 시장은 이 차이를 이용해 '입시 전략화'를 상품화하고, 학교는 이 전략을 따라가는 기관으로 기능하며, 교육청은 그것을 유연성과 다양성이라 부른다. 그러나 이 구조는 교육의 공공성을 위협한다. 교육은 기회 균등을 보장하는 사회적 기반이어야 하지만, 선택의 경쟁화는 오히려 교육을 시장화하고, 배움을 소비화하는 길로 인도한다.

그 결과, 학생은 점점 더 고립된다. 자신의 선택을 누구와도 나누지 못하고, 누가 실패해도 위로할 수 없다. 친구는 조언자가 아니라 비교 대상이 되고, 교사는 안내자가 아니라 요구를 반영해 주는 시스템 운영자가 된다. 선택은 대화와 공동성의 산물이 아니라 자기책임의 경주에서 홀로 달려야 하는 외로운 결단이 된다. 이러한 구조는 교육이 공동체라는 감각을 무너뜨리고, 정서적 고립을 학습시키는 시스템으로 전환시키며, 결국 존재를 비교 가능한 자원으로 환원한다.

우리는 선택의 개념을 다시 질문해야 한다. '진정한 선택이란 무엇인가?' 그것은 조건 없는 자유의 행위가 아니라 존재를 인정받는 관계 안에서 의미를 가질 수 있는 행위다. 학생이 "내가 이 길을 선택해도 괜찮다"고 느끼려면, 그것을 받아들여 주는 타자, 함께 걸어 주는 공동체가 필요하다. 교육은 '선택을 잘하게 해 주는 체계'가 아니라 '선택의 과정을 감당할 수 있는 공동체적 감수성'을 키우는 체계여야 한다. 그 감수성 안에서만 학생은 선택할 수 있고, 실패할 수 있고, 다시 시작할 수 있다.

3.3. 학교는 평등을 어떻게 상실했는가 — 제도적 중립성의 탈정치화

학교는 비록 불완전하지만 평등을 지향한다. 계층과 지역, 문화와 언어, 성별과 배경을 초월해 모두가 같은 공간에서 배움을 시작하는 제도적 약속의 장소. 그러나 그 상징은 현실과 점점 멀어졌다. 우리는 여전히 학교를 '공공의 공간'이라 말하고, 교육을 통해 기회를 보장한다고 믿지만, 실제로 학교는 불평등을 중화하지 못한다. 오히려 격차를 더욱 정교하게 판별하고 정당화하는 체계로 기능한다. 학교 안에서 학생은 동일한 책상을 사용하지만, 교과서 너머의 자원은 불균등하다. 학교는 평등을 전제로 운영되지만, 학생이 출발하는 조건은 이미 극단적으로 나뉘어 있다. 이 평등은 선언이지만, 실재는 아니다.

교육의 제도적 중립성은 바로 이 지점에서 문제를 드러낸다. '모두에게 동일한 교육과정을 제공한다'는 원칙은 겉으로는 공정하다. 그러나 이것은 각자의 배경과 조건을 고려하지 않은 채, 다름을 무시하는 방식으로 평등을 말하는 구조다. 학습의 출발선이 다르고, 언어 능력과 문화 자본, 가정의 지원이 천차만별임에도, 학교는 동일한 수업, 동일한 평가, 동일한 기대를 부과한다. 이때 제도적 중립성은 차이를 고려하지 않는 무차별성으로 전락한다. 그리고 이 무차별성은 곧 '불평등의 투명한 재현장'이 된다. 차이를 보는 대신 차이를 무시하고, 그 결과의 격차를 개인의 능력 차이로 해석한다.

이러한 중립성의 탈정치화는 교육에서 가장 정치적인 문제를 비정치화시킨다. "교육은 정치와 무관해야 한다"는 문장은 자주 반복되지만, 실제로는 누가 무엇을 배울 수 있는가, 누가 어떤 교사와 만나며, 어떤 교육과정을 경험하는가는 모두 정치적인 문제다. 그러나 우리는 이것을 행정과 절차의 문제로 축소하고, '공식화된 교육과정 안에서의 공정'만을 이야기한다. 그리하여 교육의 평등은 단지 '절차가 동일하게 적용되었는가', '평가 기준이 일관되었는가'라는 여부로만 환원되어 판단된다. 이 구조는 실질적 불평등을 보이지 않게 만들고, 평등이라는 가치 자체를 절차적 중립의 장치로 환원시킨다.

학교 안에서 평등이 작동하지 않는 이유는 단지 자원의 문제만이 아니다. 그것은 교육을 '통제 가능한 단위'로 간주하는 관리적 시선의 문제도 있다. 행정은 예외를 두려워한다. 맞춤형 수업, 관계 기반 교육, 다중 평가 체계는 예측 불가능한 흐름을 낳는다. 그 결과, 학교는 오히려 '평등한 질서'를 유지하기 위해 차이를 제거하려 한다. 그러나 차이를 제거하는 교육은 존재를 억압한다. 학생은 자신의 삶과 배움의 조건이 고려되지 않은 채 동일한 기준으로 줄 세워지고, 교사는 획일화된 계획 속에서 교육적 상상력을 펼칠 여백을 잃는다. 이 중립성의 장치는 학생들의 고유한 리듬과 언어, 배움의 형태를 표준에서 벗어난 예외로 간주하게 만든다.

게다가 평등의 형식적 구현은 오히려 불평등에 대한 문제 제기를 막는다. "이미 똑같이 가르쳤다"는 전제가, "왜 다른 결과가 나왔는가"를 묻는 질문을 차단한다. 학교는 시험 점수로만 성취를 판단하고, 성적 격차는 학생 개인의 노력 부족이나 학습 태도로 해석된다. 이때 구조적 불평등은 설명되지 않고, 개인의 실패로 은폐된다. 학교는 평등을 표방하지만 그 속에서 가장 비평등한 것이 바로 '해석의 권한'이다. 어떤 학생은 구조 속에서 낙오하지만 그 원인을 설명할 언어가 없다. 그는 단지 '노력하지 않은 학생'으로 호명될 뿐이다.

이러한 구조에서 평등은 진정한 교육의 목적이 아니라 교육의 정당성을 위한 구실이 된다. 학교는 더 이상 불평등을 비판하지 않고, 불평등을 서열화하며 순치한다. 평등이라는 이름 아래 모든 학생은 같은 교실에 앉아 있지만, 그 교실은 서로 다른 현실을 감추는 장막이다. 우리는 모두 같은 수업을 듣고, 같은 시험을 보며, 같은 졸업장을 받지만, 그 길이 얼마나 달랐는지, 무엇이 가능하고 무엇이 불가능했는지는 드러나지 않는다. 이 평등은 마치 모두에게 열린 창처럼 보이지만 실은 누구에게만 열려 있는 문이며 불평등은 그 창 너머에 조용히 숨어 있다.

그렇다면 학교가 진정한 평등을 추구하려면 무엇을 다시 질문해야 하는가? 우선, 평등은 '같게 대우하는 것'이 아니라 '다름을 감당하는 것'이라는 감각으로 전환되어야 한다. 진정한 평등은 다름을 보지 않음이 아니라 다름이 존재해도 함께 배울 수 있는 공간을 설계하는 데 있다. 수업은 동일하지 않아야 하며, 평가도 유연해야 한다. 학생은 같은 시간표를 따라가기보다 자신의 배움의 리듬을 가질 수 있어야 한다. 교사는 모든 학생에게 같은 말을 전달하기보다 다른 삶과 감정에 반응할 수 있어야 한다. 평등은 공식의 정렬이 아니라 응답의 차별성 속에서 자란다.

학교가 평등을 다시 말하려면, 중립성이라는 신화를 넘어 정치성을 감수하는 용기가 필요하다. 어떤 학생이 불리한 조건에 있을 때, 그것을 교육적으로 해석하고 구조적으로 응답할 수 있어야 한다. 공정한 교육은 '같은 교육'을 반복하는 것이 아니라 다른 조건에서도 배움이 가능하도록 설계하는 윤리적 작업이다. 교육이 다시 평등을 말하려면, 그것은 제도의 선언이 아니라 감각과 공간, 시간과 관계의 설계로 이어져야 한다. 그때 학교는 다시, 단지 형식적 평등이 아니라 존재의 평등을 꿈꾸는 공간이 될 수 있다.

3.4. 민주주의와 시험의 모순 — 선발 시스템의 비민주성

시험은 오랫동안 공정함의 상징이었다. 누구에게나 동일한 조건에서 동일한 문항을 제시하고, 결과로 차이를 판단한다는 원리는 민주주의의 평등 이념과 잘 맞는 듯 보인다. 그러나 오늘날의 시험은 과연 그러한가? 시험은 단지 능력을 평가하는 도구가 아니다. 그것은 누군가를 걸러내고, 누군가를 선별하는 체계다. 특히 고입, 대입, 임용, 채용 등 사회 전반에 깊숙이 뿌리내린 선발 시스템은 시험을 '진입 허용의 기준'으로 고정시키며, 교육을 계층 이동의 수단이 아니라 서열 확정의 도구로 만든다. 그 순간 시험은 민주적 절차를 모방하지만, 민주적 내용은 배반한다.

시험의 비민주성은 그 출발선에서부터 나타난다. 같은 시험지를 보더라도, 어떤 학생은 3년간 선행 학습을 했고, 어떤 학생은 학원 없이 혼자 공부해 왔다. 어떤 학생은 고요한 공부방에서 집중했고, 어떤 학생은 돌봄 노동을 하며 틈틈이 공부했다. 이 불균형한 조건은 시험을 통해 재현되지만, 시험은 그것을 고려하지 않는다. 시험은 응시의 형식은 평등하게 보장하지만, 준비의 조건에 대한 평등은 무시한다. 그 결과, 시험은 불평등한 배경을 '능력의 차이'로 환원시킨다. 이는 형식의 평등이 내용의 평등을 보장하지 못하는, 시험 제도 고유의 구조적 모순이다.

더욱 심각한 것은, 시험이 갖는 '권력적 기능'이다. 시험은 단지 평가가 아니라 진로를 규정하고 미래를 결정하는 결정권을 갖는다. 이때 시험은 공정한 수단이 아니라 사회적 신분과 기회의 통제 장치로 기능한다. 소위 '상위권 대학'과 '하위권 대학'의 이분법은 직업 시장과 사회적 계층화의 재생산을 잘 보여 준다. 시험 점수는 학생의 전 존재를 대표하는 수치로 간주되고, 그것이 곧 인생 전체의 가능성을 나누는 기준이 된다. 이 구조 속에서 교육은 누구에게나 열려 있는 것처럼 보이지만 실제로는 극도로 폐쇄적인 선별의 장치로 수렴된다.

시험이 민주주의와 충돌하는 이유는 또 있다. 민주주의는 모두가 참여 가능한 조건을 추구하지만 시험은 참여의 권리를 '자격'으로 대체한다. 교육은 원래 시민성을 기르는 공간이어야 한다. 그러나 시험 중심 교육은 학생을 배우는 존재가 아닌 평가받는 존재로 고정시킨다. 교실은 더 이상 함께 토론하고 고민하는 시민적 공간이 아니라 문제 풀이와 수치 경쟁의 훈련장이 된다. 이 교육 구조에서 학생은 질문하는 법을 배우지 못하고 단지 사회가 요구하는 정답에 도달하는 기술을 반복하게 된다. 민주주의는 사라지고 점수의 통치만이 남는다.

시험 제도는 또한 교사와 학교의 자율성에도 영향을 미친다. 교사는 교육과정의 목표보다 시험 범위를 먼저 고려해야 하고, 수업은 탐구보다는 문제 풀이 중심으로 재편된다. 특히 중등교육에서는 '내신 관리'라는 명목하에 수업은 점점 더 시험 대비와 동일시된다. 학생의 감정, 관계, 성장, 실패, 회복 같은 요소는 시험에 포함되지 않기에 교육의 '비정량적 요소'로 밀려나고, 교사는 자신의 철학보다 시험의 평가 기준에 맞춘 교육을 요구받는다. 이로써 교육은 시험이 허용하는 것만을 말하고 가르치는 자기검열의 공간으로 축소된다.

또한, 시험은 불확실성과 다양성을 배제한다. '틀릴 수 있는 배움'이 아니라 '틀려선 안 되는 결과'만을 추구하게 된다. 이때 학생은 실수를 두려워하며, 질문하기보다 암기하고, 이해하기보다 내용을 외우는 습관을 내면화한다. 모든 답이 미리 정해져 있는 교육 속에서 학생은 점점 더 창의력과 비판적 사고를 잃는다. 시험은 표준화된 사고방식을 강제하고 예외와 차이를 삭제한다. 민주주의는 질문을 기반으로 하지만 시험은 오답을 배제한다. 그렇게 우리는 질문 없는 교실, 참여 없는 배움, 다양성 없는 평가 체계 속에 학생들을 가두고 있다.

그렇다고 시험 자체가 사라져야 한다는 것은 아니다. 문제는 시험이 '무엇을 선별하는가', '무엇을 배제하는가'에 대한 성찰 없이 작동하고 있다는 점이다. 우리는 시험을 '경쟁의 출발선'이 아니라 '배움의 성찰선'으로 전환할 필요가 있다. 점수는 하나의 데이터일 뿐, 그것이 학생의 가능성을 규정해서는 안 된다. 교육은 시험으로 시작하지 않고, 시험으로 끝나서도 안 된다. 시험은 삶의 일부일 뿐이지 존재의 전체를 대신할 수 없다.

민주주의 안에서 교육이 진정으로 작동하려면, 시험은 평가의 장치가 아니라 배움의 과정으로 회귀해야 한다. 우리는 선발이 아닌 성장 중심의 평가 구조를 설계해야 하며, 학생이 자기 자신을 드러내고 함께 살아갈 힘을 기르는 데 시험이 어떻게 기여할 수 있는지를 질문해야 한다. 그래야 교육이 선별의 기술이 아니라 공동의 미래를 설계하는 공적 시간으로 다시 살아날 수 있다. 민주주의는 학생들의 가능성을 시험하지 않는다. 그것은 그들의 가능성이 사라지지 않도록 함께 지키는 사회적 약속이어야 한다.

3.5. 불평등을 다시 민주화하기 — 교육의 재정치화를 위한 사유

불평등은 언제부터 '말하기 어려운 것'이 되었는가. 우리는 모두 평등을 말하지만, 동시에 불평등을 지워 버리는 방식으로 교육을 운영한다. 불평등은 정치적 문제다. 그러나 지금의 교육은 불평등을 체감하면서도 그것을 구조적 문제로 말하지 못한다. 학생이 낙오하면 '노력 부족'으로, 학교가 실패하면 '관리 미흡'으로, 제도가 불공정하면 '예외적 사례'로 치부된다. 이렇게 불평등은 언제나 비정치적 언어로 해석된다. 그러나 교육이 진정 민주주의의 기반이라면, 우리는 불평등을 가리는 방식이 아니라 불평등을 다시 정치적으로 말하는 용기를 가져야 한다. 그것이 교육의 재정치화이며 이 절의 중심 사유다.

능력주의 담론은 불평등을 개인화시켰고, 선택의 언어는 책임을 사적 차원으로 전환했다. 시험은 출발선을 감추며 결과를 절대화하고, 제도는 형식적 평등 속에서 차이를 제거한다. 이 구조 속에서 학생은 불평등을 '자신의 문제'로 감내하게 된다. 불공정하다고 말하면 불평한다는 소리를 듣고, 구조를 지적하면 '현실 감각 없다'는 평가를 받는다. 불평등의 경험은 있다. 그러나 그것을 해석할 수 있는 언어와 정치적 문법은 결여되어 있다. 우리는 교육이 다시 민주주의가 되기 위해 이 침묵을 말로 전환하고 감정에서 분석으로 이행할 수 있는 공간을 설계해야 한다.

그 출발점은 교육이 정치적 장소라는 사실을 인정하는 일이다. 정치란 제도 안에서 권력과 자원의 분배를 둘러싸고 벌어지는 갈등과 협상의 장이다. 그리고 학교는 이 분배와 갈등의 현장이자 축소된 사회다. '누가 더 많이 설명을 듣는가?' '누가 더 자주 이름 불리는가?' '누구의 배움이 수업 흐름의 기준이 되는가?' 이것은 단순한 수업 관리가 아니라 존재가 인정받는 방식의 문제다. 교사는 수업을 통해 의미를 설계하지만, 그 설계의 권력은 늘 정치적이다.

불평등의 정치화란 단지 비판적 교육을 의미하지 않는다. 그것은 정서적 고립을 감정적 연대로 바꾸는 기술이며, 타인의 삶을 이해하는 인지적 전환의 계기다. 교실에서 나의 실패가 '나만의 문제'가 아님을 알게 되는 순간, 학생은 자기 존재를 다시 정의할 수 있다. 그것이 배움의 시작이다. 시험에서 뒤처진 학생, 가정에서 돌봄을 감당하느라 지친 학생, 말이 느려 오해받는 친구에게 "문제는 너에게 있는 것이 아니라, 세상이 균등하지 않은 조건을 당연하게 여긴 데 있다"고 말해 줄 수 있을 때, 교육은 불평등을 외면하지 않고 정면으로 사유하게 만든다. 그 순간, 교실은 존재를 해명하는 장소가 되고, 배움은 사회의 구조를 다시 묻는 윤리적 행위가 된다. 불평등을 이해하고 말할 수 있어야만 공동체는 진정한 공정을 상상할 수 있다.

이 재정치화의 교육은 교사에게도 새로운 존재의 방식을 요청한다. 교사는 감정 노동의 경계선에서 고립되지 않고, 제도의 대리인이 아니라 사회적 존재들의 만남을 설계하는 정치적 기획자가 되어야 한다. 교사는 학생을 선별하는 존재가 아니라 차이를 감지하고 불일치를 통과하며 배움의 공존을 감각하는 사람이다. 그 감각이 회복될 때, 교사는 다시 '배움이 일어난다'는 표정을 알아볼 수 있고, '이 학생은 지금 멈춰야 한다'는 신호를 포착할 수 있다. 교육은 통제에서 기획으로, 전달에서 해석으로 전환되어야 하며, 이는 교사의 실존적 감수성에서 시작된다.

재정치화는 또한 제도의 언어를 감정과 연결하는 일이다. 우리는 제도적 평등만으로는 교육을 재구성할 수 없다. 감정이 허용되어야 하고, 상처가 이야기되어야 하며, 실패가 말이 되어야 한다. 학생은 "나는 두려웠다", "나는 지쳐 있다"라고 말할 수 있고, 교사는 "나도 너를 도울 수 없었다"라고 응답할 수 있어야 한다. 이 감정의 교환이야말로 불평등을 드러내는 첫 번째 정치적 행위다. 감정이 다시 교육의 언어가 될 때, 학교는 다시 공동의 삶을 설계하는 공적 장소가 된다.

결국 교육의 재정치화는 단지 제도 개편이나 입시 구조 변경을 의미하지 않는다. 그것은 불평등을 사유할 수 있는 언어, 감정을 교환할 수 있는 관계, 다름을 함께 품을 수 있는 공간을 설계하는 일이다. 교육이 다시 민주주의가 되기 위해서는 불평등을 제거하려는 의지만으로는 부족하다. 그것을 보이고, 말하고, 감당하는 윤리적 용기가 필요하다. 그때 우리는 비로소 교육을 통해 불평등을 줄이는 것이 아니라 불평등 속에서도 함께 살아갈 수 있는 방법을 배워 나갈 수 있다. 그 학습이야말로 민주주의의 진짜 이름이다.

4절

가족개인주의와 교육의 사적 소비 :
사회적 연대의 해체와 교육의 상품화

질문 왜 우리는 배움을 가족의 프로젝트로, 아이의 시간을 사유재로 여겨 왔는가?

4.1. 교육의 가족화 — 교육은 더 이상 공공의 것이 아니다

앞에서도 언급했지만 한국 사회에서 교육은 부족하나마 오랫동안 '공공의 약속'이었다. 누구나 일정한 나이가 되면 학교에 가고, 교사는 공동체의 대표로서 학생을 가르쳤다. 교육은 단지 기술이나 지식을 넘어서 함께 사는 법을 익히는 공적 훈련의 공간이었다. 그러나 지금, 우리는 교육의 구조적 변화를 마주하고 있다. 교육은 더 이상 국가나 사회의 책임이 아니라 가족 단위의 사적 프로젝트로 작동하고 있다. 학생의 성적은 가정의 성과가 되고, 학교는 부모의 기대에 응답하는 기관으로 역할이 바뀌었다. 교육의 가족화는 단순한 현상이 아니라 복합적 구조 전환의 결과다. 이 전환은 교육의 성격을 근본부터 흔들고 있다.

교육의 가족화는 신자유주의와 탈복지 사회의 산물이다. 국가는 점점 더 많은 영역을 민간에 위탁했고, 돌봄과 배움의 책임은 '가정'에 이양되었다. 교육 정책은 '선택권 보장'이라는 이름 아래 사교육 시장을 용인했고, 이는 결과적으로 개별 가족이 교육 자원의 관리자이자 소비자로 기능하는 구조를 만들었다. 국가는 책임을 감시로 전환했고, 학교는 조정자이자 중개자 역할에 머무르게 되었다. 이처럼 교육의 중심이 공공에서 가족으로, 사회에서 시장으로 이동하는 과정은 매우 조용했지만, 그 파장은 거대하다. 오늘날 교육은 더 이상 '우리의 것'이 아니라 '내 아이를 위한 것'이 되어 버렸다.

이 구조 속에서 교육은 사적 책임이자 전략적 선택이 된다. 부모는 자녀의 진로와 성취를 위해 정보를 수집하고, 투자 계획을 세우며, 사교육 일정을 관리한다. 이 모든 행위는 '좋은 부모 되기'의 일부로 정당화된다. 그러나 그 이면에는 불안을 기반으로 작동하는 감정의 체계가 있다. '남들 다 하는데 우리만 안 하면 어쩌지?' '혹시 실패하면 부모 탓 아닐까?' 같은 불안이 교육 소비를 이끌고, 경쟁의 논리를 가족 단위로 내면화시킨다. 교육은 이처럼 사적인 불안을 조직화하는 시스템이 되며, 학교는 이를 '대응해 주는 기관'으로 재편된다. 교사는 교육자가 아니라 '부모 설득자'의 역할을 부여받게 된다.

가족 중심 교육의 가장 뚜렷한 특징은 '자녀 성공 프로젝트화'다. 아이의 배움은 존재의 변화라기보다는 성과 관리와 경로 최적화의 대상이 된다. 학원 선택, 특목고 진학, 입시 컨설팅, 해외 교육 이주는 모두 이 프로젝트의 확장이다. 부모는 아이의 실패에 대해 공동체에 도움을 요청하지 못하고 스스로 감당해야 할 위험으로 간주한다. 이때 교육은 공적 돌봄이 아니라 사적 도박의 형태를 띤다. 아이는 존재라기보다 투자 대상으로 취급되고, 부모는 점점 더 많은 것을 감당하며 고립된다. 교육의 가족화는 결국 '성공이 가족 책임인 구조'라는 고립된 책임의 윤리를 낳는다.

이런 맥락에서 학교는 공공성의 중심이 아니라 사적 요구를 조율하는 장으로 기능하게 된다. 학부모의 요구는 학교와의 협력 가능성을 품고 있지만 때때로 공적 논의의 자리를 사적 이해의 문제로 전환시키며 학교 운영의 방향을 흔들기도 한다. 학교는 공공의 기준보다는 고객의 만족을 기준으로 움직이게 되고, 이는 교사와 학교 운영진을 점점 더 수세적 위치로 몰아 간다. 공공적 논의보다 민원 대응이 우선되고, 공동체적 원칙보다 개인의 요구가 중요시된다. 교육의 가족화는 이처럼 학교를 서비스 기관으로, 교사를 응대자로, 교육을 '맞춤형 상품'으로 재편시킨다.

그러나 교육은 원래 개인의 전유물이 아니었다. 교육은 타자와 관계를 맺고 공동의 리듬 속에서 살아가는 방식을 익히는 공적 경험이었다. 교육이 점차 개인의 필요와 선택의 문제로 축소될 때, 우리는 교육이 지녀야 할 공동체적 윤리와 책임을 함께 잃게 된다. 실패한 학생은 공동체가 돌보는 대상이 아니라 '그 집이 잘못한 결과'로 간주되고, 학습의 격차는 사회적 대응이 필요한 문제가 아니라 가족의 무능으로 해석된다. 교육의 가족화는 공동체를 분리하고, 학교를 고립시키며, 아이들을 '가족의 결과물'로만 평가하게 만든다. 이는 곧 공공성의 해체를 의미한다. 아이는 '우리의 아이'가 아니라 '각자의 아이'로 흩어진다.

이러한 교육의 사유화는 결국 평등과 연대의 감각을 잃게 만든다. 경쟁은 개인 간의 문제를 넘어 가족 간의 문제로 변질된다. 좋은 부모가 되는 것이 곧 좋은 교육이 되고, 좋은 교육이 곧 좋은 성과를 낳는다. 이 구조 속에서 부모들은 서로 협력할 수 없고, 공동체는 '비슷한 수준의 가족'끼리만 구성된다.

교육의 가족화는 한국 교육의 위기를 가장 뚜렷하게 보여 주는 징후 중 하나다. 문제는 가족이 교육을 맡는 것이 아니라 가족만이 교육을 감당하게 되는 구조다. 교육이 다시 살아나기 위해선 이 감당을 나누는 방식이 복원되어야 한다. 교육은 사적인 책임이 아니라 공적인 돌봄의 영역이어야 한다.

4.2. 책임의 전가 — 돌봄과 배움의 개인화가 가져온 결과

공교육은 국가가 설계하고 학교가 운영하는 제도이지만, 그 실질적 무게는 가족에게 전가되어 있다. 배움의 책임, 성적의 부담, 진로의 결정, 심지어 아이의 정서와 신체 건강까지, 모든 것이 이제 '가정의 몫'으로 여겨진다. 이것은 단지 역할 분담의 문제가 아니라 공적 책임이 사적 부담으로 전환된 구조적 현실을 드러낸다. 교육의 중심이 공동체에서 가족으로 옮겨지며 감당의 윤리 또한 분리되고 고립되었다.

이 책임 전가는 신자유주의 체제의 전형적 작동 방식과 맞물린다. 국가는 더 이상 '국민을 돌보는 주체'가 아니라 '선택지를 제공하는 관리자'로 역할을 바꾼다. 가장 뚜렷한 징후는 돌봄의 구조적 해체다. 방과 후의 시간, 방학의 시간, 사교육을 선택할 것인지의 판단, 각종 생활기록부 관리와 비교과 활동 채우기까지 모든 것은 부모의 몫이다. 학생이 수업 시간에 무기력하거나 산만할 때조차, 학교는 "가정 상황은 어떤가요?"라고 묻는다. 이때 돌봄은 제도적 책임이 아니라 감정적 동원과 사적 헌신의 과업이 된다. 부모는 감정적으로 지치고, 학교는 제도적으로 무기력해진다. 이 이중의 고립 속에서 돌봄은 따뜻한 보살핌이 아니라, 부모가 스스로 모든 책임을 떠안고 끊임없이 자신의 양육과 지원을 점검해야 하는, 개인화된 부담과 감시의 체계로 변질된다.

이러한 책임의 개인화는 교육의 감정 구조도 변형시킨다. 자녀 교육에 실패했다는 감정은 단순한 아쉬움을 넘어서, '좋은 부모 되기'의 실패로 간주된다. 부모는 자녀의 성적에 과도하게 반응하고, 그 결과를 스스로의 가치와 연결 지으며 죄책감을 느낀다. 특히 중하위 계층에서는 자녀 교육을 위한 자원 부족이 '애정 부족'으로 오인되기 쉽다. "우리는 아이에게 해 준 게 없다"는 말은 정서적 자책의 언어이자 구조적 무력감의 발현이다.

이처럼 교육의 책임이 가정에 집중되면서 교육 격차는 단순한 자원의 문제가 아니라 돌봄의 양극화로 확대된다. 여유가 있는 가정은 자녀의 학습과 정서를 동시에 돌볼 수 있지만, 그렇지 않은 가정은 학교에 기대기도 어렵고 스스로 감당하기에도 벅차다. 이 격차는 단순히 '부모의 노력'으로 해결되지 않는다. 이러한 현실에서 우리가 되찾아야 할 것은 '가족의 헌신'이라는 미담이 아니라, 누구도 배제하지 않는 공적 구조다. 돌봄은 개인의 선의나 감정에 의존할 문제가 아니라 사회가 공동으로 책임져야 할 조건이다. 교육 역시 가족만의 책무가 아니라 공동체 전체가 함께 짊어져야 할 과제다. 학교는 돌봄을 다시 제도화된 정치의 영역으로 회복해야 하며, 국가는 교육을 공공의 시간과 공간으로 새롭게 설계해야 한다. 이 전환이 이루어지지 않는다면, 감정의 소진은 개인 내부에서만 소용돌이치고 교육은 고립된 헌신 속에서 무너질 수밖에 없다. 그렇게 될 때, 학교는 더 이상 누구의 삶도 지탱해 주지 못하는 공간으로 남게 된다.

4.3. 교육의 투자화 — '비용-수익' 논리로 환원된 교육의 의미

오늘날 교육은 점점 더 경제적 언어로 설명된다. '얼마를 투자하면 어떤 결과가 나오는가.' '이 학원비는 과연 효과적인가.' '대학 입시를 고려하면 어느 고등학교가 더 유리한가.' 이처럼 교육은 '삶의 의미를 여는 과정'이 아니라 비용-수익의 구조 속에 환원된 투자 대상으로 전락하고 있다. 교육을 둘러싼 대화는 이상보다 효율, 관계보다 성과, 철학보다 수치의 언어로 채워지고, 학교는 학생을 성장시켜야 할 대상으로 보기보다는 '수익을 창출해야 할 자원'으로 취급한다. 교육은 더 이상 내면의 성숙이나 공동의 삶을 위한 연습이 아니라 성취를 위한 수단으로 작동한다. 이것이 교육의 투자화다.

이 현상은 단순히 학부모 개인의 선택이나 인식에서 비롯된 것이 아니다. 사회 전체가 교육을 경제적 생존 전략의 한 축으로 구성하면서 나타난 구조적 결과다. 경쟁적인 입시 구조, 정규직의 희소화, 안정된 경로의 급속한 붕괴는 교육을 '투자하지 않으면 실패하는 영역'으로 바꾸어 놓았다. 부모는 교육에 비용을 들이지 않는 것을 무책임한 태도로 간주하고, 학교는 성과 없는 배움에 대해 무력해진다. 이 체계에서 교육은 공적 가치가 아니라 사적 수익률로 판단된다. 학생은 인간이라기보다 투자 수익을 좌우할 '미래의 상품'처럼 다뤄진다.

이러한 투자화 구조는 부모와 자녀 간의 관계도 바꾼다. 자녀는 사랑과 관계의 대상이기보다 '기획의 대상'으로 구성된다. 자녀는 '성공시켜야 할 프로젝트'가 되고 부모는 그 프로젝트의 실무 책임자가 된다. 학습 계획표는 전략 회의가 되고, 입시 정보는 비즈니스 보고서처럼 정리된다. 부모는 자녀와 대화하기보다 자녀의 시간을 설계하고 관리하며, 그 성과에 따라 자기효능감을 측정한다. 사랑은 점차 관리된 목표 설정으로 변형된다.

성과가 바로 나타나지 않거나 실패를 한 경우 아이는 존재의 가능성으로 존중받지 못하고 '투자 실패'로 인식된다. 아이의 성적 하락은 가족 분위기를 바꾸고, 학업의 멈춤은 곧 가족 내부의 갈등으로 이어진다. 아이는 '사랑받기 위해서는 성공해야 한다'는 조건적 인정의 구조 속에서 자란다. 이 구조는 아이에게 깊은 불안을 심고, 실수를 감내할 수 없는 존재로 만든다. '나는 나로서 괜찮다'는 감정은 사라지고,

'나는 성과를 내야만 괜찮다'는 내면의 감시가 형성된다. 교육은 삶을 확장하는 경험이 아니라 자기부정의 누적이 된다.

투자화는 또한 교육의 시간 개념을 왜곡시킨다. 배움은 원래 속도보다 리듬, 효율보다 의미가 중요한 과정이다. 그러나 투자의 관점에서는 빠른 결과, 빠른 회수가 핵심이다. '얼마나 일찍 시작했는가', '얼마나 앞서가고 있는가'가 중요해지고, '충분히 느려질 시간', '실패하고 돌아올 여유'는 사라진다. 아이는 늘 시간에 쫓기고, 부모는 더 빠른 사교육을 찾아 움직인다. 배움은 내면의 변화가 아니라 진도의 성취로 환원된다. 이때 교육은 존재의 여백이 아니라 빼곡히 채워진 투자 시간표가 된다.

결국 교육의 투자화는 사회 전체의 시간 감각, 존재 감각, 관계 감각을 바꾸어 놓는다. 부모는 아이의 성장에 함께 참여하는 돌봄의 주체가 아니라 자녀의 성과를 극대화하려는 전략적 관리자가 되고, 학생들은 서로에게 함께 배우며 성장할 친구가 아니라 성취를 두고 겨루는 잠재적 경쟁자로 전락한다. 이때 교육은 더 이상 삶의 가치를 묻는 공간이 아니라 미래 성과를 예측하고 증명하는 시험장이 된다. 우리는 교육을 통해 살아가는 감각이 아니라 살아남는 기술만을 가르친다. 이 구조는 공공의 감각을 해체하고 사적 책임만을 강화한다.

그러나 교육은 본래 투자로 환원될 수 없는 과정이다. 교육은 존재를 기다리는 시간이며, 감정을 품는 공간이며, 사회를 구성하는 질문이 되어야 한다. 우리는 교육을 다시 '얼마나 좋은 투자였는가'가 아니라 '얼마나 인간을 품었는가'로 물어야 한다. 그렇게 물을 수 있다면, 교육은 다시 삶의 중심이 되고, 학교는 다시 공공의 시간을 담는 그릇이 될 수 있다.

4.4. 균열된 동반자성 — 구조적 불안 속에서 흔들리는 학부모의 자리

학부모는 학교 행사에 동원되는 존재이기도 했지만 한편으로 교육의 동반자였다. 자녀의 학교생활을 함께 걱정하고, 교사에게 감사를 전하며, 학교 행사에 기꺼이 참여하는 어른의 모습은 공동체적 교육 감각의 일부였다. 그러나 오늘날 서로 다른 정보와 자원, 각기 다른 기대와 불안이 교차하면서 학부모는 서로를 적대하는 익명적 타자가 되었다. 학부모의 감정은 연대가 아니라 경쟁으로, 지지보다 불신으로 기울어졌다. "우리 반만 손해 본 건 아닌가요?", "저 부모는 왜 저렇게까지 하지?" 같은 정서가 팽배한 상황에서, 학부모는 더 이상 '같이 아이를 키우는 어른'이 아니라 '내 아이의 이익을 위해 싸우는 개인'이 된다.

이러한 분열은 곧 학교를 민원 공화국으로 만든다. 학부모의 요구를 처리하는 것이 학교의 일상이 되고, 교사는 요구를 중재하는 관리자 역할에 몰린다. 수업 내용에 대한 항의, 생활 지도 방식에 대한 반발, 평가 결과에 대한 이의 제기까지, 교육의 모든 장면이 의심과 검열의 대상이 된다. 이는 단지 소통의 문제를 넘어, 관계의 구조 자체를 뒤흔든다. 교사는 더 이상 학생과 관계를 맺는 사람이라기보다 학부모와 협상하는 사람처럼 여겨진다. 학생은 부모의 눈으로 교사를 평가하고, 교사는 감정보다 지침, 관계보다 증거를 준비한다. 그 순간 교실은 배움의 공간이 아니라 불신의 감정이 밀도화된 공간이 된다.

이러한 학교는 점점 교육 공동체의 본래 기능을 상실한다. 특히 학교폭력 사건이 발생하는 상황에서 그 해체는 가장 극명하게 드러난다. 피해 학생과 가해 학생을 둘러싼 관계망은 '같은 학교 구성원'이라는 감각보다 '적대적 당사자'라는 법적 지위로 치환된다. 진실보다 정황,

회복보다 처벌, 대화보다 절차가 앞선다. 학교폭력은 단지 학생들 간의 문제가 아니라 학부모 간의 분쟁, 학교에 대한 민원, 교사에 대한 압박으로 이어진다. 그 결과 학교는 사건을 감당하는 공간이 아니라 사건을 피하거나 넘기는 방식으로 운영된다. 교사는 '누군가의 편을 들었다'는 이유만으로 법적 책임의 경계선에 놓인다.

학생은 교사의 눈빛에서 신뢰보다 조심스러움을 먼저 감지하고 교사의 말은 안내가 아니라 회피처럼 느껴진다. 그러한 교실은 수업이 흘러가는 공간이 아니라 정서적 거리와 관계적 단절이 고착되는 공간이 된다. 교사는 스스로를 소진되지 않기 위한 전략 속에 가두고 학생은 자기 삶의 맥락을 수업 속에서 마주하지 못한 채 교문 밖의 세계에 무심히 밀려난다. 교육의 내용은 점점 비어 가고, 학교는 단지 사건을 피하기 위해 기능하는 곳처럼 변해 간다. 교사의 권위는 폭력에 의해 무너지는 것이 아니라 불신과 회피 속에서 점점 사라져 간다.

교사의 감정 노동은 더욱 치열해진다. 겉으로는 웃고 있지만 내면에서는 쉴 새 없이 판단하고 있다. 교무실에서 민원 전화를 받고, 상담실에서 중재 대화를 하며, SNS에서 퍼지는 루머를 사전에 차단하기 위해 끊임없이 관계를 설계하고 방어해야 한다. 그러나 이 감정 노동에는 아무도 보상하지 않는다. 감정은 공적인 자원이 아니며 노동으로 기록되지 않는다. 교사는, 존재하지만 목소리를 낼 수 없고, 피로하지만 쉴 수 없다. 교육은 감정을 억제하며 유지되는 질서가 되었고, 그 억제의 끝에서 교사는 점점 존재의 소진을 경험하게 된다.

가장 심각한 문제는 이 모든 구조가 정상적인 것으로 받아들여지고 있다는 점이다. 학부모 민원은 '학교의 일상'으로 간주되고, 교사의 침묵은 '안정적 운영'의 증표처럼 다뤄진다. 학급 커뮤니케이션은 이미 사적 메시지와 오픈채팅방으로 이동했고, 학교 행정은 민원 대응과 리스크 관리에 집중하게 되었다. 학교는 더 이상 '배움의 장면'을 감당하지 못한다. 모든 장면이 판단과 기록, 피드백과 대응으로 덧씌워진다. 우리는 이 구조 안에서, 교육의 본질적 감각 — 함께 걷고, 함께 실수하고, 함께 성장하는 경험 — 을 잃고 있다.

4.5. 교육을 공공의 감각으로 되돌리기 — 가족 너머 공동체의 상상

가족은 교육의 일차적 책임자가 되었고, 학교는 그 요구에 응답하는 관리 기관으로 변화했다. 부모는 돌봄의 구조가 사라진 자리에서 자신의 감정을 희생해 교육을 감당하고, 학생은 관계 없는 경쟁 속에서 존재의 불안을 혼자 견디며 자란다. 이 고립된 구조 속에서 교육은 '공공의 일'이 아니라 '각자의 짐'이 되어 버렸다. 그러나 교육은 결코 사적 책임으로 환원될 수 없는 고유한 성격을 지닌다. 교육은 사회가 함께 책임져야 할 공동의 시간이며, 타자와 함께 살아가는 방식을 익혀 가는 삶의 감각을 형성하는 과정이다. 우리는 이 감각을 다시 사회 속에서 되살릴 수 있을까?

교육을 공공의 감각으로 되돌리기 위한 첫걸음은 '가족 중심성'의 한계를 자각하는 일이다. '내 학생을 위한 최선'이 전체 교육 질서를 파괴할 수 있다는 감각, 가족 단위의 효율성이 공동체의 불신과 파편화를 부추긴다는 구조 인식이 필요하다. 우리가 사교육의 확산, 교육 경쟁의 격화, 교육 격차의 심화를 목도하면서도 이를 멈추지 못하는 이유는 '좋은 부모'로 살아남기 위한 생존 전략으로 이 모든 문제를 감내하고 있기 때문이다. 그러나 더 이상 이 감당을 개별 가족에게 전가해서는 안 된다. 교육은 사회가 감당할 몫을 회복하는 정치적 과제가 되어야 한다.

그 회복은 관계의 복원을 통해 가능하다. 우리는 교육을 '성과의 시스템'이 아닌 '존재의 만남'으로 다시 구성해야 한다. 아이가 자신의 속도로 배워도 괜찮다고 느낄 수 있는 관계, 부모가 혼자 모든 것을 감당하지 않아도 된다고 안도할 수 있는 사회, 교사가 민원보다 신뢰로 보호받을 수 있는 학교. 이런 장면이 다시 가능해지려면 우리는 교육을 '함께 느끼고 반응할 수 있는 공적 리듬'으로 되돌려야 한다. 그것은 단지 제도의 변화가 아니라 감각의 재배치를 필요로 한다. 타인의 실패에 공감하고, 타인의 자녀를 돌보는 태도를 교육의 윤리로 복원하는 일이다.

여기서 공동체란 행정 단위가 아니라 감응의 연습장이다. 우리는 마을이 학교가 되고, 학교가 마을로 확장되는 교육적 실험을 목격해 왔다. 방과 후 활동을 지역 사회와 연결하고, 다양한 돌봄 프로그램을 마을 단위에서 운영하며, 학부모가 관찰자가 아니라 참여자로 기능하는 구조 속에서 학교는 다시 '공공의 삶'을 담는 공간이 된다.

공공의 감각이 회복되려면 평가와 경쟁의 구조도 함께 변해야 한다. 지금처럼 '개별 성과'를 중심으로 교육이 설계되는 한, 우리는 결국 다시 가족 중심의 교육 체제로 회귀할 수밖에 없다. 학교가 배움의 리듬을 조율하는 공간이 되기 위해서는, 비교와 서열이 아니라 서사와 가능성 중심의 교육 구조로 이동해야 한다. 학생은 '얼마나 빠른가'가 아니라 '무엇을 겪고 있는가'를 중심에 두고 이해해야 하며, 학부모는 '좋은 교육 소비자'가 아니라 '함께 사는 어른'으로 재정의되어야 한다. 이 전환은 평가 이전의 감각, 즉 존재를 바라보는 윤리의 변화에서 비롯된다.

공공성은 제도만으로 회복되지 않는다. 그것은 서로를 향한 감정적 신뢰와 문화적 상상력을 동반해야 한다. 우리가 "당신의 아이가 곧 우리의 아이"라고 말할 수 있을 때, "내가 당신의 아이를 함께 돌보겠다"고 말할 수 있을 때, 교육은 다시 공동의 미래를 설계하는 일이 된다. 이 말은 공허한 이상이 아니라 실제로 지금도 곳곳에서 실천되고 있다. 마을 교사, 협력 강사, 돌봄 활동가, 학부모 자원봉사자들이 그 실마리를 만들고 있다. 문제는 제도가 아니라 이 실천을 지속 가능한 구조로 전환할 수 있는 사회적 상상력이다.

그 상상은 느림에서 출발한다. 빠른 진도보다 함께 걷는 리듬, 경쟁보다 지지의 감각, 성과보다 경험의 공유를 가치로 두는 교육. 학생이 멈춰 있을 수 있는 학교, 부모가 혼자 감당하지 않아도 되는 학교, 교사가 안전하게 질문을 던질 수 있는 학교. 이런 학교는 불가능하지 않다. 그것은 교육을 시간의 흐름 속에서 다시 '공공적인 감응의 질서'로 재조직하는 일이며, 그 시작은 교육을 '내 아이'가 아닌 '우리 모두의 아이'로 바라보는 감각의 회복이다.

5절

보편적 삶이 보편화되지 못하는 공포 :
존재의 경계에 선 삶

질문 왜 어떤 존재는 당연히 교육의 시간에 포함되고
       어떤 존재는 늘 지연되거나 밀려나는가?

5.1. 보편적 삶이라는 신화 — 제도화된 배제와 무너진 상식

교육은 오랫동안 '보편적 삶'을 향한 약속으로 기능해 왔다. 누구나 정해진 나이에 학교에 들어가고, 동일한 교과서로 배우며, 공정한 시험을 통해 성취를 평가받는다는 구조는 교육이 평등의 상징이자 계층 이동의 수단임을 암묵적으로 전제했다. 그러나 이 전제는 오늘날 더 이상 유효하지 않다. '보편적 교육'이라는 말이 여전히 유통되고 있지만, 실제로는 삶의 조건 자체가 극단적으로 분화되어 있다. 학교가 같아도 배움의 접근 방식은 다르고, 수업이 같아도 받아들이는 맥락은 다르다. 우리는 여전히 평등을 이야기하지만, 그것은 접근할 수 없는 평등, 지켜지지 않는 상식, 존재하지 않는 약속이다.

'보편'이라는 말이 의미를 가지려면, 조건의 평등, 감정의 여유, 관계의 안전이 함께 보장되어야 한다. 그러나 현재의 교육은 그런 기반 없이, 오로지 절차의 동일성만을 근거로 보편성을 주장한다. 그 순간 교육은 공정의 형식만 남은 껍데기가 된다.

가장 큰 문제는 이러한 구조가 불평등을 드러내기보다 가리는 방식으로 작동한다는 점이다. 예컨대, 교실 내 학습 부진 문제는 가정 환경이나 신체 조건, 감정적 불안정성과 같은 복합적 요인을 반영하지만, 시스템은 그것을 '학습 태도 부족'이나 '노력 부족'으로 해석한다. '수업에 따라오지 못하는 학생'은 배려의 대상이 아니라 관리의 대상이 되고, 제도의 오차 범위 안에 넣어 제거되는 존재가 된다. 이처럼 보편의 외양은 오히려 배제를 정당화하는 근거로 기능하고 학생은 점점 자기 자신을 '결핍된 존재'로 받아들이게 된다.

이러한 구조는 교육의 감정 구조에도 영향을 미친다. 학교는 '누구에게나 열려 있는 공간'이라 말하지만, 그 안에서 배제된 학생은 자신이 "배제되었다"는 말조차 할 수 없는 위치에 놓인다. 말할 수 없다는 것은 존재할 수 없다는 것이고, 존재하지 않는다는 것은 곧 배움조차 불가능하다는 것이다. 학교는 학생에게 존재를 부여하는 공간이어야 하지만 지금은 오히려 존재를 지우는 방식으로 유지된다. 그리하여 누구나 입장할 수 있지만 누구나 배움에 도달하지 못하는 공간, 그것이 오늘날 학교의 또 다른 얼굴이다.

교사는 이러한 배제를 매일 목격한다. 수업에 집중하지 못하는 학생, 준비물 없이 등교하는 학생, 발표하지 않는 학생, 친구를 피하는 학생, 쉬는 시간마다 복도를 배회하는 학생. 이들은 모두 제도의 '보편성'에 어긋나는 예외자로 분류되지만, 실은 제도 안에 포함되지 못한 사람들이다. 교사는 이들을 품고 싶지만 시스템은 그 여유를 허락하지 않는다. 빠듯한 진도, 정해진 평가, 형식화된 관리 구조는 교사로 하여금 그들을 '도와야 할 존재'가 아닌 '해결해야 할 문제'로 보게 만든다. 그 순간 교육은 존재의 감응이 아니라 규격화된 반응만을 허용하는 체계로 전락한다.

이렇게 보편성은 제도의 이상이 아니라 현실을 은폐하는 장치가 된다. 모두를 위한 교육이라는 말은 선하지만, 그것이 의미를 가지려면 삶의 조건을 감당할 수 있는 구조적 준비와 감정적 여유가 필요하다. 지금의 보편성은 그러한 준비 없이 선언되었기에 누구에게도 닿지 못한다. 진정한 보편성이란 차이를 포함할 수 있는 구조, 다름을 감당할 수 있는 리듬, 예외가 배제되지 않는 시간 설계 안에서만 가능하다. 그것이 없을 때, 우리는 '보편'을 말하면서 동시에 무수한 존재를 지우는 교육을 실행하고 있는 셈이다.

5.2. 존재의 위계화 — 생존은 남고 삶은 지워지는 교육체계

지금의 교육은 더 이상 존재를 보지 않는다. 대신 '보이는 것'을 기준으로 순위를 매기고, 수치를 기준으로 기회를 분배한다. 성적, 수행 평가, 수상 실적, 비교과 포트폴리오, 심지어 교사의 피드백까지도 모두 정량화 가능한 정보로 변환된다. 학생은 평가 항목의 조합으로 구성된 '결과'로 환원되고, 이 결과는 다시 상급 학교 진학, 장학금, 학급 배정, 추천서 작성 등 구체적인 분기점에서 결정적인 역할을 한다. 이 구조 속에서 학생의 삶은 존재의 리듬이 아니라 측정 가능성과 수치화의 역량에 따라 위계화된다. 삶은 사라지고 살아남기 위한 경쟁만이 남는다.

이 위계는 단지 성적에 관한 것이 아니다. 존재의 의미와 위치 자체가 평가 구조에 따라 달라지는 체계다. '성실한 학생'이라는 평가는 '성취도 높은 학생'이라는 수식어 없이는 인정받기 어렵고, 예술적 감수성이 뛰어난 학생은 '진로에 도움이 되는 특기'로 포장되어야만 보호받는다. 반면, 느리게 배우는 학생, 실수로 성장하는 학생, 반복을 통해 감각을 익히는 학생은 시스템의 기준에서 점점 밀려난다. 이 배제는 단순한 소외가 아니라 존재의 위계화를 통한 비가시화의 구조다. 교육은 학생을 받아들이지 못하는 것이 아니라 어떤 학생만을 받아들이는 체계로 작동한다.

이러한 존재 위계는 배움의 리듬을 파괴한다. 배움은 본래 개인마다 다른 속도, 방식, 계기를 갖는 유기적 과정이다. 그러나 현재 교육 시스템은 배움의 시간에 여유를 두지 않는다. 진도표와 수행 일정, 평가 스케줄은 개별적 리듬을 무시하고 속도의 평준화를 강제한다. 이때 빨리 익히는 학생은 '우수'로 분류되고, 천천히 익히는 학생은 '문제아'로 낙인찍힌다. 배움은 '자기화의 경험'이 아니라 누구보다 먼저 통과해야 하는 관문으로 전환된다. 존재는 발화할 수 없고 살아남은 자만이 목소리를 가진다.

더욱 심각한 것은 이 위계가 감정의 구조까지 규정한다는 점이다. 교육 시스템은 학생들에게 "스스로를 평가하라"고 요구한다. '나는 몇 등인가?', '나는 상위 몇 퍼센트인가?', '나는 남들보다 앞서 있는가?'라는 질문은 존재에 대한 비교 감각을 내면화하게 만든다. 그러나 존재는 비교될 수 없다. 존재는 각자의 서사와 결, 감정과 경험을 통해 살아가는 유일성이다. 교육이 존재를 비교하게 만드는 순간, 학생은 자기를 증명해야 한다는 강박 속에 살아가게 된다. 이는 존재의 소외가 아니라 존재의 자가 삭제다. 학생은 점점 자신을 '기록할 수 없는 존재'로 인식하게 된다.

이 위계는 교실의 풍경을 바꾼다. 발표를 잘하는 학생, 과제를 꼼꼼히 제출하는 학생, 자기소개서에 쓸 수 있는 활동을 많이 한 학생은 중심에 서고, 그렇지 못한 학생은 배움의 주변부로 밀려난다. 교사는 모든 학생을 사랑한다고 말하지만, 시스템은 '잘하는 학생'을 먼저 주목하게 만든다. 그 주목은 곧 관계의 불균형으로 이어지고, 학생들은 교사의 시선에서 자기 존재의 가치를 판단한다. 학교는 더 이상 존재를 발굴하는 공간이 아니라 존재의 우열을 분류하는 질서가 된다. 이 분류의 결과, 학교는 서열화된 감정만이 허용되는 공간이 된다.

이러한 구조는 존재의 존엄성을 전제하지 않는다. 성적이 낮은 학생은 삶에 대해 말할 기회를 얻기 어렵고, 돌봄이 필요한 학생은 시스템의 '지원 대상'이지만 동시에 '관리 대상'이기도 하다. 존재의 존엄이란, 성과나 상태와 무관하게 인간으로서 존중받을 권리를 말한다. 그러나 현재 교육은 이 존엄을 성과 조건부로 지급한다. 존재는 고정된 것이 아니라 끊임없이 조건화되고, 그것이 충족되지 않으면 감정조차 인정받기 어렵다. 학생은 스스로를 정당화해야만 말할 수 있는 위치에 올라설 수 있고 그렇지 않으면 침묵당한다.

이 구조에서 살아남기 위해 학생은 존재의 외피를 벗고 '성과의 주체'가 되어야 한다. 감정을 지우고, 실패를 감추고, 남들과 다름을 설명 가능한 전략으로 포장해야 한다. 그러지 않으면, 그는 학교라는 사회에서 존재할 수 없는 사람이 된다. 존재의 위계화란 단지 경쟁의 결과가 아니다. 그것은 삶의 감각이 계층화되고, 교육이 그것을 정당화하는 질서로 고착되는 일이다. 우리는 이것을 더 이상 '정상적인 학교 운영'이라 부를 수 없다.

그러므로 교육은 다시 존재를 보아야 한다. 성적 이전의 감정, 과제 이전의 기질, 시간 이전의 리듬을 인정할 수 있는 시스템이 필요하다. 존재는 서열이 아니라 응답의 요청이다. 교육은 그 요청에 귀 기울이고, 관계를 통해 반응하는 일이다. 그 일이 회복되지 않는 한, 학교는 계속해서 생존은 허용하되 삶은 지워 버리는 공간으로 작동할 것이다. 우리는 교육을 다시 삶의 언어로 복원해야 한다. 그것이 존재를 위계화하지 않는 교육, 존재를 해방하는 교육의 출발점이다.

5.3. 공포의 내면화 — 정상성의 규범과 비교의 정서 구조

교육은 본래 삶을 열어 주는 감정의 공간이어야 한다. 그러나 오늘날 학교는 정서적으로 '정상적'이어야만 살아남을 수 있는 환경이 되었다. "잘하고 있어", "괜찮아", "다르게 생각해도 돼"라는 말은 교사와 친구 사이에서 점점 사라지고, 그 자리를 "평균보다 떨어지면 안 돼", "지금 이 페이스 놓치면 끝이야"라는 내면의 경고음이 대신한다. 학생은 자신의 상태를 끊임없이 점검하고, 타인의 시선이 아닌 자기 안의 기준에 의해 스스로를 감시한다. 이 감정 구조는 단순한 불안이 아니라 교육이 만든 감정 장치로서의 공포다. 공포는 외부에서 오지 않는다. 공포는 안에서 자란다.

이 공포는 비교의 구조 안에서 길러진다. 시험은 명시적으로 순위를 매기지만 학교생활은 암묵적으로 비교 가능한 인간상을 반복적으로 강화한다. 친구보다 먼저 손 드는 학생, 더 매끄럽게 말하는 학생, 정확한 정답을 제시하는 학생이 주목받고, 그렇지 못한 학생은 배움의 주변부로 밀려난다. 중요한 것은 이 비교가 점수를 넘어서 존재의 가치로 이어진다는 점이다. 학생은 성적만 비교하는 것이 아니라 존재 자체가 '부족하다'고 느끼기 시작한다. 이것이야말로 비교가 공포로 전환되는 지점이다. 비교는 경쟁이지만, 공포는 자기부정이다.

정상성은 이 공포를 정당화한다. 학교는 '평균적인 성장 경로', '예측 가능한 정서 반응', '질서 있는 참여 태도'를 전제한다. 그러나 모든 학생이 같은 속도로 자라고, 같은 방식으로 반응하며, 같은 질서를 내면화하는 것은 불가능하다. 그럼에도 시스템은 정상에서 벗어난 학생을 문제적 존재로 호명하고, 교사는 그 학생을 '지도 대상'으로, 친구는 '불편한 존재'로 인식하게 된다. 정상성은 안전을 위한 규범처럼 보이지만, 실상은 배제의 기술로 기능하는 감정 정치다. 공포는 그 규범을 벗어날까 두려워하며 학생을 침묵시키고 수치를 내면화시킨다.

이 공포는 무력감과 함께 작동한다. 학생은 실패를 두려워하고, 틀림을 숨기며, 감정을 표현하지 않는다. 교실에서 손을 들지 않고, 모둠 안에서도 말하지 않으며, 시험에서는 눈에 띄지 않으려 애쓰는 학생. 그들은 모두 비교와 규범 속에서 자기 존재를 지우는 법을 배운 학생들이다. 중요한 것은 그 누구도 그것을 문제라고 말하지 않는다는 점이다. 교사는 침묵을 '소극성'이라 진단하고, 친구는 무반응을 '이상함'으로 해석하며, 시스템은 그들을 '일반적인 학생'과 분리된 관리 대상으로 분류한다. 이 순간, 공포는 문화가 된다.

공포의 내면화는 감정의 구조뿐 아니라 시간의 구조까지 바꿔 놓는다. 학생은 늘 '다음 시험', '다음 평가', '다음 성과'를 생각하며 현재의 감정을 유예한다. 지금 느끼는 불안은 '더 나은 미래'를 위해 잠시 견뎌야 할 감정으로 처리되고, 슬픔과 분노는 '감정 조절 능력 부족'으로 간주된다.

교사도 이 감정의 통제 구조에 예속되어 있다. 감정이 풍부한 교사는 '감정적'이라는 평가를 받기 쉽고, 학생과 감정적으로 엮이는 교사는 '객관성 부족'으로 비판받는다. 감정은 교육에서 위험 요소가 되고, 교사는 그 위험을 피하기 위해 감정을 제거하거나 위장한다. 그러나 감정 없는 교육은 감응 없는 관계를 낳고, 감응 없는 관계는 결국 공포만 남긴다. 우리는 지금 '불안하지 않기 위해 아무것도 말하지 않는 교사'와 '틀리지 않기 위해 아무것도 시도하지 않는 학생'이 함께 있는 교실을 만들어 가고 있다. 그것이 공포의 문화다.

공포의 내면화는 치유되지 않는다. 그것은 멈추지 않고 세대와 관계를 타고 전이된다. 부모는 자기 자녀가 같은 공포를 겪지 않게 하려고 더 많은 사교육과 통제를 선택하고, 교사는 다음 세대 교사에게 "조심하라"는 말부터 먼저 건넨다. 감정의 회복이 없다면, 공포는 구조가 아니라 정서적 유전자가 되어 교육을 지속적으로 왜곡시킬 것이다. 우리는 이 유전을 멈출 수 있을까?

공포를 멈추는 일은 감정의 복원에서 출발한다. 비교 이전의 자기 감정, 정상성이라는 거울이 아닌 서로의 눈을 통해 발견되는 존재, 실패 이후의 회복 감각. 이것이 살아 있는 교육의 감정 구조다. 우리는 학생들이 실패할 수 있도록, 틀릴 수 있도록, 멈출 수 있도록 허용해야 한다. 그것이 공포를 제거하는 것이 아니라 공포를 통과하는 교육이다. 정서적 용기를 회복할 때, 교육은 다시 존재를 감싸는 감응의 시간으로 돌아갈 수 있다.

5.4. 사적 생존 전략과 공적 교육의 해체
— 전략화된 생존, 해체되는 공공 감각

오늘날의 교육은 더 이상 '공적으로 살아가는 법'을 가르치지 않는다. 그 대신 각자 살아남는 법, 뒤처지지 않는 법, 나만은 실패하지 않는 법을 익히는 곳이 되었다. 이 구조 속에서 학생은 시민이 아니라 경쟁자가 되고, 학부모는 동료가 아니라 관리자 혹은 전략가가 되며, 교사는 관계의 설계자가 아니라 감정의 관리자 혹은 성과의 집행자가 된다. 우리는 여전히 교육을 '공공재'라고 부르지만, 실상은 점점 더 사적 생존 전략이 중심이 되는 공간으로 바뀌고 있다.

이러한 전환은 단지 가치의 혼란이나 태도의 변화 때문이 아니다. 그것은 교육이 속한 사회 구조 자체가 생존의 전략화, 공동체의 해체를 강제하고 있기 때문이다. 비정규직의 일상화, 주거 불안, 돌봄의 위기, 고령화에 대한 책임 구조는 모두 개인의 불안을 증폭시키고, 그 불안은 교육에서 '내 아이만은 살아남아야 한다'는 전략으로 변환된다. 부모는 정보를 모으고, 비교하고, 분노하고, 조정한다. 그러나 그 과정에서 서로를 신뢰하지 못하고, 공통의 규범도 무너진다. 생존의 전략은 사적이지만, 그 결과는 교육의 공동체적 기반을 허무는 방식으로 나타난다.

공공 교육이란 단지 '공공이 책임지는 교육'이 아니라 교육이 공공의 감각을 형성하는 경험이어야 한다는 것까지 포괄한다. 그러나 현재의 구조는 교육을 통해 공공성을 배우는 것이 아니라 오히려 교육에서 공공성을 의심하고 회피하게 만든다. 학생은 협력을 학습하기보다 협력을 통한 배신의 위험을 먼저 학습하고, 부모는 학교와 신뢰를 쌓기보다 '조심하는 법'을 먼저 익힌다. 교육은 더 이상 공동체를 상상하는 장이 아니라 공동체를 해체하는 감정의 체계로 작동한다. 각자의 생존은 실재하지만, 그 생존을 연결할 수 있는 언어는 사라지고 있다.

5.5. 존재의 교육, 다시 묻기 — 감응적 보편성과 느린 공교육의 윤리

나는 다시 묻는다. '교육은 누구를 위한 것인가.' '누구의 시간을, 누구의 감정을, 누구의 리듬을 중심에 놓고 설계되고 있는가.' 지금까지의 교육은 존재를 중심에 두는 대신, 기능과 성과를 기준으로 사람을 분류하고 비교하며 배제해 왔다. 제도는 평등을 말하지만 차이를 보지 못했고, 수치는 공정을 주장하지만 존재를 보지 못했다. 그 결과 교육은 함께 살아가는 삶의 기반이 아니라 삶에서 가장 멀리 떨어진 기술적 질서가 되어 버렸다. 우리는 다시 존재의 언어로, 존재의 시선으로 교육을 묻지 않으면 안 되는 지점에 도달해 있다.

존재의 교육이란, 학습자 한 사람 한 사람이 고유한 리듬과 감각을 가진 존재로 존중받는 교육이다. 그것은 '똑같은 교육을 제공함'이 아니라 다르게 반응할 수 있도록 설계된 공공성이다. 기존의 평등은 결과의 균질화에 집착했고, 기존의 공정은 속도의 평준화에 몰두했다. 그러나 존재는 빠르지 않고, 선형적이지 않으며, 성취되지 않아도 유효하다. 교육은 바로 그 존재의 특이성, 느림, 반복, 멈춤, 우회, 침묵에 반응할 수 있어야 한다. 존재를 수용하는 교육은 가르치는 자와 배우는 자 모두에게 '시간을 허락하는 교육'이다.

이 시간은 단지 느린 템포의 문제가 아니다. 그것은 존재의 시간을 감당할 수 있는 공교육의 윤리와 직결된다. 성취 중심 교육은 실패를 회피하게 만들지만, 존재 중심 교육은 실패를 감내하게 만든다. 그 감내의 과정에서 학생은 자기시간을 회복하고, 교사는 그 시간에 함께 머무를 수 있는 인내와 감응의 태도를 갖추게 된다. 공교육은 바로 그 기다림의 책임을 감수하는 시스템이어야 한다. 존재는 관리되지 않으며 배움은 예측되지 않는다. 존재의 교육은 그러한 우연성과 예외성을 제도적으로 보호하는 방향으로 설계되어야 한다.

감응적 보편성이란, '모두에게 똑같이'가 아니라 '모두의 다름에 반응하는 방식'으로 구현되는 보편성이다. 그것은 수치와 절차 이전에 감정과 관계를 전제하며, 효율 이전에 응답 가능성을 중심에 둔다. 보편적 교육이 가능하려면, 학생 한 사람의 삶이 다른 누구에게도 무관하지 않다는 존재론적 연대의 감각이 회복되어야 한다. 학교는 그 감각이 일어나는 장소여야 하고, 교사는 그 감각을 설계하는 윤리적 기획자여야 한다. 그것이 공교육이 감당해야 할 가장 깊은 윤리다.

그러나 이러한 전환은 제도의 선언만으로 이루어지지 않는다. 그것은 감각의 전환에서 출발해야 한다. '이 학생은 지금 말할 준비가 되었는가?', '나는 이 학생의 침묵에 반응할 준비가 되었는가?'를 묻는 감각. 존재의 교육은 수업 방식의 변화나 평가 제도의 개편이 아니라 교육을 구성하는 모든 관계의 형식 자체를 다시 구성하는 일이다. 비교 대신 만남, 평가 대신 응시, 통제 대신 기다림이 중심이 되는 관계 설계가 필요하다. 느린 교육은 비효율이 아니라 존재를 놓치지 않는 교육의 감각이다.

공교육이 다시 살아나려면, 우리는 용기를 내야 한다. 결과를 유보할 용기, 실패를 허용할 용기, 학생의 리듬에 감응할 용기. 이 용기는 비관이 아니라 희망에서 출발한다. 존재를 감싸는 교육은 언제나 느리며, 감정의 응답은 언제나 모호하고, 관계는 언제나 불확실하다. 그러나 그 느림과 모호함, 불확실성을 감당하는 구조야말로 교육의 윤리적 토대가 된다. 우리는 그 기반을 다시 복원해야 한다. 그래야 교육은 존재를 수치로 환원하지 않고, 존재가 교육 안에 머물 수 있도록 지켜 낼 수 있다.

결국 존재의 교육이란, 서로가 서로의 시간에 반응하는 윤리적 행위다. 교사는 학생의 서사에 응답하고, 학생은 교사의 목소리에 귀 기울이며, 학부모는 자녀의 실패를 감당할 수 있는 사회를 상상한다. 이러한 상상은 추상적 이념이 아니라, 교육의 구조 안에 실재해야 할 감각이다. 존재의 교육은 정해진 커리큘럼이나 평가 기준만으로는 담을 수 없다. 그것은 계획된 흐름이 아니라 함께 머무르고 응시하는 관계 속에서 비로소 형성된다. 존재는 교육의 주변이 아니라 교육 그 자체여야 한다.

우리는 이제 교육을 다시 '존재의 사유'로 돌려놓아야 한다. 그 사유는 물음에서 시작된다. '나는 이 학생의 존재에 응답하고 있는가?' '학교는 존재를 가르치고 있는가?' '공교육은 존재를 기다리고 있는가?' 이 질문에 '그렇다'고 말할 수 있을 때, 우리는 비로소 교육을 다시 시작할 수 있다. 그때 교육은 생존의 도구가 아니라 함께 살아가는 존재들의 리듬을 조율하는 공공의 시간이 된다.

---- 그라운드 제로 ----
사유의 혈관들

1. 가족개인주의

가족개인주의 familial individualism 는 한국 사회의 개인이 가족이라는 보호막 속에서 성장하지만, 동시에 그 안에서 자율성과 자기표현을 제약받는 구조를 의미한다. '가족개인주의'는 김동춘이 한국의 근대화 과정에서 형성된 독특한 개인주의 구조를 분석하며 사용한 개념으로, 전통적 가족주의와 신자유주의적 자기책임 담론이 결합된 이중적 긴장을 드러내기 위해 고안되었다. 이 책에서는 교육에서 학생이 가족의 기대와 사회적 경쟁 사이에서 자기 존재를 연출하면서도 정서적으로 억압되는 상태를 설명하기 위해 이 개념을 활용했다.

관련 문헌

김동춘(2020). **한국인의 에너지, 가족주의 - 개인의 보호막과 지위상승의 발판인 가족**. 피어나.

2. 공감 없는 공정

공감 없는 공정 fairness without empathy 은 교육의 평등성과 정당성이 감정과 맥락의 고려 없이 절차화된 기준으로만 작동하는 상태를 지칭한다. 이 책에서는 학생이 서로의 고통을 이해하거나 교사가 맥락 속에서 판단하기보다는, 공정이라는 이름 아래 감정을 배제한 채 비교와 정량화에 매몰되는 현실을 비판적으로 분석한다. '공감 없는 공정'이라는 개념은 한국 교육의 제도적 감정 결핍을 구조화된 윤리의 실패로 사유하기 위해 사용하였다.

관련 문헌

거트 비에스타, 이민철 옮김(2023). **우리는 교육에서 무엇을 평가하고 있는가**. 씨아이알.

리처드 세넷, 김홍식 옮김(2022). **장인 - 현대문명이 잃어버린 생각하는 손**. 아르테.

리처드 세넷, 유강은 옮김(2025). **불평등 사회의 인간 존중**. 문예출판사.

Ahmed, S.(2004). *The cultural politics of emotion*. Edinburgh University Press.

3. 관계의 액체화

관계의 액체화liquid relationship는 지그문트 바우만Zygmunt Bauman이 『액체근대』와 『리퀴드 러브』에서 제시한 핵심 개념 중 하나로, 후기 근대 사회에서 인간관계가 더 이상 안정적인 유대solid bond를 유지하지 못하고, 일시적이고 파편적인 관계로 전락하는 현상을 지칭한다. 바우만은 이와 같은 액체적 관계를 '언제든 취소 가능한 계약적 연결'로 설명하며, 인간 사이의 정서적 신뢰와 도덕적 책임이 점점 더 소모적 소비의 대상으로 전환되고 있다고 진단한다.

교육 공동체 역시 이러한 '관계의 액체화'의 영향을 깊게 받고 있다. 교사-학생, 교사-학부모, 학생-학교 간의 관계가 돌봄과 공감이라는 윤리적 토대 위에 놓이기보다 성과의 평가, 정책의 잣대, 감시의 언어로 재구성되면서 신뢰의 기반이 제도적으로 침식되고 있다. 교육에서 신뢰란 단지 '좋은 관계'를 넘어서 존재의 지속성과 관계의 윤리를 가능케 하는 공간이다. 바우만의 말처럼, 신뢰 없는 사회는 인간이 서로에게 도구로만 기능하게 되는 사회이다. 이 책에서 지적하는 것은 '신뢰의 상실'이 아니라 '신뢰가 불가능한 구조' 자체의 제도화이며, 따라서 이는 교육과 사회가 공동으로 감당해야 할 윤리적 질문이다.

관련 문헌

지그문트 바우만, 이일수 옮김(2009). **액체근대**. 강.

지그문트 바우만, 권태우·조형준 옮김(2013). **리퀴드 러브 - 사랑하지 않을 권리**. 새물결.

Bauman, Z.(2000). *Liquid modernity*. Polity Press.

Bauman, Z.(2003). *Liquid love: On the frailty of human bonds*. Polity Press.

Bauman, Z.(2005). *Liquid life*. Polity Press.

Bauman, Z.(2007). *Liquid times: Living in an age of uncertainty*. Polity Press.

4. 교육의 비존재 시간

교육의 비존재 시간time of non-being in education은 학생이 자기리듬으로 사유하고 감응할 수 있는 시간이 제거된 채, 존재하지 않는 듯 작동하는 교육의 시간 구조를 지칭한다. 이 책에서는 시간표와 성과 중심 루틴이 학생을 잠재력 있는 주체가 아니라 '수행하는 객체'로 위치시키며, 배움의 시간에 존재할 수 없게 만드는 상황을 이 개념을 통해 설명했다. '비존재의 시간'은 교육이 존재를 소환하지 못하는 구조라는 철학적 문제의식을 담는다.

관련 문헌

거트 비에스타, 곽덕주·박은주 옮김(2024). **가르침의 재발견**. 다봄교육.

거트 비에스타, 곽덕주·박은주·최진 옮김(2024). **교육의 아름다운 위험**. 교육과학사.

거트 비에스타, 이민철 옮김(2024). **학습자와 교육과정을 넘어 - 세계와 함께하는 교육**. 씨아이알.

파울루 프레이리, 한준상 옮김(2003). **교육과 정치의식**. 한국학술정보.

파울루 프레이리, 남경태 옮김(2018). **페다고지**. 그린비.

하르트무트 로자, 김태희 옮김(2020). **소외와 가속**. 앨피.

하르트무트 로자, 유영미 옮김(2025). **공명 사회**. 니케북스.

한나 아렌트, 이진우 옮김(2019). **인간의 조건**. 한길사.

5. 미래의 식민화

미래의 식민화colonization of the future는 학생의 현재가 미래 성공이라는 목표 아래 통제되고 조직되며, 현재의 감정과 삶의 리듬이 삭제되는 시간 구조를 의미한다. 이 책에서는 입시와 비교과 실적, 진로 설계 등이 미래의 입장권을 만드는 장치로 기능하면서, 학생의 '지금-여기'를 식민화하는 과정을 이 개념으로 분석했다. '식민화'는 시간 구조가 단순한 예측이 아니라 존재를 침범하는 방식으로 작동한다는 점을 비판적으로 드러내기 위한 비유적 표현이다.

관련 문헌

Adam, B.(1995). *Timewatch: The social analysis of time*. Polity Press.

Nowotny, H.(1994). *Time: The modern and postmodern experience*. Polity Press.

6. 성과의 무한 루프

성과의 무한 루프endless loop of performance는 성과가 목표가 아니라 존재를 정당화하는 지속적 조건으로 변형되며, 학생과 교사가 끊임없이 자기 자신을 증명해야 하는 구조를 의미한다. 이 책에서는 학습이 멈춤과 사유 없이 계속해서 새로운 과업으로 치환되고, 피드백과 실적이 순환되며 존재가 소진되는 현실을 이 개념을 통해 분석했다. '무한 루프'라는 표현은 성과주의가 끝나지 않는 압박으로 개인을 구조화하고, 배움이 자기갱신이 아닌 자기소진이 되는 과정을 직관적으로 드러내기 위해 선택되었다.

관련 문헌

하르트무트 로자, 김태희 옮김(2020). **소외와 가속**. 앨피.

한병철, 김태환 옮김(2012). **피로사회**. 문학과지성사.

Ball, S. J.(2003). The teacher's soul and the terrors of performativity. *Journal of Education Policy*, 18(2), 215-228.

7. 절차적 공정성의 폭력

절차적 공정성의 폭력violence of procedural fairness은 평등한 절차를 강조하면서도 실질적 맥락과 정서적 차이를 지워 버리는 구조적 폭력을 의미한다. 이 책에서는 입시와 평가가 동일한 형식과 기준을 강제하면서 감정, 배경, 관계의 층위를 무시하고, 오히려 불공정한 구조를 강화하는 방식으로 작동함을 이 개념을 통해 설명했다. '폭력'이라는 번역어는 억압이 물리적이지 않더라도 존재와 감정에 대한 무시가 제도적 잔혹성으로 이어진다는 점을 드러내기 위해 선택되었다.

관련 문헌

미셸 푸코, 오생근 옮김(2020). **감시와 처벌 - 감옥의 탄생**. 나남출판.

한병철, 김태환 옮김(2013). **시간의 향기 - 머무름의 기술**. 문학과지성사.

한병철, 김태환 옮김(2014). **투명사회**. 문학과지성사.

8. 조용한 혁명과 자기표현 가치

조용한 혁명과 자기표현 가치silent revolution and self-expression values는 정치·경제적 압축 성장을 이룬 한국 사회가 정서적 자율성과 감정의 회복, 공공성으로의 이행에 실패했다는 진단에서 출발한다. 이 책에서는 잉글하트의 '조용한 혁명' 개념을 비판적으로 확장하며, 교육이 여전히 생존 중심, 결과 중심 구조에 머물러 학생의 자기표현과 감정 발화를 허용하지 못하는 구조적 병리를 설명하는 데 '조용한 혁명'이 비껴간 대한민국, 낮은 '자기표현 가치'라는 개념을 사용했다. '자기표현 가치'는 단순한 창의성 개념이 아니라 타자에 대한 개방성을 뜻하며, 민주주의와 교육의 윤리를 연결하는 핵심 개념이라고 판단하였다.

관련 문헌

로널드 잉글하트·크리스찬 웰젤, 지은주 옮김(2011). **민주주의는 어떻게 오는가**. 김영사.

로널드 잉글하트, 박형신 옮김(2023). **조용한 혁명 - 탈물질주의 가치의 출현과 정치 지형의 변화**. 한울아카데미.

박권일(2021). **한국의 능력주의 - 한국인이 기꺼이 참거나 죽어도 못 참는 것에 대하여**. 이데아.

유시민(2009). **후불제 민주주의**. 돌베개.

9. 존재의 위계화

존재의 위계화 hierarchization of being는 학생의 고유한 리듬, 정체성, 감정이 존중되지 않고, 성적·스펙·성과 중심으로 존재 가치가 서열화되는 교육 구조를 지칭한다. 이 책에서는 입시가속체제가 학생을 '될 만한 사람'과 '될 수 없는 사람'으로 분류하는 존재적 분절을 만들며, 시간조차 계층화하는 현실을 이 개념을 통해 비판했다. '존재의 위계화'는 교육이 사회적 위계 구조를 재생산하는 방식으로 기능한다는 점을 드러내기 위해 사용하였다.

관련 문헌

가이 스탠딩, 안효상 옮김(2024). **시간 불평등 - 시간의 자유는 어떻게 특권이 되었나**. 창비.

더글라스 다우니, 최성수·임영신 옮김(2023). **학교의 재발견 - 학교가 불평등의 주범이라는 착각**. 동아시아.

로버트 D. 퍼트넘, 정태식 옮김(2017). **우리 아이들 - 빈부격차는 어떻게 미래 세대를 파괴하는가**. 페이퍼로드.

리처드 리브스, 김승진 옮김(2019). **20 VS 80의 사회 - 상위 20퍼센트는 어떻게 세습되는가**. 민음사.

마사 C. 누스바움, 한상연 옮김(2015). **역량의 창조 - 인간다운 삶에는 무엇이 필요한가?**. 돌베개.

마이클 영, 유강은 옮김(2020). **능력주의 - 2034년, 평등하고 공정하고 정의로운 엘리트 계급의 세습 이야기**. 이매진.

미노슈 샤피크, 이주만 옮김(2022). **이기적 인류의 공존 플랜 - 21세기를 위한 새로운 사회계약**. 까치.

샘 프리드먼·대니얼 로리슨, 홍지영 옮김(2024). **계급 천장**. 사계절.

셰이머스 라만 칸, 강예은 옮김(2019). **특권 - 명문 사립 고등학교의 새로운 엘리트 만들기**. 후마니타스.

아네트 라루, 박상은 옮김(2012). **불평등한 어린 시절 - 부모의 사회적 지위와 불평등의 대물림**. 에코리브르.

아마르티아 센, 정미나 옮김(2018). **세상은 여전히 불평등하다**. 21세기북스.

아마르티아 센, 이규원 옮김(2021). **정의의 아이디어**. 지식의 날개.

조국(2022). **가불 선진국 - 연대와 공존, 사회권 선진국을 위한 제언**. 메디치미디어.

파울루 프레이리, 한준상 옮김(2003). **교육과 정치의식**. 한국학술정보.

피에르 부르디외, 최종철 옮김(2005). **구별짓기 - 문화와 취향의 사회학(상)**. 새물결.

피에르 부르디외, 최종철 옮김(2005). **구별짓기 - 문화와 취향의 사회학(하)**. 새물결.

Ball, S. J.(2005). *Education policy and social class: The selected works of stephen ball*. Routledge.

10. 학습의 외주화

학습의 외주화 outsourcing of learning는 학교가 배움의 장소가 아니라 관리·점검의 장소로 전락하고, 실제적인 학습은 사교육 시장에 위임되는 구조를 지칭한다. 이 책에서는 교사의 수업이 성과 중심 루틴에 갇히고, 학생은 실질적인 배움을 교실 밖에서 해결해야 하는 현실을 비판하면서 이 개념을 사용한다. '외주화'라는 용어는 교육의 내실이 내부적으로 생성되지 못하고 외부화되는 구조적 실패를 드러내기 위해 사용하였다.

관련 문헌

거트 비에스타, 곽덕주·박은주·최진 옮김(2024). **교육의 아름다운 위험**. 교육과학사.

리처드 세넷, 유강은 옮김(2025). **불평등 사회의 인간 존중**. 문예출판사.

제1부

입시가속체제와 시간정치

| 여는글 |

시간은 누구의 것인가

　나는 오늘도 정해진 시간에 교문을 지나 교장실로 들어선다. 그러나 그 '정해짐'이 어제부터였는지, 그제부터였는지, 언제부터였는지를 나는 알 수 없다. 학교의 하루는 항상 시작되지만, 그 시작은 더 이상 누군가의 시간으로 여겨지지 않는다. 나는 시간을 열지 않고 시간을 맞이한다. 이곳은 시간이 살아 있는 공간이 아니라 시간에 의해 조율되는 구조다. 학생들이 등교할 때 걷는 속도조차 우리는 이미 예상하고 있다. 그들의 리듬은 언제부터 통제되기 시작했는가. 나는 그 질문을 안고 학교의 하루를 연다.

　우리는 오랫동안 '무엇을 가르칠 것인가'를 중심에 둔 교육 논의에 익숙해져 왔다. 그러나 그 질문이 작동하는 방식에는 늘 전제가 있다. 언제 가르칠 것인가. 얼마나 빠르게. 얼마나 많이. 얼마나 예측 가능한 방식으로. 그렇게 시간은 교육의 전제가 되었고, 어느 순간부터는 그 자체가 교육을 지배하기 시작했다. 나는 이를 '입시가속체제'라 부른다. 이 체제는 단지 입시 경쟁이 과열된 구조가 아니다. 그것은 선택과 누적, 예측과 통제라는 시간 코드로 구성된 교육 시스템이며, 교육을 점점 더 좁고 빠르게, 그리고 통제 가능하게 만든다. 그 안에서 우리는 누구를 잃고 있는가.

시간을 분석하지 않으면 교육은 늘 제도와 성과의 언어에 갇힌다. 학생들의 고유 리듬이 존중받지 않는 교실, 교사의 사유가 시간표에 흡수되는 조직, 교장이 관리자라는 이름으로 감응을 지우는 구조. 이 모두가 시간의 문제이며, 존재의 문제다. 우리는 시간을 관리하는 자들이 아니라 시간을 살아가는 존재들이다.

제1부에서는 입시가속체제가 어떻게 시간의 권력 구조로 작동하고, 그것이 학교 현장에 어떤 병리를 남겼는지를 분석한다. 그리고 그 병리의 핵심이 시간에 있음을 드러낸다. 각 장은 입시가속체제의 형성과 작동 원리를 해부하고, 그 안에 감춰진 시간 통치의 메커니즘을 드러낸다.

나는 다시 묻는다.
오늘 이 교실의 시간은 누구의 것이었는가.
그리고 우리는 그 시간 속에서 존재했는가, 단지 견뎠는가.

| 제1장 |

존재를 삼키는
속도의 구조

1절

가속사회란 무엇인가 :
가속은 어떻게 존재를 재구성하는가

질문 왜 학생들은 배우기 전에 먼저 달리도록 요구받는가?

가속은 단순히 기술의 속도 향상이나 사회 변화의 속도에 대한 진단이 아니다. 그것은 인간 존재를 구성하는 리듬, 감각, 관계의 조건을 근본적으로 변형시키는 구조다. 우리가 더 많은 것을 더 짧은 시간에 해내는 것을 당연하게 여길 때, 시간은 더 이상 삶의 배경이 아니라 생산성의 도구가 된다. 이 도구화된 시간 속에서 인간은 자신을 압축하며 살아가고, 교육은 이 흐름의 선두에 놓이게 된다. 학교는 배움의 주무대라기보다 속도에 조응하는 체계의 하위 구조로 변모하고 있다. 교실은 진도표와 성취 기준에 따라 작동하는 시간 단위의 반복 장치가 되었다.

근대 이후 시간은 점차 계량화되고 표준화되며 사회의 규율 장치로 기능해 왔다. 산업화는 노동의 시간을 공장 벽 안에 가두었고, 디지털화는 그것을 개개인의 손안으로 밀어 넣었다. 시계와 달력이 시간의 형식을 바꾸었다면, 알고리즘은 시간의 흐름 자체를 바꾸었다. 이 변화는 교육의 장면에서 극명하게 드러난다. 시간은 더 이상 삶의 일부가 아니라 관리되고 분배되는 대상이 되었고, 교사는 시간 관리자, 학생은 시간 수용자로 위치 지워졌다. 이제 학교에서의 시간은 '사는 시간'

이 아니라 '따라야 할 시간'이 되었다.

속도는 선택이 아니라 생존 조건으로 작동한다. 학생은 더 빠르게 읽고 쓰고 이해해야 하며, 더 많은 과제를 더 짧은 시간 안에 처리해야 한다. 고등학생의 일과는 분 단위로 나뉘고, 초등학생조차 방과 후 활동으로 바쁘다. 그 안에서 '왜 배우는가'라는 질문은 더 이상 중요하지 않다. 배움은 수단이 되고, 그 목적은 성취라는 이름의 미래 예약증으로 전환된다. 그런데 그 미래는 언제나 도달할 수 없는 형태로 미뤄지기에, 학생은 늘 현재의 불안을 감내하며 살아간다. 학교는 미래를 위해 현재를 희생시키는 장치로 기능한다.

가속은 존재의 리듬을 해체한다. 인간은 각자 다른 고유의 리듬으로 사고하고 감각하며 성장한다. 그러나 지금의 교육은 표준화된 시간표와 진도 기준을 통해 모든 학생을 하나의 시간 구조 안에 배열한다. 감응의 리듬, 몰입의 흐름, 멈춤의 필요는 모두 무시된 채, 수업은 종소리에 따라 시작되고 종료된다. 이때 배움은 존재의 고유성과 분리되고, 시간은 존재를 억제하는 규범으로 작동한다. 교사는 자신의 리듬을 잃고 관리자가 되며, 학생은 내면의 시간과 무관하게 수행만을 요구받는다.

감각은 속도에 의해 마비된다. 배움이란 본래 머무르고, 천천히 보고, 다시 질문하고, 그 안에 스스로를 투영하는 행위다. 그러나 지금의 교실에서는 그러한 감각의 전개가 허용되지 않는다. 빠르게 이해하고, 요약하고, 정리하고, 문제를 풀고 넘어가는 과정은 감각보다는 반응을 요구한다. 감각의 회로가 반응의 회로로 대체될 때, 교육은 더 이상 존재를 일깨우지 않는다. 교사는 반응 없는 눈동자와 조용한 실습 시간에 익숙해지고, 학생은 감각의 울림 없는 수행을 반복한다. 배움은 점점 감정 없는 훈련으로 바뀐다.

속도는 관계를 무너뜨린다. 교사와 학생, 학생과 학생 사이에 존재하던 관계는 기다림, 실수, 오해, 화해를 포함하는 느린 윤리 위에 세워져 있었다. 그러나 속도는 그런 시간을 낭비라고 간주한다. 함께 걷기보다는 먼저 도달하는 것이 미덕이 되고, 공감보다는 비교가 앞세워진다. 이러한 관계의 변형은 교실을 서로 공명하는 공간이 아니라 서로를 평가하고 견제하는 비동시적 경쟁의 장소로 바꾸어 놓는다. 시간의 속도는 인간의 온도를 빼앗는다. 이때 학교는 공동체가 아닌 각자도생의 경로가 된다.

가속은 교육의 서사를 삭제한다. 배움이란 본래 하나의 내면적 이야기다. 내가 무엇을, 왜, 어떻게 배워 가고 있는지를 느끼고, 그 과정을 내 삶의 일부로 통합하는 것이다. 그러나 지금의 교육은 이 서사적 흐름을 잘라 낸다. 실패는 기록되지 않고, 반성과 기다림의 시간은 평가에 반영되지 않는다. 배움은 축적이 아닌 통과가 되고, 학생은 과정이 아닌 결과를 통해 존재를 증명해야 한다. 학교는 학생의 이야기를 듣기보다 점수라는 단위로 그것을 압축하여 정리한다. 그 결과, 교육은 이야기를 잃고, 존재는 잊힌다.

속도가 구조가 되면, 그것은 윤리로 작동하기 시작한다. 더 빠르게 처리하고, 더 높은 점수를 얻고, 더 앞서 나가는 것이 당연한 기준이 되며, 늦음은 능력 부족이나 태만으로 간주된다. 이 구조 안에서 학생은 자신의 시간 리듬을 스스로 의심하고, 외부 기준에 스스로를 끼워 맞추려 애쓴다. 교사 역시 학생들의 속도를 재촉하고, 기다림 대신 성취를 설계하게 된다. 속도는 이제 기술을 넘어 도덕이 된다. 학교는 이러한 윤리의 장치가 되어, 인간을 향하기보다는 지표를 향한 존재들만을 양산하게 된다.

2절

가속의 세 가지 형태 :
기술, 사회, 삶의 가속이 만드는 연결망

질문 속도를 따라잡기 위해 우리는 무엇을 구조화하고 누구를 놓치고 있는가?

가속은 하나의 단일한 속도 현상이 아니라 서로 다른 세 가지 층위에서 작동하는 복합적 장치다. 기술적 가속은 도구의 속도를 끌어올리고, 사회적 가속은 제도의 변화를 요구하며, 삶의 가속은 주체 내부에 내면화되어 일상의 구조를 변화시킨다. 이 세 형태의 가속은 상호 독립적으로 작동하지 않으며, 학교라는 제도 안에서 긴밀하게 얽히고 증폭된다. 이 연결망은 단지 빠르게 움직이는 사회를 묘사하는 데 그치지 않고, 인간 존재의 감각 구조와 삶의 의미 구성 방식을 재구성한다. 따라서 교육에서 가속을 논한다는 것은 기술, 제도, 주체를 동시에 사유하는 일이다.

기술적 가속은 우리가 세계에 접근하는 방식을 결정한다. 인터넷의 보급과 스마트 기기의 대중화는 교육의 공간과 시간을 확장시켰지만, 동시에 학습의 속도에 대한 새로운 기준을 부여했다. 더 빠른 검색, 더 짧은 영상, 더 빠른 응답. 이러한 기술 기반의 학습 환경은 깊은 이해보다는 빠른 반응을 강조하게 되었고, 교육은 '느낌'보다는 '속도'로 구성되는 체계로 전환되었다. 교사는 점점 더 짧은 시간에 더 많은 콘텐츠를 다루기를 요구받고, 학생은 텍스트보다는 요약된 이미지를 통해 배움을 구성한다. 기술은 학습을 단순화시키는 동시에 사고의 깊이를 얕게 만든다.

사회적 가속은 제도의 변경 속도를 따라가지 못하는 학교 시스템을 흔든다. 정책은 빠르게 바뀌지만, 그 현장은 여전히 느린 시간 속에 머무른다. 교육과정은 해마다 개정되고, 평가 기준은 유행처럼 변하지만, 그 변화는 실질적 성찰이나 구조 개편 없이 외피만을 바꾸는 방식으로 작동한다. 가속은 체계의 실질을 재구성하지 않은 채, 새로운 '문구'와 '지침'으로 위장된 변화를 반복하며 교사와 학생을 끊임없이 재적응시키고 피로하게 만든다. 사회적 가속은 학교를 제도의 실험장으로 만들며, 교육 주체를 제도 변화의 피실험자로 전락시킨다.

삶의 가속은 기술과 제도의 요구가 개인 내부에 내면화될 때 발생한다. 학생은 더 이상 외부로부터 가속을 부여받는 것이 아니라 스스로를 압박하는 주체로 변화한다. 해야 할 것이 많다는 압박감, 늦어지면 도태된다는 공포, 쉴 틈 없이 돌아가는 루틴. 이 모든 것은 단순한 일정의 문제가 아니라 삶의 리듬이 산업적 시간 구조에 종속된 결과다. 삶의 가속은 일상을 분절시키고, 의미보다는 성과를 우선하게 만든다. 학생은 자신의 내면을 돌보지 못한 채 끝없이 다음 단계를 향해 달린다. 삶은 연결되지 않은 과업의 연속으로 전락한다.

세 가지 가속은 서로 다른 속도를 지닌 듯 보이지만, 실제로는 서로를 가속시키는 피드백 회로를 형성한다. 기술이 빠르면 정책은 더 많은 정보를 요구하고, 사회 제도는 그에 맞춰 새로운 기준을 정립하며, 개인은 이를 받아들이는 존재가 된다. 이 속에서 교사는 더 많은 문서 작업과 변화된 행정 요구에 시달리며, 학생은 자신의 시간뿐 아니라 감정까지도 구조에 맞게 최적화하려 애쓴다. 학교는 이 가속의 삼중 구조를 온몸으로 받아 내는 장소가 되며, 느림, 기다림, 머무름은 교육적 가치에서 배제된다.

가속의 삼중 구조는 교육에서 '배움'이라는 개념의 성격을 근본적으로 변형시킨다. 배움은 더 이상 존재의 확장이나 감각의 전이에 가까운 개념이 아니라 일정한 시간 안에 특정 성과를 산출하는 능력으로 재정의된다. 이때 학생은 지식을 구성하는 주체가 아니라 정해진 입력값에 따라 정답을 출력하는 연산 장치로 기능하게 된다. 교육은 점점 수행 중심으로 구조화되고, 배움의 내적 논리보다는 외적 통제의 속도에 의해 정렬된다. 이는 교육이 '존재의 리듬'을 배반하고, 속도의 규율 아래 놓인 체계로 전환되었음을 의미한다.

3절

리듬의 해체, 일상의 분절 :
다중작업과 비동시성의 일상화

질문 왜 학생들은 동시에 여러 일을 하면서도 어떤 일에도
깊게 머물지 못하게 되었는가?

　교육은 리듬이다. 배움에는 고유한 박동이 있으며, 그 박동은 생각이 움트고 질문이 자라고 관계가 맺어지는 시간의 밀도를 전제로 한다. 그러나 지금의 교육 환경은 그 리듬을 허용하지 않는다. 하루는 종소리와 시간표로 잘게 나뉘고, 과목은 서로를 고려하지 않은 채 직렬로 배치된다. 수업은 45분 또는 50분 단위로 재단되며, 그 사이에는 감각의 여유나 정서적 연결을 위한 틈이 없다. 이 리듬 없는 구조 안에서 학생은 각 과목을 단절된 정보 블록으로 인식하게 되며, 배움은 흐름을 잃고 단속적인 과업이 된다.

　다중작업은 리듬의 적이다. 현대의 학생들은 노트북으로 타이핑을 하며 동시에 스마트폰으로 메시지를 주고받고, 머리 한편으로 다음 과제를 걱정한다. 표면적으로는 '멀티태스킹'이 능력처럼 보이지만, 실제로는 집중과 감응의 단절을 유발하는 병리적 조건이다. 인간의 주의는 본래 순차적이며 맥락에 기대어 작동하지만, 다중작업은 인지적 전환을 반복시키며 피로를 누적시킨다. 이는 단지 성취도의 문제만이 아니라 삶의 방식 그 자체를 파편화하는 구조다. 몰입할 수 없는 사고는 존재의 중심을 약화시킨다.

이러한 다중작업의 일상은 디지털화된 시간 경험에서 비롯된다. 스마트 기기의 알림은 끊임없이 도착하고, 과제와 업무는 병렬적으로 중첩되며, 온라인 수업과 대면 수업은 시공간을 넘나들며 교차된다. 특히 코로나19 팬데믹 이후, 학교의 시간은 더 이상 모든 이에게 동일하게 흐르지 않는다. 어떤 교사는 등교하는 학생을 맞이하는 동시에 비대면 수업을 준비하고, 어떤 학생은 교실에 있으면서도 온라인 플랫폼 속 과제를 병행하며 하루를 보내야 한다. 이처럼 하나의 시간 안에 서로 다른 리듬과 과제가 동시에 작동하는 현실은 학교 구성원 간의 '공동의 시간'을 해체하고 있다. 서로 다른 속도, 다른 요구, 다른 플랫폼 속에서 움직이는 일상은 공동체의 리듬을 분산시키고, 결국 개인의 내면에 흐르던 고유한 시간 감각마저 흐트러뜨린다. 교육은 본래 '함께 있음'과 '같은 흐름' 속에서 가능하지만, 지금 우리는 모두 제각기 다른 시간대에 머무는 존재가 되었다. 이 비동시성은 단지 물리적 시간의 어긋남을 넘어, 서로 간의 이해와 공감을 가로막는 감정의 단절을 만들어 낸다.

학교의 하루는 이미 분절되어 있다. 조회와 1교시, 중간 놀이와 급식 시간, 오후 수업과 방과 후까지 이어지는 이 흐름은 시간의 총합처럼 보이지만 실제로는 연결되지 않은 섬들의 나열이다. 각 시간은 목적과 평가 기준이 다르고, 그 사이를 잇는 감정의 흐름은 존재하지 않는다. 학생은 자신이 어떤 맥락 안에 있는지를 느끼지 못하고, 그저 정해진 시간에 정해진 행동을 수행한다. 이때 배움은 맥락 없이 흩어진 기억의 파편이 되며, 리듬의 결핍은 감각의 둔화를 동반한다.

이 분절된 구조는 학생의 신체에도 영향을 미친다. 정해진 시간에 울리는 종은 몸을 기계적으로 움직이게 만들고, 앉고-일어나고-이동하는 패턴은 자율적 감각보다 조건 반사에 가깝다. 정서와 신체는 본래 연결되어 있지만, 학교의 시간은 이 연동을 방해한다. 감정이 수업에 반영될 여지는 없고, 피로는 무시된 채 다음 활동이 강요된다. 리듬 없는 하루는 감각의 마비를 초래하고, 학생은 자신이 어디에 있는지를 인지하지 못한 채 일정을 소화한다. 존재는 신체로부터 분리되고, 배움은 시간의 무게를 잃는다.

교사의 입장에서도 이 리듬 해체는 수업의 질적 전환을 어렵게 만든다. 수업은 점점 더 기술화되고, 진도는 점점 더 촘촘해지며, 교사는 각종 행정과 평가 일정에 쫓기게 된다. 감응적 수업이나 질문 중심의 탐색은 시간적 여유가 없다는 이유로 밀려나고, 단위 수업 시수는 지켜야 할 외부 기준이 된다. 교사는 몰입보다 통제를 선택하게 되며, 수업은 반응 없는 전달로 축소된다. 교육은 리듬이 아니라 루틴이 되고, 교사는 리듬을 창조하는 예술가가 아니라 시간 관리자에 머물게 된다.

이러한 리듬의 해체는 배움의 존재론적 성격을 왜곡시킨다. 본래 배움은 기억과 감각, 반복과 변주를 포함하는 리듬의 예술이다. 그러나 지금은 반복은 '복습'이라는 이름으로 기능화되고, 변주는 허용되지 않는 혼란으로 간주된다. 배움의 리듬은 성과와 속도에 의해 재단되고, 그 결과 학생은 자신의 리듬을 잃고 타자의 시간에 맞추어야 한다. 이는 단지 수업 방식의 문제가 아니라 존재의 시간은 누구의 것이냐는 교육 철학의 문제다. 리듬이 사라진 교실에서 존재는 거주할 자리를 잃는다.

학생의 감정 구조도 이 리듬 해체의 영향을 받는다. 감정은 특정한 시간 구조를 필요로 한다. 울 수 있는 시간, 멍할 수 있는 시간, 반복해서 실수할 수 있는 시간이 필요하다. 그러나 현재의 학교는 이런 정서적 리듬을 인정하지 않는다. 모든 시간은 동일한 밀도로 채워지고, 감정은 효율을 방해하는 요소로 배제된다. 이로 인해 학생은 자신을 억제하는 방식으로 존재하게 되고, 감정은 수업 밖에서만 터진다. 이는 교육의 정서적 회로가 단절된 상태이며, 배움이 더 이상 감정적 사건으로 남지 못하게 한다.

4절

가속은 어떻게 공동체를 해체하는가 :
관계, 의례, 정체성의 위기

질문 왜 우리는 같은 공간에 있으면서도 서로를 만나지 못하는가?

학교는 본래 관계의 공간이다. 배움은 홀로 이루어지는 것이 아니라 타자와의 만남 속에서 형성된다. 교실은 수업이 이루어지는 곳 이상의 의미를 가진다. 그곳은 서로 다른 시간, 신체, 정동이 한 공간에서 교차하는 장이며, 그 교차점에서 우리는 함께 존재하는 법을 배운다. 그러나 지금의 학교는 점점 더 관계 맺기의 장소가 아니라 수행의 장치로 재편되고 있다. 관계는 성과에 의해 필터링되고, 공동체는 기능적 협력체로 환원된다. 우리는 여전히 함께 있지만, 더 이상 서로에게 도달하지 못한다.

가속은 만남의 가능성을 억제한다. 빠른 판단과 즉각적인 반응을 요구하는 시간 구조 속에서, 관계는 효율성과 목적성의 논리에 종속된다. 교사는 학생을 이해하기보다 지도하고 평가해야 하며, 학생은 또래와 함께 성장하기보다 서로를 성과의 기준으로 바라본다. 질문보다 정답이, 경청보다 발표가 우선되는 교실에서 '함께 있음'의 정서적 밀도는 성글어지고, 관계는 수단화된다. 가속은 타인을 지연으로 경험하게 만든다. 타자는 기다릴 수 없는 존재가 되고, 공존은 곧 장애물이 된다.

학교는 의례를 통해 관계를 형성하고, 공동체를 유지해 왔다. 그러나 지금의 학교는 이러한 의례를 부담스러운 비효율로 간주한다. 조회, 학급 회의, 운동회, 종례 같은 의례적 시간은 줄어들고, 그 자리는 수업과 평가, 안내와 전달로 채워진다. 반복되는 의례는 무의미한 것이 아니라 정체성과 소속감을 생성하는 리듬이었다. 이 리듬이 사라질 때, 학교는 익명의 공간이 되고 학생은 정체성을 구성할 기회를 잃는다. 공동체는 실재하는 것이 아니라 회람되는 알림장 속 문구로 전락한다.

가속은 서사를 삭제한다. 관계는 반복과 축적을 필요로 한다. 기억과 감정, 실수와 화해의 시간은 관계의 서사를 구성한다. 그러나 지금의 교육은 실패를 용납하지 않으며, 반복을 두려워하고, 축적 대신 실적을 추구한다. 학생은 같은 반 친구의 얼굴을 기억하기도 전에 다음 학년으로 이동하고, 교사는 학생의 성장 과정을 끝까지 지켜볼 수 없다. 한 사람과 머무르고, 기다리고, 함께 걸어가는 경험은 교과 단위와 평가 주기에 의해 잘려 나간다. 관계의 서사는 시간 없는 커리큘럼 앞에서 무력하다.

이러한 단절은 정체성의 불안을 초래한다. 정체성은 '누구와 함께 있었는가'에 대한 기억 위에 형성된다. 그러나 지금의 학생은 타자와의 관계를 지속하기 어렵고, 자신의 이야기를 누적할 수 있는 공동체가 없다. 이때 정체성은 내면의 응집이 아니라 외부의 성과와 수치로 대체된다. '나는 몇 등을 했는가', '어디에 합격했는가', '어떤 활동을 했는가'가 자아의 핵심을 이룬다. 이는 존재가 관계를 통해 성립되는 것이 아니라 점수와 이력에 의해 외부로부터 구성되는 상태다. 정체성은 자기고백이 아니라 자기연출이 된다.

공동체의 해체는 감정 구조의 왜곡과도 연결된다. 감정은 본래 타자와의 관계 속에서 반응하고 교차하며 형성된다. 그러나 지금의 학교는 감정을 사적인 것으로 취급하고, 제도 밖으로 밀어낸다. 기쁨과 슬픔, 분노와 좌절은 교과 내용과 상관없는 것으로 치부되며, 정서는 수업의 흐름을 방해하는 '사건'으로만 다뤄진다. 이로 인해 학생은 감정을 억제하거나 감추는 방식으로 존재하게 되며, 교사는 감정을 관리해야 하는 존재로 변형된다. 감정 없는 교실은 관계 없는 교실이 된다.

관계, 의례, 정체성은 모두 시간을 필요로 한다. 그러나 지금의 교육은 시간을 압축하고, 그 압축 속에서 이 모든 것을 삭제한다. 존재를 감싸는 서사는 단위 수업 시간에 수렴되지 않으며, 정체성은 스펙과 활동 시간으로 환원되지 않는다. 교육이 시간을 가질 수 없다면 공동체도 존재할 수 없다. 지금의 학교는 시간 없는 교육을 실행하면서 공동체 없는 배움을 설계한다. 그 결과, 교육은 개인을 남기고 관계를 지운다. 이는 가속이 공동체를 해체하는 메커니즘의 핵심이다.

5절

정보의 폭풍, 이해의 실종 :
인식 구조의 피상성과 교육의 위기

질문 지식이 넘치는 시대에 왜 사유는 점점 불가능해지는가?

우리는 교육이 정보를 전달하는 기능이라고 착각하게 된 시대에 살고 있다. 정보는 풍요롭고 넘쳐나며, 학생들은 언제 어디서든 손끝으로 '지식'에 접근할 수 있다. 그러나 정보의 양이 지식의 깊이를 보장하지는 않는다. 오히려 정보의 범람은 사고의 심도를 얕게 만들고, 배움의 감각을 흐리게 만든다. 속도 중심의 교육은 정보 접근의 효율성을 강조하면서도, 그것을 해석하고 사유할 시간은 허락하지 않는다. 이 속에서 학생은 '앎'이 아니라 '접속'을 통해 배움을 구성하게 되며, 이해는 단절되고 기억은 파편화된다.

정보는 이제 압도적인 존재로 교육 현장을 지배한다. 디지털 교과서, 온라인 콘텐츠, AI 학습 도우미 등은 모두 정보의 범위를 확장시키지만 동시에 학습의 밀도를 희석시킨다. 과거의 배움은 한 권의 책을 반복해서 읽는 느림 속에서 이루어졌다면, 지금의 배움은 여러 탭을 동시에 열어 놓고 전환하는 흐름 속에서 펼쳐진다. 이때 학생은 연결된 정보 사이에서 이동하지만, 그 어느 곳에도 오래 머무르지 못한다. 정보는 많아졌지만, 그것을 통해 '무엇을 아는가'라는 질문은 사라지고, 단지 '어디에서 찾는가'만 남게 된다.

정보 중심 교육은 배움의 구조 자체를 바꾼다. 질문에서 출발하던 수업은 이제 정답이 이미 주어진 상태로 구성된다. 학습은 탐구가 아니라 도달이 되며, 정답지와 해설지는 지식의 경로를 닫아 버린다. 특히 평가 중심 교육에서는 정보 습득이 이해보다 우선되고, 학생은 정답을 빠르게 회상할 수 있는 능력으로 인정받는다. 이 과정에서 지식은 더 이상 사유의 도구가 아니라 경쟁의 자원이 된다. 이해는 속도의 적이 되고, 질문은 성과의 장애물로 여겨진다. 결과적으로 배움은 사고가 아니라 '요령'의 문제가 된다.

학생의 인식 구조는 점점 더 피상화된다. 빠른 스크롤, 짧은 영상, 요약된 노트는 학습을 쉽게 만들어 주지만, 그 용이함은 사고의 깊이를 대가로 삼는다. 요약은 개념의 뼈대를 남기지만 그 맥락과 감각은 제거한다. 학생은 '정리된 것'은 기억하지만 '느껴지는 것'은 기억하지 못한다. 이로 인해 지식은 맥락을 잃고 생각은 단선화된다. 피상성은 단지 집중력의 문제가 아니라 존재를 구성하는 감각의 차원에서 발생하는 인식의 구조적 변화다. 교육은 점점 더 납작한 인식 지형 위에서 작동하게 된다.

이런 피상성은 정동적 감응 능력의 약화로 이어진다. 사유의 과정에는 느림과 머뭇거림이 필요하지만 정보를 수집하는 데는 감정이 필요 없다. 지금의 교육은 빠르고 효율적인 정보 수집을 강조하면서 감정을 제거하고, 실수와 방황의 가능성을 제거한다. 감정 없는 배움은 공명하지 않는다. 학생은 정보를 습득하되 그 안에서 자신을 느끼지 못하고, 배움의 경험은 정서적 흔적을 남기지 않는다. 감정이 지워진 지식은 존재에 닿지 못하고, 배움은 다시 반복되지 않는 단절된 사건으로 남는다.

정보 중심의 교육은 교사와 학생의 관계에도 영향을 미친다. 교사는 더 이상 지식의 전달자가 아니라 정보를 안내하는 관리자처럼 행동해야 하며, 학생은 질문이 아닌 검색을 통해 지식에 접근한다. 이때 교사는 해석자가 아닌 감독자가 되고, 수업은 대화가 아닌 기능 전달로 축소된다. 이해의 과정은 사라지고, 수업은 요점 정리와 문제 풀이로 채워진다. 교육의 장은 지식과 사람 사이의 감응 대신, 정보와 기계 사이의 흐름을 닮아 간다. 이 흐름에서 교육은 만남이 아닌 처리의 구조로 변형된다.

정보의 홍수는 기억의 방식도 바꾼다. 과거의 교육은 반복과 체류를 통해 기억을 형성했지만, 지금은 필요할 때마다 검색하고 불러오는 방식으로 전환되었다. 이로 인해 학생은 오래도록 지니고 있는 지식이 아닌 필요할 때 호출할 수 있는 기술을 습득하게 된다. 그러나 교육이란 단순한 호출이 아니라 삶의 일부로서 기억되는 과정이다. 기억이 삭제되고 호출만 남게 되면, 배움은 자기화되지 못하고 외부의 자원으로만 남는다. 이때 지식은 내면의 지도가 아닌 외부의 목록에 머무르게 된다.

이러한 구조는 비판적 사고의 기반도 약화시킨다. 정보의 양이 늘어날수록 그 진위를 판단하고 맥락을 읽는 능력이 중요해지지만, 현재의 교육은 이를 훈련할 시간적 여유를 허용하지 않는다. 학습은 빠르게 요약하고, 문제는 빠르게 풀어야 하며, 의심은 시간 낭비로 간주된다. 학생은 비판하기보다는 받아들이고, 질문하기보다는 정답을 추론한다. 이로 인해 사고는 재생산되고, 교육은 기존 질서의 정답을 강화하는 도구로 작동한다. 정보는 넘치지만, 생각은 그 흐름 속에서 자취를 감춘다.

지식의 감각이 사라진 교실에서 교육은 존재와 분리된다. 학생은 자신이 배우는 것이 왜 중요한지, 그 배움이 자신과 어떤 관계가 있는지를 느끼지 못한다. 배움은 점점 더 외부화되고, 존재는 점점 더 정보로 대체된다. 감각 없는 정보, 관계 없는 지식, 구조화되지 않는 기억. 이 모든 요소는 교육의 존재론적 기반을 흔들며, 학교를 생각이 아닌 '소비'의 장소로 만든다. 속도와 효율은 교육의 형식을 만들지만, 배움의 내용을 비워 버린다. 그렇게 정보의 폭풍 속에서 이해는 서서히 사라지고 있다.

| 제2장 |

입시가속체제의 형성과 고착화

1절

입시는 제도가 아니라 질서다 : 입시가속체제 개념의 출현

질문 왜 우리는 입시를 없애지 못하는 것이 아니라 없앨 수 없다고 믿게 되었는가?

입시는 단순한 평가 제도가 아니다. 그것은 한 사회가 시간, 교육, 인간의 가능성을 어떤 구조로 배치할 것인가를 둘러싼 집합적 선택이며, 한국 사회에서 입시는 그 어떤 제도보다도 깊숙이 삶의 질서를 형성한다. 우리는 입시를 제도처럼 다루지만, 실상 그것은 문화이자 관성이고, 때로는 종교적 신념에 가깝다. 이러한 구조에서 입시는 사라질 수 없는 것이 아니라 사라지면 삶의 방향을 상실하게 되는 거대한 질서로 내면화된다. 그 내면화된 구조가 바로 '입시가속체제'다.

입시가속체제는 하나의 제도를 넘어서, 사회 전체가 입시를 중심으로 시간과 리듬을 조직하는 방식이다. 이 체제는 단지 고등교육 진입을 위한 경쟁이 아니라 유아기부터 대학 이후까지 이어지는 전 생애적 압축의 연쇄를 만들어 낸다. 학생은 '언제부터 입시 준비를 시작했는가'로 구분되고, 학교는 '얼마나 빨리 결과를 내는가'로 평가된다. 입시는 미래의 좌표를 제공하는 것이 아니라 현재를 줄 세우는 통제 기술로 작동한다. 이 체제 속에서 시간은 항상 부족하며, 존재는 항상 미달 상태로 규정된다.

입시가 제도였을 때는 그것을 바꾸는 일이 제도 개혁의 영역이었다.

그러나 입시가 질서가 되면 문제는 달라진다. 질서는 일상의 감각을 통해 체화되며, 대안 가능성 자체를 상상하지 못하게 만든다. 예를 들어, 학부모는 초등학교 3학년부터 사교육을 시작하지 않으면 불안하고, 고등학생은 시험이 끝난 날에도 다음 모의고사를 준비하며 불안해한다. 이때 입시는 더 이상 준비의 대상이 아니라 '존재의 방식'이 된다. 삶은 계획되고 압축되며, 배움은 성취의 전제로 환원된다.

입시가속체제는 '속도'를 조건으로 한다. 정해진 시간 안에 더 많은 학습량을 소화하는 것이 곧 능력이며, 느림은 곧 낙오로 간주된다. 이 속도는 단지 공부의 템포가 아니라 존재의 가치 평가와 연결된다. 빠른 성취는 인정받고, 늦은 깨달음은 실패로 간주된다. 학생은 생각보다 '진도'가 중요하다는 사실을 너무 일찍 배우게 되고, 교사는 질문보다 '교과서 진도'가 중요하다는 사실을 내면화하게 된다. 그 속에서 교육은 이해보다 수행이 앞서는 구조로 정렬된다.

이 체제는 교육의 시간을 삶의 시간으로부터 추방시킨다. 교육은 본래 삶과 연결되어야 하지만, 입시가속체제는 삶의 리듬을 깨뜨리고 표준화된 시간 안에 모든 학생을 밀어 넣는다. 계절이 느껴지지 않는 교실, 점심시간에도 이어지는 자율 학습, 방학에도 끊기지 않는 학원 루틴. 학생은 삶을 살아가는 것이 아니라 시간을 소모하며 다음 시험을 준비하는 존재가 된다. 존재는 사라지고, 남는 것은 시험 일정과 성적 그래프뿐이다. 시간은 존재의 배경이 아니라 존재를 심판하는 기계로 작동한다.

입시가 제도일 때는 그것이 무엇을 선발하는지에 대한 논쟁이 가능했다. 그러나 입시가 질서일 때는 '왜 이 체제가 존재하는가'에 대한 질문 자체가 금기시된다. 언론, 정책, 부모, 교사 모두가 이 질서를 재생산하는 구조 안에 들어 있기 때문이다. 예컨대 정책은 입시를 완화하겠다며 수시와 정시를 조정하지만, 그 속에서도 경쟁의 메커니즘은 그대로 유지된다. 학부모는 공교육을 불신하며 사교육에 의존하고, 교사는 시스템을 벗어나지 않는 선에서 혁신을 시도한다. 이로써 입시가속체제는 견고하게 지속된다.

입시가속체제는 존재를 계량화한다. 학생은 시험 성적, 포트폴리오, 대입 전형 자료로 구성되며, 그 밖의 감정, 관계, 경험은 무시되거나 점수화되지 않으면 사라진다. 교사는 진로 설계자가 아니라 진학 관리자처럼 행동해야 하고, 교육과정은 배움보다는 경쟁력 강화의 논리에 종속된다. 이 속에서 학생은 점점 더 '자기 삶의 의미'가 아니라 '자기 이력의 완성도'에 집중하게 된다. 존재의 서사는 사라지고, 대신 요약된 수치와 수상 경력만이 남는다. 이것이 입시가 존재를 통제하는 방식이다.

입시가속체제는 저항을 흡수하는 방식으로 스스로를 강화한다. 혁신학교, 고교학점제, 블렌디드 러닝 등 다양한 교육 실험이 이루어지고 있지만, 이들은 종종 입시체제 내에서의 '변형된 적응'으로 해석된다. 결과적으로 어떤 실험도 체제 밖으로 나가지 못하고, 오히려 그 안에서 '대안적 경쟁력'이라는 이름으로 재정렬된다. 이는 입시가 체제를 넘어 하나의 세계관으로 기능하고 있음을 보여 준다. 이 세계관은 교육의 본질을 가리는 안개가 되고, 새로운 상상력을 차단하는 벽이 된다.

이 체제의 가장 교묘한 작동은 시간 감각의 내면화다. 학생은 항상 '늦지 않기 위해' 무엇인가를 준비하고, 교사는 '뒤처지지 않기 위해' 다음 계획을 세운다. 존재는 현재를 사는 것이 아니라 미래를 추월하기 위해 압축된 현재를 소비한다. 이때 시간은 단지 흘러가는 것이 아니라 압박하는 힘으로 경험된다. 시간은 흘러가는 것이 아니라 '쫓아야 하는 것'이 되고, 그 속에서 존재는 지속적 긴장 상태에 놓인다. 입시가속체제는 결국 시간의 정치이자 존재의 윤리에 대한 도전이다.

2절

입시의 시간정치 :
왜 시간은 학생의 것이 아닌가

질문 시간은 누구의 것이며 누가 그것을 설계하는가?

입시가속체제의 핵심은 시간에 있다. 이 체제는 학생의 삶을 경쟁 가능한 단위로 분할하고, 측정 가능하도록 설계하며, 그 속도를 표준화된 시간 규율에 맞춰 조정한다. 학생은 더 이상 자신의 시간에서 배움을 시작하지 못한다. 대신 '언제까지 무엇을 해야 한다'는 요구에 따라 외부 시간에 편입된다. 입시의 시간정치는 이처럼 시간의 흐름을 통제하는 방식으로 존재를 규정한다. 학생의 하루는 진도표, 시간표, 평가 일정, 포트폴리오 제출 기한에 따라 자동으로 배분된다. 그 속에서 고유한 시간은 존재할 틈을 잃는다.

입시의 시간정치의 가장 뚜렷한 형식은 '기점-기한 구조'다. 예를 들어 중학교 3학년 2학기까지 진로 활동 시수를 채워야 하고, 고등학교 1학년부터 내신과 수행 평가가 성적에 반영되며, 대입에 맞춰 생활기록부를 계획적으로 설계해야 한다. 이처럼 입시는 미래의 일정을 거꾸로 끌어와 현재를 조직하는 방식으로 작동한다. '언제까지 무엇을 완료해야 하는가'가 배움의 내용보다 앞서기 때문에, 학생은 배움의 흐름보다는 제출과 관리의 구조 속에서 존재하게 된다. 시간은 자유롭게 흐르지 않고, 촘촘히 밀봉되어 있다.

이러한 시간 구조는 감정의 리듬마저 통제한다. 시험 일정은 수업을 지배하고, 성적 발표는 정서를 규정한다. 월요일의 불안, 금요일의 피로, 시험 직후의 무기력은 단지 심리적 반응이 아니다. 그것은 시간 구조에 의해 예정된 감정의 흐름이다. 학생은 자신의 기분을 표현하기보다 조정해야 하고, 교사는 감정보다 일정이 우선되는 조직 속에서 실존을 분할당한다. 입시의 시간은 감정을 사적인 것으로 만들고, 배움의 정서를 교육의 언어에서 추방한다. 시간은 감정을 조직하며, 감정 없는 시간은 존재를 얇게 만든다.

입시의 시간은 단지 빠른 것이 아니라 '빨라야만 하는 것'이다. 시간에 대한 감각은 생존의 조건으로 내면화되고, 늦음은 무능력으로 간주된다. 교사와 학생 모두 시간에 뒤처지지 않기 위해 서로를 재촉하게 되고, 이 구조는 상호 감시와 자기통제의 정서로 이어진다. 학생은 '언제까지 못 끝내면 어떡하지'라는 불안 속에서 자신의 감각을 억제하고, 교사는 진도를 맞추기 위해 수업의 여백을 줄인다. 이로 인해 교육은 시간의 밀도가 아니라 속도의 지배를 받게 되며, 존재의 호흡은 더욱 얕아진다.

입시의 시간은 가시적인 성과를 통해 그 효과를 증명하려 한다. 포트폴리오에 남을 수 있는 활동만이 인정되며, 생활기록부에 기입할 수 없는 경험은 의미를 갖지 못한다. 학생은 경험보다 기록을, 감정보다 실적을 우선시한다. 이때 입시의 시간은 일상의 리듬을 해체하고, 기입 가능한 시간들만을 정당화한다. 교사도 학생과의 관계보다 문서 작업에 더 많은 시간을 투여하게 되며, 교육은 관계가 아닌 행정의 언어로 수렴된다. 시간은 더 이상 삶의 구조가 아니라 평가의 형식이 된다. 존재는 기록되지 않으면 삭제된다.

입시의 시간정치는 학교를 학원화시킨다. 학교는 정규 수업 외에도 다양한 비교과 활동과 진로 연계 프로그램을 제공해야 하며, 이는 교육과정의 시간과 별개로 추가된 부담으로 작동한다. 이로 인해 학교의 시간은 교육의 철학을 반영하기보다 입시의 요구에 따라 뒤섞인 혼종 시간으로 재편된다. 학생은 끊임없이 '다음 할 일'을 수행하며, 교사는 과중한 업무 속에서 교육의 방향을 상실한다. 시간은 점점 더 축소되고, 여유는 사라진다. 학교는 시간이 없는 장소가 되고, 배움은 계획된 통과 의례가 된다.

학생에게 시간은 점점 더 타자의 것이 되어 간다. 자신이 선택한 활동도, 자신이 만든 리듬도 없이, 외부의 일정에 맞춰 생애의 흐름을 재조정해야 하는 존재. 입시의 시간정치는 학생을 '시간을 사는 존재'가 아니라 '시간을 따라야 하는 존재'로 전환시킨다. 그 속에서 학생은 자기 삶의 설계자가 아니라 기획된 경로를 따르는 실행자에 머물게 된다. 이 전환은 교육의 주체성과 시간의 주권을 동시에 침식시키며, 학생을 존재가 아닌 성취의 수단으로 환원한다. 시간은 존재의 힘이 아니라 복종의 단위가 된다.

결국 입시의 시간정치는 교육의 윤리를 전도시킨다. 교육은 원래 존재가 스스로의 시간을 구성할 수 있도록 돕는 일이지만, 지금은 그 시간을 탈취하고 외부의 속도에 적응시키는 일이 되었다. 학생은 삶을 기획하는 자가 아니라 시간 안에 배치된 개체가 되고, 교사는 그 배치의 기술자 역할을 수행한다. 교육이 시간 위에 설 수 없다면, 존재도 설 수 없다. 지금 우리 학교는 시간을 소유하지 못한다. 그것은 단지 빠른 것이 아니라 존재를 설계할 권리가 사라졌다는 뜻이다.

3절

비교와 경쟁의 구조화 :
평가 체제와 계층 재생산

질문 왜 '공정'은 결국 더 정교한 위계로 이어지는가?

입시가속체제에서 교육은 점점 더 '비교를 위한 장치'로 기능한다. 누구보다 앞서 있고, 무엇을 더 잘하고, 얼마나 일찍 도달했는가가 존재의 가치를 판별하는 기준이 된다. 이 비교의 문화는 단순한 경쟁을 넘어서, 계층적 질서를 내면화하게 만드는 장치로 작동한다. 평가란 본래 학습의 촉진이자 반성의 수단이어야 하지만, 지금의 평가는 위계를 고정하고 차이를 통제하는 구조다. 그 속에서 학생은 자신의 가능성을 발견하기보다 타인과의 차이를 계량하며 존재를 증명해야 한다.

입시는 '동시 출발'을 가정하지 않는다. 교육 기회의 불평등은 여전히 해소되지 않은 채, 제도는 형식적 평등만을 유지한다. 입시 경쟁은 외형상 공정한 듯 보이지만, 실제로는 사회경제적 자원, 문화 자본, 지역 격차에 의해 구조적으로 불평등하게 구성된다. 그러나 제도는 이 격차를 개인의 노력으로 환원한다. '열심히 하면 된다'는 신화는 사회적 출발선의 차이를 은폐하고, 오히려 하위 집단에게 자기책임을 전가한다. 이 과정에서 교육은 사회적 희망이 아니라 불평등의 정당화 기제가 된다.

평가 체제는 교육의 내용을 바꾼다. 배우는 이유보다 측정할 수 있는지의 여부가 더 중요해진다. 시험에 나올 수 있는지, 채점이 가능한지, 기준을 정할 수 있는지가 수업 설계의 핵심이 된다. 정답 중심의 사고가 확산되고, 모범 답안이 사고의 표준이 된다. 그 결과 학생은 탐색보다 정답을 암기하고, 교사는 배움의 경험보다 평가 가능성을 우선시한다. 교육은 개별의 배움이 아니라 공통된 척도의 내면화를 요구하며, 학생은 질문보다 정답을 더 빨리 내는 존재로 길러진다.

서열화는 평가를 단순한 기술이 아니라 삶의 태도로 만든다. 학생은 끊임없이 자신의 위치를 가늠하고, 다른 이들과의 거리를 계산하며, 그 위에서 자기 존재를 조정한다. 등수는 단순한 수치가 아니라 자존감의 기준이 되고, 점수는 존재의 증거가 된다. 이처럼 서열화된 교육 구조는 학생들 간의 연대를 방해하고, 서로를 동료가 아닌 경쟁자로 바라보게 만든다. '같이 배우는' 학교는 점점 사라지고, '누가 더 잘했는가'를 중심으로 구성된 생존의 장만이 남는다.

평가는 일회적 사건이 아니라 반복적 구조다. 입시가속체제하에서 학생은 시험에서 해방되는 순간이 없다. 중간고사, 기말고사, 모의고사, 수행 평가, 실기 평가, 비교과 활동의 수치화까지. 평가는 삶을 분할하고, 기억을 단위로 나눈다. 이러한 반복은 존재를 피로하게 만들며, 학생은 '항상 평가받는 상태'에 익숙해진다. 평가는 더 이상 특정 시점의 능력을 측정하는 것이 아니라 지속적 긴장과 자기통제의 상태를 유지하는 기술이 된다. 이는 배움이 아니라 생존의 형식이다.

계층 재생산은 이 평가 시스템을 통해 심화된다. 상위 계층은 문화자본과 정보력, 사교육 시스템을 통해 평가 시스템에 능동적으로 적응하며, 중하위 계층은 그 구조에 끌려가는 존재가 된다. 교육은 사회 이동의 사다리가 아니라 구조적 분절을 재생산하는 벽이 된다. 더욱 심각한 것은, 이 구조에 대해 문제를 제기할 수 없게 되는 분위기다. '평가가 없으면 공정할 수 없다'는 통념은, 평가의 필요를 넘어 평가의 절대성을 내면화하게 만든다. 그 결과 교육은 불평등을 구조적으로 재생산한다.

이 구조 속에서 교사는 중재자가 아니라 감별자가 된다. 평가 기준을 세우고, 수행의 정도를 측정하며, 줄 세우는 일을 반복한다. 교사는 학생의 이야기를 듣기보다 성취도를 확인하고, 수업은 관계보다 기준을 중심으로 조직된다. 교사는 자신도 이 구조의 피해자임을 인식하지만, 동시에 그 구조를 유지하는 기능 수행자로 내몰린다. 교사와 학생 모두 '판단'이라는 행위 속에 갇히고, 교육은 감정이 배제된 서열의 기계로 작동하게 된다. 이때 교실은 더 이상 배움의 공간이 아니다.

교육과 평가는 상호 긴장 속에서 구성되어야 한다. 그러나 지금의 구조는 교육을 평가의 하위 범주로 종속시킨다. 모든 수업은 결과로 환원되고, 과정은 기록을 위해 존재한다. 평가 불가능한 배움은 무가치하다고 여겨지고, 기록 불가능한 감정은 사라진다. 이 구조는 배움을 빈껍데기로 만들고, 교육을 지표화된 생산물로 전환한다. 학생은 존재가 아닌 데이터로 환원되며, 그 속에서 자신이 누구인지, 왜 배우는지는 점점 더 지워진다.

비교와 경쟁은 본래 인간의 성장과 상호 자극을 위한 수단일 수 있다. 그러나 그것이 구조화된 평가 시스템과 결합될 때, 차이는 가치를 위한 분화가 아니라 위계로 고착된다. 지금의 교육은 차이를 살리는 것이 아니라 그것을 줄 세우고 환산한다. 다양성은 표준화된 평가 앞에서 낙오의 사유가 되고, 고유성은 점수화되지 않으면 존재할 수 없다. 이로써 교육은 평등을 말하지만 불평등을 정당화하고, 공정을 외치지만 우열을 내면화시킨다. 구조화된 경쟁은 결국 존재를 순위화하는 정치다.

4절

존재의 시간에서 기능의 시간으로 :
배움의 감각적 해체

질문 배움은 왜 감각과 관계의 시간에서 벗어나 '과제의 시간'이 되었는가?

배움은 본래 감각의 사건이다. 그것은 머무르고, 느끼고, 사유하고, 관계 맺는 일이다. 배움은 어떤 지식이 주어졌는가보다 어떤 감각으로 그 지식을 만났는가에 의해 결정된다. 그러나 입시가속체제하의 학교는 배움을 감각의 흐름에서 끊어 내고, 기능적 수행으로 환원시킨다. 학생은 지식과 접촉하는 자신의 감정과 신체를 점점 더 인식하지 못하게 되며, 교사는 그 감각을 자극하는 이가 아니라 기능을 훈련하는 자로 위치 지워진다. 이로써 교육은 감각을 삭제하고 기능만을 남긴다.

입시의 시간 구조는 배움의 리듬을 허용하지 않는다. 깊이 이해하고 천천히 머무는 시간은 '비효율'로 간주되며, 빠르게 습득하고 정확하게 응답하는 능력이 강조된다. 이때 학생은 자신의 사고 리듬보다 빠른 속도에 맞추어 자신을 조율해야 한다.

지금의 교육은 학생에게 '생각하라'고 말하면서 동시에 '생각을 줄여라'라는 명령을 내린다. 정해진 시간 안에 문제를 해결하고, 예상된 패턴 안에서 답을 구성하라는 암묵적 지시는 감각적 사유를 가로막는다. 학생은 왜 그런지 묻기보다 어떻게 맞히는지를 배운다. 그 결과, 배움은 이해가 아니라 정답 접근 방식의 습득이 된다. 감각은 질문을 동반하지만, 지금의 교실은 질문을 허용하지 않는다. 수업은 빠르게 진행되고, 질문은 흐름을 방해하는 요소로 여겨진다. 사유 없는 배움은 기계적인 반복만을 남긴다.

지식은 점점 추상화되어 간다. 삶의 맥락과 분리된 개념들은 문제지 안에서만 존재하고, 현실과 연결될 수 있는 가능성은 차단된다. 학생은 지식을 체험하지 않고, 그저 암기하고 적용한다. 수학은 연산의 도구가 되고, 과학은 암기의 대상이 되며, 문학은 정답 찾기의 소재로 환원된다. 감각은 더 이상 교육의 출발점이 아니고, 이해는 정답을 위한 중간 단계로 치환된다. 교사는 지식의 살아 있는 맥락을 제공하기보다 시험 범위 안의 요소를 분절해 전달한다. 배움은 해석이 아니라 분해가 되었다.

기능 중심의 배움은 신체를 억압한다. 학생은 교실 안에서 움직임을 최소화하고, 시선은 칠판이나 화면에 고정되며, 손은 필기와 클릭만을 반복한다. 배움의 신체성이 사라진 교실에서는 감정의 흐름도 차단된다. 배움은 본래 전신의 작용을 필요로 한다. 눈과 귀, 손과 입, 가슴과 뇌가 함께 움직일 때 비로소 지식은 생명이 된다. 그러나 지금의 수업은 몸을 고정시키고, 오로지 머리와 손끝만을 작동시킨다. 학생의 신체는 존재의 주체가 아니라 기능의 수단으로 전락한다.

감정 역시 배움에서 제거된다. 감정은 배움의 촉매이자 공명하는 통로지만, 입시체제는 감정을 변수로 간주하고 배제하려 한다. 시험은 감정과 무관해야 하며, 학습은 집중만을 요구받는다. 슬픔, 분노, 지루함, 기쁨, 두려움 같은 감정들은 통제 대상이며, 교육의 내용과 무관한 것으로 간주된다. 하지만 감정이 배제된 배움은 무기력과 냉소를 낳는다. 학생은 배움을 외면하거나 배움에 복종하게 되고, 그 안에서 감정 없는 수행만을 반복하게 된다. 이는 배움이 존재와 분리되는 방식이다.

결국 이 구조는 교육을 삶에서 분리시킨다. 배움이 삶의 일부가 되지 못할 때, 교육은 존재와 무관한 작업이 된다. 학생은 교실을 벗어나면 더 이상 배움을 떠올리지 않고, 교사는 수업을 마치면 더 이상 관계를 생각하지 않는다. 배움은 생활과 유리되고, 수행은 존재의 흔적 없이 진행된다. 이때 학교는 삶의 공간이 아니라 과제와 기능 수행의 작업장이 된다. 배움의 감각은 말라 가고, 그 빈자리를 기록과 점수가 채운다. 기능은 남지만 감각은 사라진다. 그것이 바로 감각적 해체의 얼굴이다.

5절

학교는 입시의 전위대인가 :
입시가속체제와 공교육의 변형

질문 왜 공교육은 입시를 비판하면서도 입시를 위해 가장 먼저 움직이는가?

입시가속체제의 최전선에 서 있는 것은 다름 아닌 공교육이다. 교육 당국은 입시 문제를 공론화하고, 학교는 시험을 문제시하며, 교사는 학생 중심 교육을 외친다. 그러나 정작 현실에서는 공교육이 누구보다 먼저 입시의 변동을 감지하고, 그에 맞춰 가장 빠르게 조정된다. 수시·정시 비율이 조정되면 생활기록부 관리 방식이 바뀌고, 수능 출제 경향이 달라지면 수업의 방식도 바뀐다. 변화에 민감한 것은 혁신의 징표가 아니라 체제 순응의 기술일 수 있다. 학교는 입시의 최종 수혜자가 아니라 그 집행자다.

이러한 전위성은 공교육이 정책적으로 중립적이어야 한다는 환상과 충돌한다. 학교는 입시 정책을 전달받고 실행하는 위치에 있지만, 동시에 그 정책의 목표에 깊숙이 개입되어 있다. 교육청은 학교의 '성과'를 측정하고, 각종 평가와 인증은 학교의 유연성을 제한한다. 학교는 실질적으로 입시의 변화에 따라 움직이지만, 이를 비판하거나 거부할 권한은 없다. 교사는 입시 구조를 문제시하면서도, 생활기록부에 기록될 수 있는 활동 중심으로 수업을 구성해야 하는 이중적 위치에 놓인다.

이 구조는 학교를 관리 가능한 단위로 환원시킨다. 수업은 개별 교사의 철학보다 학기 중간고사와 기말고사, 수행 평가 일정에 의해 배치되며, 교육과정은 입시의 요구에 따라 실질적으로 정렬된다. 예를 들어 수능에 출제되는 과목은 교과 시수가 증가하고 생활기록부에 기록되지 않는 활동은 축소된다. 입시의 동향은 수업 내용을 직접적으로 재구성하고, 심지어 교육 활동의 명칭과 형식까지 조정한다. 학교는 더 이상 교육을 설계하는 곳이 아니라 입시 흐름을 번역하고 실행하는 기관이 된다.

이 과정에서 학교는 입시를 수행하는 하청 구조로 전환된다. 고등학교는 대입 전형 준비에 몰두하고, 중학교는 고등학교 진학을 대비하며, 초등학교는 선행 학습의 리듬에 편입된다. 수업은 개별화보다 정형화로, 탐구보다 반복으로, 감정보다 수행으로 정렬된다. 이때 교사는 실질적 교육자라기보다 체제 운영자에 가까운 역할을 하게 되며, 학교는 삶의 준비가 아니라 '시험을 위한 생활'을 설계하는 공간으로 축소된다. 입시는 학교를 장악하고, 공교육은 그 체제의 중심 동력으로 작동한다.

더 나아가, 정책 담론 자체가 입시를 강화하는 방식으로 구성되는 경우가 많다. 예컨대 자유학기제는 시험 부담 해소와 수업 자율성을 내세우지만, 여전히 진로 설계를 '대입 준비의 전초전'처럼 기능하게 만들고, 고교학점제 진로 선택 과목 확대 역시 학생의 적성보다 입시에 유리한 과목 조합으로 수렴되는 경향이 강하다. 학생은 흥미나 진로보다 대학 진학에 유리한 최적화된 경로를 먼저 계산하게 되고, 교사는 자율성과 책임의 경계에서 입시 성공 전략을 고민하게 된다. 결과적으로 정책은 개혁의 외형을 갖추되, 교육의 시간 구조와 방향성은 여전히 입시 중심으로 고착되고 있다.

학교 조직 내에서도 입시 중심주의는 권력 구조를 재편한다. 교장은 학교의 입시 성과에 따라 평판을 획득하거나 잃으며, 중간 관리자는 진학 실적에 기반해 영향력을 행사한다. 진로진학부는 학교 내 주요 부서로 떠오르고, 교사들 사이에서도 입시 정보에의 접근성과 적용 능력이 영향력을 결정짓는 요소가 된다. 이 속에서 교육 철학이나 공동체성은 뒷전으로 밀리고, 실적 중심의 조직 문화가 강화된다. 입시체제는 단지 교육 내용만이 아니라 학교 내부의 인간관계와 권력 구도까지 재구성한다.

학생 역시 이 구조 속에서 공교육의 의미를 새롭게 받아들이게 된다. 학교는 존재를 돌보는 장소가 아니라 '실패하지 않기 위해 필요한 정보'를 제공하는 중계지로 전락한다. 학생은 배움을 즐기기보다 '어떻게 이 과목이 입시에 쓰이는가'를 먼저 따지게 되고, 교사의 설명은 질문보다는 요약 중심으로 요청된다. 그 결과 학생은 배움을 체험하지 못하고, 교육은 실용적 전략으로 축소된다. 학교는 학교다워지지 못하고, 교실은 배움의 공간이 아니라 전략과 정보의 회로가 된다.

이러한 현실은 학교가 공교육임에도 불구하고 입시가속체제의 핵심 조직으로 기능하게 된 배경을 드러낸다. 학교는 체제 바깥에서 입시를 비판할 수도 없고, 그 안에서 벗어날 수도 없다. 새로운 실험은 늘 입시에 적합한 방식으로 재조정되고, 수업은 그 목적과 무관하게 입시에 편입된다. 입시가속체제는 학교를 시스템의 하위 단위로 편입시키면서도, 그 정당성을 학교라는 공적 제도를 통해 획득한다. 이처럼 학교는 입시의 실행자이자, 동시에 입시체제의 정당화 도구가 된다.

교사는 그 안에서 실존적 갈등을 경험한다. 학생을 바라보며 '이 수업이 입시에 도움이 되는가'를 묻는 순간, 교사는 자신의 교육 철학을 수정하거나 숨기게 된다. 감정과 관계는 줄어들고, 기능과 전략만이 남는다. 혁신 수업이든 실험적 프로젝트든 학생의 진로 설계에 도움이 되는가가 판단의 기준이 되고, 수업의 철학은 입시 활용 가능성에 따라 평가된다. 교사는 점점 더 '살아 있는 존재'를 보는 눈이 아닌 '입시에 유용한 구성원'을 판단하는 눈으로 시선을 전환하게 된다.

| 제3장 |

입시가속체제는 어떻게 작동하는가

1절

체계로서 입시를 사유하다 :
루만의 사회체계 이론과 교육체계의 자기준거성

질문 교육은 무엇에 근거해 스스로를 정당화하는가?

입시는 단순한 제도나 문화로 축소될 수 없다. 그것은 학교를 규정 짓는 더 깊은 구조, 곧 교육체계가 작동하는 방식을 결정하는 자기준거적 체계다. 루만Niklas Luhmann의 사회체계 이론은 이를 설명할 수 있는 강력한 틀을 제공한다. 그는 사회를 자율적인 하위 체계들의 복합적 분화로 이해했고, 교육도 그중 하나로서 고유한 커뮤니케이션 논리를 지닌 독립적 기능 체계로 보았다. 입시는 교육체계가 지닌 내부 작동 코드이며, 이 체계는 다른 체계(정치, 경제, 법, 기술)와 연결되면서 스스로를 재구성한다.

입시가속체제는 교육체계가 경제적 생존 논리, 기술적 실시간성, 행정적 효율성에 접속하면서 가속화된 자기조직 질서다. 이 질서는 단순히 '입시 경쟁이 심화된 사회 현상'이 아니라 교육체계가 스스로를 조직하는 방식의 구조적 전환을 의미한다. 루만은 사회체계가 자신만의 시간 구조를 선택한다고 보았고, 이 시간 구조는 체계가 미래를 어떻게 구성할 것인가에 대한 결정이다. 입시는 이 시간 구조를 선택, 예측, 누적의 가능성 중심으로 고정시켜 체계적 압축을 실현한다.

입시가 작동하는 방식은 성과 중심 코드의 반복이다. 체계는 커뮤니케이션을 단순화함으로써 복잡성을 통제하려 한다. 입시는 이를 점수, 등급, 수치화된 비교의 언어로 작동시키고, 학생의 배움은 정량화 가능한 성취로 환원된다. 교육이 존재와의 만남, 감응의 공간이 아닌 성과 생산의 공장이 되는 것이다. 루만의 이론에 따르면 이는 단지 기능적 편의가 아닌 체계 생존 전략이며, 입시는 교육체계가 사회 속 자신의 위치를 보장받기 위한 자기정당화 장치다.

입시가속체제는 시간의 흐름을 평탄화하고, 미래를 현재로 끌어당긴다. 진도표, 누적 평가, 조기 선택 시스템 등은 교육체계가 미래 예측 가능성을 최대화하는 방식으로 시간을 설계한다는 증거다. 루만에 따르면 입시는 교육체계가 미래를 더 빠르고 명확하게 예측할 수 있는 구조로 자기 자신을 재편하는 방식이다. 이 과정에서 현재의 교육 경험은 끊임없는 미래 준비로 전도되며, 교육의 존재론이 해체된다.

학생은 시간의 주체가 아닌 시간에 의해 추적되는 사용자로 전락한다. 입시가속체제는 학생의 존재를 '지금의 나'가 아닌 '미래의 성과'로 환산하며, 현재는 미래를 위한 수단이 된다. 이는 루만이 말한 시스템의 자기준거성과 외부 비판의 흡수 기제를 정확히 보여 주는 사례다. 아무리 외부에서 제도 개선을 주장해도, 체계는 그 비판을 자신에게 유리한 방식으로 재구성하며, 기존 시간 구조를 더욱 공고히 한다. 이로써 변화는 표면만 남고 본질은 고착된다.

입시제도의 반복 개편에도 불구하고, 체계는 본질을 바꾸지 않는다. 수시냐 정시냐, 절대 평가냐 상대 평가냐는 표면적 형태의 문제일 뿐, 체계는 끊임없이 비교와 누적, 예측 가능성 중심의 시간 구조를 유지한다. 루만은 이를 체계의 자기참조성이라고 보았다. 이 참조 구조는 교육 외부의 논리(시장, 플랫폼, 정책)의 영향을 받아 더욱 폐쇄적인 방식으로 작동하며, 체계가 외부와 대화하는 것처럼 보이지만 사실상 자기 구조를 강화하는 방향으로 수렴한다.

입시가속체제의 시간 구조는 세 가지 코드, 즉 선택, 예측, 누적을 중심으로 작동한다. 이는 학생을 개인이 아닌 비교 가능한 데이터로 변환시키는 코드이며, 이 코드는 교육의 모든 차원을 통제 가능한 수단으로 전환한다. 시험, 진도, 루브릭rubric, 포트폴리오, 실시간 학습 데이터 등은 모두 이 시간 구조의 실현 기제들이다. 루만은 체계가 커뮤니케이션을 정형화한다고 했는데, 교육체계는 이 구조를 통해 학생의 삶 전체를 시간표와 성과로 변환하는 체계를 완성한다.

결과적으로 입시가속체제는 교육의 시간을 생존의 시간으로 바꾸고, 교육 주체를 삶의 설계자가 아닌 시간의 사용자로 위치시킨다. 이 체계는 시간에 대한 주권을 박탈하며 교육을 존재론이 아닌 기능론의 영역에 고착시킨다. 루만이 말한 기능 체계의 자기참조성과 시간 구조 이론은 왜 교육이 단지 제도 개편이나 정책 수정으로는 바뀌지 않는지를 설명하는 중요한 틀이다. 시간의 권력이 존재를 규정하는 한, 우리는 시간 구조의 재정치화를 요구해야 한다.

입시가속체제는 단순히 교육이 빠르게 변하는 현실에 적응한 결과물이 아니다. 그것은 교육체계가 외부 체계의 논리를 자기 안으로 끌어들이며, 자율성을 포기하고, 시간 구조를 외부에 맞춘 채 폐쇄적으로 작동하는 과정이다. 루만의 사회체계 이론은 우리에게 입시를 새로운 방식으로 사유하게 만든다. 그것은 교육체계 전체를 재구성해야 한다는 요청이며, 시간 구조의 전환 없이는 진정한 개혁도 가능하지 않다는 철학적 문제 제기다.

2절
입시가속체제의 세 가지 시간 코드 :
선택, 예측, 누적의 압축

질문 미래를 앞당기는 시간은 왜 현재를 지울 수밖에 없는가?

입시가속체제를 체계로 이해한다면 우리는 이 체계가 어떤 시간 구조를 작동시키는지를 파악해야 한다. 루만은 현대 사회의 모든 기능 체계가 고유한 시간 구조를 갖고 있으며, 이 구조는 체계가 복잡성을 축소하고 자기참조성을 유지하기 위한 핵심 장치라고 본다. 교육체계, 특히 입시 중심의 구조는 선택 가능성의 증대, 미래에 대한 예측 가능성, 성과의 누적 가능성을 중심으로 시간을 설계한다. 이 세 가지는 단순한 특징이 아니라 교육체계의 내적 작동 논리를 압축하는 핵심 코드로 기능한다.

첫째, 선택 가능성은 체계가 다수의 가능성 중 일부를 결정 가능하게 만드는 구조다. 입시제도는 수많은 교육 경로 중에서 특정한 경로만을 '선택할 수 있는 것'으로 만든다. 학생들은 다양한 학습의 가능성을 열어 두는 대신, 오직 입시에 필요한 것만을 학습하게 된다. 시간은 다양한 경험의 장이 아니라 선택을 위한 계산과 판단의 시간으로 재구성된다. 이 선택은 능동적 주체의 결정이 아니라 체계가 정한 기준에 따라 작동하는 수동적 순응이다.

둘째, 예측 가능성은 체계가 미래를 통제하려는 욕망으로부터 발생한다. 입시가속체제는 학생의 성취를 가능한 한 빨리 예측하고 조기 결정하려는 경향을 강화한다. 모의고사, 누적 평가, AI 기반의 학습 분석 도구들은 이 예측 가능성을 현실화하는 기술적 장치들이다. 체계는 미래에 대한 불확실성을 감당하기보다 미래를 현재에 끌어당겨 통제 가능한 구조로 만들려 한다. 이로 인해 교육은 열린 미래의 탐색이 아니라 폐쇄된 경로의 모사로 축소된다.

셋째, 누적 가능성은 입시체계가 시간의 흐름을 단절이 아닌 축적의 방식으로 조직하는 구조를 말한다. 시험 점수, 수행 기록, 학습 이력 등은 모두 축적 가능한 데이터로 재구성된다. 이 누적은 단순한 기록이 아니라 미래를 결정짓는 지표로 작동한다. 학생의 시간은 이 지표를 구성하는 벽돌이 되고, 학습은 순간의 몰입이 아닌 누적의 연쇄로 재해석된다. 이 구조 속에서 실수나 실패는 일시적인 것이라기보다 회복 불가능한 '기록의 오류'로 취급된다.

이러한 시간 코드는 학생의 존재를 바꾸어 놓는다. 과거의 교육은 실존적 성장의 시간, 정체성을 탐색하는 시간이었다면, 입시가속체제 아래에서는 학생은 '선택되어야 할 데이터 집합'으로 이해된다. 점수는 단지 학습의 결과가 아니라 존재의 가치에 대한 판단 지표가 된다. 예측 가능한 성과를 보여 주지 못하는 학생은 체계 내에서 투명해지고, 시간의 흐름에서 이탈하게 된다. 이것은 교육의 기능이 아니라 교육의 폭력이다.

체계는 이 세 가지 코드를 자기강화적으로 작동시킨다. 선택을 빠르게 하고, 예측을 정교화하며, 누적을 가속화하는 방향으로 구조를 재편한다. 고등학교 1학년 때부터 본격적인 입시 준비가 시작되고, 수행 평가는 실시간 관리되며, 모든 학습 활동이 진로 포트폴리오로 전환된다. 시간은 흐르는 것이 아니라 채점되는 것이 되고, 학생의 삶은 미래의 결과를 위해 조율되어야 할 관리 항목으로 재구성된다. 이로 인해 교육은 점점 더 실시간 플랫폼처럼 작동하게 된다.

더 심각한 문제는, 이 체계가 외부의 요구로 구성되지 않고 내부에서 자율적으로 강화된다는 점이다. 루만은 체계가 외부의 자극을 받아들이되, 이를 내부 논리로 번역하여 자기기준으로 수렴한다고 보았다. 입시가속체제는 사회의 경쟁, 기술의 발전, 정책의 요구를 받아들이되, 그것을 자신의 코드 — 선택, 예측, 누적 — 로 흡수하며 강화해 나간다. 체계는 변화하는 것처럼 보이지만, 실제로는 더 폐쇄적이고 더 빠르게 자신을 고정시킨다.

3절

교육체계의 통제 불가능성과 가속의 자기강화 구조 :
구조적 불확실성과 체계 내 운동성

질문 멈출 수 없는 체계는 왜 계속 빨라질 수밖에 없는가?

현대 사회에서 교육은 단순히 지식의 전달이나 시민성의 함양을 넘어, 복잡한 사회체계 속에서 스스로를 정당화해야 하는 기능 체계로 작동한다. 루만이 말한 바와 같이 교육체계는 자기준거적 커뮤니케이션 체계로, 외부로부터 독립된 기준을 통해 자신을 구성한다. 이 과정에서 체계는 외부로부터의 개입이나 비판을 수용하기보다 내부에서 정당화된 코드에 따라 문제를 정의하고 해결한다. 교육체계가 '입시'를 중심으로 자신을 구성하게 될 때, 그 작동은 단순한 제도적 결정이 아니라 체계의 복잡성을 줄이기 위한 고유한 전략으로 기능한다. 바로 이러한 전략이 교육체계 내의 시간 구조를 점차적으로 가속화시키는 자기강화적 경로를 만들어 낸다.

입시가 중심에 놓인 교육체계는 경쟁을 전제로 한다. 학생, 학부모, 교사 모두가 '더 좋은 성과'를 위해 움직이는 구조 속에서 경쟁은 단순한 결과가 아니라 존재 방식이 된다. 이러한 경쟁은 준비 시기의 조기화로 이어지고, 이는 다시 초등학교 심지어 유아교육 단계에서부터의 시간 압박을 정당화한다. 준비의 조기화는 시간의 분절화를 낳고, 학년별 진도, 목표, 시험 범위, 비교 지표 등이 학습의 전 과정에 개입하며 학생의 존재를 구성한다. 시간은 더 이상 경험의 흐름이 아니라 관리와 계획의 단위로 환원된다. 그리고 이처럼 분절된 시간은 다시금 교육체계가 효율성과 정당성을 확보해야 한다는 압박을 만들어 내며, 새로운 가속 장치를 호출하게 된다.

이러한 가속 장치는 대부분 기술적 보조 수단의 형태로 등장한다. 플랫폼 기반의 수업 설계, 루브릭과 지표 기반의 평가 시스템, 실시간 피드백 알고리즘 등이 그것이다. 이는 표면적으로는 교육의 질을 높이고, 공정성을 확보하며, 교사의 부담을 줄이기 위한 도구로 도입된다. 그러나 실제로는 교육체계가 '시간 부족'과 '성과 요구'라는 이중 압박 속에서 생존하기 위해 채택한 회피 전략에 가깝다. 시간의 압축은 더 많은 기술 개입을 불러오고, 기술 개입은 다시 학습의 리듬을 더욱 세밀하게 분절화한다. 결국 교육체계는 이른바 '기술-정책 연합'을 통해 가속의 순환 고리를 강화하는 경로에 진입하게 된다.

여기서 중요한 점은, 이 가속화가 체계 내부에서는 자연스럽고 당연한 대응으로 인식된다는 것이다. 루만이 강조했듯, 사회체계는 자신이 이해할 수 있는 방식으로만 외부를 해석하고 반응한다. 교육체계도 마찬가지로, 외부에서 제기되는 '삶의 속도 조절', '정서적 피로', '관계의 회복' 등의 요구를 직접적으로 수용하지 않는다. 오히려 이런 외부 요구들은 '비효율', '비표준', '비정량적'이라는 이유로 배제된다. 체계는 가속을 통해 복잡성을 줄이고, 그 속에서 교육의 정당성을 다시 확보하려 한다.

결과적으로 우리는 가속이 교육체계 내부에서 자기강화 구조로 작동하고 있음을 목격하게 된다. 경쟁이 가속을 부르고, 가속이 기술을 요구하며, 기술은 다시 시간의 분절화를 심화시킨다. 이러한 악순환은 외부로부터의 비판이나 성찰을 차단하면서 교육체계의 폐쇄성을 강화한다. 루만에 따르면 체계는 외부와의 접촉면을 유지하면서도 자신의 기준으로만 반응하는 '운영적 폐쇄성'을 갖는다. 따라서 교육체계는 입시가속체제를 '문제'로 인식하지 않으며, 오히려 체계 유지를 위한 필연적 조건으로 수용한다. 이로 인해 개별 주체의 삶과 감정, 리듬은 체계의 판단 기준에서 배제된다.

가속은 단순히 속도의 문제가 아니다. 그것은 체계의 생존 논리이자 정당화 전략이다. 그 정당화의 결과는 배움의 고유한 시간, 관계의 여백, 의미 형성의 과정이 삭제된 공간으로 나타난다. 학생은 더 이상 시간을 살아가는 존재가 아니라 시간에 의해 작동되는 구조 속 사용자로 전환된다. 교사 또한 시간의 설계자가 아닌 시간의 수행자 역할로 축소된다. 결국 교육체계는 시간에 대한 주권을 허용하지 않는 체계가 된다. 루만의 이론을 빌리면, 교육체계는 타자의 시간에 응답할 수 없는 구조를 갖게 되는 것이다.

4절

입시가속체제는 IB를 품을 수 있는가 :
체계의 자기준거성과 외부 대안의 파열

질문 다른 질서의 시간은 기존 체계에 균열을 낼 수 있는가?

입시가속체제는 그 자체로 강력한 체계적 일관성을 갖는다. 루만의 이론에서 말하듯, 사회체계는 외부의 문제를 내부의 문제로 변환하고, 자신의 논리로만 의사소통하며 자기를 정당화한다. 이러한 폐쇄성과 자기준거성 속에서 '대안교육'은 흔히 외부적 자극으로 주입되지만, 실제로는 체계 내에서 탈정치화되어 흡수되거나 무력화되기 쉽다. 최근 국내에서 논의되는 IB^{International Baccalaureate}는 이러한 체계의 긴장 지점을 날카롭게 드러낸다. IB는 분명히 '느린 교육', '탐구 기반 학습', '전인적 성장'을 지향하지만, 한국의 입시가속체제는 이를 어떻게든 자신의 속도와 코드로 조정하려는 경향을 보인다.

IB의 핵심은 단지 성과가 아니라 배움 전체를 아우르는 '사유의 시간'이며, 탐구와 실패, 반성과 성장의 과정을 서사로 엮는 '서사적 배움 narrative learning'이다. 그러나 한국의 교육 현장에서는 IB가 본래 지닌 철학적 깊이와 존재론적 시간 구조를 유지하기보다 일정한 수행 기준과 결과 중심 평가를 우선시하는 정형화된 프레임으로 수용된다. IB 수업은 자유로운 탐구보다는 루브릭에 최적화된 전략적 수행으로, 과정 중심의 피드백은 정답 중심의 문서 평가로 전환된다. 이는 IB가 요청하는 느린 배움과 깊은 사유의 시간을 견디지 못하는 입시가속체제의 성격을 반영한다. 결국, IB는 '존재의 시간'을 다시 구성하려는 교육 철학적 요청임에도 불구하고 한국의 제도 안에서는 입시 효율화를 위한 기술적 장치로 기능하며 그 철학적 목소리는 침묵당한다.

이러한 IB의 재가속화는 단지 프로그램 운영의 문제가 아니다. 그것은 입시가속체제가 얼마나 강력한 시간 구조의 체계인지를 보여 준다. 이 체계는 새로운 교육 방식을 도입하면서도, 그 속도를 자기 구조에 맞게 동기화하지 않으면 받아들이지 않는다. 즉, '느림'은 도입되지만 '빠르게 실행'되어야 하고, '탐구'는 도입되지만 '정답 중심 루브릭'에 수렴되어야 하며, '다양한 배움'은 도입되지만 '입시 경쟁력을 높이는 도구'로 해석된다. 루만의 언어로 말하자면, 체계는 새로운 프로그램을 받아들일지언정 새로운 시간 구조는 받아들이지 않는다.

결국 IB가 한국 교육 안에서 어떻게 자리 잡느냐는 단지 교육과정의 문제가 아니라 시간의 철학과 체계의 구조를 묻는 문제다. 진정한 의미에서 IB를 도입하려면 학생이 실패해도 멈출 수 있는 시간, 교사가 계획을 재조정할 수 있는 시간, 교육 공동체가 함께 리듬을 만들어 갈 수 있는 시간이 필요하다. 그러나 입시가속체제는 이 '고유 시간'을 인정하지 않는다. 따라서 우리는 IB를 '도입'할 것인가, 말 것인가가 아니라 IB가 요구하는 '시간의 윤리'를 학교가 감당할 수 있는가를 물어야 한다.

IB가 입시가속체제의 안에 들어올 수는 있다. 그러나 입시가속체제가 바뀌지 않는 한, IB는 체계의 '장식'이 되거나 '기능적 수단'으로 전락할 위험이 크다. 그러므로 IB를 통한 교육 혁신은, 입시라는 제도를 넘어서 '교육이 시간을 어떻게 구성할 것인가'라는 질문으로 나아가야 한다. 이는 곧 시간에 대한 주권 회복, 존재의 교육으로의 복귀, 학교의 철학적 전환을 의미한다. IB는 그러한 전환의 시험대 위에 놓인 셈이다.

더욱이 IB가 강조하는 '국제적 사고'는 그 자체로 또 다른 표준화된 시간 경쟁의 장을 만든다. 세계 대학 진학 가능성과 같은 외부적 기준은 IB의 내적 철학보다 우선되며, 학습은 자율보다는 전략적 수행으로 번역된다. 이는 입시가속체제의 자기참조성 — 외부의 모든 대안을 성과와 경쟁의 코드로 환원하는 능력 — 이 어떻게 작동하는지를 보여주는 사례다. 다시 말해, IB의 도입은 교육의 다양화가 아니라 가속의 스펙트럼의 확장일 수 있다.

교사는 이 과정에서 진정한 교수자라기보다 평가 기술자이자 시간 관리자로 위치된다. 루브릭은 다층적인 사고를 요구하지만 동시에 그 사고를 특정 시간 안에 수렴시키고 정량화할 수 있어야 한다는 압력을 만든다. 이러한 평가 문화 속에서 교사는 '자율적으로 움직이는 주체'가 아니라 IB의 시간 규범을 학생에게 주입하고 정렬시키는 구조화된 중개자로 기능하게 된다. 교육의 질은 '얼마나 깊이 있게 사고했는가'보다는 '얼마나 빠르게 정답에 가까운 사고를 하게 했는가'로 치환된다.

학생 또한 '탐구자'로서의 정체성보다는 '예측 가능한 사용자'로 구성된다. TOK^{Theory of Knowledge}나 EE^{Extended Essay}와 같은 도전적 프로그램이 있음에도, 이들이 학교 현장에서 '결과물' 중심으로 다뤄질 경우 과정의 시간은 왜곡된다. 학생은 의미를 구성하기보다 완성된 논리를 시뮬레이션하고 그 시간 구조에 맞게 존재를 조절하게 된다. 이는 단지 IB의 실패가 아니라 IB를 수용하는 체계의 시간정치가 실패한 것이다.

IB의 가능성은 여전히 유효하다. 다만 그것은 '도입'이나 '정책'의 문제가 아니다. 시간 구조를 다시 설계할 수 있는 제도의 용기, 실패를 허용하는 교육의 윤리, 의미가 천천히 생성되는 배움의 문화를 상상할 수 있는 감수성이 마련될 때, 비로소 IB와 같은 대안이 입시가속체제를 넘어설 수 있는 단서가 된다.

| 제4장 |

입시가속체제의 여섯 가지 병리

1절

존재의 소외 :
타자와의 공존을 외면하는 교육

질문 왜 교육은 더 많이 알게 할수록 타자와 멀어지게 만드는가?

한 교실에 스물다섯 명의 학생이 앉아 있다. 교사는 말을 걸고, 칠판에는 설명이 이어지고, 질문도 몇 번 오간다. 그러나 그 자리에 존재는 있는가? 우리는 그들이 서로를 보고 있다고, 교사가 학생들을 알고 있다고, 질문이 곧 관계라고 쉽게 믿는다. 하지만 자세히 들여다보면, 이 교실은 오히려 절연된 존재들이 효율적으로 공존하는 공간일지도 모른다. 말은 있지만 응답은 없고, 배움은 있지만 감응은 없다. 교실은 점점 더 분리된 존재들로 채워지고 교육은 '함께 있음'이라는 근본을 상실한다.

오늘날 교육은 타자성을 수용하기보다는 타자를 제거하거나 표준화한다. 모든 학생은 같은 기준으로 평가받고, 같은 시간에 같은 진도를 따라야 한다. 학습 수준이 다르면 보정 지도가 들어가고, 감정 상태가 다르면 '행동 조절'이 요구된다. 다름은 차이로 존중되기보다는 문제로 간주되고, 문제는 제거하거나 조정해야 할 대상으로 처리된다. 교육은 더 이상 타자를 만나는 경험이 아니라 타자를 견디지 않는 구조가 되었다. 존재는 다르다는 이유로 소외되며, 동일성의 기준을 충족시키지 못한 이들은 점점 더 '지원 대상'이라는 이름으로 분리되어 간다.

이러한 '존재의 소외estrangement of being'는 단지 정체성의 문제가 아니라 교육이 세계와의 관계를 어떻게 매개하고 있는가에 대한 물음이다. 교육은 원래 내가 아닌 누군가를 이해하고, 그 타자와의 마찰을 통해 스스로를 다시 구성하는 과정이었다. 그러나 오늘날의 교실은 그 마찰을 가능하게 하는 구조를 점점 더 제거한다. 학생들은 친구의 말에 진심으로 귀 기울이기보다 발표 점수를 더 신경 쓰고, 토론은 입장의 다름을 드러내기보다는 '논리적 우세'를 겨루는 장으로 기능한다. 교사 역시 학생의 말에 반응하는 것이 아니라 수업 흐름을 유지하는 것이 우선된다. 그렇게 교실은 점점 더 '나의 자리'만을 지키는 공간이 되고, 타자의 존재는 희미해진다.

레비나스Emmanuel Levinas는 타자의 얼굴에서 윤리가 시작된다고 말한다. 그러나 오늘날 교실에서는 그 얼굴을 제대로 마주할 기회가 거의 없다. 마주 본다 해도, 그것은 인식의 대상으로서 타자일 뿐 존재의 울림을 지닌 '타자 자신'은 아니다. 평가에 따라 친구가 경쟁자가 되고, 배움이 비교의 도구가 되는 순간, 우리는 타자를 대상으로 환원하며 관계의 가능성을 차단한다. 교육은 타자와의 접촉을 최소화하고, 오히려 개인화된 학습을 정교화하며, 각자의 학습 경로에 갇힌 존재들을 양산하고 있다.

특히 자기주도 학습self-directed learning이라는 이름으로 정당화되는 고립은, 겉보기에는 학생의 자율성과 주체성을 강조하는 것처럼 보이지만 실제로는 관계로부터의 단절을 전제로 한다. 학생은 혼자서 목표를 세우고, 진도를 체크하며, 성취를 기록해야 한다. 다른 누군가와 함께 고민하고, 실패를 공유하거나, 감정을 나눌 수 있는 여지는 줄어든다. 교육이 타자와의 공존을 배제하고 '나의 성장'만을 강조할 때, 학생은 자기 자신 안으로 갇히며 점점 더 외롭고 불안한 존재가 되어

간다.

그러나 배움은 본질적으로 관계의 사건이다. 내가 모르는 것을 알기 위해 타자의 이야기를 듣고, 그와 대화하고, 그와 다르다는 사실에서 불편함을 느끼며, 그 불편함을 통해 나 자신을 다시 구성해 나가는 과정이다. 그것은 단지 지식의 확장이 아니라 존재의 확장이다. 관계가 없는 배움은 이해가 아니라 습득이고, 감응이 없는 만남은 동료가 아니라 경쟁자다. 교육이 다시 존재의 이름으로 작동하려면, 우리는 교실이라는 공간을 단순한 학습장의 프레임에서 벗어나, 공존의 윤리가 작동하는 장소로 재구성해야 한다.

이때 공존은 단지 물리적 공간을 함께 쓰는 것이 아니라 서로가 서로의 세계를 열어 주는 사건을 말한다. 학생은 친구의 말에서 새로운 감정을 발견하고, 교사는 학생의 표정에서 수업의 방향을 바꾸며, 수업은 그날의 날씨와 감정과 눈빛을 통해 유기적으로 진화한다. 이처럼 교육은 고정된 전달이 아니라 살아 있는 존재들 사이에서 일어나는 상호작용의 감응성 속에서 피어난다. 공존은 지시하지 않는다. 그것은 기다리고, 듣고, 때로는 포기하면서 생성된다.

그러나 지금 우리는 너무 많은 것을 지시하고, 너무 적게 기다리며, 거의 듣지 않는다. 학생의 말을 들을 시간이 없고 감정을 담을 문장이 없다. 존재는 있지만, 대화는 없다. 우리는 존재를 가르치지 않고, 타자에 대해 침묵한다. 그리하여 학생들은 친구와 함께 있어도 고립되고, 교사와 함께 있어도 단절된다. 이처럼 타자의 부재는 곧 자기 존재의 축소를 낳는다. 나를 말하게 해 주는 타자가 없을 때 나는 점점 더 기능만 남긴 채 존재를 잃는다.

존재의 소외는 교육을 정지시킨다. 학생이 자기를 표현하지 못하고 교사가 응답받지 못할 때, 그곳에 배움은 없다. 그저 수업이 있을 뿐이다. 우리는 혁신이라는 이름으로 수많은 시스템을 도입했지만, 그 어떤 장치도 타자를 대신할 수 없다. 혁신은 관계의 재발명이며, 교육은 타자와의 윤리적 공존을 가능케 하는 구조의 재설계여야 한다. 그것이 없다면 아무리 정교한 교육 모델을 도입하더라도 존재는 다시 침묵하고 말 것이다.

2절

자기연출성의 지배 :
성과가 존재를 대체

질문 우리는 언제부터 '살아 감'보다 '보여 줌'을 먼저 배우게 되었는가?

우리는 지금 교육에서 '존재하는 것'보다 '보여지는 것'이 더 중요해진 시대에 살고 있다. 학생은 배우기보다 증명해야 하고, 교사는 가르치기보다 실적을 남겨야 한다. 교육은 내면의 성장보다 외적 결과를 요구하고, 존재의 질감은 수치와 성과 지표에 밀려 점점 더 사라진다. 이처럼 교육이 보여 주기 위한 활동, 측정 가능성, 외적 정당성에 집착할 때 주체는 '연기자'로 변한다. 존재는 증발하고 연출만이 남는다.

이러한 병리 구조를 설명하기 위해 자기연출성performativity이라는 개념을 소환한다. 이는 본래 언어학에서 유래한 개념으로, 한 발화가 그 자체로 행위를 수행할 수 있음을 가리키는 말이었다. 그러나 오늘날 사회에서는 이 개념이 확장되어 인간이 끊임없이 '성과 있는 행위'를 연출해야 하는 존재로 변해 가는 현상을 지칭하게 되었다. 교육은 이 자기연출의 훈련장이 되었고 학교는 더 이상 존재를 길러 내는 공간이 아니라 성과를 '설득력 있게 구성하는' 무대가 되었다.

학생은 이제 자기가 얼마나 성실히 공부했는가보다 얼마나 잘 요약했고, 어떤 결과를 냈으며, 그것을 얼마나 논리적으로 설명했는가로 평가된다. 학생부종합전형이나 포트폴리오, 자기소개서 등은 모두 이러한 자기서사의 설계 능력을 요구한다. 그러나 그 서사는 실제 경험보다 '구성된 경험'에 가깝다. 경험은 선택되고 다듬어지며, 문장으로 포장된다. 삶의 우발성과 실패, 돌발적 감정은 삭제된다. 존재의 복잡한 리듬은 표준화된 스토리라인에 맞춰 조율된다. 결국 학생은 누구보다 자신을 잘 연출해야만 살아남을 수 있는 존재로 길러진다.

교사 또한 예외가 아니다. 수업은 관찰과 공개, 컨설팅을 통해 평가되고, 실적은 수치로 환산된다. 교사는 자신의 교육 철학이나 존재감보다 '수업 설계 능력', '학습 효과', '정량 지표'로 증명되어야 한다. 교사는 자신이 교육의 주체인지, 연출의 책임자인지 혼동하기 시작한다. 감정은 통제되고, 말투는 조절되며, 학생과의 관계도 '성과 있는 피드백'으로 치환된다. 수업은 점점 더 프레젠테이션화되고 평가의 시선에 최적화된다. 교사 역시 타인의 시선을 상수로 전제한 채 존재를 설계해야만 하는 자기연출적 존재가 된다.

이러한 구조에서 인간은 더 이상 스스로에게 정직하지 못하다. 끊임없이 타인을 의식하며 자기 자신을 조율하고, '나'라는 존재는 외부의 승인과 수용에 따라 만들어지는 이미지로 대체된다. 이는 단순히 불편한 심리 상태를 넘어서 존재론적 위기에 가깝다. 왜냐하면 교육은 본래 타인에게 잘 보이기 위한 훈련이 아니라 나 자신을 만나고 내면의 울림을 감각하는 과정이어야 하기 때문이다.

이러한 자기연출의 문화는 표면적으로는 '자기주도성'이나 '책임 있는 학습자'라는 이름으로 장려된다. 그러나 그것은 책임이 아니라 통제 가능한 구성물로서의 자아 만들기에 가깝다. 진정한 주체는 자신의 실패도 껴안을 수 있고, 우연도 수용할 수 있으며, 때로는 멈추거나 방향을 틀 수 있어야 한다. 그러나 교육이 연출 중심이 될수록 주체는 그런 불확정성을 허용받지 못한다. 존재는 실험하는 힘을 잃고, 성공을 위한 계산 가능한 구성물로 훈련된다.

특히 이 구조는 소수자, 비표준 존재, 비정형 학습자에게 치명적이다. 모든 학생에게 자기연출의 능력을 요구할 때, 배경 자본, 언어 능력, 관계 자원이 충분하지 않은 학생들은 더욱 불리해진다. 교육은 '개인의 능력을 보여 주라'고 말하지만, 그 '보여 줄 수 있는 자원'은 계층에 따라 불균형하게 분배되어 있다. 따라서 자기연출성은 겉으로는 중립적 평가 도구이지만 실상은 계층 구조를 은폐하고 정당화하는 수단이 된다.

더 깊이 들여다보면, 자기연출은 감정을 억제하는 구조이기도 하다. 슬픔은 비효율이고, 멈춤은 낙오이며, 실패는 포장되어야 할 실수로 전환된다. 학생은 우는 대신 반성문을 쓰고, 교사는 좌절 대신 계획서를 제출한다. 우리는 감정이 아니라 기능으로 존재한다. 그러나 교육이 감정을 버리고 기능만 남길 때 존재는 점점 말라 간다. 우리는 '좋은 수업'은 많아졌지만 기억에 남는 배움은 줄어들었다고 느낀다. 왜일까? 존재가 아닌 연출만이 반복되는 구조에서는, 아무리 화려한 교육도 인간의 감각을 건드릴 수 없기 때문이다.

3절

의례의 붕괴와 서사의 위기 :
반복 없는 학교, 기억 없는 배움

질문 기억 없는 배움은 어떻게 존재를 지우는가?

교실은 시간표로 시작하지만 삶은 서사로 구성된다. 그러나 지금의 학교에는 서사가 없다. 학생들은 초등학교 1학년으로 입학해 6년을 보내고, 중·고등학교를 지나 대학에 진학하지만, 그 여정이 자신만의 이야기로 남지 않는다. 수업은 반복되지만, 의미는 축적되지 않는다. 시간은 흐르지만, 기억은 머물지 않는다. 우리는 학교에 '있었다'는 기억은 남기지만, 그 안에서 '어떤 존재였는가'에 대한 기억은 남기지 못한다. 존재는 서사를 통해 기억되고, 기억은 반복을 통해 형성된다. 그러나 지금 학교는 반복과 서사를 제거한 채, 이벤트만 남긴 시간 구조 속에서 운영되고 있다.

한병철은 『리추얼의 종말』에서 현대 사회를 '의례로부터의 멀어짐'이라 명명하였다. 그는 '리추얼ritual'이라는 용어를 한국어로 번역하지 않고 독일어 원어 그대로 사용했는데, 이는 리추얼이 단순한 의식·행사를 넘어 반복성과 공동체적 감응, 시간의 형식이 결합된 깊은 문화-철학적 층위를 지닌 개념임을 강조하기 위함이다. 나는 리추얼의 이러한 함의를 살리되 직관적 이해를 돕기 위해 리추얼을 '의례'로 번역해 사용한다. 의례로서 리추얼이 사라졌다는 한병철의 비판은 학교의 상황에 시사점을 제공한다. 요즈음 많은 학교에서는 전통적 시간과 관계의 틀을 수업과 무관한 '행사'라는 이름으로 없애려고 하였고, 결과적으로 대부분의 의례를 제거해 버렸다. 조회, 기념일마다 되풀이되던 글쓰기와 전통 놀이, 계절의 흐름을 반영하던 사생 대회와 체육 대회와 같은 반복적 장면들이 하나둘씩 사라졌다.

이 모든 전통은 시간이 쌓이며 관계가 만들어지는 감응의 구조였으나 오늘날 그것들은 행정상 불필요하거나 비효율적인 것으로 간주되어 삭제되었고 그 자리를 형식적이고 소비 가능한 '행사'가 대신하게 되었다. 이렇게 모든 교육의 시간과 관계가 사라지면서 의례가 지녔던 공동체적 리듬과 정서적 안정, 배움의 서사는 점차 소멸하게 되었으며, 학교는 점점 더 비정형적인 공간, 정서적 기반이 해체된 공간으로 남게 되었다.

의례는 단순한 전통의 반복이 아니다. 그것은 시간을 의미 있게 연결하고, 감정을 공적으로 표현하게 하며, 개별 존재를 공동체적 리듬 속에 위치시키는 구조다. 의례가 있는 교실은 구성원 각자의 경험을 집단적인 기억으로 엮어 낸다. 학생은 매년 돌아오는 축제나 기념행사를 통해 '나의 시간'을 '우리의 역사'로 전환한다. 그러나 지금 학교는 이 모든 반복을 비효율적이고 비가시적인 시간으로 간주하고, 그 대신 시험과 프로젝트, 발표와 실적으로 교육 시간을 채워 간다.

서사narrative는 의례의 감정적 지층이자 존재의 인식적 틀이다. 인간은 이야기 속에서 자기를 구성한다. 그러나 지금의 학생들은 자신의 배움에 대해 말할 수 없다. "나는 수학을 1단원부터 8단원까지 배웠다"고는 말하지만, 그것이 어떻게 자신의 감정과 만났는지, 어떤 방식으로 세계를 다시 인식하게 했는지에 대해서는 기억하지 못한다. 수업은 연속되지만 그 안에 있는 존재는 단절된다. 이것이 바로 서사의 위기다. 교사는 학년별 수업을 해마다 반복하지만, 그 반복은 리듬이 아니라 기능적 재생산에 머문다. 존재는 서사의 부재 속에서 점점 더 맥락을 잃고, 감정을 잃고, 자신이 누구였는지를 잊어 간다.

의례의 붕괴와 서사의 부재는 단지 문화적 상실을 뜻하지 않는다. 그것은 교육이 존재를 포착하고 감싸는 능력을 점점 더 상실하고 있다는 징후다. 반복 없는 교육은 정서의 리듬을 만들지 못하고, 서사 없는 교육은 정체성의 뼈대를 세우지 못한다. 그 결과 학생은 '학습자'로는 구성되지만 '존재하는 사람'으로는 구조화되지 않는다. 모든 경험은 흩어지고, 모든 감정은 일회적이며, 배움은 파편화된 기술의 축적일 뿐이다.

그렇다면 우리는 왜 이토록 급격하게 의례를 제거하고 있는가? 그것은 가속화된 사회가 기억을 기다릴 수 없는 구조이기 때문이다. 현대 교육은 속도와 정보량, 실적과 성과의 논리에 따라 작동하며, 반복의 시간을 '정체'로, 의례의 시간을 '낭비'로 해석한다. 그러나 교육이 감정을 허용하지 않으면, 존재는 기억되지 않는다. 시간은 흘러가지만, 삶은 남지 않는다.

의례는 감정의 공간이다. 교사가 교탁 앞에서 고개 숙여 "수고했다"고 말하는 순간, 학생이 준비한 노래를 학급이 함께 부르는 순간, 꽃다발 하나에 눈물이 차오르는 순간. 이 모든 것들은 단지 연극이 아니라 감정과 존재가 공적으로 만나고 구성되는 시간이다. 교육은 지식의 전달 이전에 감정의 축적이며, 감정은 반복을 통해 리듬을 만들고, 리듬은 서사를 만든다. 그 서사가 축적될 때 비로소 학생은 '나의 배움', '우리의 학교', '함께 있었던 시간'을 말할 수 있다.

의례가 복원되어야 하는 이유는, 단지 전통을 지키기 위함이 아니라 존재의 시간성을 회복하기 위함이다. 인간은 기억을 통해 존재를 유지하며, 교육은 그 기억을 설계하는 공간이다. 의례 없이 감정은 일회성에 머무르고, 기억은 쌓이지 않으며, 존재는 반복되는 사건을 통해 자신을 확신하지 못한다. 우리는 그저 어제와 오늘이 다르지 않음을 느끼며, "지금 어디쯤 와 있는지"를 되묻는 방식으로 시간을 감지한다. 그러나 지금의 학교는 이 감지의 리듬을 해체했다.

4절

감응과 공명의 소멸 :
반응 없는 교실, 감정 없는 수업

질문 왜 교사는 말하고 학생은 듣지만 아무도 서로에게 도달하지 못하는가?

수업이 시작된다. 교사는 질문을 던진다. 학생은 정답을 말하고, 교사는 고개를 끄덕인다. 칠판에는 개념이 정리되고, 프레젠테이션이 이어진다. 교사는 열정적으로 설명하고, 학생들은 조용히 듣는다. 그리고 종이 울린다. 수업은 끝났다. 그러나 그 안에서 누가 누구에게 말을 걸었는가? 누가 누구의 세계에 귀를 기울였는가? 무엇이 반응했고, 무엇이 공명했는가? 오늘날의 교실은 점점 더 반응 없는 공간, 공명하지 않는 시간으로 구조화되고 있다.

하르트무트 로자는 현대 사회를 비공명적 세계 disresonant world 라고 진단했다. 인간은 세계와의 관계 속에서 존재를 구성해야 하지만, 그 관계는 점점 더 기술화되고 대상화되어, 세계가 더 이상 인간에게 응답하지 않는다는 것이다. 교육도 마찬가지다. 수업은 점점 더 정교해지고, 자료는 시각적으로 풍부해지고, 학습 목표는 명확해지지만, 그 속에서 '무엇이 반응하고 있는가'를 느끼는 감각은 점점 사라진다. 감응 없는 교육은 존재를 떠돌게 하고, 공명 없는 수업은 배움을 기계적으로 만든다.

감응이란 타인의 말, 세계의 감각, 자신의 감정을 진동하는 존재로서 수용하는 능력이다. 공명은 그 감응이 서로를 흔들고, 변화시키며, 살아 있는 관계를 만들어 내는 상태다. 그러나 오늘날의 교육은 이 감응과 공명을 측정 불가능한, 비가시적인 요소로 간주하고 제거해 왔다. 수업의 핵심은 '이해 여부'가 되었고, 이해는 정답으로 환원되었다. 그러나 정답은 감응이 아니다. 그것은 반응일 뿐이다.

한병철은 현대 사회의 피로를 '과잉 반응의 시대'라고 비판했다. 그러나 그것은 감정의 시대가 아니다. 오히려 감정은 통제되고, 감응은 지워지고, 감각은 피로화된다. 우리는 끊임없이 반응하지만, 그 반응은 습관적이고 자동적이다. 수업에서 학생은 질문에 대답하고, 교사는 칭찬하거나 피드백을 주지만, 그 안에 감정의 여운은 없다. 정서적 떨림 없이 이루어지는 대화, 감정이 통과하지 않는 배움은 존재를 감각하지 못한다. 그리고 감각하지 못하는 존재는 결국 자신이 '살고 있다'는 감각조차 잃게 된다.

교사는 점점 더 많은 수업 기술을 배우고, 다양한 평가 방식을 도입한다. 학생은 활동 중심 수업을 경험하고, 토론, 협동, 프로젝트를 수행한다. 겉으로는 활기차 보인다. 그러나 그 안에서 진짜 반응은 점점 줄어들고 있다. 반응은 있지만, 그것은 공명에서 오는 응답이 아니라 루틴화된 정서 반응이다. 칭찬하면 웃고, 지적하면 고개를 끄덕이고, 질문하면 대답하지만, 그 대답은 대부분 예측 가능하고, 그 안에 감정은 없다. 학생은 수업에서 감동을 받지 않는다. 그리고 교사도 더 이상 수업에서 '살아 있는 시간'을 느끼지 못한다.

이는 단지 분위기의 문제가 아니다. 그것은 존재 방식의 문제이며, 교육이 인간의 감정 구조를 어떻게 다루고 있는가에 대한 근본적인 질문이다. 오늘날 교육은 감정의 표면은 다루지만, 감정의 깊이는 다루지 않는다. SEL Social Emotional Learning, 감정 코칭, 심리 안정화 기법 등이 도입되고 있지만, 그것들은 대부분 기능적 감정 조절에 머무르고 있다. 슬픔은 조절되어야 하고, 분노는 완화되어야 하며, 불안은 측정되어야 한다. 그러나 감정은 본래 조절되는 것이 아니라 감응하는 관계 속에 존재하는 것이다. 교육이 감정을 다룬다는 것은, 그 감정을 함께 살아내는 것이지 성과에 방해되지 않도록 조절하는 것이 아니다.

공명이란 예측할 수 없는 관계 속에서 생겨난다. 학생의 말 한마디가 수업의 흐름을 바꾸고, 교사의 질문 하나가 학생의 사고를 흔들고, 한 친구의 표정이 모두의 감정을 감싸안는다. 이런 순간은 계획할 수도 없고 수업 안에 억지로 넣을 수도 없다. 그러나 그 순간이야말로 진짜 배움의 순간이며, 존재가 자기 자신을 느끼는 시간이다. 교육이 이 공명을 허용하지 않는다면, 배움은 아무리 정교해도 '살아 있는 시간'이 될 수 없다.

왜 교실에서 감응이 사라졌을까? 그것은 학교가 관리 가능한 감정만을 허용하는 공간이 되었기 때문이다. 감정은 위험하고, 예측 불가능하며, 효율을 방해한다. 학생이 울거나 분노하거나 질문이 길어지면 수업은 흐트러진다. 그래서 교사는 감정을 '제어'하고, 학생은 감정을 '감춘다'. 감정은 점점 더 '학교 밖에서 해결해야 할 것'이 되었고, 학교 안에서는 기능적 반응만을 남기게 되었다. 그러나 감정 없는 교육은 배움의 질감을 빼앗는다. 존재는 더 이상 떨리지 않고, 교실은 더 이상 울리지 않는다.

교육은 단지 정보의 교환이 아니며, 지식의 전수도 아니다. 그것은 존재와 존재가 서로를 진동시키는, 시간의 진동 구조다. 감응은 교육이 인간에게 다시 시간을 선물하는 방식이며, 공명은 교육이 인간에게 세계를 되돌려주는 방식이다.

5절

관리적 리더십의 강화 :
학교는 감정을 통제하는 조직

질문 리더십은 왜 절차의 감시자가 되었는가?

학교는 더 이상 단순한 교육 공간이 아니다. 그것은 하나의 조직이고, 체계이며, 성과를 관리하는 운영체다. 교장은 행정 문서를 관리하고, 교사는 교육 실적을 관리하며, 학생은 시간과 학습을 스스로 관리해야 한다. 교육은 관계의 사건이 아니라 통제 가능한 시스템이 되었다. 이러한 전환의 중심에 있는 것이 바로 '관리적 리더십'이다. 학교가 리더십을 말할 때, 그것은 대개 운영, 기획, 배분, 책임, 결과의 언어로 서술된다. 그러나 이러한 리더십은 교육의 본질을 지탱하는 감정, 관계, 존재를 점점 더 보이지 않는 자원으로 밀어낸다.

오늘날 대부분의 교육 리더십 담론은 '성과 중심 운영'을 기본 전제로 한다. 학교는 혁신학교, 자율 학교, 교과 특성화 학교 등으로 분화되며, 각기 다른 목표와 지표를 갖고 운영된다. 교장은 매년 계획서를 제출하고, 연말에는 보고서를 완성해야 하며, 그 모든 과정은 지표와 수치로 관리된다. 이때 중요한 것은 '얼마나 많은 것을 했는가'이지, 그것이 '학교 구성원들에게 어떤 감정을 남겼는가'가 아니다. 학교 리더십은 점점 더 '보여지는 실적'에 예민해지고, '느껴지는 분위기'에는 둔감해진다.

이러한 관리 중심 리더십은 학교의 감정 구조 자체를 바꿔 놓는다. 구성원의 감정은 조직의 효율에 영향을 주는 요소로 간주되며, 따라서 표면적으로는 관리되고, 실질적으로는 억제된다. 회의 시간에는 '분위기 파악'이라는 이름 아래 비판이 금지되고, 교무실에서는 '조용한 협조'가 덕목이 된다. 그러나 그 모든 감정의 흐름 아래에는 발화되지 못한 불편함과, 존중받지 못한 존재의 기억이 쌓여 간다.

리더십은 본래 인간의 정서적 흐름과 함께 구성되어야 한다. 좋은 리더는 명확한 목표를 설정하는 사람이 아니라 공동체의 감정을 감각할 수 있는 사람이다. 그러나 지금의 교장은 구성원들의 말을 듣기보다 지시를 내리고, 공감하기보다 성과를 평가하며, 기다리기보다 실행을 강조한다. 교장은 '리더'가 아니라 '운영자'가 되었고, 학교는 감정이 흐르는 공간이 아니라 조율된 기능이 작동하는 기계가 되어 버렸다.

한스 요나스Hans Jonas의 '책임의 윤리ethics of responsibility'는 미래 세대를 향한 배려를 리더십의 핵심으로 보았다. 이 관점에서 본다면, 진정한 교육 리더십은 계획과 실행이 아니라 감정의 예민함과 감응의 민감함으로 구성되어야 한다. 특히 학교처럼 다양한 존재가 얽혀 있는 공간에서 리더는 가장 먼저 감정을 느끼고, 가장 오래 감정을 지켜보며, 가장 깊게 관계의 울림에 귀 기울일 수 있어야 한다.

그러나 지금의 리더십은 반대로 작동한다. 감정은 '문제 행동'으로 취급되고, 갈등은 '갈등 관리 매뉴얼'에 따라 처리된다. 연수를 통해 감정 조절 기법이 소개되지만 대개 감정을 들어 주는 것이 아니라 감정을 유도하는 것에 가까운 방식이다. 교사는 상담 기법을 익히지만 정작 자신의 감정을 이야기할 수 있는 공식적 공간은 없다. 교장은 갈등을 조정하지만 갈등의 근원을 감각하지 않는다. 결국, 학교는 감정을 말하지 못하게 하는 방식으로 리더십을 수행한다.

감정 없는 리더십은 조직의 효율은 높일 수 있지만 공동체의 신뢰는 구축하지 못한다. 구성원은 평가받는 존재로는 머물 수 있지만 공감받는 존재로는 자리 잡지 못한다. 그리고 신뢰 없는 공동체는 결국 서로의 감정을 외면하는 기술만 축적하게 된다. 그러한 공동체에서 배움은 정량화되고, 관계는 전략화되며, 교육은 존재의 여백을 잃는다.

6절

존재 가능성의 계층화 :
삶의 감각조차 불평등한 사회

질문 왜 어떤 학생들은 꿈꿀 수 있지만 어떤 학생들은 꿈조차 설계할 수 없는가?

한 사회의 정의는 그 사회가 구성원 모두에게 어떤 종류의 삶을 살 수 있는 가능성을 열어 주는가에 따라 가늠된다. 그러나 오늘날 우리는 삶의 가능성조차 계층화된 시대를 살고 있다. 단지 소득이나 학력, 직업만의 문제가 아니다. 누구는 시간의 여유를 가질 수 있고, 누구는 예술을 감상할 기회를 얻고, 누구는 타인의 감정을 섬세하게 느낄 수 있는 정서적 여백을 허용받는다. 반면, 다른 누군가는 감각을 훈련할 기회조차 갖지 못한 채, 성과를 향한 경쟁 속에서 존재의 감응력 자체가 마모된 삶을 살아간다. 이러한 격차는 단순한 교육 기회의 불평등이 아니다. 그것은 인간의 존재 가능성 자체가 계층화되고 있다는 뜻이다.

'존재 가능성의 계층화'란 단지 무엇을 이룰 수 있는가의 문제가 아니라 무엇을 느끼고, 무엇을 질문하며, 어떻게 감응할 수 있는가에 이르기까지의 삶의 전반적인 지각과 감각의 구조가 불균등하게 배분되는 현실을 말한다. 다시 말해, 어떤 학생은 예술 앞에서 눈물을 흘릴 수 있도록 자라지만, 어떤 학생은 음악을 들을 기회조차 없이 자란다. 어떤 학생은 수업 중 자기감정을 말할 수 있고, 어떤 학생은 감정을 억누르며 빠르게 따라가는 법만 배운다. 교육은 본래 이러한 삶의 가능성을 평등하게 확장하기 위한 장치여야 했다. 그러나 지금 교육은 오히려 이 불평등한 가능성의 구조를 재생산하고 정당화하는 장이 되어 버렸다.

존 롤스는 정의란 가장 불리한 사람에게도 이득이 돌아가는 구조여야 한다고 했다. 하지만 지금의 교육 구조는 불리한 위치에 있는 이들에게 최소한의 생존 조건만을 보장할 뿐, 존재의 존엄을 실현할 가능성은 열어 주지 않는다. 예를 들어, 예술교육이나 인문학 수업은 소위 '상위권 학교'에서 더 활발히 운영되며, 감정적 표현과 토론 수업은 고학력 가정의 학생들에게 더 익숙하다. 반면, 여전히 다수의 학교에서는 정답 중심 수업, 기능적 훈련, 수치 중심 평가가 교육의 전부인 양 반복되고 있다. 이처럼 삶을 구성하는 감각과 감정의 가능성조차 계층화되어 있다.

문제는 이러한 구조가 학생 스스로에게도 내면화된다는 점이다. 학생은 자신이 경험해 보지 못한 세계에 대해 상상하지 않게 되고, 그 결과 스스로의 가능성을 제한하는 존재가 된다. "나는 원래 이런 거 못해요." "우리 집은 그런 거 안 해요." 이 말들 속에는 존재의 감각을 미리 포기하는 자기검열의 흔적이 숨어 있다. 그리고 학교는 그런 포기의 말을 자주 듣는다. 그것은 단지 자존감의 문제가 아니라 삶의 감각을 스스로 열어 가는 능력 자체가 계층화된다는 비극을 보여 준다.

이러한 구조는 교육이 성과 중심으로 운영될 때 더욱 강화된다. 누가 더 많은 점수를 받았는가, 누가 더 많은 프로젝트를 수행했는가, 누가 더 많은 수업에 참여했는가. 그러나 이러한 수치는 결코 존재의 두께를 말해 주지 않는다. 시험은 잘 보았지만 감정을 말하지 못하는 학생, 활동에는 참여하지만 친구를 이해하지 못하는 학생, 결과는 훌륭

하지만 자기 삶을 이야기하지 못하는 학생. 이들은 모두 존재는 얇고, 연출은 두꺼운 구조 속에서 살아간다. 그리고 이 구조는 능력이라는 이름으로 정당화된다.

문제는 이러한 능력주의가 이제 교육을 넘어 민주주의마저 잠식하고 있다는 데 있다. 학교는 시민을 길러 내는 공간이다. 그러나 그 시민성조차 능력의 관점에서 평가되고 있다. 공공의 결정에 참여할 권리, 자신의 삶에 대해 발언할 권리, 타인의 삶에 공감하고 연대할 권리. 이 모든 민주적 권리는 존재의 감각이 평등하게 분포될 때에만 작동할 수 있다. 그러나 지금의 교육은 그것을 가능케 하는 기초 감각조차 불균등하게 배분하고 있다. 그 결과, 겉으로는 민주적 평등이 보장되어 있지만, 실제로는 공공성에 대한 감응 능력 자체가 계층화된 '민주적 불평등' 상태가 유지되고 있는 것이다.

마사 누스바움Martha Nussbaum은 '인간의 존엄'이란 각자가 고유한 존재로 살아갈 수 있는 조건을 보장하는 일이라고 말한다. 단지 동등한 수단이 아니라 존재의 가능성이 각자에게 적절한 방식으로 열릴 수 있도록 사회가 책임져야 한다는 것이다. 이를 교육으로 가져오면, 모든 학생은 단순히 시험을 잘 볼 기회를 넘어, 자기감정에 이름을 붙이고, 세계에 질문을 던지고, 타자와 공존하는 감각을 기를 수 있는 조건을 가져야 한다. 그리고 그 조건은 단지 '선택'이 아니라 의무적으로 설계되어야 하는 교육의 윤리적 구조다.

| 제5장 |

병리의 토대로서
시간의 문제

1절

시간은 중립이 아니다 :
시간의 통제와 표준화

질문 모두에게 똑같이 주어진다는 시간은 실제로 누구의 것인가?

우리는 시간을 중립적인 자원처럼 간주한다. 학교에서 시간은 정해진 시간표와 종소리에 따라 흘러가며 모든 학생에게 동일한 속도로 적용되는 듯 보인다. 그러나 교육에서의 시간은 결코 평등하지 않다. 그 시간은 누구에게는 기회이고, 누구에게는 억압이며, 누구에게는 여유이고, 누구에게는 감당할 수 없는 압력이다. 시간은 균등하게 배분된 자원이 아니라 권력을 통해 관리되고 위계화된 질서다.

시간의 표준화는 학교 제도의 본질적 토대다. 일제 강점기 근대 교육 이래로 한국 교육은 '시간표'에 의해 조직되었고, 종소리는 학생의 동선을 조정하는 통제 장치가 되었다. 학생은 수업의 시작과 끝을 자율적으로 결정할 수 없으며, 정해진 시간에 맞춰 정해진 장소에 앉아 있어야 한다. 이 구조는 학교를 '시간이 통제되는 공간'으로 만들고, 배움의 리듬을 개인의 고유성에서 제거한다. '언제 무엇을 해야 하는가'를 타인이 결정할 때, 시간은 존재의 리듬이 아니라 제도의 시계가 된다.

시간은 기술이기도 하다. 교육 행정은 시간 단위를 통해 수업을 설계하고, 학기제를 통해 연간 일정을 배열하며, 학사 운영을 통제한다.

이 기술적 시간은 행정의 편의를 위한 것이지만, 그 안에서 학생의 감정, 리듬, 피로는 고려되지 않는다. 시간은 예외 없이 흐르지 않는다. 어떤 시간은 느리게, 어떤 시간은 빠르게 흐르며, 어떤 시간은 무거운 기억을, 어떤 시간은 공허한 분절을 남긴다. 시간은 배움의 도구가 아니라 감각의 환경이어야 한다. 그러나 지금 학교에서의 시간은 통제의 알고리즘에 가깝다.

표준화된 시간은 '정상성'의 기준을 만든다. 모든 학생은 동일한 시간 안에서 같은 속도로 이해하고, 같은 방식으로 수행하기를 요구받는다. 그러나 배움은 본래 불균등하고 비동시적인 과정이다. 어떤 학생은 빠르게 이해하고, 어떤 학생은 머뭇거리며 질문하고, 어떤 학생은 감정의 파동에 따라 집중력이 요동친다. 표준 시간은 이런 차이를 '문제'로 간주하고, 그에 맞는 보정과 보충을 시도한다. 하지만 이는 시간의 정치성을 외면한 접근이다. 표준은 누구를 위해 존재하며, 누구를 배제하는가?

시간의 통제는 권력의 기술이다. 시간표는 누가 설계하며, 학사 일정은 누구를 중심으로 구성되는가? 고3의 수능 일정은 학교 전체의 행정을 재편하고, 교육청의 공문은 학교의 학사 운영을 압박한다. 교사는 자신의 수업을 계획하기보다 외부 일정을 소화해야 하고, 학생은 자신의 삶의 리듬을 입시 일정에 맞추어야 한다. 시간은 언제나 위에서 아래로 흐르며, 그 흐름 속에서 존재는 정해진 시간대를 점유할 뿐이다. 시간은 단순한 흐름이 아니라 권력의 언어로 편성된 질서다.

시간 통제의 문제는 '시간이 누구의 것인가'라는 질문으로 수렴된다. 학생은 자신이 사용하는 시간에 대해 어떤 권한도 갖지 못한다. 자신의 피로도, 집중도, 정서적 상태와 무관하게 일정은 진행되며, 쉬고 싶은 시간, 멍하니 있고 싶은 시간, 반복해서 천천히 배우고 싶은 시간은 허락되지 않는다. 시간은 교육의 핵심 자원이지만 학생에게는 그 자원에 접근할 권한이 없다. 교육은 시간 위에서 이루어지지만 학생은 그 시간의 주체가 되지 못한다. 이는 배움 이전의 윤리적 문제다.

시간의 통제는 감정과 신체에도 작용한다. 일정에 따라 움직이는 신체는 반응성을 잃고, 정해진 흐름 속에서 반복되는 과업은 감정을 마비시킨다. 종소리에 따라 걷고, 벨 소리에 따라 멈추는 학교의 시간은 일상과 분리된 리듬을 강제한다. 이로 인해 학생은 자신의 신체감을 상실하고, 감정은 수업 시간 안에 발화되지 못한다. 시간은 존재의 구조이자 감각의 바탕이다. 그 구조가 외부로부터 강제될 때, 교육은 존재의 내부 리듬을 억압하는 체계가 된다.

시간의 권력은 학생만이 아니라 교사에게도 작동한다. 교사는 창의적 수업을 계획하기보다 진도율과 시수 충족을 우선해야 하고, 학생들과의 관계보다 시험 일정과 평가 업무에 더 많은 시간을 사용한다. 수업은 '얼마나 했는가'로 평가되고, 교사의 전문성은 '얼마나 계획대로 수행했는가'로 환원된다. 교사 역시 시간의 압박 속에서 존재의 리듬을 잃고, 교육의 맥락보다는 성과의 시간 안에 갇힌다. 교사는 타인의 시간 관리자이자 동시에 자신을 소비하는 시간의 소진자다.

교육의 시간은 원래 윤리적이어야 한다. 그것은 누군가의 배움이 시작되기를 기다리고, 실패한 존재가 다시 일어설 수 있도록 지지하며, 감정이 지나가기를 참을성 있게 기다리는 시간이다. 그러나 입시가속체제는 이러한 윤리적 시간을 비효율로 간주하고, 대신 예측 가능한 시간, 측정 가능한 시간, 조율 가능한 시간만을 살아남게 한다. 그 결과 교육은 시간이 지나는 것이 아니라 시간에 맞추어 수행하는 행위가 된다. 시간은 교육의 바탕이 아니라 교육의 장벽으로 기능한다.

2절
시간은 정치다 :
누가 시간의 흐름을 결정하는가

질문 교육의 시간은 누가 설계하고, 누가 따라야 하는가?

시간은 중립적 흐름이 아니라 권력의 구성물이다. 특히 교육에서의 시간은 누가 설계하고, 누구를 중심으로 흘러가며, 누구의 리듬을 기준으로 정해졌는가에 따라 완전히 다른 양상을 갖는다. 학교는 하루의 시작과 끝, 수업의 단위와 속도, 시험과 평가의 주기까지 철저하게 외부에 의해 설정된 시간 안에서 작동한다. 그러나 이 시간은 학교 구성원 누구도 직접 정한 것이 아니다. 우리는 그것을 '공식 시간'으로 받아들이며 순응하지만, 사실 그것은 권력을 가진 자들이 배움의 질서를 통제하기 위해 구축한 장치에 가깝다.

교육청, 정부, 평가 기관 등 행정 권력은 교육의 시간 구조를 결정하는 핵심 주체다. 학사력은 학교가 아니라 상위 기관에서 일괄적으로 공시하며, 수능 일정은 고3 학생뿐 아니라 모든 학년의 수업과 평가 흐름을 재편한다. 시간은 교사의 전문성을 보장하기 위한 장치가 아니라 관리 가능한 단위로 분절하기 위한 구조다. 교사는 자신이 주도적으로 설계한 수업을 하더라도, 시수와 시기, 운영 방식에 있어 상위 구조의 시간 계획에 종속된다. 시간은 권력이다. 그리고 교육의 시간은 철저히 위계적으로 구성된다.

학생은 이러한 시간권력의 가장 아래에 위치한다. 자신의 하루 일과는 타인의 결정에 따라 자동으로 구성되며, 휴식 시간, 자율 학습 시간, 방과 후 활동마저도 학교가 허락한 범위 내에서만 가능하다. 학생은 자신의 생애를 살아가기보다 미리 짜인 시간의 통로를 통과해야 하는 존재로 만들어진다. 스스로의 시간에 이름을 붙이지 못한 존재는 결국 외부의 시간에 자신을 맞추며 살아간다. 그것은 교육이 자율의 공간이 아닌 시간의 통제 기계가 되었음을 의미한다.

더 심각한 문제는 이 시간정치가 '객관성'이라는 이름으로 은폐된다는 점이다. 학사 운영은 행정의 효율을 위해, 수능 일정은 전국적 형평성을 위해, 수업 시수는 교육과정 이수를 위해 정당화된다. 그러나 이러한 표준은 누군가에게는 과잉이고, 누군가에게는 결핍이다. 모두에게 동일한 시간 배분이 공정하다고 믿는 순간, 시간에 대한 비판은 사라지고, 차이에 대한 감각도 사라진다. 시간은 모든 이에게 같은 속도로 흐르지 않는다. 하지만 그 다름은 구조 안에서 가려진다. 시간의 정치성은 그렇게 비가시화된다.

시간정치는 교육의 내용을 바꾸고, 관계의 방식도 바꾼다. 진도에 쫓기는 수업은 교사로 하여금 학생의 감정에 머물지 못하게 만들고, 일정에 따라 움직이는 교실은 학생 간의 관계를 밀도 없이 스쳐 지나가게 만든다. 질문은 시간의 흐름을 방해하고, 감정은 일정에 어긋나는 사건이 된다. 교사는 수업의 깊이보다 시간 안배를 더 고민하게 되고, 학생은 "이게 시험에 나와요?"를 가장 중요한 질문으로 삼게 된다. 시간은 존재의 깊이를 얕게 만들고, 관계를 피상화시키며, 배움을 관리 가능한 흐름으로 변형한다.

이 구조는 특히 행정과 평가 시스템에서 절정에 이른다. 교육청 공문은 날짜별로 수신되고, 성과 제출은 기한 중심으로 움직이며, 생활

기록부 기입은 시기와 분량이 철저히 통제된다. 교사의 시간은 문서 작업에 압도되고, 학생의 시간은 기록을 위한 수행으로 변형된다. 이때 시간은 교육적 흐름이 아니라 행정적 통제를 위한 벡터로 작동한다. 모든 일이 '언제까지 해야 한다'는 지시 안에 들어 있으며, 이 시간권력은 누구도 비껴갈 수 없다. 시간은 관계와 감정을 축소하고, 오직 절차만 남긴다.

시간은 또한 권력을 내부화하는 방식으로 작동한다. 학생은 시간이 부족하다는 불안을 내면화하고, 교사는 시간에 뒤처질지도 모른다는 강박을 체화한다. 이 내면화는 외부의 권력이 없어도 구성원 스스로 시간의 압박을 수행하게 만든다. 자율 학습이 자발적이라는 말은 이 내면화의 대표적 표현이다. 누구도 시키지 않았지만 모두가 따라야 하는 그 시간은 바로 통제된 자유, 설계된 자율이다. 시간권력은 명령하지 않으면서도 지배하며, 교육 주체들을 자기통제의 기술자로 만든다.

이러한 시간정치의 문제는 단순한 행정 개혁으로 해결되지 않는다. 그것은 존재의 시간을 누구에게 열 것인가, 교육의 흐름을 누구의 감각에 맞출 것인가에 대한 철학적 물음이다. 시간이 곧 교육의 윤리이며, 시간의 흐름을 누가 결정하는지는 교육이 누구를 위한 것인가를 가늠하는 지표다. 지금의 시간 구조는 교육 주체에게 존재의 리듬을 허락하지 않고, 감정과 실수, 반복과 멈춤의 시간을 잘라 낸다. 이러한 구조 속에서 교육은 더 이상 삶의 공간이 아니라 생략된 시간의 전시장에 불과하다.

따라서 우리는 질문을 바꾸어야 한다. '시간을 어떻게 잘 나눌 것인가'가 아니라 '누가 시간을 구성할 권리를 갖고 있는가'를 물어야 한다. 시간은 정치다. 교육의 시간은 학생의 것이어야 하며, 교사의 것이어야 하며, 학교 공동체가 함께 설계하고 감각할 수 있는 것이어야 한다. 그렇게 되지 않는다면 시간은 교육을 위한 자원이 아니라 교육을 억압하는 구조로 남는다. 시간의 흐름을 재구성하는 일은 교육을 다시 사유하는 일이며, 존재가 다시 시작될 수 있는 조건을 묻는 일이다.

3절

시간 식민화의 구조 :
압축, 선형화, 최적화

질문 왜 우리는 배움보다 먼저 시간을 압축하고 예측하고 정답화하려 하는가?

입시가속체제는 단순히 빠르게 움직이는 것이 아니라 시간을 특정한 방식으로 '점유'하고 '설계'하고 '압축'하는 구조다. 이 체제에서 시간은 자연스러운 흐름이 아니라 외부에 의해 계산되고 통제되는 자원이 된다. 학생의 시간은 배움과 성장의 리듬에 따라 구성되는 것이 아니라 미래의 효율성을 극대화하기 위한 방식으로 재구성된다. 이처럼 시간은 삶의 배경이 아니라 관리되고 계획되어야 하는 대상이 된다. 시간은 더 이상 흐르는 것이 아니라 '선취되어야 할 것'으로 간주되며, 존재는 항상 앞당겨진 시간 속에서 길들여진다.

이 구조의 첫 번째 원리는 압축이다. 입시 시스템은 가능한 한 짧은 시간 안에 더 많은 학습 결과를 산출하기를 요구한다. 초등학생에게 중학교 내용을, 중학생에게 고등학교 과정을, 고등학생에게 대학 수준의 문제 풀이를 선행하는 학습 체계는 시간의 축소를 요구한다. 배움은 단계적 성장이 아니라 다음 단계의 선취로 구성된다. 이때 학생은 현재에 머무르지 못하고, 늘 다음 단계를 살아야 하는 존재가 된다. 압축된 시간은 경험과 감정을 생략하고, 이해 대신 통과를 요구한다.

압축된 시간 속에서는 느림은 결핍이 되고, 여유는 실패의 징후로 간주된다. 멈춤과 반복, 실수와 숙고의 시간이 사라지고, '얼마나 빨리'가 '얼마나 깊게'보다 중요해진다. 선행 학습은 시간의 압축을 제도화하는 대표적 형태로, 교육의 시공간을 일방향으로 밀어붙인다. 초등학교 고학년이 중학교 시험 문제를 풀고, 고등학생은 수능 예측 문제를 반복하는 방식은 시간의 비감각화를 불러온다. 자신의 현재를 살지 못하는 시간 구조, 그것이 바로 압축의 교육학이다. 이는 존재를 미래를 위한 수단으로 환원시킨다.

두 번째 원리는 선형화이다. 압축이 가능한 한 미래를 현재로 끌어당기는 방식이라면, 선형화는 미래의 가능성을 통제 가능한 형태로 고정하는 방식이다. 학생의 삶은 이제 더 이상 우연과 기대 속에 놓이지 않는다. 대입 전형의 흐름, 모의고사의 점수 분포, 진로 설계의 지표화는 학생의 선택지를 '예측 가능한 경로'로 제한한다. 교사는 불확실성을 두려워하고, 학생은 미래를 상상하기보다 계획하고 맞춰야 한다. 이때 시간은 우발성을 품은 것이 아니라 틀에 맞춰 미리 살아야 하는 경로가 된다. 미래는 살아 보는 것이 아니라 계산되는 것이다.

예측 가능성은 교육과정을 통제한다. 수업은 입시 흐름을 예측하여 구성되고, 활동은 생활기록부에 어떤 항목으로 기록될 수 있는지를 기준으로 기획된다. 창의적 사고는 예측하기 어렵다는 이유로 배제되고, 감정과 관계는 지표화되지 않는다는 이유로 무시된다. 시간은 사고의 흐름을 따라가지 않고, 성과의 흐름에 맞춰 구성된다. 예측의 교육학은 배움의 과정을 축소하고, 결과 중심의 시간 설계를 보편화한다. 존재는 통계화되고, 시간은 계산 가능해야만 유효해진다.

세 번째 원리는 최적화다. 교육에서의 시간은 더 이상 의미의 생성이 아니라 효율의 최대화를 위한 자원으로 다뤄진다. 어떤 활동이 입시에 도움이 되는가, 어떤 방식이 시간을 아끼고 결과를 높이는가가 수업과 생활을 조직하는 기준이 된다. 이때 시간은 감정, 실패, 반복, 우회 같은 비효율적 요소를 제거한 채 설계된다. '쓸모 있는 시간'만이 생존하고, 나머지는 교육적 타당성을 의심받는다. 최적화된 시간은 인간적 요소를 제거하고, 기계적 리듬을 반복하게 만든다. 교육은 존재가 아니라 알고리즘을 따른다.

최적화는 삶의 균열을 제거하려는 시간 감각을 내면화시킨다. 실패는 곧 시간 낭비이며, 실수는 반복을 요구하고, 반복은 경쟁에서 뒤처지는 것으로 여겨진다. 이 구조 속에서 학생은 스스로에게 '최적화된 존재'가 되기를 요구하게 된다. 쓸모 있는 정보, 쓸모 있는 활동, 쓸모 있는 관계로 삶을 조정한다. 이러한 시간 윤리는 타자를 기다릴 수 없게 만들고, 스스로를 끊임없이 압박하게 만든다. 시간의 최적화는 결국 존재의 표준화를 의미하며, 고유성과 다양성은 '비효율'로 간주되어 배제된다.

압축, 선형화, 최적화는 상호 보완적으로 작동한다. 선형화는 압축을 가능하게 하고, 최적화는 그 압축을 정당화한다. 이 삼중 구조 속에서 시간은 개별 학생의 고유한 리듬이나 감정과 무관하게 동일한 형식으로 정렬된다. 교육은 더 이상 '시간 속에서 살아가는 존재'를 다루는 것이 아니라 '시간을 따라 수행하는 기능'을 요구하는 구조로 전환된다. 학생은 자신만의 시간을 감각하지 못한 채, 압축된 과거와 선취된 미래 사이의 비어 있는 현재를 살게 된다. 이때 교육은 시간의 식민지다.

이 시간 식민화 구조는 교육에서 가장 먼저 인간의 가능성을 제한한다. 시간을 선점하고 계획하고 조절할 수 있는 자본과 정보의 유무에 따라 교육 기회는 결정되고, 존재의 리듬은 조율되기보다 제거된다. 입시가속체제는 시간의 정치적 분배를 통해 존재를 계층화하고, 자기

시간을 갖지 못한 존재들을 통제된 경로 위에 세운다. 시간의 주인이 되지 못한 학생은 결국 자신의 삶을 타자의 설계로 살아가게 된다. 교육은 가능성의 열림이 아니라 시간 구조를 통해 이미 닫힌 미래를 사는 훈련이 된다.

4절

여섯 가지 병리의 시간 구조 분석 :
왜곡된 시간의 윤리

질문 왜곡된 시간은 어떻게 존재를 왜곡하는가?

　　입시가속체제가 생산한 여섯 가지 병리는 그 자체로 고립된 현상이 아니다. 이 병리들은 시간 구조와 긴밀하게 연결되어 있으며, 시간의 흐름이 어떻게 설정되느냐에 따라 배움의 감각, 관계의 방식, 존재의 위치가 근본적으로 달라진다. 시간은 교육의 배경이 아니라 병리를 조직하는 원리이자 매개다. 학생과 교사가 경험하는 피로와 소외, 얕아진 사고와 감정의 무뎌짐, 관계의 단절과 존재의 계층화는 모두 시간의 구조적 왜곡에서 비롯된다. 시간은 윤리다. 그리고 지금 교육의 시간은 왜곡된 윤리를 강제하고 있다.

　　첫 번째 병리인 존재의 소외는 시간의 비인격화에서 시작된다. 표준화된 시간은 모든 존재를 동일한 시간 안에 위치시킨다. 학생이 언제 집중할 수 있는지, 어떤 속도로 배울 수 있는지는 고려되지 않는다. 존재의 리듬은 시간표 앞에서 침묵당한다. 이때 타자는 기다릴 수 없는 존재가 되고, 관계는 기능적 역할로 축소된다. 시간은 타자와의 공존을 위한 여백이 아니라 타자를 성취의 속도로 평가하는 잣대가 된다. 소외란 결국, 자신과 타자 모두의 시간을 소유하지 못하는 상태다.

　　두 번째 병리인 자기연출성의 지배는 시간의 압박이 내면화되는 방식으로 작동한다. 언제까지 무엇을 끝내야 하는지에 대한 반복적 명령은 학생이 자신을 끊임없이 점검하고 조율하게 만든다. 자기표현은 감각이나 경험의 결과가 아니라 '기록 가능한 시간 안에서의 성취'로 변형된다. 생활기록부는 시간의 이력서이며, 포트폴리오는 시간의 증거물이다. 이 구조에서 학생은 시간을 성과의 틀 안에 배치하고, 자신의 존재를 편집 가능한 이력으로 정리하게 된다. 진정한 자아는 사라지고, 시간에 최적화된 페르소나만이 남는다.

세 번째 병리인 의례의 붕괴와 서사의 위기는 반복과 축적의 시간 감각이 무너질 때 발생한다. 학교는 더 이상 반복되는 행위를 통해 정체성을 공유하는 장소가 아니다. 행사는 축소되고, 교류는 단편화되며, 수업은 단위별로 분절된다. 이로 인해 교육은 서사적 연속성을 상실하고, 기억되지 않는 사건들의 집합이 된다. 시간은 이야기의 공간이 아니라 과업의 연속으로 재편되고, 반복 없는 시간은 정체성 없는 존재를 만든다. 시간의 윤리는 사라지고 기입 가능한 성취만이 가치로 인정된다.

네 번째 병리인 감응과 공명의 소멸은 시간의 속도가 감정의 흐름을 허락하지 않을 때 발생한다. 감응은 여백의 시간에서 발생하고, 공명은 느림 속에서 형성된다. 그러나 입시의 시간은 즉각적 반응과 빠른 회복을 요구한다. 교사는 감정을 다룰 여유가 없고, 학생은 감정을 감출 기술을 먼저 배운다. 시간은 느낄 수 없는 속도로 지나가며, 감정은 수업의 방해물로 분류된다. 감정 없는 시간은 타자 없는 배움을 만든다. 공명은 사라지고, 반응만이 남는다. 이로써 교육은 존재를 울리지 않는 기계가 된다.

다섯 번째 병리인 관리적 리더십의 강화는 시간의 기획 권한이 누구에게 있는가의 문제다. 교장은 시수와 일정, 실적과 보고에 몰두하게 되고, 교사는 수업보다 시간 관리에 에너지를 더 쏟는다. 시간은 배움의 공간이 아니라 행정의 객체가 된다. 회의는 수시로 개입되고, 수업은 그 사이를 피해 배치된다. 이처럼 시간의 통제권이 교육의 외부에 있을 때, 교사는 존재를 돌보는 자가 아니라 지시된 시간의 관리자로 전락한다. 리더십은 관계의 힘이 아니라 시간 운영의 기술로 축소된다.

여섯 번째 병리인 존재 가능성의 계층화는 시간 자원의 불평등에서 비롯된다. 정보 접근, 사교육 이용, 여유 시간 확보 능력 등은 학생이 어떤 시간에 접근할 수 있는지를 결정한다. 어떤 학생은 실패할 수 있는 시간을 갖고, 어떤 학생은 오직 따라야 하는 시간만을 부여받는다. 시간은 계층을 나누는 도구가 되고, 존재는 시간의 소유 여부에 따라 나뉜다. 시간의 불평등은 단지 성적 격차의 문제가 아니라 존재 가능성 자체를 구조화하는 장치다. 시간은 무형의 자본이며, 교육은 그 분배 구조를 재생산한다.

이 여섯 가지 병리를 통해 우리는 시간 구조가 단지 교육의 배경이 아니라 교육의 윤리적 성격을 결정하는 핵심 축임을 보게 된다. 시간은 존재를 사유하게 하는 매개이자, 타자와 함께 살아가는 조건이다. 그러나 지금의 시간 구조는 타자를 기다리지 못하고, 존재의 리듬을 허용하지 않으며, 감정과 서사를 비가시화한다. 교육은 시간을 통해 실현되지만, 그 시간이 누군가의 것이 아닐 때 교육은 병리가 된다. 시간은 언제나 정치를 동반한다. 그리고 지금 학교의 시간은, 누구의 윤리를 반영하고 있는가?

우리는 시간 구조에 내재된 병리적 윤리를 드러내야 한다. 그것은 일정 조정이나 시수 조정의 문제가 아니다. 학생이 자신의 시간에 거주할 수 있도록, 교사가 시간을 설계할 수 있도록, 학교가 시간을 감각하고 조율할 수 있도록 해야 한다. 시간의 병리를 넘어서기 위한 첫 번째 조건은, 그 시간이 누구에 의해 어떻게 구성되고 있는지를 묻는 것이다. 교육이 시간을 회복하지 못하면, 존재도 회복될 수 없다. 시간 구조의 전환이야말로 교육 개혁의 시작이자, 존재 윤리의 복원이 되어야 한다.

제1부
사유의 혈관들
---

1. 가속

가속acceleration은 로자가 근대성을 해석하는 핵심 기념이다. 로자는 가속을 기술적 가속, 삶의 속도 가속, 사회 변화의 가속이라는 세 차원의 상호작용을 통해 현대 사회의 자기강화적 시간 구조를 설명한다. 이 책에서는 이 개념을 교육에 적용하여, 과밀한 진도표, 빠른 피드백, 즉시성과 지표 중심의 수업 구조가 교사와 학생을 멈출 수 없는 달리기로 몰아넣는 방식으로 분석한다. 로자는 가속이 곧 '소외'를 낳는다고 보았고, 이는 마르크스Karl Marx의 소외 개념을 시간 구조의 관점에서 재해석한 것이다. 마르크스에게 소외는 생산물과 노동, 자아와 공동체로부터의 단절이라면, 로자에게 소외는 시간과 관계, 감정으로부터의 단절이며, 근대적 시간 압축이 존재에 가하는 압력을 설명하는 개념으로 확장되었다. 교육에서 가속은 학생을 배움의 주체가 아닌 성과의 연출자로, 교사를 의미의 설계자가 아닌 지표의 관리자technician로 만들며, 이는 공공성의 해체와 연결된다.

관련 문헌

하르트무트 로자, 김태희 옮김(2020). **소외와 가속**. 앨피.

하르트무트 로자, 유영미 옮김(2025). **공명 사회**. 니케북스.

2. 가속의 자기강화 구조

가속의 자기강화 구조self-reinforcing acceleration는 한번 시작된 가속이 더 많은 가속을 필요로 하며, 그 자체로 멈출 수 없는 체계를 형성하는 현상을 뜻한다. 이 책에서는 교사의 수업 혁신이 오히려 더 많은 자료화, 실시간 피드백, 추가 평가를 요구하며 결과적으로 교육을 더 빠르게 만드는 역설적 구조를 설명하기 위해 이 개념을 사용했다. '자기강화'라는 개념은 외적 명령이 아닌 내적 동기와 경쟁, 정당화 논리에 의해 가속이 지속된다는 점을 강조하기 위해 선택되었다.

관련 문헌

하르트무트 로자, 김태희 옮김(2020). **소외와 가속**. 앨피.

한병철, 최지수 옮김(2024). **불안사회**. 다산초당.

3. 감응

감응responsivity은 공명의 선행 조건으로, 타자의 요청이나 세계의 자극에 열려 있고 그것에 대해 정서적이고 존재론적으로 응답할 수 있는 능력적 상태를 의미한다. 이는 반응성reactivity과는 구별된다. 반응성이 자극에 대한 즉각적·기계적 응답이라면 감응은 자기 내부의 진동을 수반한, 존재의 변형 가능성을 포함한 울림의 상태이다. 이 책에서는 감응을 교육에서 '정답을 모르는 상태에서의 응답 가능성', '예측할 수 없는 배움에 열려 있는 태도'로 확장하며, 감응적 수업이란 교사와 학생이 서로의 존재를 감지하고 응답하는 시간적 여백을 구성하는 것으로 이해한다. 감응은 시간에 대한 주권의 정동적 실현이며, 이는 멈춤, 기다림, 열림의 리듬을 허용하는 교육적 구조 안에서만 발생할 수 있다. 플랫폼 기반 교육이나 지표 중심 수업은 감응을 반응으로 치환하고, 존재의 내면화된 변화를 제거함으로써 교육의 윤리성을 훼손한다.

관련 문헌

거트 비에스타, 곽덕주·박은주 옮김(2024). **가르침의 재발견**. 다봄교육.

에마누엘 레비나스, 김도형·문성원·손영창 옮김(2018). **전체성과 무한 - 외재성에 대한 에세이**. 그린비.

Rosa, H.(2020). *The uncontrollability of the world*. Polity Press.

4. 감응의 소멸

감응의 소멸disappearance of responsivity은 타자의 요청, 세계의 흐름, 관계의 울림에 응답할 수 있는 능력 자체가 교육 현장에서 사라지고 있다는 진단을 담은 개념이다. 이 책에서는 루틴화된 수업, 절차화된 피드백, 비인격적 시스템 운영이 교사와 학생이 서로에게 감응할 수 있는 시간과 여백을 빼앗는 구조임을 이 개념으로 분석했다. '감응의 소멸'은 정동적 관계와 존재적 울림의 실종이라는 교육의 윤리적 위기를 사유하기 위해 채택된 표현이다.

관련 문헌

하르트무트 로자, 유영미 옮김(2025). **공명 사회**. 니케북스.

한병철, 김태환 옮김(2012). **피로사회**. 문학과지성사.

한병철, 이재영 옮김(2021). **고통 없는 사회 - 왜 우리는 삶에서 고통을 추방하는가**. 김영사.

한병철, 전대호 옮김(2021). **리추얼의 종말**. 김영사.

한병철, 전대호 옮김(2023). **정보의 지배 - 디지털화와 민주주의의 위기**. 김영사.

한병철, 최지수 옮김(2024). **불안사회**. 다산초당.

5. 공명

공명resonance은 하르트무트 로자가 『소외와 가속』, 『공명 사회』에서 체계적으로 정립한 개념으로, 인간과 세계 사이의 정서적, 존재론적 접속을 통해 서로가 응답하고 변화하는 관계성을 뜻한다. 이는 단순한 커뮤니케이션이 아니라 세계가 나에게 울림을 주고 나 또한 그 울림에 변형적으로 반응하며, 그 관계 안에서 삶의 의미가 재구성되는 현상이다. 이 책에서는 이 개념을 교사-학생, 인간-지식, 학교-사회 간의 관계에서 울림이 가능한 구조로 확장하여, 배움의 본질을 공명의 가능성으로 다시 사유한다. 공명은 특정 감정이 아닌 세계와의 살아 있는 관계, '자기변형적 관계성'을 의미하며, 평가 중심의 수행이 이를 막는 기제로 작용할 때 교육은 존재를 소외시키는 기술로 전락한다. 학교가 진정으로 살아 있는 공간이 되기 위해서는 제도적 시간과 감정 구조가 공명의 리듬을 가능하게 해야 하며, 이를 위한 시간에 대한 주권의 확보가 필수적이다.

관련 문헌

하르트무트 로자, 김태희 옮김(2020). **소외와 가속**. 앨피.

하르트무트 로자, 유영미 옮김(2025). **공명 사회**. 니케북스.

6. 사회적 시차

사회적 시차social time-lag는 교육 제도, 학생 경험, 사회 변화 사이의 시간적 불일치가 발생하는 현상을 가리킨다. 이 책에서는 학교가 여전히 산업 사회형 학력 체계를 중심으로 운영되지만, 학생들은 디지털 시대의 감각과 기대 속에 살아가고 있어 양자 간 충돌이 일어난다는 점을 이 개념으로 설명했다. 또한 교육 정책이 교실 현실에 도달하기까지의 지체 역시 구조적 시차로 분석된다. 이러한 맥락에서 사회적 시차라는 개념은 교육에서 비동시성의 동시성이라는 다층적 시간 구조가 만들어 내는 충돌과 갈등을 시간적으로 사유하기 위한 개념 언어다.

관련 문헌

앙리 베르그송, 조현수 옮김(2024). **시간에 대한 이해의 역사**. 그린비.

하르트무트 로자, 김태희 옮김(2020). **소외와 가속**. 앨피.

Nowotny, H.(1994). *Time: The modern and postmodern experience*. Polity Press.

7. 선택-예측-누적 코드

선택-예측-누적 코드selection-prediction-accumulation code는 입시가속체제가 작동하는 세 가지 시간 논리이자 지배적 코드이다. 이 책에서는 유치원 시기부터 초등학교, 중학교, 고등학교까지 모든 교육 활동이 입시를 위한 데이터화, 선별화, 누적 구조 속에서 조직되는 과정을 설명하기 위해 이 개념을 사용했다. 특히 이 개념을 단순한 메커니즘이 아닌 시간과 가치, 교육의 목표가 어떻게 구조화되는지를 드러내는 분석 틀로 설정되었다.

관련 문헌

Bacchi, C.(2009). *Analysing policy: What's the problem represented to be?*. Pearson Education.

Bacchi, C., & Goodwin, S.(2016). *Poststructural policy analysis: A guide to practice*. Palgrave Macmillan.

Ball, S. J.(2012). *Global education Inc.: New policy networks and the neo-liberal imaginary*. Routledge.

8. 소외

소외alienation는 칼 마르크스의 『경제학-철학 수고』에서 중심적으로 논의된 개념으로, 인간이 자신의 노동, 타인, 그리고 자기 존재로부터 단절되는 구조를 비판적으로 설명한다. 현대 교육에서는 학습자와 교사가 자신이 하는 행위의 의미를 상실하고, 성과를 위한 기능적 존재로 전락하며 관계와 감정을 차단하는 상태로 나타난다.

하르트무트 로자는 소외를 가속이 만들어 내는 세계-관계의 단절 상태로 분석한다. 로자는 마르크스의 노동 소외에서 출발하지만, 이를 실존적 관계성의 단절, 즉 세계와 인간, 타자와 자기 자신 사이의 공명 가능성이 상실된 상태로 확장한다. 소외는 감응의 실패이며, 존재가 대상화되는 상태이며, 세계가 침묵하고 응답하지 않을 때 발생한다. 이 책에서는 교실에서의 소외를 정서 없는 수업, 루틴화된 관계, 예측 가능한 학생, 규격화된 교사, 지침과 매뉴얼로 관리자의 틀에 갇힌 교장의 역할 등의 구조로 진단한다. 소외는 단지 심리적 상태가 아니라 구조화된 시간 압박과 교육 정책의 통제성이 빚어낸 병리이며, 이를 해소하기 위한 교육적 전략은 리듬의 복원, 감정의 수용, 관계의 재설계로 요약된다.

이 책에서는 성적 중심 수업, 시간표 통제, 교사의 정체성 해체 등이 학생과 교사 모두를 교육 주체로부터 소외시키는 현상을 분석하는 데 이 개념을 사용했다. '소외'라는 번역어는 단순한 고립이 아니라 관계·정체성·세계에 대한 단절을 구조화하는 체계를 강조하기 위해 선택되었다.

관련 문헌

칼 마르크스, 김태희 옮김(2024). **경제학-철학 수고**. 필로소픽.

하르트무트 로자, 김태희 옮김(2020). **소외와 가속**. 앨피.

Seeman, M.(1959). On the Meaning of Alienation. *American Sociological Review*, 783-791.

9. 시간권력

시간권력temporal power은 시간의 흐름, 질서, 속도를 규정하고 강제함으로써 타인의 행위를 통제하는 권력의 형식을 의미한다. 이 책에서는 학교에서의 시간표, 진도표, 수행 평가 일정 등이 학생의 리듬과 선택을 제한하고, 교사의 수업 설계를 구조화하는 권력 메커니즘으로 작동함을 이 개념을 통해 분석한다. '시간권력'은 푸코의 생체권력 개념을 시간적 차원에서 확장한 표현으로, 권력이 물리적 폭력이 아닌 리듬과 규범의 내면화를 통해 작동함을 드러내기 위해 선택되었다.

관련 문헌

미셸 푸코, 오생근 옮김(2020). **감시와 처벌 - 감옥의 탄생**. 나남출판.

하르트무트 로자, 김태희 옮김(2020). **소외와 가속**. 앨피.

Adam, B.(1990). *Time and social theory*. Temple University Press.

10. 시간의 비가시성

시간의 비가시성invisibility of time은 시간이라는 구조적 요소가 교육의 핵심적 작동 원리임에도 불구하고, 정책과 담론 속에서는 거의 인식되지 않는다는 문제의식을 가리킨다. 이 책에서는 교육과정 개정, 수업 설계, 평가 기준이 모두 시간적 질서를 전제하고 있음에도, 그 시간의 정치성과 윤리는 비가시화되는 경향을 비판한다. '비가시성'이라는 개념은 시간의 실질적 권력이 은폐되는 구조를 드러내기 위한 분석적 언어로 채택되었다.

관련 문헌

하르트무트 로자, 유영미 옮김(2025). **공명 사회**. 니케북스.

Adam, B. (1990). *Time and social theory*. Temple University Press.

Jonas, H.(1985). *The imperative of responsibility: In search of an ethics for the technological age*. University.

Nowotny, H.(1994). *Time: The modern and postmodern experience*. Polity Press.

11. 의례의 붕괴

의례의 붕괴collapse of ritual는 한병철의 『리추얼의 종말』에서 중심적으로 논의된다. 의례는 단순한 반복이 아니라 정체성, 공동체성, 삶의 리듬을 형성하는 상징적 구조인데, 현대 사회는 효율성과 개인주의, 디지털화에 의해 의례를 불필요한 것으로 간주한다. 이 책에서는 입학식·졸업식·조회와 같은 학교의 전통 의례가 점차 사라지며, 학생들이 공동체의 일원이라는 감각을 잃고, 소속감·심리적 안정·정체성 형성에서 어려움을 겪는 현상을 설명하는 데 이 개념을 사용했다. '의례의 붕괴'는 단순히 '행사의 소멸'이 아니라 의미 형성의 장場이 사라진다는 함의를 담고 있다.

관련 문헌

한병철, 전대호 옮김(2021). **리추얼의 종말**. 김영사.

한병철, 최지수 옮김(2023). **서사의 위기**. 다산초당.

한병철, 최지수 옮김(2024). **불안사회**. 다산초당.

Turner, V.(1969). *The ritual process*. Aldine Publishing.

12. 입시가속체제

입시가속체제exam acceleration regime는 단순한 대학 입시제도가 아니라 초등부터 고등까지 전 교육과정이 미래의 성취를 증명하기 위해 현재를 선별·예측·누적하는 구조로 재편되는 시간정치적 체계를 가리킨다. 이 책에서는 비교과 실적 축적, 중간 진단 평가, AI 진로 설계 등 다양한 '가속 장치'들이 현

| 사유의 혈관들

재의 삶을 미래의 경쟁을 위한 준비 단계로 전락시키는 작동 방식 자체를 비판하는 데 이 개념을 적용했다. '입시가속체제'라는 번역어는 개별 정책이 아닌 전체 교육 시스템의 시간 구조를 지칭하기 위해 선택되었다.

관련 문헌

니클라스 루만, 박여성·이철 옮김(2015). **사회의 교육체계**. 이론출판.
니클라스 루만, 이철·박여성 옮김(2020). **사회적 체계들**. 한길사.
하르트무트 로자, 김태희 옮김(2020). **소외와 가속**. 앨피.

13. 자기연출성

자기연출성performativity은 본래 언어학에서 유래한 개념으로 발화가 단순한 의미 전달이 아니라 행위를 수행하는 사건이라는 통찰에서 출발한다. 주디스 버틀러Judith Butler는 이를 젠더 수행성 이론으로 확장하며, 사회적 규범이 주체를 구성하는 방식과 반복적 행위의 역할을 분석했다. 교육사회학자 스티븐 볼Stephen J. Ball은 이 개념을 교육 정책 분석에 도입하여, 주체가 외부 평가와 제도적 기준에 맞춰 스스로를 연출·조정하는 상태를 설명하는 데 활용했다. 이 책에서는 교사가 전문성과 철학이 아닌 성과 지표와 관리 규범에 따라 수업을 설계하고, 학생이 입시·스펙 중심의 전략적 학습자로 재구성되는 현실을 분석하는 데 이 개념을 적용했다. 자기연출성이라는 번역어는 단순한 성과performance보다 주체가 내면화한 규범과 기대에 따라 자기 존재를 연극처럼 기획하게 되는 상황을 보다 정밀하게 드러내기 위해 선택되었다.

관련 문헌

장프랑수아 리오타르, 유정완 옮김(2014). **포스트모던의 조건**. 민음사.
주디스 버틀러, 조현준 옮김(2024). **젠더 트러블 - 페미니즘과 정체성의 전복**. 문학동네.
Ball, S. J.(2003). The teacher's soul and the terrors of performativity. *Journal of Education Policy*, 18(2), 215-228.

14. 제도화된 불확실성

제도화된 불확실성institutionalized uncertainty은 불확실성과 유동성이 일시적 예외가 아니라 오히려 제도적 규범으로 고착되는 상황을 지칭한다. 이 책에서는 입시제도의 반복적 개편, 수시와 정시의 유동적 배분, 평가 기준의 변화 가능성이 학생과 교사의 예측 가능성을 무너뜨리는 동시에, '준비되지 않음'을 개인 책임으로 돌리는 구조를 비판하기 위해 이 개념을 사용했다. '제도화된 불확실성'이라는 개념을 통해 제도가 혼란을 해소하지 않고 오히려 생산·관리하고 있다는 역설을 드러내고자 하였다.

관련 문헌

지그문트 바우만, 이일수 옮김(2009). **액체근대**. 강.

Bacchi, C.(2009). *Analysing policy: What's the problem represented to be?*. Pearson Education.

15. 통합 실패와 재분절화

통합 실패와 재분절화failed integration and refragmentation는 교육 제도가 다양한 교육 영역(지식, 경험, 관계, 감정)을 통합하지 못하고 오히려 더 세분화·기능화하며 통합의 역량을 상실해 가는 과정을 지칭한다. 이 책에서는 교과와 비교과의 단절, 학습과 정서의 분리, 진로 지도와 성적 관리의 분절 등이 학생을 조각난 존재로 만들어 간다는 비판을 이 개념을 통해 제기했다. 특히 '재분절화'라는 개념은 단순한 붕괴가 아닌 기능적 재구조화의 과정 속에서 오히려 더 정교하게 분할되는 상황을 반영하기 위해 선택되었다.

관련 문헌

Ball, S. J.(2005). *Education policy and social class: The selected works of stephen ball*. Routledge.

Young, M.(2007). *Bringing knowledge back in: From social constructivism to social realism in the sociology of education*. Routledge.

제2부

가속학교 : 가속되는 학교, 소진되는 존재

| 여는글 |

교육은 왜 이토록 피곤해졌는가

교무실에 들러 한참을 바라본 적이 있다. 아무도 말하지 않았지만, 모두가 지쳐 있었다. 서류를 정리하는 손이 무거웠다. 학교를 오가는 학생들의 발걸음은 가볍지 않았다. 하루가 끝나면 남는 것은 성취가 아니라 탈진이었다. 나는 그 피로가 어디에서 오는지를 곰곰이 생각했다. 그리고 그것이 일의 양 때문이 아니라 존재의 리듬이 끊긴 시간의 구조에서 비롯된 것임을 서서히 이해하게 되었다.

교육은 너무 빠르다.

수업은 흐름이 아니라 분절된 수행이 되었고, 평가는 성찰이 아니라 즉각적 반응을 강요한다. 행사는 정체성을 세우는 것이 아니라 반복되는 '의례 없는 의례'가 되었고, 민주주의는 공론이 아닌 절차적 피로 속에 녹아내렸다. 교사는 끊임없이 지침을 해석하고, 학생들은 스스로를 연출하며 살아남는다. 그 모든 풍경 위에 놓인 공통의 말―

"오늘도 너무 바빴어요."

그 말은 시간을 잃은 존재가 남기는 흔적이었다.

제2부는 이러한 일상화된 가속의 감각에서 출발한다. 입시가속체제가 구조라면, 가속되는 학교는 그 구조의 일상화된 장면이다. '교실은 얼마나 빨라졌는가', '평가는 어떻게 관계를 단절시키는가', '조직은 언제부터 감응이 아니라 지시로만 작동하게 되었는가'. 그리고 '그 모든 속도 속에서 학생들과 교사는 어떻게 탈진하고, 어떻게 침묵하며, 어떻게 잊히고 있는가'.

이 부에서 나는 존재의 소진이라는 말이 단지 정서적 표현이 아니라 시간의 윤리를 잃어버린 교육의 정체에 대한 진단임을 말하고자 한다. 배움에는 리듬이 있어야 하고, 관계에는 여백이 있어야 하며, 민주주의에는 시간이 필요하다. 그 시간을 제거하는 순간, 학교는 더 이상 교육의 장소일 수 없다.

오늘, 나는 다시 묻는다.
이 하루는 누구의 시간으로 채워졌는가.
그리고 우리는 그 하루를 살아 냈는가,
아니면 견뎌 냈는가.

| 제1장 |

가속의 교실 :
시간에 쫓기는 배움

1절

교육과정 구조의 압축화 :
진도표와 지식의 단속적 배치

질문 교육과정이 학생의 삶을 여는 문이 아니라 밀어 넣는 벽이 될 때,
우리는 무엇을 가르치고 있는가?

교육과정은 단지 지식을 전달하는 매뉴얼이 아니다. 그것은 교육이란 무엇인가에 대한 한 시대의 집합적 응답이자, 배움이라는 존재적 사건을 어떻게 조직할 것인지에 대한 시간의 정치적 기획이다. 교육과정은 학생들이 하루를 어떻게 보내고, 무엇에 집중하고, 어떤 방식으로 세상을 인식하도록 요구받는지를 결정한다. 그런데 지금 한국의 국가교육과정은 총론과 각론 사이에 깊은 균열을 안고 있다. 총론에서는 자율, 유연성, 삶의 의미와 같은 언어를 통해 교육의 느림과 다양성을 강조한다. 하지만 실제 교사에게 도달하는 각론은 교과서 페이지 수를 넘어서는 분량의 성취 기준, 세분화된 지식 체계, 평가와 직결된 항목들을 포함하며, 과잉을 제도화한다. 그 결과 교사는 "가르쳐야 하는 것이 너무 많다"는 일상적 불안 속에서 수업을 재구성하고, 학생은 자신이 무엇을 배우고 있는지 인식하기도 전에 다음 단원으로 밀려 나간다. 총론이 '가능성의 언어'라면 각론은 '통제의 구조'로 기능하며 이 간극은 교육의 리듬을 무너뜨린다.

교육과정 과잉curriculum overload은 단순히 과목 수나 시수가 많은 상태를 의미하지 않는다. 그것은 교육의 시간 구조 자체가 과밀화되고,

배움의 서사와 여유, 반복과 실수의 리듬이 사라지는 현상을 뜻한다. OECD는 교육과정 과잉을 '기존 내용 위에 새로운 주제를 계속 추가하고 조정하지 않아 발생하는 누적 압력'이라고 설명한다. 한국 교육은 이 설명을 거의 극단적으로 구현하고 있다. 사회 변화에 따라 코딩, 인공지능AI; Artificial Intelligence, 디지털 시민성, 감정교육, 진로교육 등 다양한 과제가 교육과정에 삽입되지만 기존의 핵심 교과는 전혀 감축되지 않는다. 여기에 성취 기준 기반 수업, 과정 중심 평가, 고교학점제 운영 등 새로운 교육 행정 과제가 병합되면서, 교사는 배움의 시간을 설계하기보다 '버텨야 할 시간표'를 맞추는 데 집중하게 된다. 시간은 배움을 여는 여백이 아니라 통제의 단위로 전락한다. 학생의 시간은 쪼개지고, 교사의 시간은 밀려 가며, 존재는 시계 속에 갇힌다.

더욱 심각한 것은 이 구조가 교육과정 설계 단계에서 교사의 목소리를 철저히 배제한 채 이루어진다는 점이다. 이른바 '교사 배제 교육과정teacher-proof curriculum'은 교사가 판단하고 조정할 수 있는 여지를 최소화하고, 표준화된 지식 전달 체계를 전면에 내세운다. 이 구조는 교육과정을 생명력 없는 기술 문서로 변형시키고, 교사는 그 전달자 혹은 관리자에 불과한 존재로 위치 지워진다. 최근의 개정 교육과정에서도 교사의 교육과정 재구성 권한이 제도적으로 보장된다고 서술되지만, 고정된 성취 기준과 평가 체계로 인해 실제 수업에서 그 권한은 사실상 무력화된다. 교사의 교육과정 재량은 종종 학교 관리자나 평가 시스템에 의해 제한되며, 수업은 학생들의 삶과 멀어진다. 교육과정이 단지 배움의 구조가 아니라 '시간을 설계할 수 있는 권리'를 내포한 윤리적 문서임을 망각한 결과이다.

교육과정 압축의 핵심은 '속도화된 진도'와 '단위화된 지식'이다. 하나의 단원은 더 많은 성취 기준을 담고, 그 각각은 평가 가능한 요소로 해체된다. 수업은 그 자체로 유기적인 흐름이 아닌 단일 목표를 향해 밀어붙이는 수단으로 축소된다. 예컨대 국어 수업에서는 한 편의 시를 천천히 읽고 의미를 곱씹는 대신, 시의 특징, 표현법, 핵심어를 분석하고 문제에 대한 정답을 찾는 등 여러 과제를 일정 시간 안에 수행한다. 이는 단지 내용의 과잉이 아니라 시간의 단절이며, 감정의 제거다. 정동과 공감, 실존적 만남은 '수업 목표 외 요소'로 간주되고, 배움은 텍스트가 아닌 수단적 기술로 환원된다. 교실은 더 이상 존재가 흐르는 공간이 아니라 시간표 위에 정렬된 작업장의 리듬을 따라 작동하는 지식의 공장처럼 기능한다.

학생에게도 이 구조는 커다란 인지적 과부하를 일으킨다. 배움은 통합적이고 감각적인 과정이지만, 현재의 수업은 분절적이고 과잉 정보 중심이다. 뇌는 의미 없는 과잉 정보를 저장하지 않는다. 그러나 한국의 교실은 이해되지 않은 개념, 해체된 문장, 연결되지 않은 맥락들로 가득하다. 학생은 '지식을 배운다'기보다 '시험을 위해 암기한다'. 학습 내용은 이해의 깊이를 획득하지 못한 채 사라지고, 배움은 기억에 남지 않는 사건으로 축소된다. 이러한 과부하의 반복은 학습 회피, 피로, 탈의미감을 초래하며, 교육에 대한 신뢰를 무너뜨린다. 배움이 존재의 리듬을 살리는 것이 아니라 존재를 탈진시키는 힘으로 변형되는 것이다.

교육과정의 압축은 또한 평가와 직결된다. 수업은 평가를 준비하는 과정으로 구조화되고, 학습 목표는 평가 가능성에 따라 설정된다. 성취 기준 기반 수업은 본래 '학습자의 발달'을 중심에 두는 철학에서 출발했지만, 현재는 '측정 가능한 정답 생산'의 체계로 왜곡되고 있다. 수업은 이해를 위한 시간이 아니라 점수를 확보하기 위한 전략의 장이 되고, 교육과정은 이해와 감응이 아닌 '성적 산출 공식'으로 기능한다.

이는 교사에게도 평가 가능한 수업을 반복하게 만들고, 학생에게는 삶과 무관한 기계적 배움을 강요한다. 결국, 교육과정은 의미를 만들어내는 언어가 아니라 점수에 봉사하는 기계 언어가 되고, 그 속에서 교육은 존재의 윤리를 잃는다.

2절

교수-학습의 다중작업화 :
멀티태스킹 교사, 분절된 학생

질문 배움이 '더 많이, 더 빠르게, 더 정해진 대로' 수행하는 일이 아니라면, 지금 교실은 어디로 가고 있는가?

오늘날의 교실은 학습의 공간이라기보다 끊임없는 '과업 수행의 무대'처럼 변해 가고 있다. 수업은 단일한 흐름으로 구성되지 않고, 한 시간 안에 두세 개의 성취 기준을 동시에 처리해야 하는 다중 목표 수업이 일반화된다. 예컨대 초등학교 국어 시간에, 학생들은 텍스트를 읽고, 감상하고, 특징을 분석하며, 독서 후 활동까지 수행해야 한다. 이 모든 것이 40분이라는 단일 시간 단위 안에서 '효율적으로' 달성되어야 한다. 성취 기준 도달이라는 교육학적 용어로 실행되는 것이다. 이는 학습이 시간에 맞춰 설계되는 것이 아니라 시간에 맞춰 압축되는 구조임을 보여 준다. '무엇을 배웠는가'보다 '얼마나 많이 했는가'가 기준이 되며, 수업의 리듬은 쪼개지고, 학생의 집중은 분산되며, 교사는 전달과 관리에 몰입하게 된다. 다중작업화는 단지 수업의 전략이 아니라 교육의 존재 방식을 변화시키는 시간의 구조적 병리다.

이러한 수업은 명목상으로는 '활동 중심' 혹은 '참여형' 수업이라 불리지만, 실제로는 정해진 활동을 정해진 시간 안에 수행하게 하는 통제된 다중 과제 시스템에 가깝다. 예를 들어 과학 수업에서 실험, 발표, 정리, 피드백까지 50분 안에 구성하는 수업은 학생들에게 체험을 제공하는 것이 아니라 시간 압박 아래의 절차 수행을 강요한다. 교사는 "시간이 없으니 다음으로 넘어가자"는 말을 습관처럼 반복하고, 학생은 아직 생각이 정리되지 않은 채 다음 단계로 밀려 간다. 이 구조에서 배움은 더 이상 느려질 수 없으며, 숙고할 여유를 허락하지 않는다. 수업은 사고가 자라는 공간이 아니라 스케줄을 따라가는 일련의 행동들로 채워진다. 그 안에서 배움은 사건이 아니라 절차의 일부가 되고, 교실은 배움의 리듬을 잃는다.

다중작업화는 '능률'이라는 이름으로 정당화된다. 다양한 교수 전략을 결합하고, 학생 참여를 활성화하고, 수업을 '재미있게' 만든다는 명분은 있지만, 실제로 그것은 수업을 과도하게 설계하게 만드는 강박의 기제가 되기도 한다. 수업 하나에 프레젠테이션 자료, 활동지, 루브릭, 평가 기준표까지 첨부해야 한다는 부담은 교사의 교육과정 재량을 무력화시킨다. 교사는 배움을 창조하기보다 활동을 관리하고 평가를 정리하는 데 더 많은 시간을 소모한다. 이는 수업의 내적 질보다 외적 증거에 초점을 맞추게 하고, 교수-학습의 중심을 '만남'에서 '성과'로 이동시킨다. 수업은 점점 더 교사와 학생 사이의 감응이 사라지고 시간은 계획된 절차만이 흐를 수 있는 단위로 조작된다. 여기에 시간에 대한 주권은 존재하지 않는다.

학생에게도 이 다중작업 수업은 신체적·정신적 피로를 누적시킨다. 초등 저학년 학생이 한 시간 안에 독서 후 감상 쓰기, 친구와의 생각 나누기, 글쓰기 평가지를 모두 수행해야 할 때, 그는 배움의 기쁨을 느끼는 대신 끊임없는 '과제 압력'을 경험하게 된다. 이러한 수업에서는 배움에 몰입하는 시간보다 수행을 관리받는 시간의 양이 압도적으로 많다. 수업은 감정과 몸을 따르지 않고, 과업 리스트와 시간표를 따른다. 특히 ADHD, 학습장애, 정서적 어려움을 겪는 학생들에게 이 구조는 '배움의 장'이 아니라 '실패가 반복되는 구조'가 된다. 배움은 개인의 리듬과 몸의 감각을 따라야 하지만, 지금의 수업은 모든 학생에게 같은 시간, 같은 방식, 같은 과제를 요구한다. 다중작업화는 이른바 '시간의 표준화'를 통해 존재의 다양성을 지우고 있다.

이러한 구조는 교사에게도 존재의 소진을 가져온다. 다중작업 수업을 구성하는 교사는 '한 시간에 무엇을 더 집어넣을 수 있는가'를 끊임없이 계산해야 한다. 수업 전 준비는 늘어나고, 수업 후에는 학생별 수행 정도에 대한 분석과 피드백 정리를 병행해야 한다. 이른바 '질 높은 수업'을 하려는 교사의 열정은 역설적으로 시간의 여유를 파괴하고, 자신을 피로하게 만든다. 수업은 교육의 중심이 아니라 실적과 책무성의 단위로 바뀌며, 교사의 시간은 조율이 아닌 충족의 시간이 된다. 계획과 실행 사이의 여백이 사라지고, 교사는 '만남의 시간'이 아닌 '처리의 시간' 속에서 존재하게 된다. 이는 단지 업무 부담의 문제를 넘어 교사의 시간에 대한 주권이 구조적으로 박탈되고 있음을 의미한다.

교육과정 과잉과 다중작업화는 서로를 강화한다. 성취 기준이 많아질수록 수업은 더 많은 과업을 포함해야 하고, 더 많은 과업은 더 짧은 시간에 압축적으로 설계되어야 한다. 이때 수업은 긴 호흡의 서사 구조를 만들지 못하고 단편적인 활동의 나열로 전락한다. 과업 중심 수업은 학생의 사고를 단속적으로 끊고, 교사의 수업 구성 역량을 기계화한다. 교육의 리듬이 아니라 행정적 요구와 평가 기준이 시간의 흐름을 주도하는 것이다. 결과적으로 수업은 배움의 시간이 아니라 '과업 제출의 시간'이 된다. 배움의 본질은 시간의 흐름 안에서 자신을 발견하고 타인과 감응하는 일이지만, 현재의 수업은 그것을 허용하지 않는다.

그럼에도 이 구조는 교실 안에서 문제로 인식되지 않는 경우가 많다. 학교는 다중작업화된 수업을 '수업 혁신'으로 치환하며, '학생 참여가 많다'는 외형적 특징으로 정당화한다. 공개 수업이나 연구 수업에서도 수업의 밀도와 다층적 활동은 좋은 수업의 표지처럼 간주된다. 그러나 중요한 것은 '무엇을 했는가'보다 '어떻게 경험되었는가'다. 활동의 양이 아니라 감정의 진폭과 의미의 확장이다. 지금의 다중작업 수업은 그것을 고려하지 않는다. 수업은 촘촘하지만 납작하고, 바쁘지만 공허하며, 풍성해 보이지만 감응이 없다. 그것은 배움의 심연이 아니라 수업의 표면에서만 작동하는 속도의 환영이다.

우리는 이 흐름을 뒤집어야 한다. 수업은 계획된 과업을 시간 안에 해치우는 일이 아니라 시간 속에서 배움이 자라는 조건을 만들어 가는 예술적 행위여야 한다. 교육이 다시 인간의 리듬을 따라 흐르기 위해서는 수업이 다중작업의 효율성이 아니라 정동과 만남의 밀도로 구성되어야 한다. 이를 위해 교사는 시간의 설계자가 되어야 하고, 교육과정은 그 설계를 허용하는 틀이 되어야 한다. 지금의 구조는 그 반대다. 우리는 수업을 혁신하려 하면서 오히려 수업의 생명을 말려 버리고 있는지 모른다.

3절

수업 시간의 단위화와 감정의 배제:
정서 없는 수업 설계

질문 시간을 나누고, 감정을 걷어 낸 수업 속에서 우리는
정말 배움이 일어난다고 말할 수 있는가?

 수업은 단지 정보를 전달하는 기계적 단위가 아니다. 그것은 교사와 학생이 하나의 시간대를 공유하며, 그 안에서 서로의 존재를 만나고, 질문하고, 머무르고, 다시 나아가는 감응의 장이다. 그러나 오늘날 교실에서 이루어지는 수업은 점점 더 단위화된 시간 구조에 의해 조정되고 있다. 교육과정은 40분 또는 50분이라는 정해진 블록 안에 수업을 구성하라고 요구하고, 이 시간 안에 성취 기준을 몇 개나 달성했는지가 수업의 질을 가늠하는 척도로 자리 잡는다. 수업은 더 이상 유기적인 흐름이 아니라 할당된 시간 단위를 채우는 절차적 프로그램으로 바뀐다. 이 구조에서 수업은 자기완결적인 사고의 흐름을 담을 수 없으며, 감정이 들끓거나 사유가 멈춰서는 안 되는 '정해진 속도의 공간'으로 전환된다.

 이러한 시간 단위화는 외형상으로는 규칙적이고 안정적인 수업 구조를 보장하는 듯 보이지만, 실제로는 감정과 사고의 자연스러운 흐름을 무시한 시간 폭력이다. 배움은 종종 한 문장을 오래 붙잡고 생각하거나, 예상치 못한 질문에서 옆으로 흐르거나, 정해진 계획과 무관하게 발현되는 순간에서 발생한다. 그러나 단위화된 시간은 이러한 모든

'우연성과 느림'을 제거한다. 교사는 수업 시작 벨이 울리면 곧장 과제를 제시해야 하고, 끝나는 종이 울리면 그 흐름을 잘라야 한다. 학생은 감정적으로 몰입될 때조차도 '다음 활동'으로 넘어가야 한다. 이처럼 시간 구조가 정서와 사고의 흐름을 이끄는 것이 아니라 그것을 억제하고 절단하는 방식으로 작동하는 한, 수업은 배움이 아니라 '진도 처리'의 공간이 된다.

더욱이 이 단위화된 시간 구조는 감정의 배제를 정당화하는 수단으로 작동한다. 수업은 객관성과 효율성을 중심으로 설계되며, 감정은 방해물이나 관리 대상이 된다. 교사의 설명에 감동하거나, 친구의 생각에 울컥하거나, 자신이 느낀 것을 말하고 싶은 충동이 일어나도, 수업 시간에는 그것을 표현하거나 머물 시간이 없다. 감정은 일탈로 간주되며 '정해진 순서와 흐름'에 방해물로 기능한다. 그리하여 교사는 학생의 눈빛을 외면하고, 학생은 자신의 내면을 억제한다. 이처럼 교육은 감정을 비가시화하는 문화를 만들어 내며, 교실은 무감각한 존재들만 남는 냉각된 공간이 된다. 교육과정이 성취 기준 중심으로 편성되는 이상, 감정은 교육의 언어가 될 수 없으며, 수업은 침묵 속에서 점수만을 생산하는 공장처럼 변해 간다.

시간 단위화는 평가 체계와 맞물리며 더욱 강화된다. 평가 기준은 명확한 항목별 성취를 요구하고, 수업은 그 기준에 맞추어 구성된다. 이때 감정이나 생각의 흐름, 느린 이해는 '평가 불가능한 요소'로 취급되어 수업 계획에서 배제된다. 예를 들어 한 문학작품을 읽고 나서 그 감상을 자유롭게 나누는 시간이 감정과 공감을 불러일으킬 수 있음에도 불구하고, 교사는 그것을 '정답이 없는 시간'으로 판단하여 최소화하거나 생략한다. 평가와 시간표가 감정을 억누르는 순간, 교육은 존재를 위한 공간이 아니라 기능과 성취만을 위한 구조물이 된다. 이러한 교육은 성장보다는 조기 완성, 발견보다는 정답 암기의 구조로 움직이며 교육의 존재론을 손상시킨다.

또한 시간 단위화는 교사의 감정적 노동을 확대시키며 교사의 존재감마저 삭제해 버린다. 교사는 수업 시간 안에 목표를 달성해야 한다는 압박 속에서 자신의 말투, 표정, 속도, 정서를 통제해야 한다. 수업을 '잘했다'는 평가는 종종 '효율적이었다', '시간 안에 다 끝냈다'는 말로 귀결되며, 수업의 정서적 깊이나 감응적 상호작용은 부차적인 요소로 간주된다. 교사는 자신이 좋아하는 문장을 길게 읽을 수 없고, 학생의 이야기를 조금 더 들어 주고 싶어도 다음 과업이 기다리고 있다. 이처럼 수업의 시간 구조는 교사의 정체성을 통제하며, 수업을 살아 있는 창조적 만남이 아닌 정해진 시간의 봉사자로 만든다. 교사는 시간의 유연성을 빼앗긴 존재가 되고, 수업은 감정 없는 흐름으로 퇴색한다.

학생 역시 이러한 시간 구조에 길들여진다. 감정을 말하지 않고, 질문을 미루고, '정해진 수업 흐름'을 유지하려는 훈련은 결국 존재의 양식 자체를 바꾼다. 초등학생조차도 "지금은 질문하면 안 되는 시간이야", "다음 시간에 얘기할게요"라는 말로 스스로를 조율한다. 감정을 드러내기보다는 억누르고, 떠오른 생각을 나누기보다는 스스로 감춘다. 수업 시간은 표현의 공간이 아니라 억제와 순응의 공간이 되며, 존재는 점점 침묵 속으로 들어간다. 이 과정에서 학습자는 점점 더 자기표현의 권리, 자기감정의 리듬, 자기시간의 감각을 상실한다. 교육은 그들의 성장을 돕기보다 그들의 표현을 삭제하는 방식으로 작동한다. 이것은 배움의 실종이자 존재의 소외이다.

4절

배움의 여백 없음 :
느림의 삭제와 집중력의 해체

질문 질문이 자라고, 실수가 머무르고, 관계가 감응하는 여백이 사라졌을 때, 우리는 무엇을 배운다고 말할 수 있는가?

교육은 본질적으로 여백을 전제로 한다. 배움은 즉각 도달하지 않고, 질문은 유예 속에서 자라고, 이해는 서두름보다 망설임 속에서 깊어진다. 그러나 지금의 교실에는 이러한 '머무름의 시간'이 사라지고 있다. 교육과정은 촘촘히 채워져 있고, 수업은 단속적으로 구성되며, 평가 일정은 앞당겨지고, 학생은 늘 따라잡아야 한다는 압박에 시달린다. 수업이 끝나도 곧장 다음 교과가 이어지고, 질문은 미루어지고, 숙고는 간단한 피드백으로 대체된다. 이러한 교실 구조는 배움을 산출하는 일이 아니라 처리하는 일로 변형시킨다. 학생은 '배우는 중'이 아니라 '완료해야 하는 존재'로 취급되며, 그 과정에서 배움은 그 본래의 리듬을 상실한다.

'여백 없음'은 단지 물리적 시간 부족의 문제가 아니다. 그것은 교육의 시간 구조가 배움의 리듬을 고려하지 않고, 행정적 효율과 평가 중심으로 재구성되었음을 의미한다. 과거의 교실에는 질문이 길어지고, 침묵이 흐르고, 학생들끼리의 대화가 이어지는 시간이 있었다. 그것은 명확한 목표나 정답을 향하지 않아도 허용되는, 비생산적이지만 본질적인 시간이었으며, 교육의 감응성과 관계성을 뿌리내리게 했던 시간이다. 그러나 지금은 그 여백이 모두 '쓸모없음'으로 분류된다. 수업 시간에 침묵이 흐르면 '준비 부족'으로 간주되고, 질문이 길어지면 '진도 지연'으로 처리된다. 여백은 교육의 낭비가 되었고, 수업은 시간 효율의 측정 단위로 환원되었다.

배움은 여백을 통해 생긴다. 교사가 질문을 던지고 학생이 바로 답하지 않는 그 몇 초 동안, 학생은 자신의 사고를 되돌아보고, 감정을 조율하며, 타인의 생각을 기다리는 법을 배운다. 그 '사이 시간'은 정답을 말하는 시간보다 더 깊은 배움의 공간이다. 하지만 지금의 교실은 이러한 여백을 허용하지 않는다. 교사는 답을 유도하며, 학생은 경쟁적으로 손을 들고, 수업은 공백 없는 속도로 진행된다. 이 구조는 배움이 아닌 반응을 훈련시키고, 질문이 아닌 정답을 선호하게 만들며, 숙고가 아닌 반복 훈련을 낳는다. 여백이 사라진 수업은 수업이 아니라 시간에 쫓기는 절차다. 그 안에서 존재는 멈추지 못하고, 배움은 뿌리내리지 못한다.

이 여백 없음은 학생에게만이 아니라 교사에게도 깊은 소진을 가져온다. 교사는 하루 종일 수업을 하면서도, 한 번도 수업을 되돌아볼 시간이 없다고 말한다. 준비도, 성찰도, 조정도 '다음 수업'을 위해 미뤄져야 한다. 교사의 시간 역시 배움의 리듬이 아니라 처리의 연속으로 구조화되어 있다. 수업과 수업 사이에는 정리와 호흡이 아니라 다음 시간의 자료가 들어온다. 수업 후에는 학부모 상담, 행정 처리, 생활 지도, 공문 대응이 이어진다. 교사에게 주어진 시간은 조율과 성찰을 위한 시간이 아니라 주어진 과업을 기계적으로 채워 넣는 '채움의 시간'이다. 그 시간 안에서 교사 또한 교육 활동의 의미를 되묻거나 확장할 기회를 잃는다. 존재의 리듬이 사라진 자리에 남는 것은 효율화된 반복뿐이다.

여백이 사라진 교실은 실수를 두려워하게 만든다. 배움은 본래 실패와 오류를 포함하는 과정이다. 그러나 지금의 수업 구조는 실수를 빠르게 수정하고, 정답으로 회귀시키는 방식으로 설계된다. 학생이 틀린 답을 말해도 그 틀림을 탐색하기보다 빠르게 '정답을 찾아 주는' 교실 문화는, 배움을 오류가 허용되지 않는 기술적 수행으로 바꿔 버린다. 교사는 실수를 수업 흐름의 방해로 간주하고 학생은 틀림을 숨기려 한다. 이때 배움은 관계적 신뢰 속에서 발생하는 감응의 사건이 아니라 '실수 없는 훈련'으로 축소된다. 교육은 실패를 견디는 윤리이기도 한데, 지금의 교실은 실패를 감추는 능력을 길러 주는 훈련장이 되고 있다. 여백이 없는 수업은 실수를 견딜 시간도 없다.

무엇보다 중요한 것은, 여백이 배움의 '의미'를 생성한다는 점이다. 학생은 배운 것을 스스로의 언어로 되씹는 시간을 통해 그것을 삶과 연결시키고, 감정적으로 응답하며, 존재의 일부로 내면화한다. 이 시간은 학습 목표에는 명시되지 않지만 진정한 배움이 일어나는 시간이다. 그러나 지금의 수업 구조는 그것을 허락하지 않는다. 과제는 늘 다음을 향해 있고, 피드백은 결과로만 이루어지며, '의미를 묻는 시간은 평가 후에나 간신히 존재한다. 의미 없는 속도는 수업을 채우지만, 존재는 그 안에서 부유할 뿐이다. 배움이 삶이 되기 위해서는 반드시 그 사이의 시간이 필요하다. 그 시간을 잃는다는 것은, 교육이 존재를 키우는 일을 그만두겠다는 선언과 같다.

| 제2장 |

가속의 평가 :
숫자가 교육을 점령하다

1절

기다림 없는 평가와 지연된 이해의 제거 :
즉각성과 정량성의 평가 체계

질문 기다림 없는 평가는 어떻게 배움에서 이해를 삭제하는가?

한국 교육에서 평가는 단지 결과를 기록하는 행위가 아니라 시간과 배움의 구조를 전면적으로 규정하는 메커니즘이 되어 버렸다. 평가 일정이 수업을 앞당기고, 평가 항목이 교수-학습을 재구조화하며, 평가 방식이 수업의 리듬을 결정한다. 이 과정에서 배움은 평가를 위한 사전 절차로 기능하고, 교사는 '평가에 들어갈 수업'을 설계하는 관리자가 된다. 그러나 이 모든 과정에서 한 가지가 빠져 있다. 바로 '기다림'이라는 시간의 윤리, 사유가 머무는 시간, 오해가 이해로 전환되기까지의 시간이다. 지금의 평가는 그 모든 것을 배제한 채, 빠르고 명료하고 측정 가능한 산출만을 요구한다. 평가가 배움을 구성해야 한다는 담론은 존재하지만, 현실의 학교에서는 평가가 배움을 압박하고 배제를 구성한다. 평가의 시간은 배움의 시간을 침식하며, 그 속도는 존재의 리듬을 짓누른다.

수업에서 가장 먼저 사라진 것은 '지연된 이해'를 견디는 문화다. 학생의 사고는 일률적인 속도로 작동하지 않으며, 배움은 종종 우회와 반복을 통해 성숙해진다. 그러나 지금의 평가 구조는 그런 지연과 반복을 허용하지 않는다. 교사는 '언제까지 성취해야 한다'는 기준에 따라 수업을 설계하고, 학생은 '기한 안에 수행해야 한다'는 강박 속에서 스스로의 배움의 리듬을 포기하게 된다. 이로 인해 이해는 파편화되고, 사유는 단속되며, 감정은 평가 가능한 언어로 번역되기를 강요받는다. 우리는 평가를 통해 학습의 질을 높이려 했지만, 정작 그 평가가 배움의 생태계를 파괴하는 도구가 되어 버렸다.

특히 '과정 중심 평가'는 이 모순을 집약적으로 드러낸다. 과정 중심 평가는 본래 학생의 성장을 관찰하고 피드백하며 기다려 주는 교육적 평가였으나, 현실에서는 평가 항목을 세분화하고, 루브릭을 수치화하며, 교사의 평가 업무를 표준화하는 또 하나의 가속 기제로 전락하였다. 교사는 학생을 기다리기보다 평가 문항에 맞춰 채점하고, 성장을 돕기보다 증거를 남기기 위해 관찰을 수행하게 된다. '성장을 위한 평가'는 오히려 '기록을 위한 절차'로 고착되며, 평가의 본질은 변질된다. 과정 중심이라는 이름은 유지되지만, 그 과정은 더 이상 시간을 열지 않는다. 오히려 배움의 시간을 압축하고 조작한다.

이러한 구조는 '평가의 명료성과 공정성'이라는 명분 아래 강화된다. 교사마다 기준이 다르면 불공정하다는 논리가 작동하고, 루브릭은 이를 해결할 수 있는 객관화 도구로 제시된다. 하지만 이때 루브릭은 배움의 과정이 아닌 산출물 중심의 평가 체계로 오용되기 쉽다. 학생이 어떤 과정을 통해 그 결과에 도달했는지보다 결과물이 항목에 맞게 작성되었는지가 중요해진다. 창의적이고 자기주도적인 접근도 '항목 외 활동'으로 간주되며, 교사는 명료성과 관리 가능성을 이유로 정형화된 과제와 형식만을 제시하게 된다. 이것은 과정 중심의 언어를 빌린 '결과 중심 평가'일 뿐이며, 실질적으로는 더 빠르게, 더 분명하게, 더 관리되게 수행되는 가속형 평가일 뿐이다.

이처럼 평가는 교육과정을 압박하는 도구가 되고, 교육의 시간 구조를 재조정하는 힘으로 작용한다. 학교에서 평가 일정은 수업 일정보다 우선하며, 교사는 평가 일정을 거슬러 '언제까지, 어디까지' 수업을 끝내야 하는지를 고민한다. 이 구조는 교육의 '기다림의 윤리'를 제거하고, 수업을 평가화하며, 평가를 시간화한다. 이 과정에서 교사와 학생은 자기시간의 주권을 상실하게 된다. 학생은 자신에게 맞는 속도로 배우지 못하고, 교사는 학급의 발달 수준에 맞게 조정할 권리를 잃는다. 이때 평가란 더 이상 학습을 지원하는 수단이 아니라 배움과 존재 사이를 가르는 경계선이 되어 버린다.

학생은 이러한 평가 구조에 따라 자신의 존재를 구성하게 된다. 시험을 잘 보면 '성공한 학생', 수행 평가에 익숙하면 '능동적인 학습자'로 불리지만, 평가에 실패하면 존재 자체가 부정당하는 경험을 하게 된다. 평가는 학생의 배움 상태를 진단하는 것이 아니라 존재의 위계와 가치를 매기는 기능을 수행한다. 이때 학생은 성적이 아니라 '사람이 평가받는다는 느낌'을 받게 되며, 평가의 언어는 곧 자기 존재의 언어가 된다. 이는 자기시간에 따라 사고하고 표현할 수 있는 감각을 마비시키고, 내면화된 시간 강박을 만들어 낸다. 자신이 '생각을 오래 하면 안 되는 존재'라고 믿게 되는 순간, 배움은 자기시간의 리듬을 잃는다.

교사 역시 평가를 설계할 권한을 상실한다. 평가 기준은 공공성과 형평성이라는 명분 아래 외부화되며, 교사는 그것을 실행하는 기술자가 된다. 어떤 수업을 했든지 간에 평가 방식은 정형화되어야 하고, 서술형 평가도 지표에 따라 점수를 부여해야 한다. 이 과정에서 교사는 교육적 판단을 행사할 수 있는 공간을 잃고, '결과를 설명할 수 있어야 하는' 책임만 남는다. 이것은 단순한 행정 부담이 아니라 교육자로서의 윤리적 권능 상실이다. 평가의 시간은 교사의 시간도 아니다. 그것은 상위 문서와 평가 시스템, 공시 자료와 성취 기준이 점령한 시간이다.

이 구조 안에서 교사는 더 이상 교육을 설계하는 존재가 아니라 시간과 점수의 대리인처럼 움직인다.

우리는 종종 '공정한 평가', '성장 중심의 평가'라는 언어를 사용한다. 그러나 공정함이란 무엇인가? 학생의 배움은 단지 같은 시간에 머문다고 이루어지는 것이 아니라 저마다 다른 경험과 맥락 속에서 형성되는 고유한 과정이다. 성장 중심이란 무엇인가? 성장에는 반드시 속도의 다양성과 정서의 진폭이 포함되어야 한다. 그러나 지금의 평가 구조는 그것을 허용하지 않는다. 교사와 학생은 모두 각자의 리듬을 숨기고, 평가의 구조에 순응하며, 동일한 시간, 동일한 문항, 동일한 형식으로 응답할 것을 요구받는다. 이것이야말로 '과정 중심 평가의 탈배움화'이다.

2절

루브릭과 지표 중심의 수업 피드백 체계 :
표준화된 피드백과 수업 감시 구조

질문 우리는 피드백을 준다고 믿지만 사실은 점수만으로
존재를 구조화하고 있는 것은 아닌가?

루브릭은 본래 교육 평가의 가장 진보적이고도 인간적인 도구로 제안되었다. 정답 중심 평가가 학생의 학습 과정을 보지 못하고 결과만을 절대화하는 경향이 있는 데 반해, 루브릭은 학생이 과제 수행 중에 보여 준 태도, 전략, 사고의 전개, 표현의 진정성을 보다 맥락적으로 평가할 수 있게 돕는 도구였다. 또한 그것은 학생이 자신이 어떤 지점에 있으며, 무엇을 더 보완하면 좋을지를 '자기언어로 이해'하도록 안내해 주는 피드백 체계이기도 했다. 다시 말해, 루브릭은 단순히 채점표가 아니라 교사와 학생이 배움의 방향을 함께 성찰할 수 있는 대화적 구조였던 것이다. 그러나 한국 교육에서 루브릭은 이 철학을 잃고, 표준화의 도구이자 기술적 관리 장치로 전락했다. 루브릭은 이제 피드백의 나침반이 아니라 채점표와 유사한 기계적 지표로 작동한다.

이 변화의 근원에는 '공정성'에 대한 불안이 있다. 학생 간의 비교 가능성과 교사 간의 평가 일치를 확보해야 한다는 제도적 요구는 루브릭을 점차 '수치화된 기준표'로 탈바꿈시켰다. 정성적 피드백은 신뢰받기 어렵다는 분위기 속에서 루브릭은 점점 정량적 척도화와 설명 가능성 중심의 문서로 변모한다. 평가 지표는 더 세분화되고, 문구는 더

욱 획일화되며, 모든 항목은 누락 없이 체크되어야 한다는 강박이 생긴다. 이러한 흐름 속에서 루브릭은 학생의 배움을 안내하기보다는 교사의 정당성을 입증하는 증거 장치가 된다. 표준은 곧 표준화로 전이되고, 평가는 사유의 장이 아니라 감시와 증명의 문서로 바뀐다. 우리는 이 흐름에서 루브릭의 본질을 망각했다. 루브릭은 '동일한 정답'을 강요하는 문서가 아니라 '공통의 배움의 기준'을 열어 두는 살아 있는 틀이어야 했다.

루브릭이 처음 제안되었을 때, 그것은 교사의 평가권을 강화하기 위한 수단이기도 했다. 루브릭은 교사가 학생의 수행 과정을 설명할 수 있는 언어를 제공했고, 주관적 평가에 대한 의심을 해소할 수 있는 구조적 해석 틀이었다. 그러나 현재의 학교 현장에서 루브릭은 교사의 평가권을 지지하지 않는다. 오히려 교사를 루브릭의 사용자로, 항목의 해석자가 아니라 적용자로 만들고 있다. 교육청과 관리자, 학부모는 루브릭을 교사의 자율적 판단보다 상위의 판단 구조로 받아들이며, '교사가 아니라 루브릭이 평가한 것'처럼 보이기를 원한다. 이때 교사는 자신의 교육적 언어를 숨기고 문서화된 지표의 언어를 빌려야 한다. 루브릭은 교사의 판단이 아니라 시스템의 중립성으로 읽히기를 요구받는다. 결국 교사의 존재는 사라지고, 평가의 구조는 자기언어를 잃는다.

학생에게 루브릭은 어떤 의미인가? 원래의 목적대로라면, 루브릭은 학생에게 명확한 기대치를 제공하고, 자신의 성장 경로를 확인할 수 있는 반성의 틀이었어야 한다. 그러나 루브릭이 점점 표준화되고 정형화되면서, 학생은 그것을 자신의 배움을 되돌아보는 틀이라기보다 '무엇을 어떻게 맞춰야 점수를 받을 수 있을지 미리 계산하는 전략 도구'로 인식하게 되었다. 즉, 루브릭은 성찰의 틀이 아니라 수행 전략의 요약서가 된다. '이 표현을 넣으면 상上 수준을 받을 수 있다', '이 문구는 부족하니 피하자'는 식의 전략적 수용이 이루어지면서, 평가를 위한 수행이 배움을 위한 표현을 대체하게 된다. 이 과정에서 학생은 자신의 목소리보다 평가 항목에 맞는 문장 구조를 우선하게 되고, 배움은 '기준 적합성'이라는 기술적 틀 속에 갇힌다. 루브릭은 자기표현의 자유를 열어주는 틀이 아니라 자기검열의 프레임으로 작동한다.

우리는 평가의 기준을 '나침반'이 아니라 '정답'으로 오인해 왔다. 루브릭이 배움의 방향을 제시하는 공통의 언어로 작동하지 못한 이유는, 우리가 그것을 공동의 성찰 틀이 아닌 경쟁의 출발선으로 삼았기 때문이다. 같은 기준을 공유할수록 그 해석의 다양성과 적용의 탄력성이 살아나야 하지만, 우리는 기준을 동일한 문장, 동일한 수행, 동일한 산출로 단일화했다. 이 과정에서 루브릭은 교사와 학생이 함께 질문을 나누는 대화의 틀이 아니라, 일방적 판단과 점수화의 도구로 변질되었다. 피드백은 살아 있는 대화가 아니라 생기 없는 지시문의 나열이 되었고, 교사는 "기준에 따라 채점했어요"라고 말하며, 학생은 "다음엔 그 기준에 더 정확히 맞춰 볼게요"라고 반응한다. 배움은 존재의 탐색이 아닌 전략의 수행이 되고, 피드백은 감응이 아닌 도식으로 굳어진다.

우리는 이제 루브릭을 다시 교육의 언어로 회복해야 한다. 표준은 곧 획일화가 아니며 각자의 길을 비교하기 위한 도구가 아니다. 그것은 공통의 길을 찾기 위한 나침반이다. 루브릭이 교육의 언어가 되려면, 그것은 살아 있는 문장이 되어야 한다. 피드백은 기록이 아니라 응답이 되어야 하며, 평가는 점검이 아니라 대화가 되어야 한다. 우리는 루브릭을 교육과정과 연동된 평가 틀로 보는 것이 아니라 교사와 학생이 함께 쓰는 배움의 지도로 보아야 한다. 이때 루브릭은 다시금 사유와 성찰, 감정과 응답, 질문과 성장의 장으로 기능할 수 있다.

3절

성취 기준과 학습 표준화의 시간정치학 :
교육과정의 역량화와 시간의 통제

질문 교사의 책임은 무엇을 향한 응답이어야 하는가 — 학생인가, 수치인가?

'성취 기준'은 오랫동안 교육에서 당연시되어 온 언어다. 목표를 명확히 하고, 교육과정의 질을 보장하며, 교사의 수업 설계를 돕는 도구라는 명분 아래, 그것은 수많은 수업과 평가 속에 깊숙이 들어왔다. 그러나 이 기준이 설정되는 순간, 학생과 교사는 이미 하나의 시간 구조에 편입된다. 무엇을 언제까지, 어느 수준까지 도달해야 하는지가 정해진다는 것은, 곧 존재가 그 시간의 속도와 형태에 적응해야 함을 뜻한다. 기준은 시간의 형식이며, 시간은 존재의 형태를 결정하는 가장 근본적인 구조다. 그렇게 기준은 중립적인 안내선이 아니라 시간을 설계하는 권력으로 작동한다.

교육과정이 성취 기준 중심으로 재편될수록 학습은 점점 더 산출 중심의 시간표에 맞춰진다. 수업은 이제 배움의 흐름이 아니라 기준 도달의 단위로 쪼개진다. 교사는 그 단위를 배분하고, 수업을 정렬하며, 평가를 설계한다. 이 과정에서 질문과 감정, 호기심과 머뭇거림 같은 배움의 리듬은 점차 사라지고, '언제까지 어느 수준'이라는 외적 시간이 교사의 내적 판단을 대체한다. 학생 역시 자신이 어떤 속도로 배워야 하는지를 묻지 않고, 얼마나 빨리 기준에 도달하느냐에 따라 자기 존재를 평가받는다. 시간은 존재를 따르는 것이 아니라 존재가 시간을 따라야 하는 구조로 전도된다.

더 큰 문제는 이 기준이 단지 시간 배분의 문제를 넘어 존재를 구성하는 언어가 된다는 점이다. 기준은 무엇을 중요한 지식으로 간주할 것인가를 결정하고, 어떤 방식으로 말하고 행동해야 하는지를 규범화한다. 이 과정에서 배움의 다양성과 맥락성은 점차 삭제되고, 특정한 사고와 표현만이 '적절한' 것으로 간주된다. 기준에 부합하는 학생은 교육의 중심에 놓이고 그렇지 않은 학생은 점점 외곽으로 밀려난다. 결국 기준은 교육의 공정성을 말하지만 실제로는 존재의 정렬과 배제의 구조를 강화한다. 기준이라는 이름 아래 존재는 균질화되고 그 외의 존재는 가시화되지 않는다.

기준은 또한 시간을 절단한다. 학습의 시간이 흐름과 성찰의 시간일 때, 교육은 실수를 기다리고, 감정을 수용하며, 호흡을 열어 두는 공간이 된다. 그러나 기준 중심의 시간은 늘 도달과 측정, 점검의 흐름으로 구성된다. 교육은 점점 더 도달하지 못한 시간들에 대한 불안으로 운영되며, 학생의 내면은 '얼마나 빨리', '얼마나 많이'의 감각으로 채워진다. 시간은 교육의 생명적 흐름이 아니라 성과를 구획하는 칸막이로 변한다. 기준은 그 칸막이의 이름이 되고, 배움은 시간의 행정이 된다.

기준 중심의 수업은 종종 공정성과 질의 담론으로 정당화된다. 하지만 공정함이란 동일한 것을 동일한 방식으로 제공하는 것이 아니라 각자의 리듬과 맥락에 따라 조율된 시간과 기회를 제공하는 것이다. 기준은 그 자체로 정답이 아니다. 그것은 언제나 교육이 놓인 맥락, 존재의 다양성, 시간의 흐름에 따라 재해석되는 개방적인 언어여야 한다. 그러나 기준이 절대화될수록, 그것은 열림이 아니라 닫힘, 조율이 아니라 정렬, 해석이 아니라 복종의 구조를 만든다.

기준은 교육을 구성하는 하나의 언어일 수 있다. 그러나 그것이 유일한 언어가 될 때, 교육은 말할 수 없는 배움을 배제하게 된다. 질문할 수 없는 리듬을 잊게 되고, 표현할 수 없는 감정을 무시하게 된다. 기준은 존재를 기다려 주는 것이 아니라 존재를 서둘러 재단하고 정렬하려 한다. 이 구조 안에서 교육은 생성의 장소가 아니라 관리의 시스템이 된다. 존재는 자신을 드러내는 대신 기준에 맞춰 자신을 감추는 법을 배운다.

　이제 교육에서 기준은 다시 배움의 언어로 번역되어야 한다. 그것은 닫힌 목표가 아니라 열린 동행의 언어여야 하며, 정답이 아니라 리듬을 조율하는 기호여야 한다. 배움이 흐름이라면 기준은 그 흐름을 조율하는 선율처럼 존재해야 한다. 지금 필요한 것은 성취 기준의 폐기가 아니라 그 기준이 작동하는 시간 구조에 대한 급진적 재사유다.

4절

자기연출성과 내면화된 성과주의 :
학생 주체의 성과 내면화 구조

질문 성과를 연기하는 일상이 계속될 때 학생들은 언제 자신으로 살 수 있는가?

입시가속체제의 여섯 가지 병리 중의 하나인 자기연출성은 교육의 표면에서만 벌어지는 기술이 아니다. 그것은 내면의 감정, 말투, 사고의 리듬마저 교정하도록 유도하는 평가적 환경의 산물이다. 예컨대 학생은 자신의 생각을 말할 때도 '루브릭의 표현'에 맞게 문장을 조율하며, 교사는 수업에서 '학생 중심의 발문'을 '진짜처럼' 수행해야 한다. 이때 말은 감정을 대신하고, 형식은 생각을 덮으며, 피드백은 기계적 수식어로 변환된다. 교육은 이제 감응이 아니라 포지션이며, 질문이 아니라 포즈다. 우리는 배움의 실재를 살리려는 것이 아니라 평가 가능한 성과를 만들어 내는 연출을 반복하게 되는 구조 속에서 존재한다.

자기연출성은 그 자체로 시간이 분절된 상태를 전제한다. 수행은 단속적이다. 과제를 제출하는 시간, 발표하는 시간, 평가받는 시간, 피드백을 읽는 시간은 모두 잘게 나뉘어 있으며, 이 각각의 순간마다 학생은 '적절한 자아'를 빠르게 호출하고 연기해야 한다. 이때 시간은 더 이상 유기적으로 흐르지 않는다. 자기연출성은 배움의 시간을 연속적인 호흡이 아닌 분절된 순간의 나열로 바꾸며, 존재의 리듬을 외부 기준에 따라 조정하게 만든다. 이처럼 교육은 '존재의 흐름'을 따라야 하는 것이 아니라 '성과의 틀'에 맞게 조각나야 하는 것으로 인식된다. 우리는 '배우는 존재'가 아니라 '평가에 반응하는 존재'가 되어 간다.

교사 역시 이 구조에서 벗어날 수 없다. 수업 시간은 교사의 전문성을 발휘하는 시간이 아니라 평가 가능한 행위를 설계하고 실행하는 시간으로 조직된다. 교사는 '학생 중심 수업', '과정 중심 평가', '루브릭에 따른 피드백' 등 교육청과 관리자, 학부모의 기준에 부합하는 수업을 구성해야 한다. 이때 수업은 더 이상 교사의 감각과 상황의 직관에 따라 흐르지 않는다. 그것은 하나의 연출된 사건이 되며, 교사는 수업의 연출자이자 동시에 무대 위의 연기자가 된다. 그가 느끼는 피로는 단순히 과중한 업무 때문이 아니다. 그것은 존재의 불일치 때문이다. 그는 자신이 아닌 타자가 요구하는 자아로 끊임없이 위치 지워지며 자신과 괴리된 역할을 살아 내야 한다.

학생의 자기연출성은 단지 과제 수행이나 시험 응시에만 국한되지 않는다. 그것은 자신의 정체성과 감정까지도 평가 가능한 기준에 맞게 조정하려는 경향으로 이어진다. 학생은 발표할 때 '적극적 자세'를 연기하고, 수행 평가 과제에서 '자기주도적 배움'을 서술한다. 그러나 그 내용은 실제의 경험이 아니라 평가자의 기대를 예측하고 구성된 '이야기'에 가깝다. 감정도 진정성이 아니라 전략의 대상이 된다. "이 정도 써야 A를 받을 수 있다"는 계산은 이제 존재의 습관이 되며, 표현은 전략화되고, 정체성은 '연출된 자아'로 굳어진다. 존재는 점점 더 평가의 시선 속에서만 존재할 수 있는 조건으로 구조화된다.

이러한 자기연출성은 배움의 리듬을 파괴한다. 한 학생이 실수를 견디고, 실패를 되돌아보고, 자신의 속도로 생각을 정리하는 과정은 더 이상 교육의 이상이 아니다. 교육은 '빠르고 분명하게' 수행되는 정형화된 반응을 요구하며, '기다리는 시간'이나 '혼란스러운 시간'은 비효율로 취급된다. 이처럼 평가 기준에 맞춘 자기연출은 지연된 이해의 시간, 감정의 복잡한 시간, 관계의 어색한 시간을 삭제한다. 우리는 '좋은 학생'이라는 연출을 반복하도록 훈련시키고, 그것이 '진짜 배움'이라고 착각하게 만든다. 그러나 거기엔 배움이 없다. 배움은 진동하는 시간 속에서, 예측할 수 없는 감정과 실수의 파장 안에서만 존재한다.

자기연출성의 가장 심각한 문제는 내면화된 감시와 자기검열의 구조다. 평가가 외부의 기준일 때는 저항이 가능하다. 그러나 평가가 자기언어와 생각, 감정과 행동을 스스로 조절하게 만들 때, 학생은 더 이상 자신을 방어할 수 없다. 그는 이미 자신이 '어떻게 보여야 하는가'를 배워 버렸고, '무엇을 말해야 할지'를 알고 있으며, '어떻게 쓰면 좋은 평가를 받을지'를 계산한다. 이때의 배움은 자기화가 아니라 내면화된 연출이다. 그는 생각을 연기하고, 감정을 전략화하며, 배움을 수행해야 한다. 교육은 존재의 자유를 회복시키는 것이 아니라 내면의 감시를 강화시키는 시스템으로 작동한다.

그 결과, 교실은 '자유로운 표현'과 '다양한 존재'의 공간이 아니라 성공적인 연출만이 허용되는 무대가 된다. 질문은 전략이 되고, 생각은 문장화되며, 감정은 연출된다. '있는 그대로의 나'는 평가되지 않고, '잘 설계된 나'만이 인정받는다. 이것은 단지 자기표현의 위축이 아니라 시간에 대한 주권의 붕괴다. 학생은 자신의 속도로 사고하고 감응하고 머무를 수 있는 시간을 빼앗기고, 타자의 기준에 맞춘 순간적 연출의 시간을 반복해야 한다. 교육은 자기 존재를 회복시키는 행위가 아니라 타인의 시간을 사는 삶을 훈련하는 체계가 된다. 이것이 바로 자기연출성의 시대에 시간은 어떻게 분해되는가를 보여 주는 교육의 자화상이다.

이제 우리는 교육을 다시 사유해야 한다. 평가에 적합한 자아를 연출하는 것이 아니라 질문을 오래 품고, 실수를 자처하며, 실패를 견디는 존재를 길러야 한다. 교사는 수업을 기획하는 존재이기 이전에, 타자와 함께 머무는 시간의 윤리를 실천하는 존재여야 한다. 학생은 수행자가 아니라 존재자이며, 교육은 타자에게 보이는 것이 아니라 자기 안에서 자라는 것이다.

| 제3장 |

가속의 조직 :
의사 결정과 리더십의 자동화

1절

속도의 규범화 :
빠른 회의, 즉각적 결재의 조직 문화

질문 왜 회의는 논의가 아니라 절차가 되었는가?

회의는 원래 사유의 공간이다. 의견이 교차하고, 관점이 충돌하고, 정서가 흐르며, 하나의 결정을 향해 천천히 수렴해 가는 과정이 되어야 한다. 그러나 학교 조직에서 회의는 그런 역할을 하지 않는다. 회의는 빠르게 열리고, 빠르게 끝나며, 결재는 가능하면 그 자리에서 이루어진다. 논의가 아니라 전달이고, 숙의가 아니라 보고이며, 감정의 공유가 아니라 지시의 확인이다. 이른바 '속도 있는 학교'는 효율이라는 이름으로 모든 의사 결정 구조를 최대한 단시간에 마무리하는 것을 조직 문화의 핵심으로 삼고 있다. 그러나 바로 그 속도가 생각을 잠식하고, 존재의 감각을 지운다는 점에서 우리는 그것을 규범화된 속도 속의 자동화된 리더십이라 불러야 한다.

이러한 '빠른 회의'와 '즉각적 결재'는 단순한 행정 스타일이 아니라 교육 조직 전체에 내면화된 시간 감각의 구조를 보여 준다. 결재 속도가 빠를수록 능력 있는 리더로 간주되고, 지시를 빨리 수행할수록 유능한 교사로 여겨지는 문화는 학교 조직을 철저히 '반사 신경적 결정 체계'로 훈련시킨다. 이때 판단은 연기되거나 생략되고, 공감은 생략되며, 정서는 전염되지 않는다. 각자는 자신의 역할을 정확히 수행하는 자동 장치처럼 움직인다. 이로써 학교의 시간은 인간적 판단이 작동할 수 있는 여유를 잃는다. 교육적 결정이라는 이름 아래 이루어지는 수많은 회의와 결재는, 사실상 교육에 대한 성찰이 배제된 상태에서의 실행 지시로 변한다.

결정은 빠르지만, 책임은 모호하다. 빠르게 내려진 결정은 때로는 부작용을 낳고, 때로는 정당한 반발에 부딪히기도 한다. 그러나 그 누구도 충분히 숙의했는지, 대안은 검토했는지, 감정은 조율되었는지를 묻지 않는다. 모두가 바쁘고, 지시와 수행의 흐름에 몰입되어 있으며, 시간을 들이는 일은 무능력으로 간주되기 때문이다. 의사 결정은 생각의 행위가 아니라 반응의 절차로 전락한다. 이는 학교 리더십에 치명적인 영향을 미친다. 리더는 조직을 끌고 가는 사람이 아니라 계획된 속도를 유지하게 하는 감독자로 변화한다. 판단을 유보하고 생각을 밀어내는 구조 속에서 리더는 존재를 감각하기보다 시스템을 유지하는 역할에 몰두하게 된다.

더 큰 문제는 이러한 리더십 구조가 의사 결정 속도를 기준으로 교장의 능력을 평가하는 문화와 연동된다는 점이다. 교장의 일상은 '언제 결재했는가', '얼마나 빨리 보고를 상신했는가', '회의를 몇 분 안에 마무리했는가' 등의 숫자로 측정되며, 이는 결국 속도 중심의 실적주의 리더십을 강화시킨다. 느린 회의는 비효율로 낙인찍히고, 사유의 시간은 회의록에 기록되지 않기 때문에 무의미하게 취급된다. 그 결과 학교는 정책 전달의 빠른 통로가 되지만, 교육적 사유가 응집되는 공간으로서의 기능은 점점 사라진다. 학교 조직은 그렇게 점점 '신속하고 유능한' 결정을 수행하면서도 정작 그 결정이 어떤 존재를 향해 있었는지는 묻지 않게 된다.

이러한 현상은 교장 승진 체계와도 깊이 연결된다. 한국의 교장은 오랜 경력과 실적 중심의 점수 누적으로 임명되며, 그 평가 항목 다수는 교육의 내용이 아니라 문서화 가능한 행정 실적과 빠른 대응 능력과 관련 있다. 이 체계에서 교장의 교육 철학이나 존재 감응력은 평가되지 않는다. 대신 빠른 문제 해결력, 실적 수합 능력, 보고서 관리 기술 등이 중요한 평가 요소이다. 이런 구조 속에서 교장은 철학적 리더가 아니라 행정 관리자가 되기를 강요받는다. 결국 승진이라는 제도는 교육적 사유가 아닌 행정 속도의 경쟁으로 치환된다. 리더십은 존재가 아니라 역할로 수행되며, 그 역할은 정해진 시간 내 지시를 실행하는 데 최적화되어 있다.

속도의 규범화는 학교 내부만의 문제가 아니다. 교육청과의 관계에서 학교는 지시를 신속하게 이행하는 수행 단위로 조직되어 있다. 교육청은 주 단위, 월 단위, 분기 단위로 다양한 업무를 지시하며, 각종 행사, 연수, 자료 제출 요구가 실시간으로 학교에 전달된다. 이때 학교는 그 지침을 해석하거나 협의할 권한 없이 곧바로 실행에 들어가야 하는 구조 속에 놓인다. 교육청은 결정하고 학교는 집행하는 이 분업 구조 속에서 학교는 점차 스스로 결정할 수 있는 능력을 잃는다. 리더십은 위임되지 않고, 사유는 요청되지 않는다. 학교는 교육을 실행하는 존재가 아니라 행정을 소화하는 기계로 변형된다.

반면 OECD 일부 나라들의 교육 시스템에서는 학교 조직이 전혀 다른 시간 구조 속에 놓여 있다. 회의는 단순한 보고나 지시 전달이 아니라 교육적 사유와 집단적 감응의 시간으로 설계된다. 교사 중심의 협의체가 자율적 의사 결정을 이끌고, 상위 기관은 이를 지원하는 구조에 머무른다. 교장은 행정 관리자라기보다 소통의 질서를 설계하고 감응을 조율하는 존재로 기능한다. 이러한 시간 구조는 느림을 무능이 아닌 교육적 신뢰의 표현으로 인식하게 하며, 학교가 교육의 판단을 주도할 수 있도록 보장한다. 빠름은 능력이 아니라 또 다른 규범일 뿐이며, 느림은 또 다른 윤리이자 존재의 리듬이다.

한국 학교에 필요한 것은 빠른 대응이 아니다. 교육적 판단을 위한 시간, 감응을 위한 공간, 숙려를 위한 리더십이다. 회의는 정보 전달이 아니라 감정과 관점의 공유이어야 하며, 결재는 지시의 승인보다는 사유의 매듭이어야 한다. 지금처럼 속도가 규범이 되면, 교육은 존재를 따르지 못하고, 리더는 시간에 쫓겨 존재하지 못한다. 우리는 교육 조직에서 인간적 시간이 사라지는 과정을 구조적으로 경험하고 있다. 그것은 단지 바쁜 것이 아니라 존재할 수 없는 시간 구조에 놓인 것이다.

리더십이 회복해야 할 것은 속도가 아니라 감응이다. 학교는 느리게 회의하고, 천천히 결정하며, 함께 머무는 시간을 회복해야 한다. 교육은 빠르게 도달하는 성과가 아니라 늦게라도 도달하는 존재의 운동이기 때문이다. 이제 우리는 교육 조직의 시간 구조 자체를 다시 설계해야 한다. 리더십은 가장 먼저 시간을 느리게 하는 자의 윤리에서 출발해야 한다.

2절

지침 공화국 :
창의성 없는 위계적 정렬과 자율성의 붕괴

질문 지침이 안전망이 아니라 판단의 포기를 의미할 때, 우리는 무엇을 잃고 있는가?

학교는 매일같이 지침을 받는다. 학사 운영, 교사 연수, 교육과정 계획, 수업과 평가, 생활 지도, 감염병 대응, 돌봄과 급식, 각종 행사 준비까지 거의 모든 영역에 걸쳐 세분화된 운영 지시가 쏟아진다. 학교는 그것들을 빠르게 열람하고 해석하며, 이에 맞춰 일정과 문서를 조정해야 한다. 주 단위, 월 단위로 분할된 이 지시들은 단순한 안내를 넘어 학교의 의사 결정 구조를 위계화하는 명령 체계로 작동한다. 지침이 늘어난다는 것은 곧 학교가 스스로 판단하고 결정할 수 있는 여지를 잃는다는 뜻이다. 교육적 판단은 사라지고, 실행 계획은 위에서 정해진 형식에 맞춰 기입하는 양식으로 고정된다. 학교는 언제나 상위의 문맥을 해석하는 데 시간을 소모하고, 그 내부의 리듬과 필요는 그저 일정 조정의 장애물로 간주된다.

지침은 체계적이며 정교하다. 다수의 학교와 교사, 학생을 통일된 기준으로 관리하기 위해, 표준화된 양식과 절차, 실행 계획이 첨부되어 있다. 그러나 이 정교함은 때때로 교육적 생명력을 질식시키는 도식이 되기도 한다. 학교의 맥락, 학생의 상태, 지역의 특성은 고려되지 않은 채, 정해진 언어로 표준화된 결과를 요구한다. 이를 따르지 않으면 기록이 남지 않거나 평가에서 불이익이 발생할 수 있기 때문에, 교사와 학교는 자율적으로 운영하기보다는 지시된 교육을 복제하는 관리자가 된다. 이 과정에서 '교육적 의미'보다 '실적 가능한 활동'이 우선시되며, 교육의 창의성과 존재의 다양성은 문서 속에서 사라진다.

지침은 반드시 위계적으로 작동한다. 학교가 교육청에 '상의'하거나 '협의'할 수 있는 구조는 있지만, 그것은 대부분 형식적이다. 실질적인 결정권은 교육청에 있으며, 학교는 지시받은 내용을 해석하고 이행하는 책임 주체로 위치 지워진다. 이 구조 속에서 교장은 조율자가 아니라 중간 관리자 역할을 수행하게 되며, 교사들은 자율적 실천의 주체가 아니라 행정 계획의 집행자로 기능한다. 결정의 권한이 위로부터 내려오고, 실행의 책임이 아래로 집중되는 이 구조는 교육의 수평성과 공동체성을 해체한다. 학교는 독립된 판단 기구가 아니라 정책의 말단 분기점이 된다.

이처럼 반복되는 지침은 조직 내 창의적 사고와 대화의 가능성을 구조적으로 제거한다. 교사들은 자율적으로 수업을 기획하기보다는, 정해진 계획표에 따라 활동을 배치하고 실적을 정리해야 한다. 회의는 아이디어 교환의 장이 아니라 공지 사항 전달과 문서 결재의 절차로 굳어진다. 학생의 변화나 학교의 실험은 주어진 양식 안에서 정량화되어야 하며, 수치로 환산되지 않는 교육적 감응은 기록되지 않는다. 이는 교사에게 수업에 대한 통찰보다 실적에 대한 책임감을, 교육에 대한 성찰보다 계획서 작성 능력을 요구한다. 교육의 실천이 아니라 행정적 정합성이 존재의 기준이 되는 구조가 작동하고 있는 것이다.

학교는 행정의 수신자일 뿐 아니라 반복적으로 동일한 형식의 산출물을 생산해 내야 하는 '복제 기관'으로 작동한다. 실적 보고, 활동 결과 기록, 연수 이수 확인 등은 해마다 비슷한 내용으로 반복되며, 그 형식은 상위 기관의 통제력을 강화하는 방식으로 설계되어 있다. 변화하는 것은 지침의 양과 주기가 점점 더 많아지고 촘촘해진다는 사실이다. 그 결과 교사들은 해마다 비슷한 양식에 내용을 다시 써넣고, 관리자들은 같은 업무를 반복적으로 종합 정리한다.

한편, OECD 국가 중에서 뉴질랜드, 호주, 유럽의 국가들의 교육 시스템은 학교의 자율적 결정 구조를 제도적으로 보장하는 방식으로 작동한다. 교육과정의 큰 틀은 중앙이 설정하되 구체적인 실행은 학교가 자율적으로 설계하고 운영하며, 상위 기관은 이를 강제하기보다는 지원하는 역할에 머무른다. 학교는 교사 협의를 중심으로 교육 계획을 구성하고, 자율적 평가 체계를 운용하며, 외부의 감시는 최소화된다. 이러한 시스템에서는 지침이라는 명령어보다 질문이라는 구조가 더 자주 사용된다. '어떻게 할 것인가'를 학교가 스스로 묻고, 함께 답을 찾아가는 공간으로 설계되어 있는 것이다.

학교가 자율적 실천의 공간이 되기 위해서는 지침을 줄이는 것이 아니라 학교가 '결정하는 존재'가 될 수 있도록 제도와 문화를 바꾸는 것이 선행되어야 한다. 문제는 양이 아니라 권한의 구조다. 상위 기관이 정책을 제시하되, 학교가 그것을 해석하고 실행 방식과 속도를 조정할 수 있도록 결정권을 보장해야 한다. 그래야만 지침은 '강제된 계획'이 아니라 공동의 의제를 생성하는 출발점이 될 수 있다. 학교가 단순히 복제하는 조직에서 벗어나 사유하고 구성하는 공간으로 전환되기 위해서는, 교육청과 학교의 관계를 지원과 위임의 프레임으로 재설계해야 한다.

교사는 지시를 받는 존재가 아니다. 교육은 계획된 대로 흐르지 않으며 학생은 정해진 방식대로 반응하지 않는다. 이 예측 불가능성과 생성의 조건을 수용하는 것이 교육의 본질이라면, 학교는 끊임없이 스스로 질문하고 판단하며 실험하는 조직이어야 한다. 지금처럼 지침이 넘쳐나는 조직에서는 실험이 아니라 복제가, 창의가 아니라 복종이, 존재가 아니라 역할만이 남게 된다. 우리는 교육의 리더십을 회복하려는 모든 시도가 시간을 늦추고, 결정을 위임하며, 감응을 허용하는 방식으로만 가능하다는 것을 잊지 말아야 한다.

3절

업무량 경쟁과 교사의 자율성 침식 :
교사의 책무성 강화와 주체성 약화

질문 자율이 책임이 아니라 끝없는 과잉 수행이 되었을 때 교사는 무엇이 되는가?

학교의 하루는 수업으로만 구성되지 않는다. 공문 확인, 문서 작성, 행사 계획, 자료 제출, 연수 이수, 회의 보고, 업무 협의 등 수업 외 활동이 교사들의 시간과 에너지를 점점 더 압도하고 있다. 이 업무들은 단순히 수업을 보조하는 기능에 그치지 않고, 교사의 실적을 판단하거나, 학교의 평판을 좌우하거나, 관리자 승진을 위한 경력으로 누적되기도 한다. 중요한 것은, 이 모든 활동이 명확한 기준과 분량 없이 지속적으로 늘어난다는 점이다. 교육적 필요보다는 행정적 충족이 앞서고, 교사 개인의 자율적인 교육 계획은 업무 이행의 틈바구니에서 축소된다. 수업은 점점 '다른 업무를 해내기 위한 시간적 간격'으로 밀려나고, 교사는 교육자가 아닌 다기능 행정 실무자가 되어 간다.

업무는 나누어지는 것이 아니라 쌓이는 방식으로 조직된다. 교사는 자신의 고유 업무 외에도 '자율 동아리', '공모 제안', '학교 사업 계획', '학교 평가' 등 다양한 과제를 병행해야 한다. 이 업무는 개인의 능력을 입증하는 경로이자 관리자에게 긍정적 평가를 받는 수단이기도 하다. 문제는 이를 자발적으로 수행할 수 있는 시간과 조건이 주어지지 않는다는 것이다. 업무는 기정사실처럼 배정되고, 그 배정이 공정했는지,

과중했는지를 성찰하거나 재조정할 수 있는 구조는 작동하지 않는다. 더욱이 업무를 '많이 하는' 교사는 열정적이고 유능하다고 평가받는 반면, 그렇지 않은 교사는 소극적이고 무책임하다는 시선에 노출된다. 이 구조에서 교사 간 협력은 경쟁으로 분해되고, 자율성은 타인의 기준에 의해 판단받는 자기연출성으로 전환된다.

이러한 업무 경쟁의 심화가 야기하는 폐해는 단지 피로의 문제만은 아니다. 교사는 점점 더 '성과 중심의 교사상'을 내면화하게 된다. 실적이 있어야 인정을 받고, 교장이나 관리자에게 노출되는 기회가 많아야 다음 직급으로의 가능성이 열리는 조직 문화가 교사의 자기이해를 결정한다. 실제로, 관리자나 교장으로의 승진 경로에서는 교육 철학보다 업무 이력과 실적 중심의 점수 누적 체계가 절대적이다. 이 평정 체계는 교사에게 무엇을 가르쳤는가보다 무엇을 담당했는가를 먼저 묻는다. 승진은 교육의 결과가 아니라 행정의 결과가 된다. 이때 교사의 자율성은 교육적 성찰이 아니라 행정적 이행 능력의 반복된 축적으로 치환된다.

업무를 잘 수행하는 능력은 곧 교사 됨의 기준이 된다. 새로운 공모 사업에 적극적으로 참여하고, 외부 연수를 주도하며, 각종 회의의 회의록과 연구 보고서를 성실하게 제출하는 행위들이 교사의 가치 판단과 무관하게 열정으로 간주된다. 이는 내부 기준 없이 외부 평가 지표에 반응해야 하는 시스템의 구조적 결과다. 더 많은 양식, 더 많은 정량화된 실적이 교사의 정체성을 정의하는 언어가 되며, 그 외의 감응, 관계, 존재의 리듬은 비공식, 비효율, 사적 판단으로 밀려난다.

그런데 우리가 좋은 성과를 내고 있다고 여기는 나라의 교육 시스템에서는 교사가 평가와 수업 설계, 학교 운영 전반에 실질적으로 참여할 수 있도록 제도적으로 보장하고, 행정 업무는 별도의 전문가에 의해 분리되어 관리된다. 이처럼 교육의 전문성은 정량화된 실적이 아니라 구체적인 맥락 속에서의 교육적 판단으로 구성된다. 교사는 학교 차원의 교육 계획 수립에 적극적으로 참여하며 결과보다 과정 중심의 실천이 존중된다. 이러한 구조는 교사 간 업무 경쟁을 최소화하고, 자율성이 경쟁이 아닌 공동의 판단과 협의 속에서 작동하도록 설계되어 있다. 협업은 실적이 아닌 존재에 대한 신뢰를 바탕으로 이뤄진다.

한국 학교에서 교사의 업무 경쟁은 곧 관계의 소진으로 이어진다. 같은 팀 안에서도 서로의 업무 분량을 의식하고, 타인의 피드백을 성과 평가의 일부로 간주하며, 공정하지 않은 업무 분배에 대한 불신이 누적된다. 이는 협업을 가능하게 하는 감정의 기반을 훼손하며, 교사의 존재를 실적 단위의 기능으로 환원시킨다. 교육 공동체는 실천의 연대가 아니라 행정의 병렬화 속에서 해체된다. 수업과 실천, 평가와 성찰은 관계로 묶이지 않고, 분리된 책임으로 흩어진다. 교사의 자율성은 타인과의 신뢰 위에 세워져야 하지만, 경쟁은 그 토대를 조용히 무너뜨린다.

더욱 심각한 것은 이 경쟁이 점차 '윤리적 명분'과 결합된다는 점이다. 교사가 힘들더라도 학생을 위해, 학교를 위해, 동료를 위해 헌신해야 한다는 담론은, 자발성과 강제 사이의 경계를 모호하게 만든다. 업무 과잉이 개인의 책임처럼 전유되고, '좋은 교사'란 기준 없는 헌신을 감내하는 존재로 이미지화된다. 이 이미지 속에서 거절은 이기심이 되고, 업무 조정 요구는 조직 이탈로 해석된다. 자율은 선택이 아니라 충성의 다른 이름으로 치환된다. 교사는 더 이상 질문하지 않는다. 오직 주어진 역할을 성실하게 수행하는 것만이 자신의 존재를 지킬 수 있는 유일한 방어가 된다.

이러한 구조 속에서 교사의 시간은 교육이 아니라 행정의 재구성된 시간에 예속된다. 수업을 준비하고 학생과의 관계를 돌보며, 교육과정을 함께 설계해야 할 시간은 보고서 제출 일정과 일정 조정 회의로 대체된다. 시간의 흐름이 존재의 리듬이 아니라 실적의 리듬에 맞춰지면서, 교사는 자기시간을 빼앗기고 타인의 시간 구조 속에서 자신을 수행하게 된다. 자율성은 자기리듬의 창조가 아니라 외부 시간의 이행력으로 전환된다. 교육의 내면은 점점 침묵하고, 조직의 바깥 목소리만 커진다.

교사의 자율성을 회복하기 위해서는 단순히 업무를 줄이는 것으로는 부족하다. 학교 안에서 무엇이 교육적으로 중요한가를 교사 집단 스스로 결정할 수 있는 권한과 구조가 보장되어야 한다. 이를 위해서는 승진 제도, 실적 평가 구조, 업무 배분의 기준까지도 근본적으로 재구성되어야 한다. 교사의 시간은 교육적 판단과 감응을 위해 존재해야 하며, 실적은 그 판단의 부산물이어야 한다. 교사의 자율성은 주어지는 것이 아니라 시간을 스스로 조율할 수 있는 권능의 회복 위에서만 가능하다.

4절

리더십의 감응 부재 :
통제와 피로의 일상화

질문 학교 리더십은 왜 '결정'에는 빠르고 '응답'에는 느린가?

학교 조직은 수많은 결정이 매일 이루어지는 곳이다. 수업 시간표, 연수 일정, 학생 지도, 시설 사용, 업무 분장, 공문 대응 등 교장은 크고 작은 결정들을 처리하며 학교를 운영한다. 그러나 그 결정이 교육적 철학이나 공동체적 성찰에 기반하지 않을 때, 리더십은 곧 실무의 자동화된 중계체로 기능하게 된다. 사안이 주어지고, 빠르게 조치하며, 누락 없이 보고하는 구조 속에서 교장은 관리자이자 전달자, 감독자의 위치를 오가게 된다. 이 구조 속에서 교장은 점점 더 감응하지 않게 되고, 리더십은 존재의 판단이 아닌 매뉴얼화된 반응의 반복이 된다. 문제는 이러한 구조가 단지 외부의 요구 때문만이 아니라 학교 내부의 문화로도 고착되고 있다는 점이다.

감응 없는 리더십은 듣지 않는다. 교사의 고충이나 학생의 변화, 학부모의 반응에 충분히 귀 기울이기보다는, 빠르게 해결해야 할 사안을 가진 대상으로만 바라본다. 이 과정에서 교사의 말은 보고가 되고, 학생의 반응은 통계가 되며, 학부모의 감정은 처리 건수가 된다. 감응이란 타자의 리듬에 자신의 리듬을 맞추는 윤리적 사유에서 출발하는데, 지금 학교는 그 윤리를 실천할 수 있는 시간적 조건조차 갖추지 못하고 있다. 교장이 관리해야 할 정보의 양과 회의 일정, 문서 결재와 공문 확인 등은 하루의 대부분을 차지하며, 그 과정은 존재와 관계를 위한 시간이 아니라 사안 중심, 대응 중심의 시간 구조로 고정된다. 결국 리더십은 소통이 아닌 통제로, 감응이 아닌 절차로 굳어진다.

이러한 구조적 비감응성은 학교 내 피로를 일상화시킨다. 교장은 하루 수십 건의 결재와 회의에 참여하고, 다양한 지시와 민원을 실시간으로 처리하며, 모든 판단을 속도와 정확성의 기준으로 내리게 된다. 이는 단순히 바쁘다는 의미가 아니다. 존재를 사유할 수 없는 시간 구조, 관계를 성찰할 수 없는 결정 구조, 리듬을 조율할 수 없는 반복 구조 속에 있다는 뜻이다. 교사의 피로도 예외는 아니다. 관리자 중심의 수직적 회의 구조는 교사의 판단과 기획을 제약하며, 의견을 제시하는 대신 승인받는 방식을 강제한다. 회의는 실천을 위한 것이 아니라 결정의 추인과 보고를 위한 형식이 되고, 교사는 점차 입을 닫고 시간을 견디는 존재가 된다.

이러한 피로는 단지 물리적 과중함이 아니라 존재의 부재가 낳는 정동적 고갈이다. 교육은 근본적으로 관계의 예술이며, 그 관계는 감정과 상호성, 기다림과 머무름에서 비롯된다. 그러나 학교 조직은 점점 감정을 회의 안에 담지 못하고, 상호성을 문서로 환산하며, 기다림 없이 처리하고, 머묾 없이 판단한다. 이 흐름은 교장이라는 리더십의 자리를 존재가 개입할 여백 없이 사무의 기능으로 축소시킨다. 감응은 기능의 효율성에 의해 대체되고, 사유는 실적의 압력에 밀려난다. 리더십은 학교의 리듬을 조율하는 것이 아니라 위에서 내려온 시간표를 정확히 운용하는 능력으로 측정된다.

문제는 이러한 리더십 구조가 정당화되고 있다는 점이다. 교장이 바쁘게 움직이고, 신속하게 판단하며, 정확하게 보고하는 모습을 보일수록 '유능한 리더'로 인식된다. 반대로, 조율하고 숙의하고 기다리는 리더는 '느리고 비효율적'이라는 평가를 받는다. 이때 학교 조직은 리더십의 감응성을 긍정적으로 상상하지 못하고, 리더의 빠른 대처 능력만을 유일한 덕목으로 간주하게 된다. 이처럼 감응 없는 효율성이 미덕으로 전환된 조직에서는 리더십이 시간을 머무르게 하는 힘이 아니라 존재를 추동하는 압력으로 작용한다. 감정은 불편한 것으로 간주되고, 숙의는 시간 낭비로 여겨진다. 학교는 점점 더 비인간적인 공간으로 변형된다.

이 점에서 캐나다와 EU 국가들의 리더십에 대한 접근 방식은 한국과는 상이한 구조를 보여 준다. 이들 국가의 학교는 교장의 역할을 단순한 행정 집행자가 아닌 구성원들의 협의와 공감, 공동 기획을 조율하는 존재로 설정하려는 제도적 노력을 지속해 왔다. 물론 이 역시 완전한 이상은 아니며 정책 변화와 제도적 제약 속에서 흔들리기도 하지만, 리더십의 핵심 역량으로 '시간을 설계하는 감응의 능력'을 강조하려는 철학적 기조가 비교적 강하게 유지되고 있는 것은 사실이다. 교장은 관리자 이전에 교육 공동체의 리듬을 살피고 조율하는 촉수와 같은 존재로 간주되며, 구성원의 말과 감정, 판단을 기다리는 태도가 리더십의 일부로 포함된다. 이러한 구조 속에서는 회의의 속도보다 말이 형성되는 공간의 질이 중시되고, 결정의 효율보다 의미의 공유가 우선된다. 교장의 권위는 빠른 판단이 아닌, 머무름과 경청 속에서 형성된 신뢰의 두께에서 출발한다.

이러한 리더십은 존재의 윤리를 중심에 둔다. 학교를 빠르게 움직이는 조직이 아니라 서로의 리듬이 어긋나지 않도록 조율하는 공간으로 이해하는 순간, 리더십은 근본적으로 전환된다. 감응은 결정의 지연이 아니라 공동체가 존재로 연결되는 과정이 되고, 리더는 자신의 판단이 아닌 모두의 판단이 형성될 수 있도록 시간과 공간을 열어 주는 역할을 수행한다. 이 감응적 리더십은 효율성과 통제의 리더십보다 느릴 수 있지만, 그 느림은 배제 없는 교육, 상처 없는 결정, 관계의 지속을 위한 필수 조건이다. 감응 없는 학교는 존재할 수 없으며, 감응 없는 리더십은 교육의 리듬을 소멸시킨다.

학교는 빠르게 움직이는 기계가 아니다. 교장은 레버를 조작하는 기술자가 아니라 존재를 듣고 시간을 머무르게 하는 교육의 사유자여야 한다. 지금 필요한 것은 신속한 실행이 아니라 감응을 위한 여백이고, 통제가 아니라 관계의 공간이다. 리더십은 외부 지시를 정확히 이행하는 능력이 아니라 구성원 각각의 리듬에 반응할 수 있는 감각의 윤리다. 감응은 기능이 아니라 존재의 구조이며, 리더십은 실적이 아니라 사유의 시간 속에서 형성된다. 학교가 교육의 공간이 되기 위해서는 그 중심에 감응하는 리더가 있어야 한다.

| 제4장 |

가속의 문화 : 존재가 삭제된 학교

1절

루틴의 속도화와 감정의 무시 :
일상의 자동화와 정서 소외

질문 루틴은 반복이 아니라 존재의 정지로 작동하고 있지 않은가?

학교의 하루는 정밀한 시간표 위에 세워진다. 종소리가 울리면 움직이고, 벨이 꺼지면 멈춘다. 수업 시작 전에는 출석을 부르고, 정해진 시각에 맞춰 수업을 시작하고, 정해진 단위 시간에 맞춰 수업을 종료한다. 쉬는 시간은 정확히 10분이고, 점심시간은 1시간 이내이며, 그 모든 루틴은 수학적 정합성으로 설계되어 있다. 그러나 이 정합성은 배움의 리듬이나 감정의 흐름과는 무관하다. 어떤 학생은 아직 질문이 끝나지 않았고 어떤 교사는 설명의 흐름을 이어 가고 싶지만 벨 소리는 그런 감정들을 잘라 낸다. 루틴의 속도는 존재의 느림을 허용하지 않으며, 감정은 반복적 구조 속에서 예외적인 사건으로 전락한다. 학교는 감정이 아니라 동선으로 움직인다.

이러한 루틴은 단순히 시간표의 문제만은 아니다. 생활 지도, 상담, 교직원 회의, 공문 응답, 평가 회의, 학부모 면담 등 학교 내 대부분의 활동이 정해진 시간 안에 '완료'되어야 하는 작업으로 조직된다. 그러나 교육은 '완료'로 정의할 수 없는 과정이다. 학생의 불안, 교사의 번민, 수업 속 정서적 파동은 주어진 시간 안에서 해결되지 않으며, 종종 해결되지 않아야 마땅한 고유의 문제이기도 하다. 그럼에도 학교는 그 모든 것을 '제때 보고'하고, '즉시 대응'하며, '기한 안에 결재'하려 한다. 감정은 체계화되지 않은 위험 요소로 간주되고, 루틴의 흐름을 방해하는 변수로 취급된다. 이렇게 속도화된 루틴은 정서의 실재를 삭제하면서 자신을 효율이라 이름 붙인다.

학생의 하루도 다르지 않다. 오전 8시에 등교해, 하루 6시간 이상을 수업에 집중하고, 쉬는 시간과 급식을 규칙적으로 반복하며, 방과 후에는 동아리나 자율 학습, 보충 수업에 참여한다. 모든 활동은 '표준화된 루틴'에 따라 이뤄지며 예외를 허용하지 않는다. 그러나 학생은 기계가 아니다. 지각한 날, 불안을 안고 온 날, 친구와 갈등이 있는 날, 갑작스레 감정이 복받치는 날에도 그는 똑같이 루틴을 살아 내야 한다. 질문이 막히고, 집중이 흐트러지고, 멍하니 창밖을 보는 그 순간조차, 교사와 시스템은 '학습 루틴의 이탈'로 간주하며 다시 정상 궤도로 복귀할 것을 요구한다. 이때 학생의 감정은 교육의 대상이 아니라 교정의 대상이 된다.

교사 역시 루틴의 구조 안에 갇혀 있다. 수업을 진행하면서도 다음 시간 준비를 걱정하고, 시험을 출제하면서도 공문 제출 기한을 계산하며, 학생을 상담하면서도 평가 기록을 어떻게 남길지 고민한다. 교사의 시간은 '교육'이라는 이름 아래, 끊임없는 작업과 실적의 흐름으로 압축된다. 교육의 핵심은 학생과의 관계 형성과 의미 있는 만남에 있음에도, 실제 교사의 일상은 관계를 수행하는 시간보다 루틴을 유지하는 시간으로 채워진다. 이 구조 안에서 교사는 존재하지 않는다. 감정은 업무의 비효율로 간주되고 정서적 머묾은 '여유 있음'이라는 오해를 받는다. 교사는 존재가 아니라 실행력으로 평가된다.

학교 행정 시스템은 이러한 루틴을 더욱 정교하게 강화한다. 온라인 결재, 실시간 출결 확인, 디지털 보고 체계, 자동화된 평가 입력 시스템

등은 학교의 작동을 효율화한다고 선전된다. 그러나 이 효율화는 감정의 주체를 고려하지 않는다. 결재는 내용을 숙독하기보다 기한 내 클릭하는 것이 중요하고, 회의는 대화를 나누기보다 할당을 정리하는 데 집중된다. 교사는 이야기할 수 없고, 학생은 들을 수 없다. 속도화된 시스템은 감정적 응시의 여지를 지우고, 교육을 행정 흐름 속의 하나의 '처리 과정'으로 환원시킨다. 이 과정에서 학교는 존재를 만나는 공간이 아니라 데이터를 생산하는 플랫폼으로 기능하게 된다.

루틴의 속도화는 결국 존재의 리듬을 소거한다. 각자의 삶은 서로 다른 시간 감각과 정서적 주기를 가지고 있지만 학교는 그것을 수용하지 않는다. 그 결과, 학생은 '문제적 존재'로 지목되고, 교사는 '관리적 부담'으로 인식되며, 교육은 '예측 가능한 경로'만을 인정하는 체계로 고정된다. 이는 교육의 본질과 충돌한다. 교육은 감정의 파동, 질문의 지연, 실패의 반복 속에서 형성되는 과정이다. 그러나 루틴은 이 모든 과정을 단절하고, 표준 시간 내에 의미 있는 성과를 도출할 것을 강요한다. 그렇게 학교는 감정이 제거된 공간, 정서가 무시된 시간, 존재가 사라진 구조로 변형된다.

세계적으로 교장을 포함한 교육 리더십에 대한 새로운 접근을 시도하고 있으며 학교 운영에서 학교 자율성을 부여하면서 유연성을 확보하고 있다. 이러한 변화는 학생의 발달 상태와 학교 공동체의 판단에 기반하여 탄력적으로 교육과정을 운영할 수 있도록 한 조치이다. 이러한 유연성은 단지 제도의 여유에서 비롯된 것이 아니라, 교사의 전문성과 신뢰를 제도적으로 확보하고, 상담 및 복지 체계가 실질적으로 작동하는 구조 위에 성립된 것이다. 유네스코에서 2024년 발간한 『Leadership in education』에서도 언급하듯이, 교육 체제는 분권과 자치 그리고 사회적 신뢰가 결합될 때 실질적 힘을 발휘하게 된다. 따라서 이들 학교는 일률적인 관행을 기계적으로 따르기보다 학생의 삶의 리듬, 정서 상태, 사회적 맥락을 고려해 교육 구조를 조정하려는 경향이 강하다. 이때 시간은 고정된 틀이라기보다는 조율 가능한 자원으로 인식되며, 교육의 루틴은 생명적 흐름을 해치지 않는 방향으로 조정된다. 교육과정 안에서 감정이 수업의 장애물이 아니라 하나의 자원으로 인정되고, 존재의 상태가 교육의 핵심 구성 원리로 작동하는 이러한 구조는, 학생 중심의 교육이 형식적 제도에 그치지 않고 실질적 실천으로 이어지기 위한 문화적·제도적 조건을 동시에 갖추고자 하는 시도에서 비롯된 것이다.

한국의 학교가 이 방향으로 전환되기 위해서는, 먼저 루틴을 '효율'이 아니라 '존재를 위한 형식'으로 다시 사유해야 한다. 속도를 기준으로 시간표를 짜는 것이 아니라 감정을 고려해 수업 흐름을 조율할 수 있는 권한을 교사에게 부여해야 한다. 출결, 기록, 보고보다 질문, 기다림, 반응이 중심이 되는 일과 구조로의 전환이 필요하다. 루틴은 교육을 가능하게 하는 골격이 아니라 교육을 살아 있게 하는 호흡이 되어야 한다. 지금 우리는 그 호흡을 지나치게 촘촘히 조이고 있다. 이 루틴의 구조 속에서는 숨 쉬는 존재가 사라지고, 살아 있는 교육도 함께 소멸해 간다.

학교는 시간에 맞춰 돌아가는 기계가 아니다. 교육은 감정 없는 표준화를 견디는 훈련이 아니다. 학생도 교사도, 같은 속도로 흐르지 않는다. 서로 다른 감정, 질문, 머뭇거림, 시차 속에 존재하며, 그 차이를 수용하고 공명하는 것이 교육의 시작이다. 루틴은 필요하지만, 존재 위에 얹혀야 하지 존재를 밀어내서는 안 된다. 감정을 기다리는 루틴, 존재를 수용하는 시간표, 의미를 생성하는 구조만이 감속된 학교, 공명하는 교육으로 나아가는 길을 열 수 있다.

2절

공감 없는 관계, 자동화된 상호작용 :
관계성의 기술화와 감정의 탈배치

질문 교실에서 눈맞춤은 사라지고 감정은 형식이 되었을 때 관계는 무엇이 되는가?

학교는 본질적으로 관계의 장소이다. 그러나 지금의 학교는 이 관계를 점점 더 기계적으로 수행하도록 훈련받는다. 교사와 학생은 수업 시간에 정해진 질문과 대답을 반복하고, 교사 간 협의는 주어진 시간 안에 일정과 업무 분장을 마무리해야 하며, 학생 간의 만남도 공동 과제 수행이나 역할 분담이라는 기능적 틀 속에서 이루어진다. 이와 같은 상호작용은 더 이상 감정의 교류나 존재의 만남이 아니라 정해진 루틴 안에서 주어진 과제를 신속하게 완수하기 위한 형식화된 통로에 가깝다. 공감은 불필요한 변수처럼 취급되고, 감정의 흐름은 효율을 해치는 요소로 간주된다. 그 결과 학교는 관계가 가장 밀집되어 있으면서도 정작 정서적 공명이 가장 희박한 공간으로 기능하게 된다.

수업 시간의 상호작용은 그 구조적 문제를 가장 선명하게 보여준다. 교사는 학생을 향해 질문을 던지지만, 그 질문은 미리 계획된 수업안의 흐름 속에 존재하며, 그 답도 대개 정해져 있다. 학생이 표현하는 감정은 정답의 지연으로 간주되거나 주의 산만으로 처리되고, 교사는 학습 목표 도달을 위해 감정적 응시보다 시간 조율에 집중한다. 학습은 점점 더 지식의 단위화와 반응의 자동화를 통해 실행되며, 교실

안의 말들은 진정성보다는 전략성에 의해 조직된다. 감정은 수업의 리듬을 흐리는 것으로 간주되고, 학생과 교사는 서로를 '내용의 운반자' 혹은 '평가의 대상'으로 위치 지운다. 수업은 감정이 지나가지 않는 길로 포장된다.

교사와 교사 사이의 상호작용도 감정보다 기능의 지배를 받는다. 협의회와 회의, 공동 기획과 분장 논의는 협업의 장이라기보다 의견 통합과 일정 조율이라는 행정 절차로 구성된다. 회의의 핵심은 내용보다 속도이며, 발언은 피드백이 아닌 할당이다. 서로의 교육적 고민을 공유하기보다 누가 무엇을 언제까지 처리할지를 확인하는 과정으로 축소된다. 공감은 협업의 조건이 아니라 방해물로 간주되고, 감정적 동의보다는 문서적 동의가 우선된다. 이로써 교사는 관계의 피상성과 감정의 절제를 익히게 되고, 학교는 공동체라기보다 병렬적으로 연결된 과업 단위의 집합체가 된다. 조직은 말은 많지만, 진심은 적다.

학생 간의 관계 역시 기능 중심으로 재편된다. 조별 활동, 프로젝트 수행, 창의적 체험 활동 시간 등에서 학생들은 함께 일하는 법을 배우지만, 그 배움은 공감이나 상호 이해라기보다 역할 분담과 과제 수행 능력에 집중된다. 함께 무언가를 완수하는 과정은 있지만, 서로의 내면을 듣고 지지하는 관계는 부재하다. 갈등은 교육적 성찰의 기회가 아니라 문제 상황으로 간주되어 신속한 해결을 요구받는다. 학생은 친구가 아닌 협력자, 동반자가 아닌 점수의 공동 책임자로 위치 지워지고, 관계는 점점 더 전략화되고 계산 가능하게 변한다. 정서적 친밀감은 예외적인 관계의 산물로 밀려나고, 일상은 감정이 건너가지 않는 기능적 통로 위에 세워진다.

이러한 상호작용의 자동화는 기술의 개입과 맞물려 더 강력하게 작동한다. 디지털 플랫폼을 통한 학습 자료 제공, 온라인 출결 확인, 자동화된 알림장과 생활기록부 입력 시스템은 학교의 운영을 매끄럽게 만드는 듯 보이지만, 실상은 상호작용의 정서적 밀도를 엷게 만드는 주요 원인이 된다. 메시지는 즉시 전송되지만 감정은 전달되지 않고, 출결은 실시간으로 확인되지만 표정은 읽히지 않으며, 피드백은 빠르지만 응시는 실종된다. 기술은 효율성을 강화하지만, 인간적인 상호작용의 불확실성과 느림, 머뭇거림을 수용할 여지를 빼앗는다. 감정은 시스템이 수용할 수 없는 잉여가 되고, 존재는 플랫폼에 포착되지 않는 그림자가 된다.

상호작용의 자동화가 학교 문화를 지배하는 순간, 공감의 능력은 점차 위축된다. 감정을 읽고 반응하며, 서로의 말에 머무는 능력은 훈련되지 않으며, 오히려 조직의 리듬을 방해하는 것으로 간주된다. 교사는 문제 상황에 신속히 대응하되 정서적으로는 거리를 유지해야 한다. 학생은 협조적이어야 하지만 감정적으로 동요하지 않아야 한다. 공감은 커뮤니케이션 능력이 아니라 불필요한 리스크로 구성된다. 관계는 실적의 배경으로 기능하고, 정서는 실적에 방해가 되지 않는 선에서만 허용된다. 교육은 인간을 다루지만 인간성과 거리를 유지하라고 요구받는다.

그러나 교육은 원래부터 계산과 결과의 논리가 아니었다. 배움은 언제나 감정의 진폭, 존재의 불균형, 언어로는 다 담기지 않는 긴장과 파동에서 출발하였다. 타인의 말을 기다리기보다 먼저 얼굴을 읽고, 정답보다 먼저 마음을 느끼며, 설명보다 먼저 눈빛과 몸짓을 감지하는 감응의 순간이야말로 교육의 진정한 장면이다. 이러한 감응적 상호작용은 제도적 틀로 포착하기 어렵지만 교육의 본질로서 언제나 중심에 존재해 왔다.

감응의 교육은 단순한 수업 기술이나 교사 개인의 성향으로 환원될 수 없다. 이는 학교 제도 전반이 정서적 관계와 상호작용의 가치를 제도적 실천으로 전환하는 데 성공할 때만 실현 가능하다. 이러한 관점에서 볼 때, 몇몇 국가는 감응의 교육을 조직 문화의 주변적 요소가 아닌 공적 책임의 핵심 축으로 삼으려는 시도를 해 왔다.

대표적으로 스웨덴은 초등학교 교육과정에서 학생의 정서 발달과 사회적 관계 형성을 평가의 요소로 명시하고 있다. 정서 기반의 관찰 기록은 교사 전문성의 일부로 간주되며, 평가 회의에서는 학부모와 함께 아동의 사회적-정서적 리듬을 논의하는 방식이 일반화되어 있다. 이는 교육이 단지 학업 성취가 아닌 존재 전반의 감응 가능성을 중심에 둘 수 있음을 보여 준다. 교사는 이러한 정서 관찰을 통해 판단력을 훈련하고, 학교는 이를 평가의 기준으로 인정함으로써 교육의 인간적 기반을 강화하고 있다.

네덜란드는 적응형 시간표 flexible timetable 제도를 도입한 일부 초등학교를 중심으로 수업 리듬의 유연화를 제도적으로 실험하고 있다. 학생의 주간 상황, 사회적 상호작용 정도, 가정 환경 변화 등을 반영해 학습 모듈의 길이나 순서를 조정할 수 있는 구조가 마련되어 있으며, 이는 감정 기반의 교사 판단을 중심으로 작동한다.

캐나다 온타리오 주는 학교 안 상담사와 행동 중재 전문가가 다학제 팀의 일원으로 학교에 정규 배치되어 있으며, 감정과 정서를 기반으로 한 학생 대응이 교육의 일부로 정착되어 있다. 이 구조는 교사가 '모든 감정 노동'을 전담하는 구조를 벗어나도록 하며, 교육 리더십은 감정의 흐름을 이해하는 것에서부터 출발한다. 이들 사례는 모두 문화적 전제가 다르고 제도적 설계 또한 상이하지만 한 가지 공통점을 공유한다. 즉, 감응은 느리고 비효율적일 수 있으나 교육의 정당성을 구성하는 조건이라는 점이다. 그리고 그 느림은 평가되지 않는 무능이 아니라 판단의 신뢰를 두텁게 만들기 위한 시간적 윤리이기도 하다. 스웨덴에서의 정서 평가, 네덜란드에서의 시간 유연화, 캐나다 온타리오 주의 다학제 팀 구조 모두는 '함께 느끼고 반응하는 인간'을 교육의 출발점으로 삼을 때 가능한 설계이자 교육 리더십의 철학이 제도와 어떻게 연결되어야 하는지를 보여 주는 실제적 모델이다.

결국 이들 사례는 우리에게 묻는다. '교육의 본질이 감응이라면 우리는 그 감응을 제도적으로 어떻게 설계할 것인가?'라는 질문이다. 감응 없는 학교, 감응 없는 리더십, 감응 없는 시간은 단지 비인간적인 것이 아니라 교육 그 자체의 존재 이유를 상실한 것과 다르지 않다.

한국 학교가 이러한 방향으로 나아가기 위해서는 상호작용의 기본 구조를 다시 질문해야 한다. 우리가 회의라고 부르는 시간은 누구를 위해 존재하는가? 수업에서 오가는 질문과 대답은 누구의 리듬을 따르고 있는가? 생활 지도의 언어는 감정을 통과하고 있는가? 관계를 회복하기 위해서는 새로운 기술이나 프로그램이 필요한 것이 아니라 이미 존재하는 감정을 수용할 수 있는 시간 구조와 관계의 질서가 필요하다. 학교가 다시 사람을 만나는 공간이 되기 위해서는 공감 없는 절차를 감응 가능한 상호작용으로 되돌려야 한다.

공감은 교육의 결과가 아니라 조건이다. 인간이 서로의 존재에 응답하려는 능력, 그 느린 반응과 불완전한 감정의 흐름 속에서만 교육은 시작된다. 지금 우리에게 필요한 것은 더 효율적인 상호작용이 아니라 더 감응적인 만남이다. 자동화된 학교를 넘어, 다시 느리게 질문하고 머무를 수 있는 관계의 공간을 복원할 때, 비로소 학교는 교육이 일어날 수 있는 장소가 된다. 감정이 오가는 학교, 서로의 얼굴을 응시할 수 있는 교실, 말을 끝까지 들을 수 있는 회의, 눈빛 하나에 머무를 수 있는 시간. 그것이 교육의 시작이고, 인간 존재가 머무는 마지막 자리다.

3절

예측 가능한 학생, 규격화된 교사 :
데이터 기반 분류와 행동 표준화

질문 예측 가능하다는 말은 안전을 뜻하는가 혹은 교육의 죽음을 의미하는가?

현대의 교육체계는 학생을 '예측 가능한 존재'로, 교사를 '규격화된 실천자'로 만들려는 강박적 구조 위에 서 있다. 학생은 교육과정에 따라 동일한 시기에 동일한 내용을 배우고, 평가를 통해 동일한 기준으로 점수를 부여받으며, 진로와 성장을 동일한 시간표 안에 배치받는다. 교사는 동일한 교육과정 문서를 해석하고, 동일한 평가 기준에 따라 성취도를 산정하며, 동일한 연수 과정을 이수한다. 이 구조 속에서 학생은 점점 '데이터'로 변형되고, 교사는 '정렬된 기능'으로 위치 지워진다. 다름을 허용하지 않는 표준화의 논리는 존재의 고유성과 리듬을 지워 낸다. 그렇게 교육은 가장 인간적인 과정을 가장 비인간적인 틀에 가두게 된다.

'예측 가능성'은 본래 교육을 돕기 위한 설계 도구였다. 학생의 학습 수준을 진단하고, 적절한 피드백을 주며, 다음 단계를 안내하기 위한 과정으로 평가와 계획이 작동했다. 그러나 지금의 예측은 진단이 아니라 관리와 통제의 수단이 되었다. 학교는 학생의 행동, 성적, 출결, 생활 기록부 데이터를 통해 다음을 '추론'하고, 그에 따라 '조정'하려 한다. 이때 학생은 성찰적 주체가 아니라 체계가 부여한 '진로 예측 모델' 속의 변수로 환원된다. 특히 중·고등학교의 진로·진학 체계는 학생을 성적, 희망 계열, 수능 가능 점수, 비교과 이력이라는 기준화된 정보의 덩어리로 구성하며, 모든 결정은 이 정보의 배열에 따라 자동화된다. 학생은 '그럴 법한 결과'를 따라 존재를 설계받는다.

반면 학생의 실제 삶은 예측 불가능한 감정과 상황, 고민과 충동으로 가득하다. 어제는 집중했지만 오늘은 멍하니 앉아 있고, 좋아하던 과목이 갑자기 싫어졌으며, 막연했던 꿈이 어느 날 갑자기 또렷해지기도 한다. 그러나 학교는 이 예측 불가능성을 위험이나 혼란으로 간주하고 제거하려 한다. 학생의 감정 변화는 상담의 대상이 되고, 진로 결정 시의 망설임은 지도의 대상으로 환원된다. 중요한 것은, 이 과정에서 학생 스스로가 자신의 변화에 머물고 사유할 시간을 잃는다는 점이다. 교육은 본래 이 '불확실한 시간'을 동반하는 것이지만, 지금은 그 시간이 제거되고 있다. 모든 것이 정해진 시간에 끝나야 하고, 결정은 지체 없이 실행되어야 하며, 변화는 '관리 가능한 수준' 안에서만 허용된다.

이와 동시에 교사는 규격화되고 있다. 교사의 수업은 수업 설계 양식에 맞춰 입력되고, 평가 기준은 성취 기준에 정렬되며, 생활 지도는 매뉴얼에 따르고, 연수는 지정된 과정에 의무적으로 참여한다. 교사의 언어와 실천은 지시와 검토, 피드백과 모니터링의 흐름 속에서 규범화된다. 수업 시간에 사용하는 표현도, 학생과의 상호작용 방식도, 업무 처리 방식도 점점 비슷해지고 있다. 교사 간 차이는 '관리되지 않는 변수'로 간주되며, 실천의 다양성은 '평가 기준의 위협'으로 불안하게 여겨진다. 결국 교사는 존재의 고유성이 아니라 업무 매뉴얼의 신속한 이행 여부로 판단받는다.

이러한 규격화는 실적 평가 체계와도 맞물린다. 공개 수업, 성과 보고, 학생 만족도 조사, 각종 성과 지표는 교사의 실천을 정해진 틀 안에서 측정 가능한 항목으로 환산한다. 수업의 깊이보다 구조의 완결성이, 관계의 진정성보다 태도의 안정성이, 감응의 유연성보다 정형화된 흐름이 우선된다. 평가에 부응하는 교사만이 '좋은 교사'로 인식되며, 실적을 쌓은 교사만이 조직에서 영향력을 가진다. 이때 교사는 학생에게 존재의 가능성을 열어 주는 주체가 아니라 조직 내에서 규격을 유지하는 관리자로 변형된다. 실적은 성찰을 대체하고, 과정은 결과에 종속된다.

이러한 상황에서 교사와 학생은 모두 각자의 시간 구조를 상실한다. 학생은 자신의 리듬대로 고민할 수 없고, 교사는 자신의 속도로 교육을 설계할 수 없다. 존재는 시간 안에서만 고유성을 갖는데, 그 시간이 삭제되자 존재 자체도 흐려진다. 학생은 계획된 대로 성장하고, 교사는 설계된 대로 가르친다. 예측 가능성과 규격화는 결국 자기시간의 소멸로 이어지며, 이는 교육의 실질적인 붕괴를 의미한다. 더 이상 누구도 진정으로 '존재하고 있다'고 말할 수 없는 교실, 그것이 지금의 학교가 되어 간다.

그러나 교육은 본래 불확실성과 고유성을 전제한다. 핀란드와 덴마크는 이러한 철학을 실천의 구조로 구현한 대표적 국가들이다. 이들은 교육과정의 유연성과 평가의 비정량성을 통해 학생의 고유한 리듬을 존중하며, 교사의 자율적 판단과 해석 능력을 신뢰한다. 학생은 질문의 주체로 인정받고, 교사는 사유의 실천가로 작동한다. 다양한 속도와 다양한 표현이 교실을 채우고, 실수와 혼란이 배움의 일부로 환영된다. 예측 불가능성과 다양성이 교육의 핵심 조건이라는 점에서, 북유럽 교육은 인간의 교육이라는 본질에 가까이 서 있다.

한국의 학교가 이 방향으로 나아가기 위해서는 먼저 '동일성의 시간'을 해체해야 한다. 모든 학생이 같은 시기에 같은 목표를 달성해야 한다는 전제, 모든 교사가 같은 수업을 같은 방식으로 수행해야 한다는 전제를 벗어나야 한다. 교육과정, 수업, 평가, 의사 결정 구조 모두에서 존재의 리듬과 고유성을 수용할 수 있는 시간 구조로의 전환이 필요하다. 학교는 예측 가능한 인간을 생산하는 공장이 아니라 예측할 수 없는 생명을 견디고 수용하는 공동체여야 한다. 교사는 존재를 통제하는 기술자가 아니라 존재에 응답하는 윤리적 주체여야 한다.

학생은 예상대로 움직이지 않아도 괜찮고, 교사는 매뉴얼을 따르지 않아도 된다. 예측에서 벗어난 그 순간이야말로 교육이 시작되는 자리다. 교육이란 결국 존재와 존재가 서로에게 예외가 되어 주는 과정이다. 예측 가능한 학생과 규격화된 교사가 없는 교실, 그곳에서 우리는 다시 서로를 만날 수 있다. 그 느림과 혼란, 그리고 고유성 속에서, 교육은 비로소 존재의 가능성을 열어젖힌다.

4절

의미 없는 행사와 정체성의 불안정 :
서사 없는 의례와 소진되는 소속감

질문 학교의 의례가 서사가 아닌 행사일 때 학생들은 어디에 뿌리내릴 수 있는가?

학교는 해마다 수많은 행사를 기획하고 운영한다. 입학식과 졸업식, 체육 대회와 학예회, 진로 캠프와 학교 축제 등으로 이어지는 일정은 교과 외 교육의 핵심 축으로 간주되며, 교육과정의 확장이라는 이름으로 반복되고 있다. 그러나 오늘날 이 행사들은 점점 더 형식화되고 기능화되고 있다. 정해진 예산과 지침, 미리 만들어진 보고서 양식에 따라 운영되는 학교의 행사는 내용보다 절차, 감정보다 계획, 만남보다 실적에 초점을 둔다. 학생은 참여하지만 기획하지 않고, 교사는 운영하지만 교육적 의미를 묻지 않으며, 학부모는 참관하지만 관계를 형성하지 못한다. 이처럼 반복적이고 일방적인 구조 안에서 행사는 존재의 자취를 남기지 못한 채 사라진다.

문제는 이처럼 형식화된 행사가 공동체적 감응의 핵심이었던 '의례'의 기능까지 대체하고 있다는 점이다. 이미 제1부에서 살핀 바와 같이, 반복적 행사 구조는 공동체의 정서적 감응을 탈색시키며, 의례가 지녔던 존재 확인의 구조를 잠식한다. 본래 의례는 구성원들이 시간과 감정을 공유하며 공동체의 가치를 재확인하는 문화적 실천이었다. 의례는 반복 속에서도 항상 새로움을 불러일으키며, 구성원의 존재를 호명하고 감정을 정렬하며, 삶의 리듬과 정체성을 복원했다. 그러나 지금의 학교는 행사를 의례의 대체물로 착각하며, 절차적 반복을 공동체 감응의 대리물로 삼는다. 이로써 의례가 담아내던 감정과 의미, 공동체의 고유한 리듬은 점차 사라지고, 남는 것은 기획된 행사와 양식화된 만족도 조사뿐이다. 이 구조 속에서 학생과 교사는 '의미 없이 참여하는 시간'을 반복하게 된다.

행사와 의례는 구분되어야 한다. 행사는 특정한 활동을 중심으로 일시적으로 구성되는 조직된 사건이다. 반면 의례는 그 사건 속에 내재된 감정, 관계, 가치의 흐름을 포함하는 지속적이고 정서적인 구조다. 전자는 시간표 안에서 사라지지만 후자는 기억과 정체성 속에 남는다. 의례 없는 행사는 기능적 활동으로 남고, 행사를 잃은 의례는 실현될 공간을 잃는다. 지금 학교는 둘 모두를 잃어 가고 있다. 행사는 수적으로 증가하지만 감정적 깊이는 얕아지고, 의례는 표준화된 시간 구조 속에서 침묵당한다. 이때 우리는 교육의 중요한 윤리적 기반 — 공동체 속에서 존재를 확인하고 의미를 구성하는 감응의 순간 — 을 상실하게 된다.

학생의 정체성은 이런 구조 속에서 점점 불안정해진다. 청소년기는 자신이 누구인지, 어떤 사람으로 살아가고 싶은지를 사유하며 경험을 통해 정체성을 형성해 가는 시기다. 그러나 학교의 행사는 이러한 정체성 형성을 돕기보다 방해한다. 학생은 프로그램에 맞춰 움직이지만 그 경험이 어떤 감정으로 남았는지 묻지 않는다. 체육 대회는 결과 중심이고, 학예회는 기획된 흥밋거리에 지나지 않으며, 진로 캠프는 진지한 질문보다 참여 여부로 평가된다. 학생은 동원되지만 감정적으로 비워진 채 행사장을 빠져나온다. 정체성은 참여의 양이 아니라 의미화된 경험을 통해 형성되기에, 이런 구조는 학생을 점점 더 자기 존재에 무관심한 방향으로 밀어낸다.

　교사 또한 이 구조에서 존재의 의미를 상실한다. 해마다 반복되는 행사 준비는 점점 더 효율성과 실적 중심으로 진행되고, 교육적 논의보다는 실무적 조율이 우선된다. 행사의 의미를 숙고할 여유 없이 교사는 역할을 배당받고 운영을 책임지며, 실패 없이 '잘 치러야 하는' 부담만을 감당한다. 그 과정에서 교사의 교육적 신념이나 학생과의 정서적 연결은 점점 약화된다. 교사는 교육자가 아니라 관리자나 연출자로 호명되며, 그 속에서 감정 노동은 증가하지만 존재의 감응은 줄어든다. 피로는 축적되고, 행사는 반복되며, 의미는 사라진다. 그리고 이러한 경험은 교사에게도 정체성의 침식을 가져온다.

　이러한 구조는 교육의 공공성을 약화시키기도 한다. 원래 학교 행사는 공동체의 가치를 공유하고 공공의 경험을 생성하는 장이었다. 그러나 현재의 행사는 지역 사회와의 만남이라기보다 '성과 중심의 외부 보고'로 기획된다. 학부모 공개 수업은 관찰보다 평가의 시간이고, 졸업식은 이별보다 통제된 연출의 장이다. 학교가 내부의 감정보다 외부의 인상을 더 중요시할 때, 행사는 공동체의 진실된 의례가 아니라 가시적 성과의 연극으로 전락한다. 그리고 이는 학생과 교사 모두에게 '학교는 꾸며진 공간'이라는 인식을 강화하며, 학교의 존재론적 기반을 약화시킨다. 교육은 그렇게 점점 공공적 윤리에서 멀어지고, 실적 중심의 표면적 운영으로 기울게 된다.

　학교의 의례와 행사는 단순한 이벤트가 아니다. 그것은 학교 구성원들이 시간을 함께 살았다는 사실을 기억하고, 그 시간을 공동의 이야기로 엮어 내는 중요한 실천이다. 그러나 지금 우리의 학교에서는 이러한 감정적 실천이 점점 희미해지고 있다. 행사는 점점 더 빠르게, 효율적으로 목록처럼 처리되며 감정의 울림 없이 지나가고, 의례는 그 자리를 '결과 보고'로 대체한 채 기능적 활동으로 축소된다. 공동체가 시간을 함께 살아 냈다는 증거는 남지 않고, 결과를 기록하는 문서만이 남는다. 참여는 동원으로 변하고 정체성은 기획서 속 문구로 환원된다.

반면, 몇몇 국가나 교육 공동체는 여전히 행사를 교육의 윤리적 실천으로 이해하며, 구성원의 감정과 관계를 중심으로 학교의 시간을 재구성하려는 노력을 지속하고 있다. 이들은 행사를 기획하는 초기 단계부터 학생이 단순한 참여자가 아니라 의미를 해석하고 감정을 담는 존재로 기능하도록 설계하며, 교사는 그 과정을 관리하는 역할이 아니라 의례의 의미를 함께 조율하는 실천적 동반자로 자리매김한다. 이러한 접근은 행사 자체의 '시간 구조'를 변화시키며, 학교를 존재의 리듬이 살아 있는 장소로 재구성하려는 시도이다.

중요한 것은 무엇을 얼마나 많이 하느냐가 아니라, 왜 하는지를 질문하는 감정적 인식과 실천이다. 학교가 다시 정체성과 관계의 공간이 되기 위해서는 행사를 통한 '의미의 리듬'을 회복해야 하며, 구성원 모두가 함께 호흡하며 감응하는 느린 시간을 복원해야 한다. 행사라는 외형보다 그 안에서 울리는 감정의 공명을 회복하는 것이 먼저다. 이제 학교는 더 많은 행사보다 더 깊은 행사를 기획해야 하며, 실적이 아닌 감정과 존재가 중심이 되는 새로운 교육적 상상력을 모색해야 한다. 그 상상은 바로, '행사'라는 장면 속에서 '교육'이 다시 태어나는 순간을 기다리는 일이다.

| 제5장 |

가속학교와 학교 민주주의의 위기 : 관료제의 시간정치학

1절

시간의 행정화 :
통제된 흐름과 예측 가능한 시간의 폭력

질문 정책의 '속도'는 교사의 감정보다 우선되어야 하는가?

학교의 시간은 더 이상 고유하지 않다. 수업 시간표는 교사의 재량이 아닌 교육청 공문에 따라 설계되며, 연간 학사 운영 계획은 자율이 아닌 지시의 언어로 채워진다. 교육청이 요구하는 '계획-이행-보고' 사이클은 학교 시간을 기능적 단위로 나누고, 각종 사업의 추진 일정은 분기별로 통제된다. 정기적인 자체 평가와 실적 보고, 그리고 행정 감사는 시간을 성과 중심으로 환산할 수 있는 '관리 가능한 지표'로 바꾸어 놓는다. 이처럼 학교는 스스로 시간의 주인이 되는 대신, 외부가 설계한 루틴을 충실히 수행하는 하위 기관으로 작동한다. 시간은 자율의 기반이 아니라 통제의 수단이 되었고, 시간 구조는 행정의 리듬에 종속된 교육의 운명을 말해 준다.

행정화된 시간은 반복성을 강요한다. 해마다 같은 시점에 같은 계획을 수립하고, 같은 양식의 보고서를 제출해야 하며, 같은 순환의 행정 주기를 따라야 한다. 이러한 구조는 일견 안정성과 예측 가능성을 보장하는 듯 보이지만, 실제로는 학교 구성원의 사고와 판단을 마비시킨다. 교사는 경험을 분석하거나 의미를 재구성할 여유 없이 전년도 자료를 "복사-붙여넣기" 하고, 관리자는 일정 준수 여부만을 확인하는 반복적 노동에 몰입하게 된다. 이처럼 루틴이 사고를 대체하고, 반복이 혁신을 압도하며, 시간은 창조가 아니라 복제의 체계가 된다. 느림과 사유, 머무름과 응시는 사라지고, 학교는 스스로 자신의 흐름을 재구성할 수 없는 상태로 내몰린다.

이러한 시간 구조는 단지 효율의 문제가 아니다. 그것은 곧 존재의 문제이며, 민주주의의 조건과 직결된다. 시간의 자율성이 사라진 조직에서는 주체의 판단력이 함께 약화되고, 결정권과 실행권은 상위 기관으로 집중된다. 교육청의 시간에 종속된 학교는 스스로의 교육적 판단을 행사할 수 없으며, 교사는 전문성과 무관하게 '정해진 시점에 정해진 보고서를 제출하는 사람'으로 환원된다. 결국 시간은 권력의 형식으로 작동하고, 시간 설계권의 소유 여부는 곧 민주주의의 실현 정도를 결정짓는다. 시간이 구조화되는 방식이 참여와 자율성을 확대하는지, 아니면 통제와 감시를 강화하는지를 따지지 않는다면, 민주주의는 절차의 형식을 남긴 채 소거될 수 있다.

학교의 시간은 점점 더 외부의 영향에 의해 기술적으로 재구성된다. 연간 계획은 수시로 변경되며, 교육청 주관 연수 일정, 각종 시범 사업 마감일, 사업 공모 시기 등이 교사와 학교의 내부 흐름을 단절시킨다. 일정의 기준은 '학교의 필요'가 아니라 '행정의 간격'에 있다. 교사가 수업을 어떻게 설계하고 학생이 어떤 속도로 성장하는지는 중요하지 않다. 대신 '이 시점에 무엇을 보고해야 하는가', '이 지침에 따라 무엇을 실행해야 하는가'가 시간 배치의 기준이 된다. 이는 속도의 기준이 학생과 교육이 아니라 행정의 루틴에서 기원한다는 뜻이다. 교육은 시간을 통한 사유가 아니라 시간을 통한 집행으로 변형된다.

행정화된 시간의 특징은 '동시성의 강박'에 있다. 교육청은 모든 학교가 동일한 시기에 동일한 사업을 수행하고 동일한 형식의 보고를 제출하길 원한다. 이때 시간은 '정렬된 평등'으로 위장되지만, 실상은 고유성과 다양성의 삭제에 가깝다. 예를 들어, 지역적 특성과 학급 상황에 따라 시기별 학사 운영이 달라질 수 있음에도, 학교는 동일한 양식과 동일한 기간 내에 행정적 요구를 충족시켜야 한다. 이로 인해 교사의 수업 재량권은 축소되고, 학교의 자율 운영 능력은 형해화된다. 시간의 균질화는 결국 존재의 고유성까지도 삭제해 나간다.

이러한 시간 구조는 교육청만이 아니라 학교 내부에서도 반복되고 강화된다. 교장은 행정의 시간에 종속되며, 중간 관리자는 이를 다시 교사에게 재분배한다. 그 과정에서 교무 회의는 일정 보고로 전락하고, 학년 협의는 일정 분담과 마감 확인으로 축소된다. 교사들은 서로의 수업에 대해 사유하고 조율할 시간이 없고, 학생과의 만남도 '수업 외 시간 확보'라는 이름으로 배제된다. 행정의 리듬은 교육적 리듬을 침식하고, 관계의 시간은 문서의 시간으로 대체된다. 구성원들은 더 많은 일을 하지만 더 적게 존재한다. 시간은 흐르지만 교육은 깊어지지 않는다.

시간의 행정화는 단지 느림의 박탈이 아니라 교육적 상상력의 위축을 의미한다. 느린 시간, 머무는 시간, 반성적 시간은 실천을 성찰로 이끄는 조건이다. 그러나 지금의 학교는 주어진 시간표를 따르느라 사유의 시간을 놓치고 있다. 실천은 실행으로만 환원되고 결과는 기록으로만 남는다. 교사는 자신의 실천을 돌아볼 여유를 잃고, 학교는 스스로를 복제하는 체계로 정착된다. 이는 결국 교육이 자기조직성을 잃고 외부의 시간에 휘둘리는 구조적 병리를 형성한다. 시간은 비어 있는 것이 아니라 이미 타인의 계획으로 채워져 있는 것이다.

'시간의 주권'은 교육이 인간의 삶을 다루는 일임을 기억하게 하는 핵심 개념이다. 학교에서의 시간은 단지 시수의 합이나 교과 운영의 틀이 아니라, 교사와 학생이 서로를 감각하고, 삶의 리듬을 만들어 가는 과정 그 자체이다. 그러나 현실의 교육과정은 시간의 흐름을 통제하고 균질화함으로써 오히려 그 리듬을 억압한다. 이때 중요한 것은, 다른 나라의 교육 제도에서 유연한 시간 운영의 사례를 발견하는 데 그치지 않고, 우리 안에서 시간의 구조를 재설계하려는 의지를 성찰하는 일이다.

어떤 교육 시스템은 수업과 휴식, 협의와 돌봄을 기능적으로 나누기보다 하나의 흐름 속에서 연결하려 한다. 시간은 분절된 단위가 아니라 존재의 감각을 따라 구성된다. 이는 단지 '느림'을 미화하거나 이상화하기 위한 것이 아니다. 오히려 교육의 고유성과 공동체의 정체성을 구성하는 깊이의 문제이며, 교사와 학생이 각자의 고유한 리듬을 존중받는 실천의 방식이다. 중요한 것은 '그들처럼'이 아니라, '우리 안의 리듬을 어떻게 회복할 것인가'에 대한 질문이다. 시간은 교육의 도구가 아니라 교육 그 자체가 일어나는 공간이며 관계의 구조다. 지금 필요한 것은 시간의 속도를 조절하는 것이 아니라 그 시간을 살아 내는 방식 자체를 다시 물어보는 일이다.

2절

규칙과 형식의 우선성 :
판단 불능의 조직과 '절차적 시간'의 팽창

질문 공정이라는 이름의 가속은 누구를 추월하게 만들고 누구를 밀어내는가?

학교는 지금 규칙과 형식이 판단을 대체하는 체계 속에 들어와 있다. 교사는 무언가를 가르치기 전, 그것이 '지침에 부합하는가'를 먼저 고민하고, 교장은 교육과정을 기획하기보다 행정 절차를 검토하는 데 더 많은 시간을 보낸다. 한 수업을 구성하는 데 필요한 것은 학생의 상황과 배움의 흐름이어야 하지만, 실제로 우선되는 것은 지침, 양식, 결재 선이다. 이렇게 규칙과 형식이 선행될 때, 교육의 본질은 판단이 아니라 수행으로 바뀐다. 교사는 판단을 유보하고, 행정의 시간 속에 스스로를 조정하며 살아간다. 절차는 교육의 안전망이 아니라 판단을 정지시키는 일종의 무장 해제 장치가 되어 간다.

형식의 권력은 문서의 형태로 실현된다. 교사는 수업 후 '과정 중심 평가 기록지'를 작성하고, 회의에서는 '협의록 양식'에 따라 발언 내용을 정리한다. 결과보다 형식, 내용보다 양식이 중요시되는 이 구조에서 교사는 서서히 '판단의 언어'를 잃는다. 생각하는 대신 작성하고, 사유하는 대신 요약한다. 이 과정은 단순히 문서 노동의 문제가 아니다. 시간이 문서로 점유될 때, 교사의 존재는 사유의 주체에서 실적의 단위로 변형된다. 교사의 시간은 기록이 될 수 있는가 아닌가로 나뉘며, 행정 문서로 환원될 수 없는 교육의 순간은 점점 사라진다. 형식은 교육의 흔적이 아니라 존재를 지우는 매뉴얼이 된다.

절차는 시간을 정형화한다. 교육청이 만든 각종 사업은 일정표를 기반으로 작동하고, 그 일정은 교육적 판단이 아니라 행정적 루틴을 기준으로 구성된다. 보고서는 언제까지 제출되어야 하고, 연수는 몇 시간 이상 이수해야 하며, 시범 수업은 최소 몇 명이 참관해야 한다. 이처럼 교육은 사유의 시간이라기보다 '기한을 맞추는 행위'가 된다. 학교는 그저 일정을 지키는 기관이 되고, 교사는 시계 속 부속품이 된다. 이 구조 속에서 어떤 수업이 왜 필요한지, 어떤 학생에게 어떤 방식의 배움이 맞는지에 대한 사유는 배제된다. 절차적 시간은 교육적 판단을 침묵시키고, 실천의 개성을 제거한다.

이러한 구조는 판단을 위험으로 간주하는 조직의 성향에서 비롯된다. '각자 다르게 판단하면 일이 복잡해진다'는 전제가 뿌리 깊게 작동하고, 결과적으로 조직은 판단 없는 일관성을 추구하게 된다. 그러나 일관성은 공정과 동일하지 않다. 판단 없는 일관성은 오히려 불공정과 불합리를 감춘다. 상황은 달라도 절차는 같아야 한다는 관료적 전제는, 교육의 맥락성과 감응성을 제거한다. 학교는 동일한 공문을 받고 동일한 양식을 쓰지만, 학생과 교실은 결코 동일하지 않다. 절차의 우선성은 이 다양성을 무시하고, 판단은 점점 더 '위반의 가능성'으로 해석된다.

한국 교육 행정의 특성은 '이중 통제'다. 외부에서는 규칙이 우선되고, 내부에서는 형식이 강조된다. 교사는 외부로부터는 정해진 절차에 따라 일해야 하고, 내부적으로는 교장이나 교육청의 기대에 맞는 형식을 충족시켜야 한다. 이때 교사의 실천은 '형식적 자율'과 '실질적 통제'의 중첩된 구조 속에 위치하게 된다. 자율적으로 판단하되, 결과는 규정된 형식에 맞아야 한다. 이는 판단의 가능성을 제로화하고, 오류나 실험의 여지를 사라지게 만든다. 결국 교육의 시간은 절차적 반복의 고리 안에서 동어반복되고, 새로운 사유는 잉여로 치부된다.

이러한 체계는 시간의 질을 단조롭게 만든다. 모든 수업은 동일한 수업안 양식으로 준비되고, 모든 평가 결과는 같은 기준표로 환산된다. 교육은 다양성을 전제로 하는데, 절차는 획일성을 전제로 한다. 교사의 시간은 교육적 판단에 따라 조율될 수 없고, 학생의 시간은 각자의 배움의 속도와 리듬을 반영하지 못한다. 학교의 모든 시간이 '절차적 관리'의 프레임에 갇히며, 삶의 시간은 행정의 시간에 통합된다. 이때 시간은 단지 흐르지 않는다. 그것은 형식을 강제하며, 판단을 유보시키고, 실천을 자동화하는 힘으로 작용한다. 이처럼 절차적 시간은 단지 행정의 도구가 아니라 존재의 형식을 재구성하는 기제로 작동한다.

교사는 이러한 시간 구조 속에서 점점 더 자기판단을 자제하게 된다. 교장은 절차적 실수로 인해 감사를 받게 되고, 교사는 지침 미준수로 '불이익'을 받을 수 있다는 공포 속에서 '안전한 판단'을 택하게 된다. 그러나 교육에서 '안전한 판단'이란 존재하지 않는다. 교육은 늘 관계 속에서, 맥락 속에서 살아 움직이는 판단을 필요로 한다. 절차는 그 판단을 도와야 하지, 대체해서는 안 된다. 지금 학교는 판단을 하지 않도록 훈련시키는 조직이 되었고, 판단이 없는 교실에는 결국 살아 있는 배움도 존재하지 않는다.

절차 중심의 문화는 결국 교육 민주주의의 기반을 약화시킨다. 학교 구성원 간의 의견 조율과 토론은 시간 낭비로 간주되고, 논의보다 계획, 계획보다 실적이 우선된다. 참여는 형식적으로 보장되지만, 결정은 절차대로 내려온다. 민주주의가 '결정에 참여할 수 있는 시간'을 전제로 한다면, 지금의 학교는 시간 없는 민주주의, 판단 없는 자율의 모순을 살아가는 셈이다. 참여를 위한 시간도, 의견을 정리할 시간도, 실패를 복기할 시간도 주어지지 않는 체계는 결과적으로 통제된 복종의 시스템일 뿐이다.

그러나 다른 시간 구조도 가능하다. 어떤 교육 시스템은 판단을 중심에 두고 절차는 그 판단을 돕는 최소한의 틀로만 작동하도록 설계한다. 교사는 통제의 대상이 아니라 신뢰의 주체로 존중받고, 보고는 결과보다 과정의 성찰을 담는 방식으로 전환된다. 회의는 지시 전달의 장이 아니라 논의와 숙의의 시간이 되며, 형식은 감정을 담아낼 수 있는 여백을 허용한다. 판단이 살아 있는 교육은 시간도 살아 있으며, 시간 안에서 존재하는 교사와 시간에 따라 배우는 학생은 교육의 본질을 복원해 간다. 형식은 질서를 위한 도구일 수는 있어도 존재의 조건이 되어서는 안 된다.

민주주의는 단지 절차의 집합이 아니다. 그것은 리듬의 다양성을 인정하고, 각자의 시간 속에서 사유하고 응답할 수 있도록 허용할 때 비로소 도달 가능한 감응의 형태다. 교육은 바로 그 민주주의의 시간 구조를 실천하는 공간이어야 한다. 그러기 위해서 우리는 먼저, 잃어버린 판단의 시간을 다시 불러와야 한다.

3절

시간의 표준화와 교사의 자율성 침식 : '동기-과정-성과'의 정량적 시간 구조

질문 교사는 언제부터 지침을 해석하는 존재가 아니라
지침을 요구하는 존재가 되었는가?

오늘날 학교는 실천의 생동감을 잃고, 문서화된 지침과 매뉴얼에 의해 움직이는 시스템이 되었다. 교육청은 수업의 질 향상을 명목으로 각종 정책 자료와 실행 가이드라인을 제시하고, 그에 따른 실적을 정량화하여 관리한다. 학교 안에서는 교육 활동이 '자율'이 아니라 '준수'의 문제로 전환되며, 교사는 창의적 기획보다 '정해진 수업 틀'을 따르는 방식을 습득하게 된다. 초기에는 단지 참고 자료였던 매뉴얼이 이제는 실행의 조건이자 평가의 기준이 되었고, 교육 활동의 생명력은 형식의 반복 안에서 점점 말라 가고 있다.

문서화된 지침은 수업의 설계뿐 아니라 교사의 존재 방식 자체를 규정한다. 수업 계획안은 공모 사업의 평가 기준에 맞춰 조정되고, 학급 운영은 모범 사례를 기반으로 각색된다. 보고서는 형식적 완결성에 따라 판단되고, 수업은 "루브릭 기준에 부합하는가"라는 질문 아래 구조화된다. 이처럼 매뉴얼은 교사의 전문성을 돕는 안내서가 아니라 실천의 방향을 결정하는 지배 장치로 기능한다. 그 결과, 교사는 사고의 주체가 아니라 표준 실행의 사용자가 되고, 교육은 맥락에 반응하는 감응이 아니라 정해진 규범을 이행하는 절차로 고정된다.

표준화된 수업과 평가가 교사의 창의성과 판단력을 소거하는 방식은 점점 더 정교해지고 있다. 수업 진행 순서, 질문 방식, 교실 배치, 평가 언어까지 매뉴얼로 제공되며, '학생이 흥미 있어 하는 수업'이라는 명분 아래 감각의 규격화가 이뤄진다. 이때 교육은 학생에 대한 깊은 이해나 감정적 만남이 아니라 예측 가능한 반응을 유도하는 기술로 환원된다. '이렇게 하면 참여도가 높다'는 식의 단순화된 감각은 복잡하고 유기적인 교실의 삶을 제거하고, 교육을 기술화된 행위의 조합으로 납작하게 만든다.

이러한 매뉴얼 중심의 구조 속에서 교사의 자율성은 판단의 권한이 아니라 책임의 위험으로 전도된다. 자율은 실수의 가능성을 의미하고, 실수는 곧 제재와 불이익으로 연결된다. 교사는 자신이 설계한 수업이 기준과 다를까 우려하며 '위험 없는 방식'을 선택하게 된다. 창의성과 실험은 평가 불확실성을 높이는 요인이 되며, 실천은 안전하고 모범적인 실행으로 수렴된다. 결국 교육은 살아 있는 행위가 아니라 정해진 양식을 반복하는 복제의 체계가 된다.

중요한 점은, 이러한 통제의 구조가 단지 위에서 부과된 억압이 아니라 교장과 교사 스스로도 지침과 매뉴얼을 요청하며 강화되고 있다는 사실이다. 교사는 "어떻게 하면 되느냐"는 질문을 반복하고, 교장은 행정 감사나 민원 발생 가능성을 우려하여 '표준 절차'를 요구하게 된다. 자율적 실천은 책임을 개인에게 집중시키기 때문에 불확실성과 부담을 회피하려는 경향이 만연해진다. 이 구조는 '스스로 매뉴얼을 요구하는 자율의 역설'을 낳고, 교육은 규칙 속의 평온함을 대가로 감응과 창의의 가능성을 유보한다.

더 큰 문제는 이 매뉴얼화가 평가와 직접 연결된다는 점이다. 교사의 수업이 매뉴얼 준수 여부와 '표준적 실행 수준'에 따라 평가될 때,

실험은 위험이 되고 변화는 부담이 된다. 평가 기준은 유연성과 맥락보다는 동일성과 정합성을 선호하며, 결과적으로 교사는 '틀에 맞는 수업'을 선택하게 된다. 이때 학생의 예상 밖 반응이나 교실의 특수성은 지침의 오차로 간주되며, 교육은 관계가 아니라 실행의 정확도를 측정하는 기제로 전락한다. 평가가 매뉴얼을 강화하고, 매뉴얼이 실천을 포섭하는 구조가 형성된다.

이와 같은 실천의 매뉴얼화는 교사 개인의 무력감뿐 아니라 학교 조직 전체에 신뢰의 단절을 초래한다. 동료 간 수업 나눔은 지침 공유로 축소되고, 협의는 사례 공유보다 공문 해석에 집중된다. 실패는 함께 성찰할 자원이 아니라 회피해야 할 리스크가 된다. 이때 학교는 더 많은 자료를 공유하면서도 더 적게 대화하고, 더 많이 실행하면서도 더 적게 만나는 공간이 된다. 공동체는 절차적 동조의 네트워크로 수렴하고, 교육의 생태는 감정과 의미의 이탈을 경험하게 된다.

그러나 모든 교육 체제가 동일한 경로를 따르는 것은 아니다. 어떤 나라들은 교사가 교육적 판단과 실행의 중심이 되도록 신뢰하고, 정책은 교사에게 구체적 지침을 강제하기보다는 교육의 방향성을 제시하는 나침반처럼 작동한다. 이들 맥락에서는 좋은 수업은 평가위원의 기준이 아니라 교실 속 학생들의 반응을 통해 정의되며, 실패는 회피할 일이 아니라 성장을 위한 자연스러운 일부로 받아들여진다. 매뉴얼은 절대적 기준이 아니라 필요할 때 참고할 수 있는 열린 틀로 기능하고 교사의 감각과 판단을 대체하기보다 그것을 돕는 장치로 설계된다.

이러한 구조는 단순한 행정 체계의 차이만으로 설명되기 어렵다. 그것은 교육을 통제나 효율의 문제가 아니라 '존재의 감응'을 기반으로 한 만남과 실천의 과정으로 이해하는 문화적 관점의 차이를 반영한다. 교사의 행위가 기술적 지시를 따르는 수행이 아니라, 삶을 감각하고 해석하는 판단의 과정으로 존중될 때, 교육은 살아 있는 시간이 되고 교실은 관계의 공간이 된다. 따라서 중요한 것은 외국의 사례 자체가 아니라, 우리가 교육을 어떻게 이해하고 어떤 관계의 구조를 통해 실천하는가에 대한 근본적인 물음이다.

4절

정책-집행의 시간 분리 :
결정은 빠르고 실행은 지연되는 시간의 비대칭성

질문 성과는 누구의 시간과 감정을 희생시켜 성취되는가?

한국 교육 정책의 작동 방식은 결정과 집행의 시간 사이에 비대칭 구조를 내장하고 있다. 교육부나 교육청은 긴 논의나 충분한 예비 과정을 생략한 채 빠른 속도로 정책을 발표하고, 그 실행은 거의 동시에 하달된다. 반면, 그 정책을 실행해야 하는 학교는 준비 기간 없이 실천을 감당해야 하고, 시행 결과에 대한 책임까지 부담한다. 결정은 상부에서 신속하게 내려오지만, 실행은 하부 조직에서 느리게 전개된다. 그리고 실패했을 경우의 책임은 언제나 실행 주체인 학교에 전가된다. 이 시간 구조는 행위의 권력은 없으나 결과의 책임만 떠안는 기묘한 자율성을 구성한다.

정책의 결정 시간은 '정치의 시간'에 가깝다. 정권의 임기, 언론 보도 주기, 여론의 흐름에 따라 결정은 시급하게 이루어진다. 반면 학교 현장은 '교육의 시간'을 살아간다. 변화에는 준비가 필요하고 적용에는 관계적 조정이 필요하다. 그러나 정책의 속도는 이런 교육의 리듬을 고려하지 않는다. 정책 문서는 일방적으로 내려오고, 학교는 그 문서를 해석하고 실행 방식을 모색하는 데 대부분의 시간을 소진한다. 교사의 시간은 사유가 아닌 실행으로, 학생의 시간은 만남이 아닌 수행으로 전환된다. 결국 교육의 시간은 행정의 속도에 종속되고, 삶의 리듬은 문서의 지시에 의해 조정된다.

더 심각한 문제는 결정자와 실행자 사이에 실질적인 대화의 시간이 존재하지 않는다는 점이다. 정책 수립 과정에서 현장의 의견은 형식적으로만 수렴되며, 실행 계획은 대부분 미리 정해져 있다. 회의는 '보고와 설득'의 형식일 뿐, '공유와 논의'의 실질은 결여되어 있다. 학교는 자신에게 맞지 않는 정책도 수용해야 하고, 그것을 가장 효과적으로 '실행하는 조직'이 되어야 한다. 이때 교사는 제도적 수행자이자 결과의 관리자, 평가의 대상자라는 삼중의 위치에 놓이게 된다. 이는 존재의 시간을 잃어버린 실천이다.

이러한 시간 비대칭성은 자율성을 제도화하는 방식에도 깊게 파고든다. 교육청은 학교의 '자율적 운영'을 강조하면서도 자율을 행사할 수 있는 시간은 충분히 보장하지 않는다. '학교 자율화 정책'은 계획 수립부터 예산 집행, 결과 보고까지 정해진 절차와 일정 속에서만 허용된다. 교장은 학교의 철학이나 문화에 따라 시간을 재구성하기보다 정책 일정을 맞추는 일에 몰두해야 한다. 결정은 빠르고, 실행은 길며, 그 사이의 시간은 자율이 아닌 '관리된 자율성'으로 채워진다. 결국 자율은 시공간을 확보하지 못한 채 제도의 언어에 갇힌다.

이 구조는 교사들의 실천 방식을 전환시킨다. 새로운 시도를 하더라도 '결과를 빨리 내야 한다'는 압박이 따르고, 계획서를 작성하는 데 할애하는 시간이 실제 수업을 설계하는 시간보다 더 많아진다. 즉흥적 배움이나 우발적 상호작용은 보고서에 담기지 않기에 가치가 없고, 측정 불가능한 시간은 실적으로 환산되지 않는다. 그 결과 교육은 실천보다는 증빙 중심으로 변질되고, 배움은 정량화할 수 있는 항목 안에서만 '존재하는 것'처럼 간주된다. 교사는 행위 주체가 아니라 실적 생산자, 학생은 관계의 주체가 아니라 프로그램의 수혜자로 변형된다.

정책의 속도는 또한 정책 간 충돌을 낳는다. 다수의 정책이 동시다발적으로 추진되며, 그 실행 일정이 겹치거나 불일치하는 경우가 빈번하다. 예컨대 특정 수업 개선 사업과 교육과정 재구성이 동시에 요구될 경우, 현장은 어느 것도 충분히 준비할 수 없다. 이처럼 정책의 시간은 서로 조율되지 않고, 실행 주체만 무한한 조정을 요구받는다. 그 결과 학교는 본질적인 교육 활동보다는, '정책 간 충돌을 조율하는 중간 관리 조직'으로 기능하게 된다. 교육의 내용보다 일정이 중요해지고 계획보다 형식이 우선시된다.

또한 정책의 평가 시간은 현장의 실천 리듬과 어긋난다. 정책이 제대로 실행되려면 최소 1~2년의 관찰과 조정이 필요하지만, 평가 문서는 몇 개월 내에 제출이 요구된다. 이때 평가란 실제 효과의 반영이라기보다 서류상 성과의 요약이 된다. 현장의 실천은 정책의 시간 프레임에 맞춰 편집되며 복잡한 맥락과 실패의 흔적은 지워진다. 이는 교육이 추구해야 할 시간의 다양성과 리듬감을 제거하고 실천을 균질화된 결과물로 환원시킨다. 평가는 반성이나 학습이 아닌 검토와 승인 절차의 형식이 된다.

이러한 시간의 비대칭 구조는 단지 비효율을 넘어서 민주주의의 근본 원리를 훼손한다. 정책 결정의 시간은 독점되고, 실행의 시간은 강제되며, 참여의 시간은 형식화된다. 이는 시간의 주권이 소수에게 집중되고 다수는 그것을 소비하는 구조를 고착화시킨다. 교사와 학생은 교육의 주체가 아니라 시간의 소비자가 되고, 민주주의는 제도의 형식 안에만 머문다. 시간 없는 참여, 사유 없는 실행이 반복될수록, 교육은 공동체적 성찰이 아닌 효율의 루틴으로 전락하게 된다.

그러나 이 비대칭성을 뒤집는 상상도 가능하다. 정책이 교사와 학생의 시간 구조에 반응할 때, 결정은 신속이 아니라 '적절함'으로 재정의될 수 있다. 빠른 결정보다 깊은 숙의, 정량적 평가보다 느린 관찰, 반복보다 맥락의 이해가 우선되는 구조 속에서만 교육은 다시 살아 있는 리듬을 가질 수 있다.

5절

시간 없는 참여, 감시로 변한 자율 :
반민주주의적 시간 구조의 교육적 폐해

질문 참여는 존재의 실천인가, 통제의 양식인가?

'학교 자율'과 '참여적 의사 결정'은 오늘날 교육 행정의 핵심 키워드로 반복된다. 그러나 이 개념들이 사용되는 실제 맥락을 들여다보면, 그 실질은 자율도, 참여도 아니다. 회의는 빠르게 소집되고, 일정은 사전에 정해져 있으며, 회의 안건도 이미 정리된 문서에 따라 진행된다. 교사는 자신이 '의견을 냈다'는 사실보다 '어떻게 수용되었는가'라는 결과에 무력감을 느끼고, 회의는 대체로 통보나 승인 중심의 절차로 귀결된다. 결국 참여란 시간을 주지 않는 참여, 즉 존재하지 않는 시간 위에 존재하는 형식이 된다. 시간 없는 참여는 민주주의의 핵심 구조를 허위화시킨다.

학교에서의 자율은 형식적으로 허용되지만, 그 자율을 행사할 수 있는 구조적 시간은 거의 주어지지 않는다. 교육청은 "학교 자율로 결정하라"는 문장을 반복하지만, 동시에 수많은 지침과 보고서를 요구한다. 각종 위원회 운영, 수업 방식 결정, 안건 준비는 교사와 관리자가 알아서 하되, 형식과 기한은 외부에 의해 설정된다. 이는 자율이라기보다 '조건부 자율' 혹은 '관리된 자율'이다. 형식은 자율이지만 실질은 감시다. 그 감시는 성과 보고서의 언어로 나타나고, 정해진 시간 안에 이행하지 못하면 '미흡'이라는 판단이 내려진다.

이처럼 자율과 참여가 주어졌다는 착시는 곧바로 책임의 전가로 이어진다. '당신들이 결정한 것이니 책임도 져라'는 논리가 작동한다. 그러나 그 결정은 준비 시간도, 논의 시간도 없이 내려진 것이다. 이런 구조 속에서 교사와 교장은 실질적인 판단 시간을 확보하지 못한 채, 결과만을 책임지는 역할로 전락한다. 이때 자율이란 권한이 아니라 위험의 전가 방식이 되고, 참여는 관계의 생산이 아니라 결과에 대한 도장 찍기로 환원된다. 민주주의는 제도로는 존재하나, 시간 구조 속에서는 지워진다.

참여와 자율은 무엇보다 시간을 필요로 한다. 구성원들이 함께 논의하고, 대안을 사유하고, 시행착오를 경험하며, 방향을 조정할 수 있는 시간은 민주주의의 기본이다. 그러나 현재 학교의 시간 구조는 이것을 허용하지 않는다. '민주적 절차'는 있지만, 그 절차가 흐르는 시간의 속도는 행정이 설정한다. 회의 안건은 미리 정해져 있고, 논의 시간은 제한되어 있으며, 의견은 문서화되어야 한다. 이는 참여의 기회를 보장하는 것이 아니라 참여의 형식을 충족하는 데 급급한 구조다. 교육은 공론장이 아니라 보고 체계로 이행되고, 시간은 말이 아니라 마감일로 규정된다.

이러한 형식적 참여는 실질적 피로로 이어진다. 교사들은 여러 위원회에 소속되며 '민주적 운영'에 기여하지만, 그 과정이 정작 수업의 질적 향상이나 공동체적 신뢰로 이어지지 않는다. 결정은 공유되지 않고, 실행은 몇몇에게 집중되며, 참여자는 자기시간이 줄어드는 것 외에 남는 것이 없다. 이때 참여는 공동체의 회복이 아니라 피로와 회피의 이유가 된다. 반복되는 회의와 문서 중심 행정은 결국 교사들을 '민주주의의 피로감' 속으로 몰아넣고, 자율과 참여는 회피의 대상이 된다.

'감시로 변한 자율'은 신자유주의적 통치 기술과도 연결된다. 자율이라는 이름 아래 교사는 스스로 자기시간을 관리해야 하며, 평가를 통해 그 실행이 점검된다. 이 과정에서 자율은 더 이상 권한이 아니라 스스로 감시하고 조정하는 능력, 즉 자기책무성 self-accountability 으로 치환된다. 이는 교사나 학교가 제도를 '내면화된 기준'에 따라 실행하도록 유도하며, 통제는 외부가 아니라 내부에서 작동하게 만든다. 이처럼 감시화된 자율은 실질적 시간의 여유 없이도 자율이 실행되었다는 착각을 낳는다.

다시 한번 강조하면 학교 민주주의는 본래 느린 시간 속에서 자라나는 실천이다. 함께 사유하고, 토론하고, 때로 충돌하며, 새로운 길을 찾아가는 반복과 조정의 리듬이 민주주의를 가능하게 한다. 그러나 현재의 학교 구조는 그런 느린 시간을 허용하지 않는다. 행정은 결과를 요구하고, 실천은 보고서를 위해 준비되며, 논의는 절차로만 수행된다. 이 시간 구조는 민주주의를 제도화하되, 실천으로부터는 추방한다. 그 결과, 교육은 민주주의를 말하면서도 민주주의의 경험은 제공하지 못하는 이중 구조 속에 놓이게 된다.

그렇다면 우리는 어떻게 이 시간을 다시 구성할 것인가? 단순히 '시간을 더 확보하자'는 주장은 충분하지 않다. 우리는 시간을 어떻게 사용하는가가 아니라 시간의 구조 자체를 어떻게 재구성할 것인가를 물어야 한다. 교사와 학생이 실질적으로 결정에 참여하고, 시행착오와 망설임의 시간을 보장받으며, 실패를 용인할 수 있는 리듬 속에서만 민주주의는 다시 시작될 수 있다. 민주주의는 과정의 투명성만으로는 충분하지 않다. 그것은 시간의 공공성, 리듬의 공유, 감정의 존중 속에서만 살아 숨 쉬게 된다.

따라서 교육에서 민주주의를 회복하기 위해서는 형식적 절차보다

시간의 구조를 바꾸는 일에 집중해야 한다. 느림을 허용하고, 우회와 대기, 숙려의 시간을 정책 안에 포함시키며, 실천이 규정이 아니라 만남의 경험으로 전환되도록 하는 리듬이 필요하다. 이 시간의 윤리, 감응의 시간 구조 없이 자율과 참여는 껍데기만 남는다. 우리는 참여의 언어가 아니라 참여할 수 있는 시간의 재구성을 요구해야 하며, 그 시간 안에서 공동체성과 민주주의는 다시 살아날 수 있다.

제2부
사유의 혈관들

1. 가속학교

가속학교accelerated school는 시간의 효율과 통제를 최상위 가치로 삼는 교육체계를 지칭하며, 지식의 내면화보다 속도와 성과의 시계화에 중심을 둔 학교 구조를 말한다. 이 책에서는 수업의 리듬이 진도표에 의해 압축되고, 평가와 루브릭이 실시간 피드백 체계로 환원되며, 교사와 학생이 시간 기계의 부품처럼 작동하게 되는 학교를 가속학교로 규정한다. 이러한 학교에서는 배움의 여백이나 사유의 반복은 지연으로 간주되며, 빠름은 곧 능력, 효율은 곧 교육의 질로 오인된다.

이 개념은 하르트무트 로자의 '사회적 가속' 이론에서 기인한 시간의 기술화·경제화 현상과 직접 연결된다. 교육이 성찰의 시간이 아닌 통제 가능한 관리의 대상으로 환원될 때 학교는 공장의 시간 논리를 모방한다. 스티븐 볼의 '성과주의적 교육 정책' 분석에서 말하듯 가속학교는 교사에게 자기연출성과 정책 수행성을 요구하며 학생에게는 끊임없는 비교와 수행 압박을 내면화시킨다.

관련 문헌

하르트무트 로자, 김태희 옮김(2020). **소외와 가속.** 앨피.

한병철, 전대호 옮김(2021). **리추얼의 종말.** 김영사.

Ball, S. J.(2003). The teacher's soul and the terrors of performativity. *Journal of Education Policy*, 18(2), 215-228.

2. 감정의 억압

감정의 억압affective suppression은 표준화된 수업과 평가 체계 속에서 감정이 교육에서 사라지는 구조를 의미한다. 이 책에서는 수업 시간의 단위화, 정답 중심의 루브릭 평가, 시간표의 단속적 구조가 감정의 흐름과 표현을 방해하고, 학생과 교사 모두의 정서적 경험을 억압하는 현상을 이 개념으로 설명했다. '감정의 억압'은 감정이 단순히 사적인 것이 아니라 교육의 리듬을 형성하는 핵심이라는 인식을 전제하고, 그 배제를 비판하기 위해 설정된 개념어이다.

관련 문헌

브라이언 마수미, 조성훈 옮김(2018). **정동정치**. 갈무리.

앨리 러셀 혹실드, 이가람 옮김(2009). **감정노동 - 노동은 우리의 감정을 어떻게 상품으로 만드는가**. 이매진.

하르트무트 로자, 김태희 옮김(2020). **소외와 가속**. 앨피.

3. 교사의 무력감

교사의 무력감teacher's helplessness은 수업의 창의성과 리듬 설계 권한이 평가 기준, 지침 문서, 실적 요구에 의해 구조적으로 박탈될 때 발생하는 존재적 상태를 지칭한다. 이 책에서는 다중작업 수업, 정형화된 루틴, 실적 경쟁 속에서 교사가 수업의 설계자가 아니라 지침의 집행자로 전락하는 과정을 이 개념으로 해석했다. '무력감'은 단순한 피로를 넘어서, 교육자로서의 윤리적 권능 상실을 드러내는 정동적 개념으로 채택되었다.

관련 문헌

파커 J. 파머, 김성환 옮김(2024). **가르칠 수 있는 용기**. 한문화.

파커 J. 파머, 김찬호 옮김(2025). **비통한 자들을 위한 정치학 - 왜 민주주의에서 마음이 중요한가**. 글항아리.

4. 규범의 불확실성

규범의 불확실성 normative uncertainty 은 교육에서 지켜야 할 가치와 기준이 명확하지 않거나 지속적으로 변화함으로써 학생과 교사 모두가 행위의 방향성을 상실하는 상태를 의미한다. 이 책에서는 수시와 정시, 비교과와 교과, 창의성과 표준성 사이의 충돌이 학교 현장을 윤리적 불확실성의 장으로 만들고 있음을 이 개념을 통해 설명했다. '불확실성'은 단지 정보 부족이 아니라 윤리적 판단의 기준 자체가 붕괴되는 구조적 조건을 지칭하기 위해 채택된 용어이다.

관련 문헌

거트 비에스타, 이민철 옮김(2023). **우리는 교육에서 무엇을 평가하고 있는가**. 씨아이알.

지그문트 바우만, 이일수 옮김(2009). **액체근대**. 강.

5. 분산된 권한, 응집된 신뢰

분산된 권한, 응집된 신뢰 distributed authority, cohesive trust 는 학교 리더십이 관리와 통제 중심이 아닌, 교사와 구성원에게 실질적 자율성과 결정 권한을 분산하면서도, 전체 교육 공동체의 신뢰와 연대 속에서 응집되는 구조를 뜻한다. 이 책에서는 세계적 흐름 속에서 강조되는 학교 자치에 기반한 분권적 학교 운영, 교사의 전문성 기반 자율성, 학생의 발달 상태에 따른 유연한 교육과정 운영 등이 단지 운영 권한 이양이 아니라 신뢰와 공감 기반의 교육 리더십 재구조화임을 이 개념으로 설명한다. 분산된 권한은 행정적 위임이나 책임 전가가 아닌, 학교 구성원 각각의 판단이 제도 안에서 존중받을 수 있는 구조를 의미하며, 응집된 신뢰는 이러한 자율적 운영이 가능하게 하는 윤리적 토대이자 정서적 자원이다. 이 개념은 특히 유네스코의 『Leadership in education』 보고서에서 강조된 바와 같이, 리더십의 힘이 분산 구조와 사회적 신뢰의 결합 속에서 실현될 수 있다는 국제적 통찰을 교육 현장에 내재화한 사유의 결과물이다.

관련 문헌

UNESCO.(2024). *Leadership in education: Lead for learining*(Global Educcation Monitoring Refort 2024/5). UNESCO Publishing.

6. 성과주의 시간

성과주의 시간performance-oriented time은 교육에서 시간이 존재의 흐름이 아닌 성과 측정의 단위로 작동하는 구조를 말한다. 이 책에서는 수업이 루브릭, 체크리스트, 피드백 양식 중심으로 운영되며, 정서적 여백과 질문의 머묾이 제거되는 현실을 이 개념을 통해 분석했다. '성과주의 시간'은 시간의 흐름이 곧 평가의 도구로 전락한 현실을 지칭하며, 시간에 대한 주권의 철학적 회복을 위한 대조 개념으로 설정되었다.

관련 문헌

Kirylo, J. D.(2013). *A critical pedagogy of resistance: 34 pedagogues we need to know*. Sense Publishers.

7. 시간 없는 참여

시간 없는 참여participation without time는 학생 참여, 교사 자율, 학부모 의견 수렴 등의 민주적 요소가 형식적으로 요구되지만, 실제로는 이를 위한 충분한 시간과 여백이 보장되지 않는 상태를 의미한다. 이 책에서는 '의견 수렴'이나 '자율 설계'가 마치 존재하는 것처럼 보이지만 촉박한 일정과 형식적 절차 속에서 비실질화되는 현실을 이 개념으로 비판한다. 이는 민주주의의 시간 구조 자체가 왜곡된 상황을 드러내는 개념어이다.

관련 문헌

거트 비에스타, 이민철 옮김(2023). **우리는 교육에서 무엇을 평가하고 있는가**. 씨아이알.

하르트무트 로자, 김태희 옮김(2020). **소외와 가속**. 앨피.

한병철, 이재영 옮김(2021). **고통 없는 사회 - 왜 우리는 삶에서 고통을 추방하는가**.

김영사.

한병철, 전대호 옮김(2022). **사물의 소멸 - 우리는 오늘 어떤 세계에 살고 있나**. 김영사.

한병철, 전대호 옮김(2023). **정보의 지배 - 디지털화와 민주주의의 위기**. 김영사.

8. 신체의 시간소외

신체의 시간소외temporal alienation of the body는 교육의 시간 구조가 인간의 신체적 리듬과 감각을 무시하거나 억압할 때 발생하는 존재적 단절을 가리킨다. 이 책에서는 40분 단위 수업, 교체형 진도 운영, 정답 중심 수업이 몸의 흐름과 배움의 깊이, 감각의 울림을 단절시키는 방식으로 작동함을 분석한다. '시간소외'라는 표현은 단순히 신체 활동의 부족이 아니라 시간 구조 자체가 몸의 존재를 배제하는 교육 병리를 지칭하기 위해 선택되었다.

관련 문헌

모리스 메를로 퐁티, 류의근 옮김(2002). **지각의 현상학**. 문학과지성사.

Shilling, C.(1993). *The body and social theory*. SAGE Publications.

9. 정책-집행 시간 비대칭

정책-집행 시간 비대칭temporal asymmetry in policy execution은 교육 정책이 설계되는 시간과 학교 현장에서 실행되는 시간이 단절되어 빠른 결정과 느린 실행 사이에 발생하는 구조적 시간 격차를 의미한다. 이 책에서는 정책이 이상적 언어로 빠르게 생산되지만, 학교는 그것을 시행하기 위해 지속적으로 시간, 인력, 감정 노동을 소모하게 되는 현실을 비판적으로 조망한다. 이 개념은 교육 정책과 실천 간 시간의 정치적 비대칭을 지적하기 위해 도입되었다.

관련 문헌

Ball, S. J.(1994). *Education reform: A critical and post-structural approach*. Open University Press.

Nowotny, H.(1992). *Time: The modern and postmodern experience*. Polity

Press.

Ozga, J.(2000). *Policy research in educational settings: Contested terrain*. Open University Press.

10. 정체성의 불안정

정체성의 불안정identity fragility은 끊임없는 평가, 자기연출, 경쟁, 비교 속에서 학생들이 일관된 자기 이미지를 형성하기 어렵고, 자신의 정체성을 지속적으로 재구성해야 하는 교육 환경에서 나타나는 심리·사회적 상태를 의미한다. 이 책에서는 SNS 기반 자기표현, 비교과 실적 구성, 피드백 내면화 등이 학생의 자아를 전략화하면서 오히려 존재의 불안과 일관성 붕괴를 심화시키는 양상을 이 개념으로 분석한다. '불안정'은 고정되지 않음이 아니라 지속적인 흔들림 속에 머물러야 하는 구조적 조건을 강조하기 위해 채택된 표현이다.

관련 문헌

한병철, 김태환 옮김(2012). **피로사회**. 문학과지성사.

Bauman, Z.(2004). *Identity: Conversations with Benedetto Vecchi*. Polity Press.

제3부

초가속학교 : 겸허하지 않은 기술과 현장의 비명

| 여는글 |

기술은 누구를 기다리는가

최근 교육부나 교육청 연수를 가면 AI 활용 교육, 디지털 전환 시대, 미래형 교육이라는 현수막이 걸려 있다. 발표자는 AI 기반 맞춤형 진단 시스템, 데이터 기반 성취 분석, 실시간 학습 최적화 플랫폼을 이야기한다. 연수 참여자들은 고개를 끄덕이지만 표정은 굳어 있다. 나 역시 고개를 끄덕였지만 속으로 되묻고 있었다. 우리는 지금 누구의 언어로 말하고 있는가. 그리고 그 언어 속에 학생들은 있는가.

기술은 우리에게 미래를 예측할 수 있다고 말한다. 플랫폼은 더 빠르고, 더 정밀하고, 더 오류 없이 학생들을 진단할 수 있다고 약속한다. 하지만 나는 묻는다. 그 진단의 시간 안에, 우리는 학생의 망설임을, 느린 시선을, 멈춰 선 발끝을 담아낼 수 있는가. 교사는 이제 판단자가 아니라 수행의 관리자처럼 느껴지고, 학생은 계획된 경로를 따라 움직이는 프로필이 된다. 초가속은 그렇게 기술의 이름으로 학교에 들어왔다. 개인 맞춤형, 자기의 속도에 맞는 교육을 이야기하지만 느림은 낙후가 되고, 예측 불가능성은 오류가 되며, 사유는 위협으로 간주된다.

제3부는 이 '기술 담론의 시간 구조'를 파헤친다. 디지털 전환은 왜 학교를 더 빠르게 만들었는가? 개별 맞춤형 교육은 왜 더 표준화된 경

로를 강요하는가? 교육청은 왜 정책 결정의 속도를 높이면서, 실행의 시간은 지연시키는가? 이 부에서는 기술 기반 교육 정책이 어떻게 시간의 비대칭을 심화하고, 존재를 예측 가능한 단위로 전환하며, 결국 교육의 인간적 조건을 탈각시키는가를 분석한다.

　기술은 가르치지 않는다. 기술은 설계할 뿐이다. 그 설계가 윤리의 언어를 잃어버릴 때, 학교는 누구의 것이 될 수 있는가. 나는 교육이 기술을 무조건 거부하자고 말하려는 것이 아니다. 오히려 묻고 싶은 것이다.

　기술은 누구를 기다리는가.
　기술은 감응할 수 있는가.
　그리고 우리는 기술보다 더 겸허하게 존재를 기다릴 수 있는가.

| 제1장 |

AI 디지털 전환과 초가속학교

1절

초가속화 :
기술 가속이 학교에 떨어뜨린 충격파

질문 기술은 교육을 변화시키는가, 아니면 학교를 재편하는 권력이 되는가?

우리는 지금 단순히 '빠른 것'의 시대가 아니라 '너무 빠른 것'이 일상화된 초가속의 시대에 살고 있다. 클라우드가 연산을 끝내기도 전에 알고리즘은 다음 행동을 제안하고, 대시보드는 완료되지 않은 과제를 다시 배포한다. AI와 디지털 전환이 결합하면서 가속사회는 실시간 작동, 미래 선점, 인간 없는 자동 순환, 데이터 자기증폭이라는 네 가지 기제를 중심으로 '초가속화hyper-acceleration'라는 질적 변이를 일으켰다. 이 현상에서 속도는 더 이상 효율의 도우미가 아니라 체제를 떠받치는 유일한 산소이자 통치의 장치가 된다. 그 첫 충격은 학교에 가장 빠르게 도달했다.

가속사회에서도 이미 '더 빠른 것이 더 나은 것'이라는 전제가 교육·경제·문화 전반을 지배해 왔다. 거기에 AI와 디지털 전환이 결합하면서 속도는 단순히 효율의 미덕이 아니라 존재 조건을 재편하는 절대명령이 되었다. 가속은 더 빨리 움직이는 삶을 요구했지만, 초가속은 움직이기 이전에 이미 다음 행동을 선제적으로 호출한다. 이로써 인간은 속도를 선택하는 주체가 아니라 속도에 의해 지속적으로 불려 나오는 객체로 위치가 전환된다.

가속 단계에서는 정보 흐름의 압축이 학습량·업무량을 늘렸어도 여전히 조직 안에 '조정의 여백'이 남아 있었다. 초가속 단계에 들어서면 실시간 피드백과 자동화된 순환이 그 여백을 0으로 수렴시킨다. 교사는 과정을 재구성할 틈을 잃고, 학생은 한 과제가 끝나기도 전에 다음 과제의 알림을 받는다. 시간 자체가 연속적 경험이 아니라 잘게 분할된 경로 지시에 대응하는 순간들의 집합으로 변한다.

가속사회에서도 평가는 일정한 시점을 지정해 결과를 종합했다. 초가속 체제에서는 평가는 시점이 아니라 상태가 된다. 학습 로그는 실시간 대시보드로 환산되어 학생·교사 모두를 상시 감시의 대상이자 주체로 만들고, 수치는 즉시 다음 난이도 조정에 투여된다. 실패를 성찰할 간격이 사라지면서 '못함'은 개선 가능성이 아닌 즉각 수정해야 할 오류로 분류된다.

기존 가속사회에서 의사 결정은 '신속·합리'라는 미덕을 표방했으나 최소한 회의·논의·숙의의 틀은 유지하였다. 초가속화 조직은 회의를 재현하지만 의사 결정은 이미 대시보드에서 예비적으로 내려진다. 교무회의는 데이터를 추인하는 자리로 축소되고, 숙의의 시간은 '실행 지연'으로 간주된다. 민주주의적 절차는 참여자의 숫자를 남긴 채 과정의 시간을 상실한다.

가속사회에서도 관계의 얕음은 피로를 유발했지만 학교는 여전히 대면 접촉과 공동 경험을 매개로 서사를 축적할 수 있었다. 초가속화 환경에서 관계는 알고리즘이 설계한 적정 소통 빈도로 최적화된다. 학생들 간 협업 프로젝트조차 플랫폼이 분배한 역할에 따라 병렬 연산되며 예측 가능한 우애만 허용된다. 공존적 긴장은 실패 위험으로 분류되어 삭제된다.

기존 가속사회가 초래한 불평등은 주로 물질·문화 자원 격차에서 비롯되었다. 초가속 체제에서는 처리 속도와 데이터 접근성이 새로운 계층화를 촉발한다. 가정의 디지털 기기 스펙, 인터넷 대역폭, AI 추천 알고리즘 이용 권한이 학업 성취를 차등화하며, 이 격차는 다시 알고리즘 학습 자료가 되어 불평등을 자기증폭한다. 속도는 특권이자 통치 장치가 된다.

가속 단계에서도 시간에 대한 주권은 위협받았지만 개인은 여전히 '쉬어야 한다'는 당위를 획득할 수 있었다. 초가속화는 쉬는 행위를 '업데이트 중인 공백'으로 코드화하여 휴식까지 생산성과 계량의 일부로 흡수한다. 학교가 조례·종례 시간을 유지해도 그 사이 알림은 멈추지 않는다. 여유는 배움의 리듬이 아니라 배터리 충전처럼 관리되는 기술적 인터벌로 축소된다.

가속사회가 낳은 자기연출성은 '성과를 증명해야 한다'는 강박으로 귀결되었다. 초가속화는 증명의 단위를 더 세분화해 존재를 실시간으로 연출하도록 요구한다. 교사는 수업 중 생성형 AI의 분석 속도에 맞춰 피드백을 제공해야 하고, 학생은 문제 풀이 과정마저 화면 녹화 로그로 남긴다. 존재는 과정이 아닌 즉각적 결과로만 인식되며, 서사의 층위는 사라진다.

AI 디지털 전환이 학교 일상 속 깊숙이 스며들자 시간은 더 이상 물리적 흐름이 아니라 화면 갱신 주기로 체감된다. 스마트폰 알림이 초 단위로 재촉하고, 클라우드 서버는 지구 반대편의 데이터를 눈 깜짝할 사이 호출한다. '기다림'은 사라지고 '즉시'가 규범이 되면서 인간은 시간을 경험하기보다 시간을 통과하도록 길들여진다. 시간의 신체적 무게가 가벼워진 만큼 존재의 밀도 역시 가벼워져 버린다.

이 같은 변화의 동력은 네트워크 지연을 밀리초^{millisecond} 단위로 압축한 통신 인프라에 있다. 새로운 무선 통신 기술과 디바이스가 연결을 공간이 아닌 시간 문제로 재정의하면서 거리는 더 빨라야 할 속도의 변수가 된다. '버퍼링'은 결함이 아니라 범죄처럼 취급되고, 끊김 없는 스트리밍은 기술이 아니라 미덕으로 호명된다. 기술이 시간을 구원하겠다는 약속은, 역설적으로 시간을 감당할 여백마저 없애는 방향으로 이행된다.

생성형 AI가 이 구조를 한층 더 긴박하게 만든다. 예측 모델은 과거 데이터를 현재로 소환하는 데 그치지 않고, 가능성의 지평을 선제적으로 점유한다. 답을 묻기도 전에 제안이 도착하고, 기획서를 쓰기도 전에 요약본이 완성된다. '예측적 선제성'은 사건이 일어나야만 존재하던 과거의 인과적 질서를 해체하며, 현재를 끊임없이 앞당겨 온 미래가 대체한다. 시간은 직선이 아니라 아직 오지 않은 순간들이 덮쳐 오는 파도로 변모한다.

AI 디지털 교과서는 이러한 현상을 보다 심화시킬 것으로 예상된다. 기술은 진도표를 수시로 업데이트하며, 교사는 계획 수립 대신 대시보드 알림을 해석하는 역할로 이동한다. 수업 중 즉석에서 난이도가 조정되고, 숙제는 자동 채점 후 즉시 재배포된다. '수업 시간'이 아니라 '업데이트 간격'이 학습 리듬을 규정하면서 학생들은 배움을 경험하기보다 배움의 통지를 소비하게 된다. 교실은 지식의 장이 아니라 실시간 처리 노드^{node}로 재구조화된다.

데이터는 이러한 가속을 자기증폭한다. 학습 로그가 즉각 성과 지표로 환산되고, 지표는 다시 추천 알고리즘을 고도화한다. 피드백 주기가 짧아질수록 데이터는 더 풍부해지고, 데이터가 풍부해질수록 피드백은 더 촘촘해진다. 이 순환은 인간의 판단을 우회하며 스스로 속도를 부추긴다. 시스템 내부에서 재생산되는 시간은 외부의 역사적 시간과 점차 분리되고, 사용자는 어느새 '현재'가 없는 영속적 베타 버전에 살고 있음을 깨닫는다.

개인의 감각도 변한다. 알림의 빈도가 곧 가치의 척도가 되면서, '조용함'은 정보 단절이 아닌 사회적 고립처럼 느껴진다. 기억은 경험이 아니라 로그 아카이브에 위임되고, 과거는 스크롤의 길이에 비례하여 회상된다. 깊은 몰입이 필요한 기나긴 문장은 탭 간 이동 속도에 밀려난다. 존재의 층위가 얇아질수록 감정의 온도도 빠르게 증발한다.

제도적 차원에서 초가속은 업데이트 중독을 낳는다. 학교 운영은 '변경 사항'을 따라잡는 생존 게임이 된다. 정책이 숙성되기도 전에 다음 정책이 도착하고, 현장은 영구적 파일럿 상태에 머무른다. 계획은 실현 가능성보다 가시적 일정이 중시되고, 실패는 돌아볼 시간조차 없이 수정 버전으로 덮인다. 이 과정에서 병리적 효과가 심화된다. 시간에 대한 주권은 실시간 권고에 압도되어 영구 미분할 상태가 되고, 관계는 대화보다 데이터로 중개된다. 처리 속도와 기기 성능이 새로운 불평등의 기준이 되면서 '빠를수록 우월'이라는 서열이 학습된다. 교육은 존재를 형성하기보다 속도 경쟁에 참여시키는 통로로 기능하며, 느림·머무름·회복의 가치는 사치로 낙인찍힌다.

다음에서는 초가속화가 교육과정, 교수-학습, 평가, 의사 결정·문화 전반에서 시간의 주권, 관계성, 존재 가능성을 어떻게 침식하며 학교를 '멈춤과 숙고가 불가능한 조직'으로 재구조화하는지를 살펴보고자 한다.

2절

알고리즘 진도표가 된 교육과정 :
계획-실행 자동화와 교육의 비인간화

질문 진도표는 언제부터 시간의 리듬이 아니라 데이터의 순서가 되었는가?

오늘날 교육과정은 더 이상 일정한 주기에 따라 개정되는 안정된 설계가 아니다. 그것은 점점 더 '기술과 사회의 변화 속도를 반영해야 한다'는 압박 속에서 실시간으로 갱신되고 유통되는 불안정한 구조가 되었다. 특히 AI 기반 학습 시스템과 디지털 교육 플랫폼의 도입은 교육과정을 정적인 구조가 아닌 '지속적으로 최적화되어야 할 데이터 흐름'으로 전환시켰다. 교사는 더 이상 교육과정을 설계하고 해석하는 자율적 주체가 아니라 알고리즘이 추천하고 분배하는 콘텐츠의 관리자처럼 기능하며, 학생은 '개인화된 경로'를 따라가는 수용자로 구조화된다. 이 구조 속에서 교육과정은 쉴 틈이 없다. 빠르게 변하는 기술, 빠르게 바뀌는 콘텐츠, 그리고 빠르게 따라가야 할 진도표만이 존재한다.

이러한 가속은 표면적으로는 개별화를 위한 것으로 포장된다. 교육 플랫폼은 학생의 수준과 과거 성취 데이터를 분석하여 맞춤형 콘텐츠를 제공하고, 각자의 학습 진도에 맞게 과제를 배분한다. 그러나 이 개인화는 실제로 정해진 정답에 도달하는 가장 효율적인 경로를 계산하는 과정일 뿐이다. 다시 말해, 다양성을 포용한다기보다 표준화된 목표에 수렴하는 '경로의 다양화'일 뿐이며, 도달점은 하나다. 셀윈Neil Selwyn은 이를 다양성을 포괄하지 않고 단일 경로를 최적화하는 기술의 환상이라고 지적한다. 즉, 개인화는 자유가 아니라 속도화된 통제이며 다양성은 존재하되 그 자체로 존중받지 않고 조정된다.

문제는 이 구조가 교사의 역할을 근본적으로 변화시킨다는 점이다. 과거 교사는 교육과정의 해석자였으며 학생의 배움의 맥락을 반영하여 교실에서 그 과정을 재구성하는 존재였다. 그러나 알고리즘 기반 추천 시스템은 교사의 이러한 역할을 무력화시킨다. 어떤 개념을 언제 가르쳐야 할지, 어떤 자료를 어떤 방식으로 배분해야 할지에 대한 판단은 플랫폼이 내려 주고, 교사는 그 시스템을 관리하고 기술적 오류를 점검하며, 진도율을 보고서로 작성하는 역할로 전환된다. 교육과정은 교사가 학생을 통해 다시 살아나는 과정이 아니라 데이터 흐름의 순서가 되고 만다.

이러한 진도표 중심의 사고는 교육의 시간성을 병리화한다. AI가 제공하는 학습 경로는 빠르게 진단하고, 빠르게 피드백하며, 빠르게 다음 단계로 이동할 것을 요구한다. 그러나 배움에는 정해진 시간이 없다. 사유는 돌고 반복되고 실패하는 속에서 비로소 형성된다. 교사는 그 리듬을 감지하며, 때로는 멈추고, 때로는 돌아가며 학생의 배움이 '존재의 변화'로 이어지도록 기다리는 존재다. 그러나 AI 기반 진도표는 이 '시간의 자율성'을 허락하지 않는다. 학습은 더 이상 학생의 리듬이 아니라 시스템이 설계한 리듬에 맞춰야 하는 것이다. 그 속에서 배움은 수행이 되고, 존재는 관리 가능한 데이터가 된다.

국제적인 성취 기준의 동조화 역시 이 구조를 강화한다. OECD의 학습 성과 기준, PISA 프레임워크, 글로벌 핵심 역량 담론 등은 국가교육과정을 '글로벌 도달 목표'에 맞게 조정하도록 압박한다. AI 플랫폼은 이러한 기준을 기계적으로 구현하는 데 특화되어 있으며, 한국의 교육과정 또한 이러한 외부 기준에 민감하게 반응하고 있다. 그 결과, 교육과정은 점점 더 기술 중심적이고, 계량화 가능하며, 자동 피드백이 유리한 구조로 재편되고 있다. 교사는 그 안에서 '창의적 해석자'가 아니라 '플랫폼 정비자'가 되고, 학생은 '질문하는 주체'가 아니라 '예측 가능한 사용자'가 되어 간다.

우리는 이 흐름 속에서 다시 물어야 한다. 교육과정이란 무엇인가? 그것은 단지 '무엇을 가르칠 것인가'의 목록이 아니라 '누구와 어떤 삶을 나눌 것인가'에 대한 사회적, 철학적 약속이어야 한다. 알고리즘은 빠르게 배움의 경로를 계산하지만, 교육은 때때로 길을 잃는 시간, 머뭇거리는 질문, 우연한 만남 속에서 이루어진다. 교육과정이 살아 있다는 것은, 그것이 교사와 학생의 관계 속에서 매 순간 새롭게 구성되고 있다는 뜻이다. 그러나 지금의 기술 중심 교육은 그 생명을 소거한 채, 효율의 이름으로 교육의 시간을 가속시키고 있다. 그 속에서 교육은 점점 더 속도와 진도, 피드백과 도달률로 환원되며, 우리는 그 결과를 '개인화된 학습'이라는 이름으로 정당화한다.

3절

프로파일링이 된 교수-학습 :
예측 가능한 학습자와 자동화된 교사의 역할

질문 학생은 왜 점점 더 존재가 아닌 데이터가 되어 가고 있는가?

개인화된 학습은 교육 기술이 약속하는 가장 설득력 있는 미래 가운데 하나로 제시되어 왔다. 학생 개개인의 학습 수준과 흥미, 진도와 오류 유형을 실시간으로 분석하고, 그에 맞는 학습 콘텐츠와 진도표를 자동으로 제공하는 시스템은 오랫동안 교사들이 감당해 온 수많은 판별과 조정의 노동을 대신 수행해 줄 수 있을 것처럼 보인다. 그러나 바로 그 기술이 가져오는 편의성과 속도, 자동화의 흐름은 우리가 교육이라고 불렀던 관계적 과정, 감응의 리듬, 그리고 존재 간 만남의 시간을 어떻게 재구성하고 있는가를 다시 묻게 한다. 교수-학습의 장은 점점 더 알고리즘이 설계한 학습 경로 위에서 진행되고 있으며, 그 안에서 교사는 관리자로, 학생은 예측 가능한 사용자로 변화하고 있다. 과연 이러한 변화는 교육의 본질을 확장하고 있는가, 아니면 그것을 조용히 대체하고 있는가?

AI 기반 학습 시스템은 학생의 데이터를 기반으로 최적의 콘텐츠를 제안한다. 그 기준은 정답률, 반응 속도, 이전 성취 수준, 문제 유형별 패턴 등으로 구성된다. 이 시스템은 겉으로는 '개인화'를 약속하지만, 실제로는 '예측 가능한 평균화'를 실행하는 체계다. 다시 말해, 학생은 점점 더 다양한 존재가 아니라 정형화된 학습 경로 안에서 데이터에 따라 분류되고 안내되는 객체로 구성된다. 시스템은 학생의 리듬을 존중하지 않는다. 오히려 그것을 조정하고 통제해야 할 변수로 취급한다. AI는 '당신의 속도로 배우세요'라고 말하지만, 그 속도는 언제나 '정답에 가장 빨리 도달하는 경로'에 의해 결정된다. 개인화란 실은 '효율화된 표준화'일 뿐이며, 그것은 '맞춤형 표준화'라는 기술적 환상을 통해 정당화된다.

이러한 구조 안에서 교수자는 점점 더 관계 맺는 존재가 아닌 학습 시스템의 모니터로 기능하게 된다. 교사는 학습 경로의 창조자가 아니라 시스템이 제안한 콘텐츠를 승인하고 관리하는 관리자이며, 피드백은 교사의 언어가 아니라 알고리즘의 자동 언어로 제공된다. 교사는 정서적 감응의 가능성을 점점 더 잃어 간다. 실시간 피드백은 감정 없는 반응으로만 구성되고, 수업은 점점 더 '개인 맞춤형 수행 공간'으로 전환된다. 공동체적 배움, 느린 토론, 우회적 사고, 함께 실패하기, 비계획적 탐구와 같은 교육의 리듬은 실종되고, 그 자리를 기술이 설계한 학습 루트가 대체한다. 수업은 질문과 응답이 오가는 관계의 장이 아니라 최적화된 경로를 따라 정해진 피드백을 수행하는 일련의 작업으로 치환된다.

가장 심각한 변화는 학생의 자기인식 구조이다. AI 기반 수업을 지속적으로 경험하는 학생은 자신을 '생각하는 존재'가 아니라 '분류된 사용자'로 인식하게 된다. 나의 학습 이력이 나를 설명하며, 나의 정답률이 나의 가능성을 말해 주는 방식 속에서, 학생은 시스템의 눈으로 자신을 보게 된다. 피드백은 언제나 "어떤 개념이 부족합니다", "이 유형을 반복하세요"와 같이 부족과 보충의 논리로 주어지며, 그 구조 안에서 학생은 '나의 배움'을 해석할 언어를 갖지 못한다. 데이터는 감응하지 않는다. 데이터는 구조화된 신호에 반응할 뿐이며, 그 반응은 언제나 더 많은 입력과 더 빠른 수정으로 이어진다. 이는 배움의 경험을 '사유의 과정'이 아니라 '성과의 흐름'으로 바꾸어 놓는다.

이러한 시스템은 학습자의 시간에 대한 주권을 심각하게 훼손한다. AI는 학습의 속도를 조절한다고 말하지만, 그것은 실제로는 '지체 없이 다음 단계로 넘어가야 할 시점'을 정해 주는 것이다. 시스템은 학습자의 멈춤, 반복, 되새김, 질문의 순환과 같은 인간적 리듬을 이해하지 못한다. 오히려 그것은 오류나 비효율로 간주된다. 교육은 본래 예외와 돌발, 비약과 침묵을 포함하는 열린 과정이지만, AI는 이러한 리듬을 감지할 수 없고, 감응하지 못한다. 교수-학습의 시간은 더 이상 학생의 삶의 시간과 연결되지 않으며, 학습은 시스템 시간 속에서만 유의미해진다.

그 결과, 교수-학습은 점점 더 '관계 없는 배움'이 된다. 교사는 만남의 존재가 아니라 콘텐츠 관리자이며, 학생은 질문의 주체가 아니라 반응하는 사용자이다. 수업은 의미를 구성하는 시간이 아니라 정보를 처리하는 절차로 변형된다. 여기서 가장 깊은 상실은 바로 '공동의 배움'이다. 우리가 함께 사유하고, 함께 의심하고, 함께 실패하고, 함께 기뻐하던 교실의 시간은 사라지고 있다. AI는 그런 배움을 모른다. 그것은 측정할 수 없고, 최적화할 수 없으며, 데이터화할 수 없는 것이기 때문이다.

우리는 다시 물어야 한다. 교수-학습의 본질은 무엇인가? 그것은 정보를 전달하는 것이 아니라 의미를 함께 구성하는 과정이며, 사유의 느림을 감당할 수 있는 관계 속에서만 가능하다. 우리는 기술이 약속하는 빠름보다 교육이 품고 있는 느림의 윤리를 다시 회복해야 한다. 그것은 단지 속도의 문제가 아니라 존재의 리듬을 존중하는 교육의 시간 구조를 다시 세우는 일이다.

4절

추적, 자동화, 정답 중심의 감시 체계로서 평가 :
기술의 통제성과 주체의 데이터화

질문 평가란 예측하는 것인가, 만나는 것인가?

평가는 교육의 핵심을 구성하는 요소인 동시에 가장 정치적이고 윤리적인 장치이기도 하다. 우리가 무엇을 평가하는가, 어떻게 평가하는가는 곧 무엇을 가치 있게 여기고, 어떤 배움을 인정하며, 어떤 인간을 정상이라 간주하는지를 드러낸다. 그러나 지금의 교육에서 평가는 점점 더 자동화되고 있으며, AI 기술의 도입은 그 속도를 가속화시키고 있다. 실시간 피드백, 자동 채점, 학습 분석 기반 성취 추적 시스템은 평가를 교사의 사유와 해석이 아닌 데이터 기반 알고리즘의 판단으로 재구성하고 있다. 피드백은 교사의 언어가 아닌 기계의 연산으로 주어지고, 학생은 그 피드백을 통해 '실패하지 않는 방식'을 학습하게 된다. 이제 평가는 배움의 촉진이 아니라 배움의 추적이 되었다. 그리고 그 추적은 점점 더 정답에만 반응하는 감시 장치로 작동한다.

AI 기반 평가 시스템은 학생의 입력 값(문제 풀이 방식, 응답 시간, 오류 패턴 등)을 실시간으로 분석하여 진단을 제공한다. 이 진단은 정오正誤의 판단뿐만 아니라 앞으로의 학습 경로에 대한 결정까지 포함한다. 이 과정은 마치 중립적이고 공정한 판단처럼 제시되지만, 실은 그 판단이 담지하고 있는 교육적 가치와 인간관, 그리고 정답의 기준은 거의 검토되지 않는다. 시스템은 무엇이 옳고 그른지를 판별할 뿐, 왜 그것이 옳다고 간주되는지 혹은 다른 접근이 가능한지를 묻지 않는다. 정답 중심 피드백은 사유를 유도하지 않고 수정을 지시한다. "다음엔 이렇게 하세요"라는 피드백은 교정의 언어이지, 해석의 언어가 아니다. 배움은 이해의 확장이 아니라 오류의 최소화로 전락한다.

AI 디지털 교과서와 자동 평가 시스템은 단순한 도구를 넘어 교실과 학교를 하나의 학습 기계로 재구조화하고 있다. 벤 윌리암슨Ben Williamson은 이러한 학습 기계가 코드, 알고리즘, 플랫폼으로 구성된 체계이며, 이들은 교사와 학생의 상호작용을 실시간으로 추적하고 감시하며, 조작 가능한 데이터로 변환하는 시스템이라고 진단한다. 특히 이 시스템은 학생의 반응 속도, 정확도, 피드백 수용률 등을 개입이 가능한 정보로 환원시킨다. 그 결과 수업은 인간적 만남이나 사유의 공간이 아니라 수집-처리-개입의 순환을 중심으로 작동하는 기술 인프라로 전환된다.

이러한 시스템의 확산은 데이터를 통해 개인 맞춤형 학습이 가능해지고 모든 학생에게 공정하고 효과적인 교육이 제공될 것이라는 믿음을 강화한다. 이러한 맥락에서 테크 기업들이 플랫폼을 통해 교실을 데이터 수집 실험실로 바꾸고, 학생을 데이터 기반 사용자로 전환한다. 이러한 과정은 교육을 민주적 경험에서 탈맥락화된 알고리즘 모델로 전환하는 위협을 내포한다. 특히 에듀테크 기업들의 기술은 학습자의 데이터를 실시간으로 수집·분석하며, 감독-예측-개입의 연쇄 작동을 정교하게 설계하고 있다. 교육은 이 과정에서 성과 기반 책임 체계로 전환되며 학생의 학습은 성공 지향적 반복 구조에 편입된다. 실시간 평가는 학습자의 사고를 기다리지 않고 즉각적인 반응을 요구하며, 실수는 곧장 수정되어야 할 오류로 간주된다. 이러한 속도 중심의 평가 구조는 학습을 의미의 형성보다는 정확한 반응의 훈련으로 재편한다.

윌리암슨은 이러한 구조가 인지적 학습만이 아니라, 학습자의 정서, 동기, 행동 패턴과 같은 비인지적 요소까지 개입 대상으로 삼고 있다고 경고한다. 그는 이를 심리-신경 복합체라고 부르며, 신경과학과 행동심리학이 결합된 이론들이 AI 시스템을 통해 학생의 내면 상태를 실시간으로 추적하고 조절하려는 시도를 분석한다. 이는 교사의 판단이나 인간적 관계를 통한 교육적 개입보다 정량화된 신호와 지표를 통해 학습자를 규율하려는 구조로, 교육을 감응적 만남이 아니라 수정 가능한 상태의 관리로 바꾸어 버린다.

결과적으로 학생은 반복적 사용자로 구조화된다. 그들은 스스로 배움의 의미를 해석하고 구성하는 주체가 아니라, 시스템이 설정한 정답에 반응하고 오류를 교정하는 수행자에 머문다. 이로써 학습은 정답 중심 피드백 루프로 축소되고, 교육은 지식의 의미 생성보다는 행동의 수정에 집중하는 기술적 절차로 대체된다.

이런 피드백 시스템은 또 다른 방식으로 교육적 불평등을 심화시킨다. 정답 중심의 평가 구조는 다양한 문화적 맥락, 언어 습관, 사고 양식을 반영하지 못하며, AI 시스템은 특정한 언어와 표현 방식, 문제 해결 전략을 중심으로 학습되었기 때문에 비표준적인 접근을 오류로 판단하거나 낮은 성취로 간주할 가능성이 높다. 이때 AI 피드백은 그 자체로 하나의 표준화된 사고방식을 강제하며, 정답과 성공에 도달하는 유일한 경로만을 유효한 것으로 설정한다. 이 과정에서 문화적 다양성, 표현의 개별성, 사고의 비형식성은 배제되고, 학생은 정답의 형식을 내면화하는 방식으로 자신의 존재를 구성하게 된다. AI는 이처럼 평가를 통해 인간을 계량화하며, 그 계량값을 통해 '지도 가능한 객체'

로 프로파일링한다.

그 결과, 교사의 역할은 평가의 해석자가 아닌 평가 결과의 검수자 혹은 집행자로 전환된다. AI가 실시간으로 분석한 결과는 교사에게 '사실'로 주어지며, 교사는 그 사실을 기반으로 피드백을 전달하고 후속 지도를 설계한다. 그러나 그 '사실'은 알고리즘이 판단한 것이며, 그 판단의 기준은 교사의 사유나 교육적 맥락이 아닌 데이터상의 패턴과 확률이다. 교사는 점점 더 평가의 창조자가 아니라 평가 결과의 전달자로 기능하며, 그 과정에서 학생과 맺던 고유한 피드백의 관계는 소멸된다. 피드백은 이제 누군가의 말이 아니라 시스템의 지시이며, 그 지시는 감응하지 않는다. 그것은 오직 성과를 정렬하고 오류를 제거하며 다음 과업을 지시할 뿐이다.

실시간 평가는 배움의 속도까지 재정의한다. 시스템은 빠른 반응을 요구하고, 느린 사고, 멈춤, 사유의 우회를 비효율로 간주한다. 학습은 이제 '정답 도달 시간'으로 환원되고 있으며, 그 시간 안에 '반응하지 않는 자'는 부진한 학습자로 분류된다. 시간은 더 이상 사유의 조건이 아니라 경쟁과 추적의 지표로 바뀐다. 하르트무트 로자는 시간에 대한 주권의 상실을 현대 사회의 위기로 규정하면서 교육은 '멈춤의 윤리'를 회복해야 한다고 말한다. 그러나 실시간 평가 체계는 이 멈춤을 허용하지 않는다. 그것은 오류의 성찰이 아니라 오류의 신속한 제거를 요구하며, 그 과정에서 인간적인 사유의 리듬은 삭제된다.

평가는 원래 '배움에 응답하는 행위'였다. 그것은 학생의 사유와 감정, 리듬과 관계에 대한 응답이었으며, 때로는 기다림으로, 때로는 재구성으로 이루어지는 복합적인 언어였다. 그러나 지금의 실시간 자동화 평가는 이러한 피드백의 철학을 지워 버리고 있다. 그것은 피드백을 관계의 언어가 아닌 '업데이트된 명령'으로 변형하며, 교사와 학생 사이의 교육적 공명을 차단한다. 학생은 '누군가가 나의 사유를 듣고 있다'는 감각을 상실하게 되고, 피드백은 점점 더 무감각한 반복으로 귀결된다. 이 구조는 배움의 존재론을 기술적 구조로 치환하며, 교육의 인간적 가능성을 축소시키는 방향으로 가속되고 있다.

평가는 학생의 가능성을 드러내는 일이기도 하지만, 동시에 우리가 어떤 인간상을 원하는지를 반영하는 사회적 기획이다. 그 기획이 자동화되고 있을 때, 우리는 그 기획이 놓치고 있는 것들에 대해 질문해야 한다. AI는 정확할 수 있다. 그러나 교육은 언제나 불완전한 인간에 대한 응답이어야 한다. 실시간 피드백이 놓치는 것은 바로 그 응답의 시간이다. 그 시간은 정답보다 길고, 오류보다 깊으며, 인간보다 느리다. 그러나 교육은 바로 그 시간 속에서만 존재한다.

5절

사라진 숙의와 플랫폼화된 학교 :
플랫폼 기반 거버넌스와 민주주의의 소멸

질문 학교는 언제부터 말하는 공간이 아니라 반응하는 시스템이 되었는가?

교육은 본래 시간을 필요로 한다. 그 시간은 단지 배움의 과정에만 요구되는 것이 아니다. 교육을 운영하고 설계하는 의사 결정 또한 인간적인 리듬과 숙의의 구조를 필요로 한다. 교사와 학생, 학부모와 행정이 조율하고, 공동체 안에서 의견을 수렴하고, 다수의 상충하는 이해와 경험을 교차시키는 시간은 교육이 교육다울 수 있는 조건이다. 그러나 오늘날 학교는 점점 더 '빠른 결정'과 '신속한 실행'을 요구받고 있다. 기술은 이러한 요구를 완벽하게 수행할 수 있도록 설계된다. 학교는 이제 '플랫폼'을 통해 의사 결정의 흐름을 자동화하고 있으며, 보고와 집행, 실행과 관리의 전 과정을 데이터화된 체계 속에 밀어 넣고 있다. 문제는 이러한 전환이 교육적 숙의와 철학적 질문을 사라지게 만들고 있다는 점이다. 기술의 속도가 교육의 속도를 압도하고 있고, 정답 없는 논의는 비효율로 간주되며, 학교는 '적응하는 조직'이라는 이름으로 '생각하지 않는 공동체'가 되어 가고 있다.

학교 조직은 오랫동안 느린 공간이었다. 그리고 느림은 단순한 지체가 아니었다. 그것은 학생의 성장 속도와 교사의 성찰 속도를 존중하고, 교육적 갈등과 문화적 다양성을 수렴하며, 공동체의 결정을 철학적 고민 속에서 형성하는 리듬이었다. 그러나 '교육 행정의 효율화'라는 이름으로 도입된 다양한 디지털 시스템은 이 리듬을 조직의 '반응 속도'라는 기술적 지표로 환원하고 있다. 교육청은 플랫폼을 통해 학교에 정책을 '안내'하고 학교는 그에 '응답'한다. 계획과 보고는 일정에 맞춰 등록되어야 하며, 성과와 실적은 수치로 제출되어야 한다. 교사의 의견은 시스템상의 의견란에 기록되지만, 그 기록은 읽히는 대신 저장되며, 저장된 데이터는 곧 문서화되어 다음 계획의 근거로 변환된다. 이 흐름 속에서 의견은 질문이 아닌 '입력 값'이 되고, 결정은 토론이 아닌 '알림'이 된다.

윌리암슨은 오늘날 공교육이 네트워크 기반의 통신 구조와 데이터베이스 중심의 분석 소프트웨어에 의해 운영되는 새로운 형태의 디지털 교육 거버넌스로 전환되고 있다고 분석한다. 그는 특히 민간 기술 기업, 국가 정책 네트워크, 그리고 교육 기술 확산을 주도하는 민간 교육 혁신 단체들이 협력하여 사회-알고리즘적 권력을 형성하고 있으며, 이 권력이 학습자와 학교의 역량, 주체성까지 예측하고 통제하려는 경향을 보인다고 지적한다.

이러한 교육 단체들은 교육의 디지털화를 선도한다는 명분 아래, AI 기반 평가 시스템, 맞춤형 학습 플랫폼, 실시간 피드백 알고리즘 등을 확산시키고 있다. 윌리암슨에 따르면 이들의 활동은 학교 내부의 의사결정 권한을 점차 기술 시스템에 위임하도록 유도하며, 교육을 정책과 알고리즘이 주도하는 자동화된 실행 체계로 재편한다.

그는 이러한 구조가 '신속한 실행'과 '투명한 운영'이라는 표면적 명분을 내세우지만, 실제로는 교사, 관리자, 학부모, 학생 사이의 숙의와 협의의 여지를 제거한다고 비판한다. 학교는 점차 상위 시스템이 설정한 도식을 신속히 이행해야 하는 기술적 행위 주체로 기능하게 되며,

교육의 자율성과 공동체적 판단의 공간은 점차 협소해진다.

이러한 영향으로 학교는 겉으로는 자율적 운영을 수행하는 것처럼 보이지만, 실제로는 디지털 시스템에 대한 적응 능력에 의해 평가되고 통제된다. 이 과정에서 교사와 학교는 사유와 판단의 여백을 상실하고, 시스템의 명령에 반응하는 수행자로 구조화된다. 윌리암슨은 이러한 현상을 플랫폼화된 통치 구조의 일환으로 보며, 교육의 본질이 기술 기획의 도식 안에 갇히고 있음을 경고한다.

이러한 '빠름의 구조'는 교장의 리더십과 교사의 자율성에도 중대한 영향을 끼친다. 과거 교사는 학교 안에서 공동체 구성원으로 참여하고, 정책에 대한 평가와 재구성을 제안할 수 있는 주체였다. 그러나 플랫폼 중심의 업무 시스템은 교사를 '정책 집행의 단위'로 환원시키며, 수시로 요구되는 실적 입력, 이행 점검, 성과 보고를 통해 교사를 '이행자'로만 위치시킨다. 교장의 역할 역시 변화한다. 그는 교육 비전을 구성하는 리더가 아니라 시스템상의 지표를 충족시키기 위해 구성원을 독려하고 실적을 취합하는 관리자처럼 기능하게 된다. 공문은 플랫폼을 통해 내려오고, 회의는 보고를 위한 절차가 되며, 학교는 더 이상 교육의 의미를 토론하는 공간이 아니라 '목표 달성률'을 이루기 위해 서로 경쟁하는 단위가 된다. 이러한 구조는 교육을 기술적으로 완성하지만 철학적으로 무력화한다.

의사 결정의 자동화는 '숙의'라는 교육의 정치적 기초를 해체한다. 숙의란 단지 합의에 도달하기 위한 수단이 아니다. 그것은 타자와의 대화 속에서 나의 입장을 반성하고, 공동체 전체가 하나의 삶의 형식을 상상하는 정치적 실천이다. 그러나 플랫폼은 숙의를 요청하지 않는다. 그것은 입력을 요구하고, 반응을 측정하며, 실행을 추적할 뿐이다. 숙의는 계획보다 늦고, 답을 내기까지 시간이 걸린다. 그것은 비효율적이며, 예측할 수 없고, 종종 갈등을 일으킨다. 그러나 교육은 바로 그 '예측 불가능성' 속에서 의미를 갖는다. 정답 없는 질문, 열린 토론, 합의 없는 결정 보류 같은 시간들이야말로 학교가 시민교육의 공간이자 민주주의의 실험장이 되는 순간이었다. 플랫폼 기반 의사 결정은 이러한 공간을 제거하고 있다.

교육은 효율이 아닌 타당성을 중심으로 운영되어야 한다. 어떤 결정이 빠르게 이루어졌느냐보다 그것이 누구의 삶에 어떤 영향을 미치며, 그 결정이 타자와의 관계를 어떻게 구성하는가를 묻는 일이 더 중요하다. 그러나 지금의 학교는 타당성을 질문할 시간도, 구조도, 언어도 잃어 가고 있다. 정책은 너무 빠르게 바뀌고, 업무는 너무 많이 요구되며, 시스템은 너무 정교하게 반응한다. 학교는 플랫폼을 따르고, 교사는 그 안에 입력하며, 학생은 거기서 형성된다. 그 형성의 과정 속에서 교육의 목적은 더 이상 논의되지 않는다. 단지 시스템의 흐름에 '적응 가능한가'만이 성과로 남는다.

학교 운영의 플랫폼화는 기술의 문제가 아니라 교육적 존재론의 문제다. 시스템은 학교를 더 정밀하게 통제할 수 있지만, 그것이 학교를 더 교육적으로 만들지는 않는다. 플랫폼은 피드백을 빠르게 줄 수 있지만, 그 피드백이 교사와 학생 사이의 신뢰를 대신할 수는 없다. 정책은 수치화되어 비교될 수 있지만, 그 수치가 공동체 안에서 살아 있는 정당성을 의미하지는 않는다. 교육은 시스템을 필요로 하지만, 시스템이 교육을 대체해서는 안 된다. 우리가 지금 다시 교육의 결정을 사유한다면, 그것은 빠름이 아니라 느림, 정답이 아니라 질문, 실행이 아니라 숙의 속에서 이루어져야 한다.

| 제2장 |

개별 맞춤형
교육 담론의 역설

1절

개별화 교육 담론의 기원과 정치성 :
특성화와 표준화의 모순 구조

질문 '개별화'는 누구의 시선에서 정의되는가?

1.1. 기술적 해결 담론으로 재정의된 교육
— 기술주의가 재정의한 교육의 목적

교육은 언제나 문제 해결의 기획과 맞닿아 있었다. 그러나 그 해결 방식이 기술 중심으로 재편될 때, 교육은 단순히 입력과 출력을 조정하는 체제로 축소된다. 디지털 전환과 AI의 도입은 교육을 '고장 난 시스템'으로 가정하고 그 고장을 빠르고 정확하게 진단하여 최적화할 수 있다는 믿음을 퍼뜨렸다. 개별화 교육은 바로 이 기술주의적 해결 담론의 핵심에 위치하며, 학습자 개인의 특성을 데이터로 환원하고 효율적 처방으로 학습 경로를 구성하는 알고리즘적 해결책으로 등장한다.

이 담론은 교육의 본질을 지식의 전달이나 인간의 성장보다 문제의 자동화된 해결로 인식하는 관점으로 재편한다. '문제'는 더 이상 교육의 내재적 긴장이나 가치 갈등이 아니라 진단 가능한 오류로 설정되고, '해결'은 기술적 개입을 통해 최적화할 수 있는 기술적 사안이 된다. 이 과정에서 교육은 인간과 세계 사이의 의미 생산이 아닌 데이터 입력-산출 체계로 재구성된다. 이로써 교육은 질문이 아닌 정답, 성장보다는 속도에 종속된다.

특히 개별화 교육 담론은 '모든 학생은 다르다'는 상식적 문장을 표면적 출발점으로 삼지만, 그 다양성은 통계적 처리의 대상일 뿐이다. 표준화된 질문지, 동일한 진단 알고리즘, 반복 가능한 인터페이스가 이를 뒷받침한다. 기술은 겉보기에 '맞춤형'을 제공하지만, 실제로는 표준화된 항목 안에서의 분류를 제공할 뿐이며, 진정한 의미의 개별성은 삭제된다.

이와 같은 담론의 정치성은 기술이 중립적이라는 믿음에 기반을 둔다. 그러나 기술은 언제나 사회적 선택의 결과이며, 그 설계에는 특정한 가치, 권력, 통제가 내포된다. AI 기반 학습 플랫폼은 학습자의 이력, 반응 속도, 정답률 등을 평가하여 '최적 경로'를 제안하지만, 이 '최적'은 기술이 정의한 학습의 의미와 속도를 전제한다. 즉, 기술적 개입은 단지 도구가 아니라 교육의 목적과 방향 자체를 재정의하는 권력을 행사한다.

기술주의적 개별화는 또한 교사의 역할을 대체하거나 축소하는 방식으로 작동한다. 교사는 더 이상 교육과정의 설계자나 존재적 만남의 안내자가 아니라 데이터 흐름을 감시하고 처리하는 관리자적 위치로 변환된다. 이러한 전환은 교육을 수직적 처방 구조로 재구성하며 인간관계에 기반한 교육적 만남을 삭제한다. 기술은 이 과정에서 교육의 감응적 리듬을 외면한 채 연속된 입력 값 조정으로 배움을 단순화한다.

이처럼 기술 중심의 개별화 담론은 표면적으로는 혁신적이고 포용적인 언어를 사용하지만 실제로는 신자유주의적 통치 기획과 맞물려 작동한다. 학습자는 선택의 주체로 호명되지만 선택지는 이미 시스템에 의해 배열되어 있다. 성취는 개인의 능력에 귀속되지만 그 능력은 플랫폼이 제공한 경로와 알고리즘을 통과한 결과로 환원된다. 개별화는 자율의 확장이 아니라 자동화된 통제의 또 다른 양식으로 기능한다.

기술적 해결 담론으로서의 개별화는 교육의 문제를 구조적·관계적 맥락에서 분리시키고, 기술-시장-정책의 복합 네트워크 안에서 소비 가능한 문제로 변형시킨다. 이는 교육을 삶의 과정에서 분리하고, 인간적 불확실성과 감응을 제거하며, 단일한 시간 구조 속에 편입시키는 움직임이다. 다음에서는 이러한 개별화 담론이 시간, 역량, 감정, 관계, 윤리의 차원에서 어떻게 문제를 구성하고 정당화하는지를 본격적으로 분석할 것이다.

1.2. '문제는 무엇인가'에 대한 구성적 정의
— 문제를 만드는 권력과 배제된 교육의 가능성

교육 정책은 단순히 문제를 해결하려는 기획이 아니다. 그것은 문제를 구성하고, 특정한 해석을 제도화하며, 그에 따라 행동 가능한 영역을 설정하는 권력 작용이다. 캐롤 바치Carol Bacchi의 WPR What's the Problem Represented to be? 접근은 바로 이 지점을 파고든다. 정책은 '문제를 해결하는 것'이 아니라 '문제가 무엇인지'를 구성하는 장치이며, 이 구성은 특정한 이해관계와 가치 판단에 의해 선택된다. 개별화 담론 역시 '해결해야 할 문제'를 어떤 방식으로 재현하고 있는가라는 물음에서 다시 시작해야 한다.

개별 맞춤형 학습을 정당화하는 담론에서 반복되는 전제는, 현재의 교육이 획일적이고 비효율적이며 학습자의 다양성을 수용하지 못한다는 진단이다. 이 진단은 일견 타당해 보이지만, 바치의 관점에 따르면 이는 문제를 특정한 방식으로 '재현represent'하는 것이지 객관적 사실로 드러낸 것이 아니다. 왜 문제를 그렇게 구성했는가? 그 재현은 어떤 대안을 배제하고, 어떤 해법만을 가능하게 만드는가? 이러한 분석 없이 '다양성의 수용'은 쉽게 기술 기반 개입의 구실로 전락한다.

예를 들어, 학습자의 차이를 '개별 최적화 필요성'으로 재현하는 순간, 교실은 관계적 공간이 아닌 조정 가능한 인터페이스 배열로 전환된다. 다양성은 문화적·정서적·사회적 맥락이 아니라 주어진 목표에 얼마나 빠르게 도달하느냐의 속도 차로 환원된다. 이는 곧 '차이'가 존재의 방식이 아니라 '개선'의 대상이라는 전제로 이어지며, 알고리즘이 배포하는 경로는 이 차이를 수정할 수 있는 기술로서 정당화된다. 문제는 인간과 인간 사이의 거리감이 아니라 기계적 '적합도 부족'으로 재정의된다.

바치는 정책이 문제를 구성하는 방식에 주목하라고 말한다. 개별화 담론은 '개별화가 부족하다'를 문제로 구성한다. 그러나 더 근본적인 질문은, 왜 '개별화'가 필요한 것으로 간주되는가이다. 여기에는 표준화된 성취 목표, 빠른 학습 경로, 계량 가능한 성과 지표라는 전제들이 깔려 있다. 교육의 목적이 성찰이나 공적 관계의 형성이 아니라 정해진 목표로의 빠른 도달로 설정되어 있는 한, 개별화는 다양성의 존중이 아니라 성과 달성의 수단으로만 남게 된다.

또한 이러한 문제 구성은 교사의 역할과 권한을 본질적으로 재구성한다. 바치는 문제 구성은 주체 구성과도 연결된다고 지적한다. 개별화 담론은 교사를 변화에 저항하거나, 새로운 기술을 채택하지 못하는 '업데이트 불능 주체'로 재현한다. 동시에 학생은 지원이 필요한 데이터 객체이자 실시간으로 피드백을 받아야 할 최적화 대상이 된다. 이 구성은 교사와 학생 모두를 실시간 조작 가능한 요소로 전환하며 교육을 관계적 만남에서 벗어나게 만든다.

이런 문제 구성은 대안을 사전에 봉쇄한다. 바치는 문제 재현이 동시에 '다른 가능성의 지우기'라고 본다. 예를 들어, 학습 격차를 '학습자의 데이터 부족'으로 구성할 경우 그 원인을 사회적 불평등이나 제도적 차별에서 찾지 않게 된다. 이와 같은 구성은 정치적 책임의 회피이며 기술적 개입만을 해법으로 남겨 둔다. 개별화는 점점 더 '기술적 문제'로 탈정치화되며 교육의 공적 논의는 사라진다.

바치의 WPR 분석 틀은 개별화 담론이 형성하는 '정책적 상식'을 해체하는 데 강력한 도구가 된다. '문제는 무엇인가'를 묻는 대신 '문제는 어떻게 구성되었는가'를 묻는 이 접근은, 현재 기술 중심 개별화 교육 담론이 어떤 사회적 힘에 의해, 어떤 이해관계를 반영하며, 어떤 대안을 배제하는지를 비판적으로 조명한다. 이 작업은 단지 비판에 머물지 않고, 새로운 질문을 위한 문을 연다.

1.3. 자율성 담론의 수용과 전복 — 선택이 통제가 되는 방식

'자율성'은 교육에서 가장 널리 긍정되는 개념 중 하나다. 학습자 중심 교육, 자기주도 학습, 에이전시agency 개념 모두 자율성의 확대를 전제로 삼는다. 그러나 이 자율성 담론은 중립적이지 않다. 그것은 특정한 시대적·정치적 맥락 속에서 구성된 것이며, 특히 신자유주의 이후 '선택'이라는 행동 양식을 통해 체화된 방식으로 작동해 왔다. 자율성은 선택 가능성을 확장한다는 점에서 해방적으로 보이지만, 실상은 선택하지 않으면 배제되는 구조를 통해 통제의 장치로 전환된다.

신자유주의적 교육 정책은 자율성 개념을 제도화된 관리 수단으로 전복했다. 학습자는 자기주도 학습의 주체로 호명되지만, 실상은 끊임없는 자기조정과 자기감시의 대상이 된다. 여기에서 선택은 자유가 아니라 규범이 된다. 예를 들어, AI 기반 플랫폼에서 제공하는 '개인 맞춤형 학습 경로'는 겉보기에는 선택의 폭을 넓혀 주는 듯하지만 알고리즘이 사전에 제시한 옵션 내에서만 선택이 가능하다. 이는 선택의 조건을 설계하는 권력을 비가시화하고 학습자의 선택을 기술적으로 조율하는 효과를 낳는다.

이와 같은 '선택의 강제'는 자기책무성 개념과 결합되면서 더욱 심화된다. 자기주도 학습은 더 이상 '자발성'이 아니라 '책임'으로 전환되고, 배움의 실패는 시스템의 문제가 아닌 학습자의 태도 문제로 전가된다. 이는 자율성 개념이 '자기통제'라는 윤리로 포장된 기술적 감시와 결합된 구조라는 점을 보여 준다. 학생은 자유롭게 선택했으므로 결과에 책임을 져야 하고, 그 책임은 다시 피드백과 성과 지표의 개선을 위한 근거로 사용된다.

교육 현장에서 이러한 자율성 담론은 교사에게도 유사한 방식으로 작동한다. 교사는 수업 설계의 자율성을 보장받는다고 하나, 실제로는 플랫폼이 제공하는 콘텐츠 추천과 성과 평가 지표에 따라 수업을 설계할 수밖에 없다. 자율성은 정책 문서에만 남고 실천의 장에서는 알고리즘과 지표 관리라는 새로운 형태의 통제에 예속된다. 이처럼 자율성은 형식적으로는 확대되었으나 실질적으로는 권력의 새로운 형태를 구성하는 도구로 기능한다.

이러한 역전된 자율성은 '자기계발'과 '자기관리'라는 이상적 언어와 결합하여 강력한 내면화를 촉진한다. 특히 역량 중심 교육에서 학습자는 자신의 부족한 역량을 지속적으로 점검하고 보완해야 하는 존재로 규정된다. 이때 자율성은 자기형성의 동기가 아니라 무한한 부족 상태를 감지하고 개선해야 한다는 압박으로 기능한다. 선택은 곧 지속적 업데이트의 조건이 되고 자율성은 스스로를 재구성할 줄 아는 능력으로 환원된다.

결과적으로, 자율성 담론은 학습자에 대한 권한 부여와 해방의 언어로 제시되지만, 이면에서는 선택을 전제로 한 통제, 책임의 개별화, 데이터 기반 감시를 수반한다. 바치의 WPR 접근에 따르면, 이러한 담론은 문제를 '자율성이 부족하다'로 구성하고 해결책으로 '더 많은 자율성'을 제시하는 반복적 고리를 형성한다. 하지만 그 자율성은 제도와 기술, 정책이 설계한 규범 속에서만 가능하며, '선택의 자유'라기보다 '기대되는 반응'으로 표준화된다.

1.4. '개별화된 표준화'의 구조화 — 알고리즘에 의한 규격화

'개별화'라는 말은 다채로움을 연상시키지만, 디지털 교육 환경에서의 개별화는 실제로는 표준화된 형식을 따르는 알고리즘적 규격화로 작동하는 경우가 많다. 플랫폼은 수많은 데이터를 기반으로 '가장 적절한' 학습 경로를 제시하는 듯 보이지만 실상은 미리 정해진 콘텐츠 묶음과 피드백 구조 속에서 개별 학생을 분류하고 배치한다. 이는 개별화가 개성의 존중이 아니라 기계적 최적화로 축소된다는 점에서 '개별화된 표준화'라는 모순적 구조를 형성한다.

이 구조의 핵심은 알고리즘의 작동 방식이다. 플랫폼은 학습자의 반응 속도, 정답률, 클릭 패턴, 집중 시간 등의 데이터를 수집해 통계적 평균값에 가장 근접한 학습 경로를 추천한다. 이 과정은 표면상 '개인 맞춤형'이지만 실제로는 비슷한 유형으로 분류된 학습자 군집에 동일한 콘텐츠와 과제를 배정하는 방식으로 작동한다. 결국 '다른 학생에게는 다른 경로'가 아니라 '유사 학생에게는 동일 경로'가 제공되는 구조다.

이러한 경향은 교육과정 자체에도 영향을 미친다. 주제나 개념은 문제 풀이 단위로 쪼개지고 학습 경로는 짧은 루틴들로 재조합된다. '학습 경로 최적화'는 곧 '학습 내용 단순화'를 의미하며, 주제 간 연결, 개념 간 전이, 감정이나 신체를 통한 배움 같은 복합적 과정은 시스템 효율성이라는 이름 아래 생략된다. 개별화는 표면적으로는 유연성을 약속하지만, 실제로는 학습의 층위를 얕게 만들고 교육과정을 전례 없는 수준으로 단편화한다.

이러한 알고리즘 구조는 교사와 학생의 관계성에도 균열을 만든다. 교사는 시스템이 제시한 과제와 피드백을 중계하는 위치로 밀려나고 학생은 주어진 경로를 따라가야 하는 추적자로 기능하게 된다. 플랫폼은 교사의 판단을 '비정형 리스크'로 간주하고 데이터를 기반으로 한 표준 경로를 '안정적 선택'으로 간주한다. 이는 교육적 판단의 여백을 제거하고 교사의 존재를 알고리즘 보완자로 한정하는 효과를 낳는다.

학습자의 감각도 이 구조에 따라 형성된다. 학생은 '다음 과제'를 기다리기보다 '시스템이 다음에 줄 과제'를 예측하며 반응하게 된다. 배움은 스스로의 내적 호기심에서 출발하기보다 알고리즘에 의해 외부에서 호출되는 미션으로 구성된다. 이는 학습을 관계적 서사에서 탈각시켜 데이터 기반의 조건 반사적 반응 체계로 전환시킨다. 개별화가 이루어지는 방식 자체가 오히려 주체의 내면성을 배제하고 있는 것이다.

여기에서 개별화는 단순히 기술의 결과가 아니라 구조적 설계의 결과로 이해되어야 한다. 플랫폼 기업과 정책 입안자들은 '개별화'를 진보적 언어로 포장하지만, 그 기반에는 비용 절감, 콘텐츠 표준화, 교사 수 감소 등 효율성 논리가 자리하고 있다. 개별화는 교육의 인간적 다양성에 응답하려는 기획이 아니라 기술적 수단으로 전환된 시장주의적 기획임을 간과해서는 안 된다.

1.5. 담론의 공모자들 — 플랫폼 기업, 정책 네트워크, 국가

개별화 교육은 중립적인 기술적 혁신이 아니다. 그것은 시장의 논리, 정책의 프레임, 기술의 작동 방식이 결합한 권력 담론이며, 이 담론을 구성하고 추진하는 주요 행위자들의 정치적 연합은 철저히 구조화되어 있다. 여기에는 플랫폼 기업, 교육 기업, 국가 정책 기구, 국제 기구, 그리고 이들과 긴밀하게 연결된 학문 및 실천 커뮤니티가 포함된다. 이들은 개별화 담론을 통해 미래 교육의 필연성, 기술의 불가피성, 표준화된 맞춤화라는 역설을 정당화한다.

가장 전면에 나서는 것은 플랫폼 기업이다. 이들은 '학습의 혁신'을 표방하며, 맞춤형·개인화된 학습 경로를 제공하는 알고리즘 기반의 플랫폼을 출시한다. 하지만 그 기술은 결코 가치 중립적이지 않다. 추천 알고리즘의 기반은 학습 데이터를 상품화하는 구조에 있고, 학습자의 상호작용은 데이터로 환산되어 기업의 분석 자원과 수익 모델로 재편된다. 개별화는 학생을 '학습 사용자'로 전환시키는 민영화의 포장지에 가깝다.

플랫폼 기업의 기술 이력은 종종 글로벌 교육 정책 흐름과 결합한다. OECD, World Bank 등의 국제 기구는 디지털 기반의 개별 맞춤형 교육을 미래 교육의 핵심 조건으로 제시해 왔다. 이들이 발간하는 보고서는 기술 혁신의 필요성과 데이터 기반 교육 정책의 정당성을 강조하며, 국가 교육 정책을 유도하고 민간 플랫폼의 도입을 촉진시킨다. 담론은 기술 중심의 해결을 미래 지향적 필연으로 구성함으로써 비판을 예방하고 저항을 비합리로 재구성한다.

국가 역시 이러한 흐름에서 핵심적 공모자이다. 특히 신자유주의 이후의 교육 개혁은 '학교 성과 관리', '학생 맞춤형 진단', '교사 전문성 데이터화'를 목표로 삼으며 민간 기업과의 협력을 제도화한다. 교육부는 공공 플랫폼 개발보다 민간 솔루션 도입을 선호하며 정책 입안 과정에서 기업 및 정책 전문가 네트워크와 긴밀히 연결된다. 이 네트워크는 기술의 중립성을 강조하면서도 실제로는 특정 기업의 로직을 국가 교육의 규범으로 제도화하는 기능을 수행한다.

이러한 담론 동맹에는 학계 일부도 포함된다. 정책에 영향력을 갖는 연구자들은 '에비던스 기반', '데이터 중심', '성과 지향적' 연구를 통해 개별화 담론에 학술적 정당성을 부여한다. 예컨대 '학습자 에이전시', '자기주도성', '역량 기반 교육' 등의 개념은 이론적 깊이 없이 기술적 도구의 프레임 속에서 소비되며 비판적 담론은 '진보적이지 않은' 언설로 전환된다. 학문은 담론의 정당화 장치로 기능하게 된다.

그 결과, '누구를 위한 교육인가'라는 근본 질문은 담론에서 사라진다. 맞춤형 학습은 학생 개개인의 다양성에 응답하는 듯 보이지만, 실제로는 표준화된 진단 모델에 따라 정해진 '경로'와 '피드백'을 제공하는 구조다. 그 안에서 학생은 감시 가능하고 예측 가능한 주체로 포획되고, 교사는 중계자이자 관리자 역할로 전환된다. 개별화는 돌봄을 전제로 한 접근처럼 보이지만, 실제로는 효율성과 관리 편의를 우선하는 통제 구조로 기능하며, 공공성 역시 '사용자 맞춤'이라는 언어에 가려 점차 희미해진다.

2절

기술적 개별화의 시간정치학 :
예측, 최적화, 리듬 해체의 시간 구조

질문 학생의 시간은 살아 있는 흐름인가, 아니면 최적화된 경로인가?

2.1. 데이터 기반 시간 설계 — 즉시성의 규범화

우리는 지금 학습이 아니라 시간의 재설계가 일어나는 교실에 서 있다. 과거 교육은 시간표에 따라 흐르던 리듬을 전제로 했지만, 오늘날의 AI 기반 교수-학습 시스템은 데이터를 통해 시간 자체를 다시 정의한다. 실시간 로그 수집, 자동 과제 배포, 즉각 피드백은 시간의 속도뿐 아니라 구조를 전환시킨다. 교육은 더 이상 연속된 사건의 흐름이 아니라 데이터 반응에 따라 분절된 작업들의 연쇄가 된다. 그 중심에는 '즉시성immediacy'이라는 기술적 규범이 놓여 있다.

즉시성은 단지 속도의 문제로 축소되지 않는다. 그것은 반응의 지연을 결함으로 간주하고, 모든 행동을 시스템의 시간에 맞춰 조정하게 만드는 권력적 규범이다. 학생의 제출 시점이 늦어지면 '미이행'으로 처리되고, 교사의 피드백이 지체되면 '개입 지연' 경고가 뜬다. 학습이란 본래 시행착오와 재귀적 사유를 포함한 복잡한 과정이어야 하지만, 즉시성은 이 모든 흐름을 삭제하고, 순간적 반응 가능성만을 학습의 조건으로 만든다.

이러한 시간 설계는 교육의 존재론을 근본적으로 바꾼다. 기존의 교실이 과정을 공유하는 공적 시간의 장이었다면, 즉시성 기반 시스템은 개별 디바이스 속 사적 시간의 분할을 촉진한다. 친구와 함께 고민하고 토론하는 시간은 줄어들고, 시스템이 배정한 과제를 즉시 처리하는 능력만이 학습 성과의 기준이 된다. 이로써 학습은 상호작용이 아니라 응답성으로 정의되고, 교실은 공동의 배움이 아니라 개별 과업 수행의 무대가 된다.

AI 기반 디지털 교과서의 핵심 알고리즘은 바로 이 즉시성을 시스템 전체의 기본값으로 설정한다. 과제가 제출되면 자동으로 채점되고 다음 과제가 즉시 제시된다. 교사는 그 흐름을 해석하거나 설계하는 주체가 아니라 알림을 확인하고 처리 여부를 클릭하는 관리자 역할로 전환된다. 피드백의 시간은 인간의 언어가 아닌 기계의 규칙에 따라 구조화되며, 교육적 판단이 개입할 틈은 점점 줄어든다.

즉시성은 여유의 시간을 사치로 만들고 숙고의 시간을 비효율로 규정한다. 학습의 맥락과 의미를 되짚는 시간은 삭제되고, 정답률을 빠르게 높이는 반응 패턴만이 축적된다. 시간은 더 이상 학습자의 리듬에 따라 구성되지 않고, 시스템이 정한 타이밍에 순응할 것을 요구받는다. 이로써 시간은 존재의 리듬이 아닌 기술의 명령으로 기능한다.

즉시성의 규범화는 교사와 학생 모두에게 감정의 마비를 유도한다. 정서적 지연, 질문의 망설임, 공감의 정주는 '처리 속도 저하'로 환원된다. 실시간성이 감정의 개입을 무력화시키며, 학습 주체는 감응하는 존재가 아닌 성과를 생산하는 노드로 축소된다. 이로 인해 학습자 간의 관계는 얕아지고, 교사는 교육적 만남의 장이 아닌 피드백 자동화 시스템의 보조 장치가 된다.

이처럼 즉시성 중심의 시간 설계는 단순한 기능적 효율화를 넘어

선다. 그것은 권력의 재구조화이며, 인간 존재의 시간성과 교육의 윤리를 재편하는 문화적 장치이다. 실시간 데이터는 중립적이지 않다. 그것은 어떤 시간만을 '정상'으로 정의하고, 그 외의 모든 시간적 다양성과 차이를 배제하는 기준점으로 작동한다. 즉시성은 시간의 편차를 용납하지 않는 시간정치의 핵심이다.

2.2. '최적화된 개인' 모델의 시간 구조
― 기술 시간의 표면적 자율성과 구조적 통제

'개별 맞춤형 학습' 담론이 기반한 시간 구조를 면밀히 들여다보면 그 이면에는 일관된 통제 모델이 숨겨져 있다. 핵심은 바로 '최적화'라는 개념이다. 학습자는 고유한 존재가 아니라 성과를 극대화하기 위한 연속적인 변수 집합으로 재정의된다. 시간은 이 변수를 계산하는 연산 단위로 전환되며, '최적의 진도', '최적의 피드백 타이밍', '최적의 난이도'가 학습 시간 전체를 재편한다.

이 '최적화된 개인'은 존재가 아니라 모델이다. AI 기반 시스템은 데이터 로그를 통해 학습자의 반응 속도, 정답률, 반복률 등을 실시간으로 분석하고, 이를 바탕으로 다음 행동을 예측하고 설계한다. 이 과정은 수동적 학습이 아닌 능동적 구성처럼 보이지만, 실제로는 선택지를 좁히고 행동의 방향을 선제적으로 제시하는 통제 시스템이다. 선택의 자유는 선택 가능한 경로들의 미리 짜인 구조 안에서만 작동한다.

시간 구조 역시 이 최적화 모델에 맞게 변형된다. 기존 교육이 대체로 '단위 시간-공통 활동'의 구조를 가졌다면, 최적화 모델은 '개인 로그-예측된 시간 경로'라는 구조로 대체된다. 이로써 학생은 더 이상 동일한 시간에 동일한 활동을 공유하는 존재가 아니라 개별화된 타임라인 속에서 데이터를 따라 학습하는 사용자로 전환된다. 교육은 공동의 리듬이 아닌 분산된 알고리즘 흐름으로 구성된다.

이러한 시간 구조는 겉으로는 유연하게 보인다. '각자의 속도', '자기주도', '맞춤형 피드백' 같은 언어는 개별성의 존중을 암시한다. 그러나 실제로는 시스템의 판단과 속도 기준에 동조하는 방식으로만 '유연함'이 허용된다. 주체가 스스로 설계하는 시간이 아니라 시스템이 설계한 시간에 적응하는 것이 최적화의 조건이 된다. 자율은 자율처럼 보이되 실제로는 고도로 설계된 통제된 자유에 불과하다.

결국 이러한 시간 구조는 인간의 리듬, 정서, 인내의 시간과 상충하게 된다. 실패를 성찰하는 시간, 질문을 망설이는 시간, 우회하는 시간은 '비효율'로 간주되며 배제된다. 최적화 알고리즘은 정답률과 반응성을 중심으로 작동하므로, 사유의 지연, 감정의 흔들림, 관계의 주저는 '개입 필요' 또는 '경로 이탈'로 표기된다. 이처럼 시간은 기술이 허용한 방식으로만 흘러야 하는 조건부 자원으로 전락한다.

이러한 시간 구조는 교사에게도 똑같이 작동한다. 교사는 학생의 개별 시간 경로를 관리·모니터링하는 중계자이자 조율자로 역할이 제한된다. 수업의 흐름은 설계가 아닌 해석의 대상이 되고, 교육적 판단은 '데이터 기반 의사 결정'이라는 이름 아래 사후 승인으로 밀려난다. 시간의 주체가 시스템일 때, 교사는 그 시스템의 일관성을 유지하는 관리자 역할을 수행하게 된다.

'최적화된 개인' 모델은 결국 시간의 질을 바꾸는 것이 아니라 시간의 용도를 바꾸는 방식으로 작동한다. 시간은 존재의 성찰이 아니라 성과의 추적을 위한 연속 데이터로 환원되고, 인간의 학습은 모델 파라미터 model parameter 조정의 수단이 된다. 우리는 이 모델 속에서 개별화의 환상과 통제의 현실이 어떻게 충돌하고 있는지를 명확히 인식해야 한다. 문제는 표면상의 개인화가 아니라 그 개인화가 작동하는 시간 구조의 정치성이다.

2.3. 진도라는 기계 시간의 침투 — 리듬의 해체

'진도'라는 개념은 교육에서 오래된 언어다. 그러나 디지털화된 교육 환경에서 진도는 더 이상 단순한 수업 순서가 아니다. 그것은 데이터가 설정한 기준을 따라 학습을 선형적으로 추동하는 지배적 시간 코드로 작동한다. 플랫폼 기반 수업에서 진도는 성취의 지표가 되고 그 지표는 실시간으로 갱신되며 학습자의 리듬에 우선한다. 이제 교실에서 시간은 '무엇을 얼마나 진척시켰는가'에 의해 측정된다.

진도 중심성은 교육과정의 시간 구성 방식을 근본적으로 변형시킨다. 과거의 수업은 교사와 학생의 상호작용 속에서 시간의 템포가 조정되었다. 그러나 이제 진도는 미리 짜인 학습 경로를 기준으로 자동 설정되며 '느린 흐름'은 시스템 오류나 낙오로 처리된다. 이는 인간의 리듬이 아니라 기계적 시간표가 수업의 기준이 되는 구조다. 교육의 흐름은 감응적 호흡이 아닌 계산된 도달률에 의해 주도된다.

이 구조에서 리듬은 해체된다. 교육에서 리듬이란, 학습자 각자의 인지적 이해 속도, 정서적 몰입 타이밍, 관계적 응답성에서 생겨나는 유기적 시간 흐름을 뜻한다. 하지만 진도 중심 시스템은 이를 고려하지 않는다. 이해가 깊어질 시간, 질문이 태어날 여백, 관계가 엮일 간격은 모두 '지체'로 코드화된다. 기술 시간은 리듬의 다양성을 허용하지 않는 평면적 구조다.

교육에서의 리듬의 해체는 단지 학습 속도의 문제가 아니다. 그것은 주체가 자신의 배움에 대한 시간 감각을 상실하는 것을 의미한다. 더 배우고 싶어도, 아직 준비되지 않아도 다음 과제가 도착하고 점수는 갱신된다. '쉬어야 할 타이밍'은 시스템이 아니라 주체가 결정해야 하지만 현재 구조는 그 결정을 제거한다. 리듬은 주어진 것이 아니라 구성되는 것이며 그 구성 권한을 상실한 학습자는 결국 시간의 외주화 상태에 놓인다.

교사의 시간 리듬 역시 침해된다. 수업의 흐름을 설계하고 재조정하던 교사의 시간 권한은 '계획된 진도'를 따라야 하는 절차적 시간에 종속된다. 피드백의 타이밍, 수업의 완급 조절, 설명의 여백은 대시보드의 진도율 그래프에 밀려난다. 교사는 자신이 느끼는 교실의 맥박보다 시스템이 제시하는 도달률에 더 민감해지며 시간의 감응자가 아니라 관리자 역할로 이동한다.

이러한 진도 중심 시간 구조는 학습자 간 위계를 강화하는 역할도 한다. 더 빠르게 진도를 나가는 학생은 '선도자'로, 속도가 느린 학생은 '지원 대상'으로 분류되며, 이는 곧 존재의 위계로 치환된다. 시간의 리듬이 성과의 단위로 환원되면서 차이는 곧 결핍으로 정의되고 지원은 배려가 아닌 분리의 근거가 된다. 시간은 관계를 엮는 고리가 아니라 계층을 나누는 척도로 기능한다.

2.4. 반복-추천-수정의 자동화 루프와 학습의 시간 탈색

AI 디지털 교과서가 제공하는 학습 시스템은 반복-추천-수정의 자동화 루프를 중심으로 작동한다. 사용자의 응답 데이터를 실시간 분석하여 다음 과제를 제시하고, 오류는 즉시 수정 과제로 전환된다. 이 순환은 인간 교사의 판단을 우회하고, 학습의 과정 전체를 알고리즘이 설계한 흐름 안에 배치한다. 이때 시간은 경험의 리듬이 아니라 반응-처리-갱신이라는 기술적 연쇄로 정의된다.

이러한 루프 구조에서 학습의 시간은 점차 '색'을 잃는다. 배움은 원래 실패와 망설임, 발견과 숙고, 우회와 반복이라는 이질적인 시간들을 포함하는 존재적 경험이다. 그러나 자동화 루프는 이 시간들을 단일한 속도로 수렴시킨다. 학습은 '미션 완료'의 연쇄로 환원되고, 그 사이 감정의 고조, 생각의 전환, 관계의 변화는 개입할 여지를 잃는다. 시간은 템포가 아니라 트리거trigger가 된다.

루프는 피드백조차 탈맥락화시킨다. 과거에는 교사의 말, 친구의 응답 혹은 자신의 반성을 통해 피드백이 생겼다면, 이제는 시스템이 정해진 규칙에 따라 '맞다/틀리다'와 '보충 과제'를 자동 제시한다. 이 피드백은 정답률 향상에는 유효할지 모르지만 학습자의 내면적 성찰이나 정동적 동기화를 촉발하기에는 지나치게 즉각적이다. 배움의 감정선은 응답의 속도에 묻힌다.

교사 역시 이 루프의 속도를 따라가야 한다. 교사는 학생이 왜 그 문제를 다시 받고 있는지를 해석하기보다 루프에서 제공된 데이터 요약을 검토하고 개입 시점을 판단한다. 해석보다는 반응이, 만남보다는 관리가 우선시된다. 수업은 하나의 이야기이기보다 데이터의 흐름으로 설계되며, 시간의 감응적 조율은 시스템의 우선순위 뒤로 밀린다. 교사는 지연의 여백을 보장할 수 있는 권한을 상실한다.

학습자 간 상호작용 또한 루프 구조에 의해 제한된다. 각자의 반복 속도와 추천 경로가 다르기에, 학생들은 동기화된 대화나 협동의 계기를 갖기 어렵다. 친구의 질문은 나의 루프를 방해하는 간섭으로 간주되고, 함께 멈추어 생각하는 시간은 비효율로 코드화된다. 공통의 질문이 아니라 개별의 알고리즘이 우선되면서 교실은 연결된 개체들의 병렬 처리 장으로 바뀐다.

문제는 이 자동화 루프가 '효율'이라는 이름으로 교육의 시간을 재정의한다는 점이다. 반복은 탐구의 과정이 아니라 실수 수정의 경로로, 추천은 호기심의 발화가 아니라 정확성 강화의 기능으로, 수정은 학습자의 의지가 아닌 시스템의 설정으로 작동한다. 시간은 학습자의 것이 아니라 시스템의 것이 된다. 배움의 서사성은 기술 시간에 압도된다.

이러한 루프 구조는 결국 시간의 질을 바꾼다. 시간은 흘러가는 흐름이 아니라 점프와 클릭으로 이동하는 화면 단위가 된다. 학습의 기억은 에피소드가 아닌 기록된 트래킹 로그로 남고, 경험은 축적이 아니라 점수의 누적 그래프로 전시된다. 정체성은 이 그래프에 의해 해석되며, 시간은 존재의 깊이를 담는 그릇이 아니라 데이터를 갱신하는 속도의 함수로 치환된다.

3절

초가속사회에서 역량 담론의 이중 작동 :
자기조절성과 관리 가능한 주체의 생산

질문 역량은 자유의 조건인가, 경쟁의 규격인가?

3.1. 역량은 해방인가, 새로운 의무인가

역량 중심 교육은 오랜 시간 동안 교육 불평등의 대안처럼 제시되어 왔다. 선천적 재능이나 배경이 아니라 개인의 수행 가능성과 성장 역량을 중심에 두는 이 관점은 능력주의의 경직된 위계에 균열을 내는 시도로 여겨졌다. 그러나 오늘날의 초가속사회에서는 역량이라는 개념 자체가 구조적으로 재편되고 있다. 역량은 더 이상 해방의 언어가 아니라 끊임없이 자신을 증명해야 하는 새로운 형벌로 기능하며 존재를 측정 가능한 성과로 환원하는 장치가 되고 있다.

이전까지 역량은 주로 학습자의 성장 가능성을 측정하는 지표였다. 그러나 최근의 플랫폼 기반 교육 환경에서는 역량이 하나의 실시간 운영 체계처럼 작동한다. '진도율', '성취 예측치', '도전 지수' 등으로 분절된 역량은 단순한 결과 평가를 넘어서 과정 전반에 압력을 가한다. 이는 역량을 계량 가능한 데이터로 상시 호출하는 방식으로 역량 중심 교육이 본래 지닌 성찰과 여백의 의미를 박탈한다.

이러한 변화의 근본에는 신자유주의적 인간상에 대한 재구성이 있다.

역량은 더 이상 '잠재된 가능성'이 아니라 '즉시 발휘되어야 할 태도'로 바뀌었다. 이는 교육을 삶의 준비가 아닌 삶의 즉각적 생산 조건으로 전환시키는 담론적 장치이다. 학습자는 가능성 있는 존재가 아니라 항상 자기 가능성을 입증해야 하는 존재로 위치 지워진다. 결국 역량은 자유가 아닌 끊임없는 자기최적화를 요구하는 새로운 규율 체계가 된다.

특히 '실천적 지식'이나 '문제 해결력'과 같은 역량 구성 요소는 그 자체로 모호한 정의를 지닌다. 이는 시스템이 언제든 그 기준을 변경할 수 있는 유연성과 모호성의 이중 구조를 가능하게 한다. 교육 정책은 이를 통해 평가 기준의 고정성을 회피하고, 수시로 변동되는 성과 목표를 통해 끊임없는 자기계발을 강제한다. 역량 담론은 이렇게 고정된 표준 없이 유동적 통제를 지속하는 효과적 장치로 작동한다.

이러한 흐름은 교육의 보편성을 위협한다. 역량 중심 접근은 겉보기에 모두에게 동일한 기회를 주는 듯하지만, 실제로는 배경 자원이 풍부한 집단에게 유리한 설계이다. 자기주도, 문제 해결, 협업 등으로 구성된 역량은, 이를 미리 학습할 수 있는 문화 자본이 있는 이들에게 훨씬 익숙하다. 결국 역량은 교육 평등의 수단이 아니라 기존의 계층 격차를 '차이'라는 이름으로 정당화하는 또 다른 불평등 장치가 된다.

더욱이 역량은 집단보다 개인을 단위로 삼기 때문에 공공성의 기획과 충돌한다. 학생은 공동 과제보다는 개별 미션 수행을 통해 점수를 얻고, 학교는 협력보다 분화된 역량 프로파일을 중심으로 조직된다. 공교육이 공동체적 배움의 장소가 아닌 역량 측정 시장으로 전환될 위험이 여기에 있다. 역량은 개인화된 규범을 통해 교육을 사회적 계약이 아닌 시장적 계약으로 전환한다.

역량은 근대 교육이 추구했던 '보편적 인간'이 아닌 '측정 가능한 개인'을 호출한다. 이는 존재의 윤리에서 성과의 윤리로 이행을 의미하며, 학습의 목적을 삶의 해석이 아니라 삶의 운용으로 전락시킨다. 교육은 존재를 열어 가는 과정이 아니라 존재를 즉시 운영 가능한 자원으로 정리하는 훈련소가 되는 것이다. 해방을 약속했던 역량은 결국 통제의 수단으로 반전된다.

이러한 비판은 역량 담론의 폐기를 의미하지 않는다. 오히려 그 개념이 어떻게 작동하는지를 면밀히 분석하고 어떤 구조적 병리를 강화하고 있는지를 점검해야 한다. 역량 중심 교육은 해방의 수단이 될 수 있지만, 그 전제는 속도가 아니라 성찰, 비교가 아니라 감응, 개별성이 아니라 관계성에 기반을 둘 때 가능하다. 다음으로는 이 역량 담론이 어떻게 자기책무성으로 이어지는지를 분석하며, 그 내면화된 통제 구조를 드러낼 것이다.

3.2. 행위주체성과 자기책무성의 이중 구속

초기 역량 담론이 기대한 '행위주체성'은 자기 결정을 통해 삶을 기획하고 조율하는 능동적 인간상을 상정했다. 이는 교육을 통해 억압에서 해방된 자율적 주체의 형성을 꿈꾸는 고전적 이상과 맞닿아 있었다. 그러나 초가속사회의 개별 맞춤형 교육 담론은 이 이상을 표면적으로 유지한 채, 그 내용을 기술 중심의 자기관리 명령으로 전환한다. '에이전시'는 선택하는 자유가 아니라 선택을 실행해야 할 의무로 바뀌며, 그 선택이 결과와 연결되는 즉시 자율성은 책임이라는 이름의 압박 구조로 뒤바뀐다.

이러한 구조의 핵심이 자기책무성이다. 학습자는 자신의 학습 경로, 학습량, 피드백 반응 시간, 정답률 등의 모든 데이터를 '자기성과'로 추적당한다. 시스템은 학습자가 설정한 목표 대비 도달률을 수치화하며, 목표 미달은 '지원 필요'나 '학습 결손'으로 재분류된다. 이 모든 과정은 '자기주도'라는 이름 아래 발생한다. 즉, 학습의 실패는 시스템이 아닌 학습자 개인의 관리 실패로 규정된다.

자기책무성은 본래 민주적 책임 윤리에서 출발한 개념이지만 초가속화된 교육 담론에서는 자기감시의 형태로 변형된다. 학생은 자신의 학습 데이터를 실시간으로 열람하고 그에 따라 스스로 행동을 수정해야 한다. 주체는 판단의 능동성이 아닌 시스템 반응의 신속성에 따라 평가된다.

이러한 구속은 교사에게도 유사하게 적용된다. 실시간 대시보드는 '개입이 필요한 학생 목록'을 자동 생성하고, 미개입이 지속되면 교사의 책임이 성과 미달로 환산된다. 교사는 개별 학생의 감정, 맥락, 학습 환경을 해석하기보다 시스템이 설정한 임계값에 따라 '개입'해야 하는 준집행자 역할에 머문다. 행위주체성은 사라지고 성과 유지의 관리자만이 남는다.

문제는 자기책무성이 '선택'을 허용하는 것처럼 보이지만 사실상 선택지를 표준화된 지표 내에서만 작동하도록 제한한다는 점이다. 시스템이 추천하는 학습 경로와 난이도 조정이 자동으로 제시되며 학습자는 그 안에서만 '선택'할 수 있다. 이 구조는 피상적 자유의 허상을 제공하면서도 실질적 자기기획의 가능성은 제거한다. 자율은 이미 설정된 궤도 위에서만 발휘된다.

이러한 자기책무성의 내면화는 학습자의 정체성에도 영향을 미친다. 학습자는 실패를 학습 과정의 일부가 아니라 자신의 무능력이나 게으름으로 내면화한다. 이는 정서적 자기검열로 이어지며 학습은 즐거운 탐구가 아니라 '해야만 하는 일'로 전락한다. 자율은 권한이 아닌 무한

한 자기관리의 부담으로 각인된다.

행위주체성과 자기책무성의 이중 구속의 문제는 학생이 '주체'로서 자율을 발휘하는 동시에 '객체'로서 성과를 책임져야 한다는 이중 요구에서 발생한다. 교사는 이 이중 구속을 조율할 수 있는 존재였으나 초가속 교육 체제에서는 스스로도 동일한 구속 구조에 편입된다. 교육은 더 이상 만남과 해석의 장이 아니라 지표를 기준으로 주체와 객체의 역할을 구획하는 자동화 회로로 재구조화된다.

이러한 자기책무성 체계는 시간 구조에도 영향을 준다. 피드백은 실시간으로 주어지고, 반응은 즉시 요구된다. 여유, 멈춤, 실패에 대한 숙고가 개입할 틈이 없으며, 모든 시간은 '응답할 시간'으로만 존재한다. 행위주체성은 시간에 대한 주권을 상실한 채, 반응과 반응 사이의 촘촘한 반복 속에 함몰된다.

학생과 교사 모두 자신을 '성과 지표에 의해 측정되는 존재'로 내면화하면서, 교육은 자율성의 공간이 아니라 정량적 압박의 공간으로 탈바꿈한다. '행위주체성'이라는 말은 이제 선택과 실천의 자유를 의미하지 않는다. 그것은 자기감시, 자기최적화, 자기수정의 지속적 압박을 의미하는 교육적 통제 장치의 은폐된 이름이 되었다.

이 체제는 주체화를 표방하지만 이 주체화는 역설적으로 탈주체화의 기획이다. 인간을 결정하는 시간·감정·관계의 리듬이 아니라 알고리즘이 구성한 구조 내에서만 '주체 됨'이 허용된다. 이는 진정한 주체성을 길러 내는 것이 아니라 통제 가능한 객체성을 생산하는 메커니즘에 가깝다. 이는 푸코가 말한 '주체화가 곧 권력의 효과'라는 역설과 정확히 연결된다.

비에스타Gert J. J. Biesta의 관점에서 보자면, 진정한 주체화는 '가르침'이라는 타자의 소환을 통해 이루어진다. 그러나 개별 맞춤형 교육 시스템에서 가르침은 삭제되고 학습자는 자신만의 화면 속에서 홀로 최적화되어야 한다. 타자 없는 학습은 결국 질문 없는 학습이며, 질문 없는 교육은 통제된 경험만을 허용한다. 이는 주체화를 가장한 복종의 구조다.

3.3. 실패는 삭제되는가, 되살아나는가?

디지털 기반 개별화 교육에서 실패는 더 이상 배움의 일부로 간주되지 않는다. 자동 채점, 실시간 피드백, 즉각적 보정이 가능한 시스템은 오류를 '정정되어야 할 코드'로 처리한다. 그 결과, 실패는 멈추어 돌아보는 계기이기보다 가능한 한 빠르게 제거되어야 할 장애물로 기능한다. 배움의 시간은 실천의 반복이 아니라 정확도의 즉각적 상승을 목표로 재설계된다.

기술 시스템은 이 구조를 강력히 고착시킨다. AI 추천 알고리즘은 학습자의 정답률과 반응 시간 데이터를 바탕으로 난이도를 조정하고, '오답률 상승'은 곧바로 지원 개입 시점으로 변환된다. 하지만 이 개입은 실패에 대한 이해나 공감이 아니라 성과 하락을 막기 위한 '성능 조치'에 가깝다. 실패는 이야기되지 않으며 곧바로 수정된 결과로 대체된다.

이러한 시스템은 실패에 대한 감각 자체를 무디게 만든다. 학생은 실패를 경험하지 않고 '오류 수정'이라는 표준화된 루트를 따라간다. 실패는 더 이상 자신의 서사 안에서 재구성되지 않고, 데이터의 수치 안에서 자동으로 응답된다. 결과적으로 학습자는 '무언가를 다시 시도하는 존재'가 아니라 '실패를 제거하는 기계적 사용자'로 탈바꿈한다.

이 과정에서 교사의 역할도 변질된다. 교사는 학생의 실패에 대해 함께 분석하고, 그 의미를 재구성해 줄 수 있는 해석자가 아니라 오류

알림에 응답하는 문제 해결 요원으로 기능한다. 시스템이 제시한 '오답 원인'과 '추천 과제'를 따르는 것이 우선이 되며, 학생과의 대화보다 대시보드 응답이 업무의 중심이 된다. 실패는 관계의 계기이자 배움의 기회가 아니라 행정상의 리스크가 된다.

문제는 이러한 실패의 삭제가 정서적 경험까지 평면화한다는 데 있다. 실패는 좌절이나 혼란, 낙심 같은 복합적인 정동을 동반하는 인간적 경험이다. 그러나 디지털 시스템은 이러한 정동을 감지하거나 수용하지 못한 채 단지 '정답이 아닌 반응'으로만 기록한다. 학생은 실패를 감정이 아닌 신속히 제거해야 할 상태로 인식하며, 이로 인해 자기 이해와 감정 조절 능력도 단절된다.

이런 환경에서 실패는 점점 금기어가 된다. 학생은 틀리는 순간 '지원 대상'으로 재분류되고 시스템은 '리스크 대응'을 위해 개입 강도를 높인다. 그러자 학생은 틀리지 않으려 애쓰고 모르는 문제를 건너뛰거나 표준 경로만 따르게 된다. 실패의 회피는 결국 질문의 회피로 이어지고, 배움은 오직 정답 경로 안에서만 이루어지는 얕은 반복이 된다.

비에스타는 교육을 통해 '불확실성과 만나는 경험'이 주어져야 한다고 말한다. 이는 실패를 감내하고, 그 의미를 타자와 함께 재구성하는 존재적 계기를 전제한다. 하지만 자동화된 교육 시스템은 실패를 존재론적 사건이 아니라 통제 가능한 변수로 환원한다. 이는 배움의 깊이를 얕게 만들고, 인간의 성장 가능성을 수치화된 궤도 안에 가둔다.

실패는 제거되어야 할 것이 아니라 재구성되어야 할 사건이다. 교육은 실패를 통해 질문이 생기고 타자와의 대화가 시작된다는 점을 잊지 않아야 한다. 기술은 그 과정을 보조해야 할 뿐 대체할 수 없다. 삭제된 실패는 배움의 심장을 지우고, 인간적 만남을 기능으로 축소한다. 우리는 다시 실패를 교육의 한가운데로 복원해야 한다.

3.4. 지속 성과주의와 정동 통제의 결합

성과주의는 더 이상 평가 시점에만 작동하지 않는다. 디지털 플랫폼 기반의 교육 환경에서는 학습 로그가 실시간으로 수집되고, 피드백이 즉시 주어지며, 결과는 연속적인 성과 곡선으로 시각화된다. 이로써 학생은 '성과를 향한 준비된 존재'가 아니라 '항상 성과를 내야 하는 존재'로 규정된다. 평가의 순간이 아니라 삶의 상태 전체가 성과 압박으로 재구성된다.

성과는 정동의 구조까지 지배한다. 기분, 의욕, 몰입, 자존감과 같은 감정은 이제 학습 결과의 변수이자 예측 도구로 수집된다. 학생의 클릭 속도, 응답 시간, 표정 감지, 언어 반응 등이 '정서 지표'로 환산되고, 이는 다시 '학습 준비도'와 '성과 예측'에 투입된다. 정동은 표현의 공간이 아니라 데이터의 형식으로 변환된다.

이러한 흐름 속에서 학생은 감정을 표현하기보다 감정을 조절해야 하는 존재로 재정의된다. 실망이나 불안을 드러내기보다 플랫폼에 유리한 '안정된 반응'을 보이는 것이 좋은 선택이 된다. 불안정한 정동은 리스크로 간주되고 부정적 반응은 '정서적 개입 대상자'로 태깅된다. 감정의 풍경은 교육의 일부가 아니라 성과 달성을 위한 사전 조건으로 정리된다.

교사의 감정 역시 조정 대상이 된다. 교사는 피로, 혼란, 비판 대신 '성과를 위한 긍정적 동기'를 내면화하길 요구받는다. 리더십 연수, 정서 역량 강화 워크숍, 긍정 심리학 기반 피드백 등이 도입되면서, 감정의 양가성과 비판성은 교육 문화에서 점차 퇴출된다. 교사는 감정을 느끼는 주체가 아니라 감정을 설계하고 유통하는 관리자 역할로 이행된다.

이러한 정동 통제는 곧 교육의 윤리적 기반을 흔든다. 감정이 관리되어야 할 항목으로 축소될 때, 교육은 타자와의 만남, 불일치의 감내, 공감의 형성과 같은 존재적 차원을 상실한다. 감정의 다양성이 통제되는 공간에서 교육은 살아 있는 경험이 아니라 예측 가능한 기능 수행으로 축소된다. 우리는 '공감의 교육'을 말하면서 실제로는 '정서의 규격화'를 실행하고 있는 것이다.

지속 성과주의는 감정의 리듬을 일관된 긍정으로 몰아붙인다. 교육의 과정에서 실망, 지루함, 분노와 같은 감정은 성장의 징후가 아니라 '비효율'로 간주된다. 그 결과 학생은 자신의 정동을 스스로 감추고 교정하려 한다. 감정이 시스템의 이상치를 벗어날 때마다 '지원'이라는 명목으로 개입이 이루어지고, 이로써 감정의 자기조절과 외부 통제가 결합한 새로운 감시 체계가 형성된다.

이러한 정동 통제는 개별화 담론과도 맞닿아 있다. 맞춤형 학습은 학습자의 감정까지 맞춤 설계할 수 있다는 환상을 생산하며 '정서 알고리즘'이 그 환상을 뒷받침한다. 하지만 실제로는 감정이 기술의 범주 안에 포섭될 때 정동은 데이터화된 잔재로만 남는다. 감정은 교육의 숨결이 아니라 학습 지표 최적화의 연료로 전락한다.

그러나 정동은 제어될 수 있는 것이 아니라 관계적 흐름 속에서 생성되는 것이다. 교육은 감정을 다듬고 표현하는 과정이지 감정을 숨기고 최적화하는 것이 아니다. 감정의 밀도를 성과로 환산하려는 시도는 결국 교육의 깊이를 얕게 만들고 배움을 단순한 결과의 흐름으로 환원한다. 우리는 정동을 다시 교육의 중심으로 회복시켜야 한다.

3.5. 존재 기반 교육과 역량주의의 충돌

교육은 단순한 기능 향상이 아니라 존재의 변형을 위한 시간이다.

이 시간은 측정 가능하지 않으며 선형적으로 누적되지 않는다. 배움은 한 존재가 타자와의 만남을 통해 감응하고, 흔들리고, 재형성되는 과정이다. 그러나 역량 중심 교육은 교육을 존재의 시간에서 기능의 지표로 이행시킨다. 존재는 성과 지향적 프로젝트의 수행 능력으로 축소되고 교육은 더 이상 삶의 재구성이 아닌 '업데이트'의 장이 된다.

역량은 원래 정치적·철학적 개념이다. 인간이 세계와 어떻게 관계 맺고, 자신의 삶을 선택할 수 있는가에 대한 물음으로 출발했다. 하지만 최근의 역량 담론은 교육 현장에서 '측정 가능한 수행 능력'으로 변질되었다. 예를 들어 비판적 사고력은 객관식 테스트나 서술형 루브릭으로 수치화되며 협업 역량은 동료 평가 점수로 환원된다. 역량은 경험의 깊이를 담보하지 않은 채 '활용 가능성'으로 대체된다.

이러한 역량주의는 존재를 미래 지향적 자산으로만 구성한다. 배움의 현재는 미래의 성과를 위해 투자되는 시간일 뿐이다. 이는 초가속 사회에서 더욱 강화된다. AI 기반 학습 분석 시스템은 학습자의 과거 데이터를 바탕으로 '잠재 역량'을 예측하고, 향후 코스 추천이나 피드백 제공에 반영한다. 존재는 현재적 감응이 아니라 '예측된 가능성'의 분류 집합으로 다뤄진다.

시간에 대한 주권은 이 충돌의 핵심 쟁점이다. 존재 기반 교육은 느림, 반복, 머묾, 실패를 수용할 수 있는 시간 구조를 요구한다. 그러나 역량주의는 최대 효율의 시간 구조를 지향하며, 인간의 리듬을 기술적 타이밍에 맞춰 조율한다. 과정을 즐기기보다 다음 단계를 준비해야 하며, 실패는 재시도보다는 빠른 보정의 대상이 된다. 시간은 존재의 성숙이 아니라 성과의 경과로 기능한다.

역량주의는 또한 교사의 존재를 기술 보조자 또는 평가 관리자로 제한한다. 역량 기반 루브릭, 자동화된 피드백 시스템, AI 추천 알고리즘은 교사의 판단을 보조하는 것이 아니라 대체하는 방향으로 설계된다. 교사는 존재의 전환을 동반하는 안내자가 아니라 '역량 프로파일'을 관리하는 관리자 역할로 축소된다. 교육의 윤리적 계기는 사라지고 남는 것은 매뉴얼에 근거한 일관된 조정뿐이다.

학생의 존재 역시 데이터 구조 안에서 층위화된다. '역량 수준'은 자동으로 시각화되어 점수 곡선으로 환산되고, 이 곡선은 다시 교육 기회의 선별 조건이 된다. 예를 들어 성취 수준이 높은 학생은 고급 콘텐츠를, 낮은 학생은 보정 콘텐츠를 자동 배정받는다. 존재는 이 분기 구조에 따라 자동 이동하고, 그 과정에서 '가능성의 발화'는 사라진다. 말하는 대신 추천을 받고 기획하는 대신 수행을 반복한다.

역량주의는 존재를 증명해야 할 것으로 만든다. 존재는 그 자체로 존엄한 것이 아니라 무엇을 할 수 있는지를 통해 인정받는다. 그러나 교육은 존재를 검증하는 장이 아니라 존재를 허용하고 변형시키는 장이어야 한다. 우리가 '무엇이 될 수 있는가'보다 먼저 물어야 할 것은 '어떻게 존재할 것인가'이다. 역량은 존재의 일부일 뿐 존재의 총체가 아니다.

이 충돌은 단순한 교육 방법론의 문제가 아니다. 그것은 교육이 인간을 어떻게 이해하는지에 대한 존재론적 질문이다. 역량 중심 교육이 인간을 잠재적 생산자, 사회적 투자 대상으로 환원할 때, 우리는 교육을 기술적 최적화의 기획으로 전락시킨다. 존재 기반 교육은 이런 기획에 저항하며 교육을 다시 존재의 물음으로 돌려놓아야 한다. 배움은 측정될 수 없는 고유한 사건이자, 타자와의 만남에서 비로소 시작되는 것이다.

4절

'학습자 중심'이라는 패러독스 : 개별화된 통제와 통합된 자기규율

질문 '중심'이란 말이 붙었을 때 학생은 더 자유로워지는가, 더 예측 가능해지는가?

4.1. 설계자인가, 감시자인가 — 교사의 양면성

기술 사회에서 교사의 자리는 '학습자 중심'이라는 이름 아래 구조적으로 재편되고 있다. 기존의 교사는 학습을 구성하고 안내하는 설계자였지만, 디지털 개별화 시스템 속에서는 학생 데이터를 실시간으로 감시하고 피드백을 자동 분배하는 감시자의 역할이 점점 강화된다. 기술은 교사의 전문성을 보조한다는 명분을 내세우지만, 실제로는 설계의 자율 공간을 줄이고 알고리즘이 미리 설정한 루트를 관리하는 운영자의 위치로 교사를 밀어 넣는다. 이 양면성은 교사의 주체성과 교육의 공공성을 동시에 위협한다.

AI 디지털 교과서와 같은 시스템은 교사에게 '데이터 기반 개입'이라는 새로운 역할을 부여한다. 그러나 이는 교사의 교육적 판단을 지원한다기보다 시스템이 제시한 우선순위와 개입 매뉴얼을 따르도록 요구하는 것이다. 교사는 학생의 상황을 면밀히 이해한 후 대응하는 것이 아니라 대시보드의 경고 신호를 근거로 빠르게 개입을 수행해야 한다. 이 과정에서 교육은 관계적 설계가 아니라 데이터 흐름의 관리로 축소된다.

교사들은 자신이 설계자가 아닌 관리자, 더 나아가 시스템의 하청자로 전환되는 감각을 공유하고 있다. 수업 설계의 창의성과 교육 철학의 반영보다는, 플랫폼이 요구하는 포맷과 시간표에 맞춰 수업을 조직해야 한다. AI의 추천 콘텐츠가 학생 개개인에게 배정되면, 교사는 그 흐름에 맞춰 수업을 맞추는 편집자로 기능할 뿐이다. 이는 교사의 설계 권한을 실질적으로 위축시키며, 자율적 교육 기획이 '비표준'으로 간주되는 환경을 조성한다.

동시에 교사는 감시자의 역할도 수행한다. 학생의 학습 진도, 정답률, 과제 제출 현황은 실시간으로 교사에게 전송되며, 교사는 이를 근거로 지도 및 개입을 해야 한다. 그러나 이러한 감시는 관계 기반의 이해가 아니라 통계 기반의 이상 값을 중심으로 이루어진다. '위험 학생'은 관계의 위기를 의미하지 않고, 수치상의 일탈로 코드화된다. 이로 인해 교사는 감정적 연대 대신, 규범적 정상성의 감시자로 위치 지워진다.

이러한 양면적 위치는 교사에게 피로와 혼란을 동시에 유발한다. 교사는 설계의 자율성을 주장하고 싶지만 시스템이 요구하는 감시자의 책무에서 벗어날 수 없다. 자율적 판단은 '비효율'로, 지연된 개입은 '책무 미이행'으로 해석된다. 특히 교사 평가 체계가 개입률, 시스템 사용률, 피드백 반영률 같은 수치에 기반할 때 교사는 교육적 판단보다 행정적 반응에 집중하게 된다. 이는 교육의 윤리적 기초를 구조적으로 침식시킨다.

더욱 심각한 것은 교사의 윤리적 판단이 플랫폼 설계 논리와 충돌할 때 발생하는 무력감이다. 학생의 심리 상태나 관계적 맥락을 고려해 특정 개입을 보류하고자 해도, 시스템은 자동화된 개입을 요구하며 피드백 알림을 발송한다. 교사의 판단이 시스템과 불일치할 경우, 교사는 그 책임을 스스로 감당해야 한다. 이는 윤리적 판단의 여지를 허용하지 않는 폐회로적 의사 결정 구조로, 교사를 기능화하는 기술 정치의 결과다.

물론 모든 교사가 수동적으로 수용하는 것은 아니다. 일부 교사는 시스템을 활용하되, 이를 넘어서기 위한 장치를 마련한다. 예컨대 플랫폼에서 제시된 개별 과제를 그대로 배정하는 대신 전체 주제를 다시 공동 과제로 재구성하거나 자동 피드백을 유보하고 대화 기반 피드백을 시도하는 방식이다. 이러한 시도는 기술의 흐름을 따르면서도 교육의 관계성과 서사성을 지키려는 교사들의 저항이자 창의적 대응이다.

이렇듯 '설계자인가, 감시자인가'라는 이분법은 교사에게 끊임없이 중첩된다. 기술은 교사의 전문성을 지원한다고 말하지만, 그 구조는 오히려 교사의 판단을 사전 설정된 데이터 흐름 속에 봉인하려 한다. 이 양면적 구조를 인식하는 것은 단지 교사의 업무 부담 문제가 아니라 교육의 공공성과 자율성이라는 더 큰 차원의 문제로 연결된다. 교사의 행위 주체성이 유지되어야 교육도 비로소 관계적 감응을 회복할 수 있다.

4.2. 타자의 실종 — 공동체성과 공공성의 붕괴

개별 맞춤형 교육이 약속하는 유토피아는 흔히 '각자에게 최적화된 학습'이라는 말로 요약된다. 이 문장은 언뜻 민주적이다. 누구도 뒤처지지 않으며 각자의 속도와 선호에 따라 교육을 받을 수 있다는 환상을 제공하기 때문이다. 그러나 바로 그 환상이, 모든 학생이 동일한 경험을 공유하고 타인과의 관계 속에서 스스로를 조망할 수 있는 공통의 장을 해체한다. 타자가 없는 교육은 결국 나 또한 존재하지 않게 만든다. 타인의 경험에 참여하고, 그 속에서 경청하고 수정되고 공감하는 시간이 배제된 학습은 성찰이 아닌 계산의 체계가 된다.

'나만을 위한 수업'이라는 표어는 학습을 사회적 행위에서 개인화된 소비로 전환시킨다. 교실은 더 이상 공동의 과제를 두고 다투고 협상하는 공간이 아니라 개별화된 과제와 추천된 경로를 따라 각자 다른 화면을 바라보는 병렬적 노드들로 채워진다. 함께 배운다는 개념이 사라진 자리에 남는 것은 '개별 로그의 누적'이며, 이는 교실을 공동체가 아닌 데이터 생산의 현장으로 전환시킨다. 개별화된 경험이 우선됨에 따라, 학생들은 '우리'라는 인칭 대명사를 사용할 기회를 점점 잃는다.

공공성은 단지 국가가 보장하는 제도적 권리가 아니다. 공공성은 서로 다른 존재들이 충돌하고 조율하는 가운데 형성되는 감각이며 교육은 그 감각을 길러 내는 대표적 장이다. 그러나 '개별 학습'은 이러한 충돌과 조율의 시간을 삭제하고 가장 효율적인 경로로 학생을 안내한다. 교실에서 '다른 의견'은 예외가 아니라 오류로 간주되며, 추천 시스템은 다름을 노이즈로 처리한다. 공공성을 길러야 할 교육 공간이 오히려 공공성을 지우는 기술적 환경이 되는 것이다.

타자의 실종은 곧 공동체 윤리의 침식으로 이어진다. 협력은 전략적 선택으로 변하고, 우애는 필요할 때만 호출되는 기능적 태도로 축소된다. 타인의 실패에 함께 아파하고, 타인의 성장에 진심으로 기뻐할 수 있는 윤리적 감수성은 알고리즘이 평가할 수 없는 범주이기에 점점 사라진다. 개인의 성취가 모든 것을 설명하는 공간에서 공동체의 의미는 점점 희미해진다. 교육은 혼자 이기는 법만 가르치고 함께 실패하거나 함께 멈추는 법은 더 이상 가르치지 않는다.

디지털 플랫폼은 이러한 구조를 정교하게 제도화한다. 과제 제출 마감, 피드백 응답 속도, 난이도 상승 곡선 등 모든 것이 개인 단위로 측정되고 기록된다. 공동의 프로젝트나 느린 토론은 그 자체로 '비효율'로 간주되고 대시보드는 오직 정량 가능한 행동만을 시각화한다. 이러한 구조 속에서 학생들은 서로를 돕기보다 경쟁과 비교 속에서 자신을 방어하고 증명해야 한다. 개별화는 경쟁적 개별주의를 부추기며 교육을 삶의 연결이 아닌 포트폴리오 구축의 과정으로 바꾼다.

물론 모든 개별화가 공동체 해체로 귀결되지는 않는다. 문제는 개별화가 기술적 표준화와 결합될 때, 즉 알고리즘이 설계한 '최적의 길'만이 존재하는 환경에서 발생한다. 이때 학생들은 선택의 주체가 아니라 제안된 경로에서 벗어나지 않는 '수용적 행위자'가 된다. 타인의 경로와 나의 경로는 서로 어긋난 채 만날 일이 없고, 교육은 그 자체로 다름을 경험하는 장이 아니라 예측 가능한 자기관리의 루프로 폐쇄된다. 타자의 가능성은 시스템이 보지 못하는 오류가 된다.

이러한 위기는 단지 교실 안에 머무르지 않는다. 타자와의 관계를 경험하지 못한 학생은 사회에 나가서도 타인을 이해하는 언어를 갖지 못한다. 공공의 언어는 사적 경로에서 습득되지 않는다. 공공성은 일상의 느린 교차 속에서만 길러지며 교육이 그것을 제공하지 않는다면 우리는 점점 더 고립된 개인을 생산하게 된다. 기술은 공공성을 확장할 수도 있지만 타자와의 만남을 설계하지 못하는 시스템은 오히려 사회적 상상력을 폐쇄시킨다.

문제는 기술이 아니라 설계다. 기술은 교육적 관계를 얕게 만들 수도, 깊게 만들 수도 있다. 그러나 현재의 개별화 담론은 관계를 설계하지 않고 경로만을 최적화한다. '같이 배운다'는 감각이 사라진 자리에 우리는 누가 남는가? 타자가 삭제된 교실에서는 주체도 결국 사라진다. 따라서 교육이 공공성을 다시 회복하려면 개별화 이전에 관계를 설계해야 하며 타자를 다시 만나는 교육의 장면들을 복원해야 한다. 그때야말로 개별화는 비로소 교육적일 수 있다.

4.3. 감응 없는 상호작용 — 예측 가능한 공명

개별화 교육의 기술적 구조는 상호작용을 전제로 하지만, 그 상호작용은 점점 더 예측 가능하고 기계적인 반복으로 수렴된다. AI 기반 플랫폼은 학생의 응답 패턴을 분석하고 그에 적합한 피드백을 신속하게 제공하지만 그 피드백은 감정을 지닌 존재의 반응이 아니라 알고리즘이 가공한 '예측된 반응'일 뿐이다. 이는 '말 걸기'가 아닌 '기대된 말의 재현'에 가깝다. 상호작용의 표면은 유지되지만 그 깊이는 사라진다. 우리는 이미 알고 있는 말을 되풀이하는 대화에서 배움의 떨림을 경험하지 않는다.

상호작용은 단지 말의 주고받음이 아니다. 교육에서의 진정한 상호작용은 예측 불가능성의 틈에서 태어나는 감응의 순간이다. 교사의 즉흥적인 질문, 학생의 예기치 않은 반응, 예상하지 못한 침묵 속 감정의 진동, 이 모든 것이 교실을 생명력 있게 만든다. 그러나 알고리즘은 예외를 '잡음'으로 간주한다. 그 결과 수업은 점점 더 매끄러워지고 효율적으로 변하지만 그 매끄러움 속에서 인간의 마찰과 감정의 요동은 사라진다. 예측 가능한 공명은 공명이 아니다. 그것은 단지 반복된 반응일 뿐이다.

예측 가능한 상호작용은 교사와 학생 사이의 관계를 전면적으로 재구조화한다. 교사는 플랫폼이 제시하는 경로와 피드백 양식을 벗어나지 못하고, 학생은 그 경로에 '정확히' 반응하는 것을 학습의 목표로 받아들인다. 이 구조에서는 오히려 무반응이나 느린 반응, 혹은 다르게 생각하는 표현이 교육적으로 더 의미 있을 수 있음에도 불구하고, 그러한 반응들은 시스템의 기준에서 비효율, 비정상, 혹은 오류로 간주된다. 감응의 부재는 단지 기술의 한계가 아니라 시스템의 설계 철학이 반응을 수렴하는 방식에서 기인한다.

예측 가능한 상호작용은 학생 간의 관계에서도 작동한다. 공동 프로젝트는 알고리즘이 배정한 역할과 시간표에 따라 병렬적으로 운영되고, '협업'은 동시 접속 여부와 작성 분량의 통합에 의해 측정된다. 정서적 충돌이나 우회, 협상의 경험은 삭제되며, 다름은 시스템의 리스크로 간주된다. 학생들은 타자의 말에 반응하기보다 주어진 도식 안에서 자기 파트를 채우는 데 집중한다. 협업은 감응이 아닌 분업으로 환원되고, 공명은 절차적 피드백에 묻힌다.

문제는 이러한 구조가 자연스럽고 바람직한 것처럼 제시된다는 데 있다. 플랫폼은 '원활한 소통', '실시간 반응', '효율적 협업'을 장점으로 내세우며, 기술적 상호작용이 곧 관계적 상호작용이라는 착시를 조장한다. 그러나 실시간성과 관계성은 동일하지 않다. 순간적으로 주고받는 피드백이 감정을 매개하지 않는다면 그것은 단지 정보의 교환일 뿐이다. 교육은 정보 전달이 아니라 의미 생성의 과정이며 의미는 타자의 예측 불가능성 안에서 비로소 살아난다.

감응 없는 상호작용은 교육의 윤리적 긴장감마저 무디게 만든다. 관계의 윤리는 흔들림을 통해 발현되며 상대의 고통이나 기쁨이 나의 반응을 재조정하게 만들 때 윤리적 계기가 발생한다. 그러나 기술적으로 설계된 상호작용은 이러한 재조정의 계기를 미리 차단한다. 정서적 반응은 피드백 창에 스티커로 부착되며 동의는 클릭으로 표현된다. 수용과 저항, 공감과 오해가 맞물리는 교육의 장면은 사라지고 남는 것은 마치 관계를 한 줄로 요약한 듯한 대시보드뿐이다.

이는 교육을 살아 있는 관계의 장이 아니라 반응성과 정확도의 시뮬레이션 공간으로 만들 위험을 초래한다. 감응은 불확실성을 견디는 능력에서 비롯되며, 그 불확실성 속에서 비로소 우리는 타자의 존재를 실감하게 된다. 그러나 현재의 기술적 상호작용 구조는 불확실성을 제거하고, 모든 것을 예측 가능한 범위 안으로 압축하려 한다. 그 결과 교육은 타자와의 우연한 만남과 그로 인한 자기변형의 기회를 박탈당한다.

4.4. 교육의 윤리적 계기와 자동화 담론의 긴장 — 제거된 예외와 우발성

교육은 단지 정보 전달이나 기능 훈련의 장이 아니다. 그것은 타자와의 우연한 만남, 예기치 못한 응답, 가르치고 배운다는 행위 자체에서 발생하는 윤리적 계기를 전제로 한다. 이 계기란, 단순히 규칙을 따르는 도덕적 행위가 아니라 타인의 존재로 인해 나의 판단이 흔들리고, 기존의 규범을 재구성해야 하는 긴장을 말한다. 그러나 오늘날의 자동화 담론은 이 긴장을 제거하는 방식으로 교육을 설계하고 있으며, 바로 그 지점에서 교육의 윤리적 근거는 잠식당하고 있다.

알고리즘 기반 학습은 예외를 '정상 범위 밖'으로 간주한다. 교사가 학생의 상태를 문맥 속에서 판단하고 조정하던 역할은, 이제 예측된 오류 범주 안에서 자동 피드백으로 대체된다. 이는 '윤리적 판단'이 아니라 '기술적 분류'다. 자동화된 교육 시스템은 불확실한 상황을 숙의나 공감으로 해소하지 않고 사전 코딩된 시나리오로 귀속시킨다. 인간의 판단은 예외적 개입이 되고, 교육의 '만남'은 예측 가능한 흐름 속에서 제거된다.

윤리란 항상 타자의 개입을 전제로 한다. 그러나 자동화 담론은 타자의 우발성, 말의 비틀림, 감정의 과잉을 오류 혹은 비효율로 처리한다. 감정은 데이터로 환산되며, 슬픔이나 분노, 지루함조차 정량화된 피드백으로 수렴된다. 이 과정에서 교사는 감정에 반응하는 존재가 아니라 감정 수치를 모니터링하는 관리자가 된다. 기술이 제공하는 감정 그래프는 실제 정서의 복잡성을 수렴하지 못하고, 오히려 감정을 경로화함으로써 윤리적 판단의 가능성을 지운다.

교육에서의 윤리적 계기는 바로 이 감정의 과잉, 타자와의 불균형, 예측 불가능한 상황에서 발생한다. 교사의 망설임, 학생의 저항, 어긋난 질문이 교육을 다시 시작하게 만드는 계기다. 그러나 자동화 시스템은 이 계기를 방해한다. 교육을 균일한 순환으로 설계하면, 반복은 가능하지만 새로움은 봉쇄된다. 자동화는 반응의 속도는 높이지만 반응을 통한 변화의 가능성은 닫아 버린다. 윤리는 속도 안에서가 아니라 속도의 일시 정지에서 출현하는 것이다.

기술 결정주의는 흔히 기술을 '도구'로 간주하며 도구는 중립적이고 문제는 '사용 방식'에 있다는 주장을 반복한다. 그러나 문제는 기술의 사용이 아니라 설계 철학 자체다. 자동화된 상호작용 구조는 인간이 기술을 사용할 수 있도록 돕는 것이 아니라 인간이 기술의 흐름에 적응하도록 요구한다. 이 흐름은 반응 가능성을 제한하고 결국 인간 행위의 범위를 결정한다. 교육의 윤리성은 기술이 설정한 구조 안에서 실천의 깊이나 판단의 여지를 잃고, 실행 가능한 기능 목록으로 축소된다.

윤리적 판단은 즉시적으로 결정되지 않는다. 그것은 상황과 맥락, 타자의 언어, 시간적 지연 속에서 숙성되어야 한다. 그러나 자동화 시스템은 숙성을 기다리지 않는다. 모든 반응은 즉시성을 요구하고 피드백은 예외 없이 주어진다. 교사의 침묵은 '무응답'으로 기록되고 학생의 지연은 '비참여'로 계산된다. 이때 교육은 말 그대로 '시간 없는 윤리'를 수행하게 된다. 윤리는 타인의 말에 기다림으로 응답하는 능력인데, 그 기다림이 사라지는 순간, 윤리도 함께 사라진다.

자동화 담론은 윤리적 긴장을 기술로 치환하려는 시도를 계속한다. 감정 AI는 학생의 표정을 실시간 분석해 교사에게 대응법을 추천하고, AI 튜터는 학생의 몰입도 하락을 감지하면 자동으로 쉬운 과제를 배정한다. 이런 시스템은 '관심과 배려'를 대체한다고 말하지만 그것은 타자의 목소리가 아닌 센서와 코드에 반응하는 구조다. 윤리는 '네가 있다'는 응답이고 기술은 '그가 그렇게 말했다'는 통계다. 그 차이는 교육의 본질적 차이를 형성한다.

교육의 윤리는 예외를 품을 때만 가능하다. 자동화는 예외를 줄이지만 교육은 예외로부터 시작된다. 학생의 불확실한 발언, 교사의 불완전한 판단, 느린 피드백 속의 돌발 상황이 교육을 교육답게 만든다. 교육이란 정답을 향해 가는 경로가 아니라 오답과 우회를 통해 타자와 다시 연결되는 길이다. 자동화된 교육이 완벽할수록 그 윤리성은 빈약해진다. 교육은 감응의 공간이며 윤리는 감응이 무너졌을 때 새롭게 요청되는 질문이다.

4.5. '맞춤형' 교육은 누구를 위한 것인가? — 공공성의 언어로 포장된 기술

'맞춤형'이라는 언어는 표면적으로는 학생의 다양성과 차이를 존중하는 듯 보인다. 그러나 이 개념이 기술과 결합할 때, 그 맞춤은 진정한 개인화가 아니라 미리 설정된 규격에 따른 분류와 할당의 방식으로 전환된다. 학생 개개인의 요구에 '맞춘다'는 것은 학생이 설정한 목표나 의미가 아니라 시스템이 정한 기준과 경로에 '적합하게' 조정한다는 뜻이 된다. 즉, 맞춤형 교육은 개인의 주체적 설계를 보장하기보다 알고리즘적 최적화를 위한 데이터 분류 체계로 작동한다.

이러한 '맞춤형'은 기술자와 정책 설계자의 언어로부터 출발한다. 누가 무엇을 '맞춘다'는 것인가? 학생이 자신의 학습 경로를 구성하는 것이 아니라 시스템이 제공하는 경로 중에서 선택하게끔 구조화된다면 이는 자유의 확장이 아니라 선택의 프레임화이다. 학습자의 자율성은 시뮬레이션될 수 있지만, 실제로는 특정한 표준화된 기대 경로로 수렴된다. 이는 바치가 말한 '문제 구성의 정치'와 연결되며, 학생의 '차이'는 문제로 구성되고 그 해결책으로 맞춤형 통제가 제시된다.

문제는 이 '맞춤형'이 공공성의 언어로 포장된다는 점이다. '모든 학생이 자신의 수준에 맞는 교육을 받을 권리'라는 말은 선의처럼 들리지만, 실제로는 교육적 분리와 차등화의 정당화 근거가 된다. 속도가 느린 학생은 단순화된 경로로, 빠른 학생은 확장된 경로로 분류되고, 이 과정에서 학습의 내용과 리듬, 깊이의 차이가 제도화된다. 결과적으로 교육은 공통의 내용과 경험을 공유하는 공간이 아니라 사전 분류된 경로에 따라 따로따로 흘러가는 시스템으로 전환된다.

'개별화된 교육'이 교육 평등을 위한 수단이 아니라 교육 경쟁에서의 우위를 점하는 전략으로 작동할 때 이는 시장화된 교육 모델의 전형이 된다. 플랫폼 기업과 정책 네트워크는 개인 맞춤형 교육이 '효율성과 형평성'을 동시에 충족시킨다고 주장하지만, 이는 효율적 분리와 형식적 기회의 혼합일 뿐이다. 본질적으로 기술은 개인화가 아니라 상품화된 개입 모델을 통해 새로운 시장을 창출하는 수단으로 작동한다. 맞춤형 교육은 결국 데이터 경제 안에서 소비 가능한 제품으로 포지셔닝 된다.

이 과정에서 교사는 맞춤형 설계의 실행자이자 감시자로 배치된다. 학생의 학습 로그에 따라 자동 추천된 과제와 피드백을 분배하고, 시스템이 부여한 개입 시점에 따라 반응하는 역할을 수행한다. 교사의 전문성은 관계적 감응이 아니라 지표 기반 관리 능력으로 환원된다. 교사와 학생 간의 교육적 만남은 기술이 지정한 절차를 따르는 관리적 인터페이스로 대체되고, '가르침'은 사라지고 '조정'과 '보정'만이 남는다.

그렇다면 이 맞춤형 교육은 누구를 위한 것인가? 가장 먼저 혜택을 보는 것은 기술 설계자와 정책 입안자들이다. 이들은 교육의 복잡성과 다양성을 기술적 문제로 단순화하고, 그 해결책으로 새로운 시스템과 제품을 제시함으로써 권력과 자본을 동시에 확보한다. 그 다음은 빠른 속도에 적응 가능한 일부 상위권 학생들이다. 이들은 시스템이 허용한 경로 안에서 '능력'을 입증할 수 있으며 그 결과는 또 다른 사회적 자원으로 환원된다. 반면, 시스템에 적응하지 못한 다수는 점점 더 분리된 경로로 밀려난다.

맞춤형이라는 이름의 교육은 결국 정치적이다. '누구의 기준으로 '맞춘다'고 말하는가', '어떤 기술이 그 기준을 설정하는가', '누가 그 경로에서 이탈할 수 있는 여유를 가지는가'에 따라 교육의 성격은 달라진다. 공공성 없는 개별화는 평등의 이름으로 불평등을 정당화하며 민주주의적 교육을 시장의 언어로 전유한다. 따라서 우리는 맞춤형 교육의 윤리를 묻기 이전에, 그것의 설계 정치와 이데올로기적 토대를 먼저 물어야 한다. 교육의 맞춤이 아니라 사회의 구조를 맞추는 질문이 필요하다.

5절

교육의 윤리를 다시 묻다 :
능력주의, 공공성, 기술정치학

질문 기술은 누구를 대표하며 교육은 누구의 미래를 설계하는가?

5.1. '능력에 따른 교육'은 누구의 기획인가
— 평등의 언어에 숨겨진 디지털 분배의 통치

능력에 따른 교육이라는 명제는 오랜 기간 민주주의와 형평의 이름으로 정당화되어 왔다. 교육을 통해 개인의 잠재력을 실현시키고, 사회적 기회를 공정하게 분배하겠다는 약속은 많은 국가의 교육 정책의 중심 논리가 되었다. 이 절에서는 초가속사회에서 능력주의 담론이 어떻게 기술적 언어로 재포장하며, 다시금 공공성과 평등성을 침식하는 전략으로 기능하는지를 살펴보려고 한다.

한국 교육에서 능력에 따른 교육이라는 담론은 입시제도 전반을 정당화하는 핵심 담론으로 작동해 왔다. 수능, 내신, 비교과 항목까지 모두가 '능력 측정'의 이름으로 평가되지만, 실제로는 계층 간 격차를 학습 기회의 차이로 전환하는 메커니즘이 반복되고 있다. 이로써 능력주의는 단지 실력의 반영이 아니라 자원을 독점한 계층이 기회를 독점할 수 있는 제도적 통로로 작동한다.

디지털 전환 이후 등장한 개별 맞춤형 학습 플랫폼은 이 능력주의적 질서를 더욱 정교하게 구축한다. 플랫폼은 학습 로그, 응답 속도, 난이도 적응도 등을 종합하여 '실시간 역량 지표'를 생성하고 이를 기반으로 교육 콘텐츠를 자동 분배한다. 겉으로는 '학습자 맞춤'이지만 실제로는 일정한 성취 속도와 반응 유형을 기준 삼아 학습자를 서열화하는 새로운 규범 체계가 구축된다. 이는 마이클 영이 지적한 '능력주의적 통치'의 디지털 버전에 다름 아니다.

능력에 따라 분배된다는 논리는 공정성을 내세우지만, 이는 능력을 구성하는 조건들 — 예컨대 경제 자본, 문화 자본, 디지털 접근성 — 의 불평등을 은폐하는 장치가 된다. 특히 AI 기반 추천 시스템이 학습 경로를 '과거 성과'를 기반으로 예측하고 자동 분기시키는 구조는 초기 성취 격차를 점점 더 고착화한다.

5.2. '기회의 평등' 담론의 탈정치화 — 공공성의 축소와 위장된 민주주의

'기회의 평등'은 오랫동안 교육 정책의 정당성을 구성해 온 핵심 가치였다. 모든 아동이 사회경제적 배경과 무관하게 동등한 출발선에서 교육 기회를 가져야 한다는 명제는 자유주의적 정의관의 교육적 실천으로 간주되었다. 그러나 이 담론은 구조적 불평등을 제거하기보다 그 불평등을 '공정하게 배분'하는 방식으로 기능하면서 점차 탈정치화되었다. 기회의 평등은 '결과의 불평등'을 감내하게 만드는 제도적 정당화 장치가 되었고, 특히 디지털 기반 개별화 교육 체제에서는 기술적 중립성에 의해 그 정치성이 더욱 은폐된다.

신자유주의 교육 개혁은 '기회의 평등'을 시장 메커니즘과 결합하여 수월성 담론으로 전화시켰다. 기회는 보장하되, 경쟁은 필연적이며, 결과는 개인의 책임이라는 논리는 공공 교육 체제의 존재 이유를 구조적으로 약화시킨다. 이러한 조건 속에서 등장한 '개별 맞춤형 교육'은 모든 학생에게 최적의 학습 경로를 제공한다는 표면적 명분 아래, 실상은 공공의 공간에서 이탈한 개인화된 소비의 장으로서 교육을 재편한다. 학습자의 권리는 공공적 보장 대상이 아니라 플랫폼 사용자로서의 서비스 접근으로 환원된다.

기회의 평등을 단지 '접속 기회'의 평등으로 전환하는 흐름은 결정적인 개념 전도를 낳는다. 진정한 기회의 평등이란 교육 자원의 분배뿐 아니라 학습 맥락, 문화 자본, 사회적 지지 구조의 평등을 포함해야 한다. 그러나 디지털 플랫폼은 표준화된 알고리즘에 기반해 학습자 데이터를 처리할 뿐, 이들이 학습을 구성하는 문화적·정서적 맥락은 고려하지 않는다. 결과적으로 기회의 평등은 오히려 '형식적 평등'의 외양만을 유지하며, 실질적 불평등을 심화시키는 기술적 장치로 기능하게 된다.

특히 기회의 평등 담론은 탈정치적 언어로 포장된 기술 담론에 의해 더욱 강화된다. 교육 플랫폼은 기계적 판단과 분배의 중립성을 전제하며, 정치적 개입 없는 '공정한 평가와 학습 추천'을 약속한다. 하지만 어떤 데이터를 학습 기준으로 삼을지, 어떤 피드백을 적절한 것으로 간주할지, 누가 알고리즘을 설계하고 조정할지에 대한 결정은 철저히 정치적이며 권력적이다. 교육 기술이 그 정치적 성격을 은폐하는 순간, 기회의 평등은 기술 민주주의라는 신화로 대체된다.

이러한 탈정치화의 가장 치명적인 결과는 교육에서 공공성의 개념 자체가 해체된다는 점이다. 공공성은 단순히 국공립 학교의 존재나 정책의 일관성으로 보장되는 것이 아니다. 그것은 다양한 존재가 상호 접촉하고 타자성과 공통된 미래를 상상하며 함께 결정하는 교육적 과정에서 실현된다. 그러나 개별화된 교육 시스템은 교육의 결정과 책임을 개인에게 위임하고, 상호작용과 공론장을 제거한 채 개인화된 경로와 점수만을 남긴다. 이로써 교육은 공동체적 윤리를 학습하는 장소가 아니라 분리된 성취를 추적하는 장치가 된다.

결국, '기회의 평등'이라는 구호는 더 이상 비판 없이 수용되어서는 안 된다. 그것이 어떤 정치적 맥락에서 정의되고 작동하는지를 끊임없이 되묻고, 그 배후의 권력 구조를 드러내는 일이 절실하다. 디지털 기반의 교육 플랫폼은 이 질문을 더 이상 미룰 수 없게 만들었다. 오늘날의 기회 평등은 기계적 분배의 공정성이 아니라 누구의 경험과 조건이 학습 자격으로 간주되는지를 결정하는 정치적 선별의 장이 되었다. 공공성을 회복하려면 기회의 평등을 다시 정치화해야 한다.

비판적 정책사회학은 이러한 담론의 구조를 해체하는 데 중요한 통찰을 제공한다. 앞에서 제시한 바치의 WPR 접근법은 '기회의 불평등'이란 문제가 왜, 어떻게 구성되었는지를 분석함으로써, 그것이 단순한 상태가 아니라 특정한 정책 프레임의 결과임을 보여 준다. 이를 통해 우리는 '기회의 평등'이 어떤 사회적 문제를 해결하기 위해서가 아니라 특정한 가치 체계를 정당화하기 위한 장치로 활용되어 왔다는 점을 확인할 수 있다. 이는 교육 정책이 그 언어 자체를 어떻게 구성하는가에 대한 깊은 성찰로 이어진다.

교육의 민주주의는 결과의 평등을 지향하지 않는 이상 그 출발선조차 평등할 수 없다. 기술이 정교해질수록 그 기술이 누구의 이해를 대변하는지를 묻는 일은 더 중요해진다. 개별화된 기술 시스템은 철저히 특정 집단의 이해관계를 반영하고 있으며 공공 교육이 이 흐름에 무비판적으로 편입되는 순간 교육은 더 이상 민주주의의 도구가 아니라 그 반대를 재생산하는 구조로 전락한다. 기회의 평등이 진정한 의미를 되찾으려면 그 기술적 조건과 정치적 문법을 재구성하는 근본적 전환이 요구된다.

5.3. 기술 민주주의라는 신화 — 기술은 누구를 대표하는가

디지털 교육 전환은 종종 '기술 민주주의'라는 이름 아래 정당화된다. AI 기반 플랫폼이 모든 학생에게 최적화된 학습을 제공하고 교사의 편차를 제거해 공정한 기회를 보장할 수 있다는 믿음은 기술이 민주적 역할을 수행한다는 가정에 기반한다. 그러나 이러한 기술 민주주의는 실제로 누구를 대표하고, 어떤 이해를 구현하는가라는 질문 앞에서 흔들리기 시작한다. 기술의 중립성은 오히려 그 배후 권력의 비가시화를 유도하는 장치일 수 있다.

민주주의란 원래 '누가 결정하는가'의 문제이다. 반면 기술 기반 교육 시스템은 '어떻게 더 잘 예측할 것인가'의 문제로 민주주의를 대체한다. 알고리즘은 과거 데이터를 기반으로 미래를 설계하지만, 그 설계가 교육적 판단이나 윤리적 기준을 대체할 수는 없다. 그럼에도 불구하고 플랫폼은 그 설계를 사용자 중심 기술로 포장하고 교육 주체들은 점차 '이용자'로 환원된다. 이 과정에서 민주주의의 핵심인 자율적 판단과 집단 숙의는 사라진다.

기술 결정 구조의 비민주성은 데이터 수집과 분류에서 이미 시작된다. 어떤 데이터가 수집되고, 어떤 기준으로 분류되고 해석될 것인지는 사용자에 의해 결정되지 않는다. 오히려 플랫폼 제공자와 정책 결정자들이 사전에 정한 변수와 가중치가 판단의 기준이 된다. 이는 곧, 특정한 세계관과 가치 판단이 알고리즘 안에 코드화되어 있다는 것을 의미한다. '기술은 중립적이다'는 믿음은 오히려 그 이념적 성격을 은폐하는 기만이다.

기술 민주주의의 신화는 플랫폼 기업의 전략적 언어로 강화된다. 기업들은 '개별 맞춤형', '사용자 중심', '에이전시 강화' 같은 표현을 통해 사용자의 자율성을 강조하지만, 실제로는 기술 의존성을 심화시키는 방향으로 시스템을 설계한다. 이는 바치가 지적한 바와 같이, '문제가 무엇인가'가 아니라 '문제가 무엇으로 구성되는가'의 문제이다. 기술은 문제를 해결하는 것이 아니라 문제를 구성하고 그 해결 방식까지 선제적으로 규정한다.

정책 결정 과정에서도 기술은 민주주의를 우회한다. 국가와 지자체는 에듀테크 기업과의 협력을 통해 정책을 설계하지만 그 과정에서 교사·학생·학부모 등 교육 주체의 실질적 참여는 제한된다. 정책 네트워크는 복잡하고 불투명하며 기술 기업은 '공공성'을 주장하면서도 실질적으로는 시장 논리에 따라 플랫폼을 운영한다. 이로써 기술은 정치적 결정의 대상이 아니라 이미 결정된 사실로 주어지는 '환경'이 된다.

기술 민주주의 담론은 또한 책임 회피의 장치로 작동한다. 플랫폼의 오류나 왜곡된 결과가 나타났을 때 누구도 책임을 명확히 지지 않는다. 알고리즘은 '기계적 판단'으로, 교육청은 '기술적 한계'로, 기업은 '사용자 입력 오류'로 돌리며 책임은 분산된다. 민주주의는 책임성과 응답성을 핵심 원리로 삼지만 기술 중심 구조는 이를 체계적으로 회피한다. 이는 민주주의의 구조적 와해로 이어질 수 있다.

기술이 교육에 도입될 수 없는 것은 아니다. 그러나 그것이 민주주의의 대체물이 될 수는 없다. 기술은 결정의 도구이지 결정 그 자체가 되어서는 안 된다. 교사와 학생이 학습의 의미를 논의하고, 평가의 기준을 숙의하며, 시간과 관계를 재구성할 수 있는 구조가 민주주의적 교육의 핵심이다. 기술은 이러한 구조를 보완하거나 확장할 수 있을 뿐, 그 자리를 대체할 수 없다. 기술 민주주의는 허구이며, 우리는 그것이 무엇을 지우고 있는지를 물어야 한다.

5.4. 자동화와 분절화 속 존재의 소멸 — 교육의 인간학적 균열

교육은 본래 존재의 형성 과정이다. 배움이란 시간과 타자, 언어와 세계를 통과하면서 자신이 누구인지 묻고 또 다듬어 가는 여정이다. 그러나 디지털 자동화 시스템은 이 과정을 일련의 처리 과업으로 환원시킨다. AI는 학습의 전체를 '입력-반응-출력'의 단위로 절단하고 그 조각난 흐름을 최적화 알고리즘에 맞게 재배열한다. 이로써 교육은 존재의 서사가 아니라 기능의 조작으로 재구성된다.

자동화의 핵심은 과정의 삭제다. 인간은 오류를 겪고 질문하며 천천히 성숙해 가지만 시스템은 예외 없이 예측 가능한 경로를 설계한다. 학습자는 더 이상 스스로 길을 만들어 가는 탐색자가 아니다. 그는 대시보드에 나타나는 다음 과제를 따라가며 '진도'를 맞추는 사용자이자 소비자다. 여기서 존재는 '생각하는 사람'이 아니라 '작동하는 단위'로 추락한다. 인간학의 핵심인 자기형성적 주체가 기술 시스템 속에서는 삭제된다.

분절화는 이 자동화의 또 다른 얼굴이다. 교육의 시간은 더 이상 느리게 흘러가는 이야기의 흐름이 아니라 서로 연결되지 않은 데이터 블록들의 집합으로 구성된다. 수업은 수십 개의 활동 단위로 나뉘고, 과제는 수준별로 조정되며, 피드백은 즉시 전송되지만 그 어떤 과정도 서사로 이어지지 않는다. 학습은 말 그대로 '단편화된 경험'이 되고, 존재는 시간의 지속성 없이 그때그때 시스템에 의해 호출되는 기능으로 변형된다.

이러한 단절은 인간에게 근본적인 균열을 초래한다. 교육이란 본래, 정서와 감각, 시간과 관계의 통합적 경험이다. 하지만 알고리즘 기반의 자동화 시스템은 감정을 잡음으로 간주하고, 관계를 변수로 축소하며, 시간을 계산 가능한 간격으로만 처리한다. 이때 교육은 감응을 지우고, 예측 가능한 작동만을 추구하는 환경이 된다. 결과적으로 학생은 '존재하는 법'이 아니라 '작동하는 법'을 먼저 배우게 된다.

기술은 교육의 조력자일 수 있으나 존재의 매개자가 되지는 못한다. 기계는 연산하지만 인간은 감응한다. 기계는 빠르게 처리하지만 인간은 천천히 이해한다. 기계는 재현하지만 인간은 변형하며 존재를 생성한다. 교육이 기술 구조로 완전히 포획될 때 우리는 이 차이를 잊는다. 존재의 철학이 실종된 자리에 기능 중심의 효율 담론이 들어서고 교육은 '사람'을 잊은 학습의 기술로 전락한다.

이 과정에서 가장 크게 희생되는 것은 '길들여지지 않은 시간'이다. 배움에는 예정되지 않은 멈춤, 쓸데없는 질문, 비효율적인 반복이 반드시 필요하다. 그러나 자동화된 시스템은 이러한 존재의 우회와 지연을 '비정상'으로 인식하고 제거한다. 모든 예외는 오류로 간주되고 오류는 곧바로 수정 대상이 된다. 존재의 결은 이처럼 실시간 최적화 속에서 깎이고 다듬어지며 끝내 사라진다.

교육의 인간학은 기술을 거부하자는 이야기가 아니다. 문제는 기술 중심성이며 더 정확히 말해 인간 중심성이 기술적 체계에 의해 침식당하고 있다는 사실이다. 교육이 인간 존재의 형성과 윤리적 공동체를 향하는 여정이라면 기술은 그 여정에 필요한 도구이지 목적이 될 수 없다. 수단이 목적을 대체할 때 교육은 가장 깊은 자리에서 파열음을 낸다. 그것이 바로 인간학적 균열이다.

  우리는 이 균열 앞에서 교육의 본질을 다시 묻지 않을 수 없다. 무엇을 가르칠 것인가가 아니라 누구를 어떻게 존재하게 할 것인가의 물음. 그것은 정책도, 시스템도 아닌 인간이라는 존재의 문제다. 자동화와 분절화로 상징되는 초가속사회에서 교육은 다시 존재론의 언어를 회복해야 한다. 그래야 기술이 교육을 지배하지 않고 인간이 다시 교육을 시작할 수 있다.

5.5. 교육의 윤리적 재정립을 위한 과제
— 비판적 기술 리터러시와 정책 설계 원리

  기술은 교육을 해방시킬 수도, 다시 감금할 수도 있다. 그것이 무엇을 가능하게 하는가보다 더 중요한 것은, 어떤 방식으로 설계되고 누구에 의해 통제되는가이다. 초가속화된 개별 맞춤형 교육의 실체는 기술 그 자체가 아니라 기술이 배치된 권력의 구도다. 이 구도에서 배제되는 것은 우연히 기술을 잘 다루지 못하는 소수의 학생이 아니라 존재를 느리게 형성하고자 하는 모든 인간의 리듬 그 자체다. 교육의 윤리적 재정립은 기술의 비판에서 출발해야 한다.

  이를 위해 필요한 첫 번째 과제는 비판적 기술 리터러시critical technological literacy다. 여기서의 리터러시는 도구 사용 능력이 아니라 기술이 내포하는 정치성·윤리성·세계관을 통찰하는 안목이다. 기술의 진보가 곧 사회의 진보라는 결정주의적 환상에 맞서 기술이 선택이며 가치의 산물임을 학생과 교사 모두가 이해해야 한다. 교육과정 안에서 디지털 기술은 기능적 과목이 아니라 정치적 사유의 장으로 자리 잡아야 한다.

두 번째 과제는 정책 설계 수준에서 기술의 속도를 조율할 수 있는 지연의 장치를 도입하는 일이다. 자동화 시스템의 도입을 승인하기 전, 교육적 타당성과 윤리적 함의를 숙의할 수 있는 공론 구조가 요구된다. 예컨대 알고리즘 결정 과정에 '인간 개입 구간'을 명시하거나, 정기적인 '윤리 점검 회의'를 의무화하는 방식이다. 이는 기술을 제거하는 것이 아니라 기술이 인간적 리듬과 감응을 보장하는 방식으로만 작동할 수 있도록 제약을 설정하는 행위다.

세 번째는 공공성을 기준으로 한 기술 통치의 재설계다. 기술이 공공의 교육 목적에 봉사하기 위해서는 그 기획 주체가 민간 플랫폼이 아닌 공적 책임 구조 내에 있어야 한다. 그러나 현재 다수의 맞춤형 교육 플랫폼은 기업 주도의 시장 논리로 움직이며 교육 데이터는 기업의 이윤 추출 수단으로 활용되고 있다. 공공 데이터의 비식별화 처리, 알고리즘의 투명성 확보, 공공 플랫폼의 설계권 회복 등이 이 문제를 해결하기 위한 핵심 원리다.

네 번째는 타자성과 관계성의 회복을 위한 구조 설계다. 자동화된 교육 시스템은 예측 가능한 상호작용만을 허용하며, 우발적 대화와 돌발적 질문을 제거하는 방식으로 최적화된다. 하지만 교육은 타자와의 마주침, 불확실성과의 만남 속에서 발생하는 감응적 사건이다. 우리는 기술 설계에 있어 감응성inter-affection을 보장하는 요소를 의도적으로 삽입해야 한다. 예컨대, 비정형 대화 시간을 수업 구조에 포함시키거나 예측할 수 없는 프로젝트형 과제를 구성하는 방식이다.

다섯 번째는 기술을 매개로 한 자기형성의 가능성을 되살리는 교육 과정의 재구성이다. 현재의 기술 기반 학습 시스템은 외부의 기준에 따라 성과를 추적하지만, 교육은 내면적 가치와 의미를 중심으로 형성되어야 한다. 교육과정은 정해진 답을 푸는 활동이 아니라 학생이 '자신에게 무엇이 중요한가'를 발견하게 하는 과정이 되어야 하며, 기술은 이를 위해 다양성과 개방성을 촉진하는 도구로 사용되어야 한다. 단일 경로의 최적화가 아니라 복수의 가능성으로의 개방이 필요하다.

여섯 번째 과제는 정책 평가의 기준 전환이다. 지금까지의 디지털 교육 정책은 주로 효율성과 성과 개선 여부를 중심으로 평가되어 왔다. 그러나 새로운 윤리적 전환은 '학생이 배움의 주체로 존재했는가', '교사가 교육의 의미를 회복했는가'라는 존재 기반의 평가 질문을 요청한다. 따라서 정책 효과성은 단지 성적 향상이나 플랫폼 활용률이 아니라 인간적 변화의 질, 감응의 회복 정도, 공공성의 강화 여부로 측정되어야 한다.

마지막으로, 이 모든 과제를 종합할 수 있는 윤리적 상상력의 정치학이 요청된다. 정책은 숫자 이전에 서사이고, 기술은 기기 이전에 세계에 대한 상상이다. '기술은 불가피하다'는 말은 곧 '우리는 다르게 상상할 수 없다'는 선언과 같다. 그러나 교육은 항상 다르게 상상할 수 있어야 하며, 그 상상이 곧 인간다움의 기준이 된다. 우리는 기술과 함께 가야 하지만, 기술보다 더 깊은 시간, 더 넓은 관계, 더 풍부한 존재의 윤리를 회복하며 가야 한다.

제3부

사유의 혈관들
---

1. 감정의 추론화

감정의 추론화inference of emotion는 인간의 내면적 정서를 기술적으로 계량하고 분류 가능한 데이터로 환원하려는 시도를 지칭한다. AI 시스템은 정서 데이터를 추출해 학습 태도를 예측하고 정서 피드백을 제안한다. 그러나 이는 감정의 흐름과 윤리적 맥락을 배제한 채 감정을 반응성의 수치로 전환하는 과정이다. 최근 교육 기술은 감정을 메시지처럼 처리하며 전달 경로를 구조화하고 있으며, 이 과정에서 감정은 맥락 없는 신호로 가공된다. 낭시Jean-Luc Nancy는 기술이 이러한 과정 속에서 관계성을 파괴한다고 지적한다. 이 개념은 교육에서 '정서적 감응력'의 상실을 철학적으로 문제화한다.

관련 문헌

장-뤽 낭시, 이만형·정과리 옮김(2015). **나를 만지지 마라 - 몸의 들림에 관한 에세이**. 문학과지성사.

장-뤽 낭시, 박준상 옮김(2022). **무위의 공동체**. 그린비.

하르트무트 로자, 김태희 옮김(2020). **소외와 가속**. 앨피.

한병철, 전대호 옮김(2023). **정보의 지배 - 디지털화와 민주주의의 위기**. 김영사.

Kay, R.(2022). Examining the role of emotions in learning with technology. *Journal of Digital Life and Learning*, 2(2), 12-26.

2. 겸허의 기술

겸허의 기술technologies of humility은 과학 기술이 사회에 미치는 영향이 단순한 성능의 문제가 아니라 가치 판단, 윤리, 민주주의 구조를 포함한다는 인식에서 출발하는 통치 기술 비판의 개념이다. 실라 재서노프Sheila Jasanoff는 과학 기술의 진보가 언제나 불확실성과 예측 불가능성을 동반한다는 점에서, 기술이 작동하는 사회적 조건을 공론화하고 윤리적 숙고를 가능케 하는 제도적 장치를 '겸허의 기술'이라 명명했다. 이 책에서는 이 개념을 교육 기술, 특히 AI 디지털 교과서 도입에 적용하여, 교육에서의 판단·경험·감응을 대체하는 결정 구조에 비판적으로 응답한다. 예를 들어, AI 튜터가 학생의 진도와 반응을 선제적으로 안내하는 구조는 판단의 여백을 제거하고, 학생을 '결정된 존재'로 대상화한다. 이는 단순한 효율화가 아니라 인간의 감응력과 판단 권한을 구조적으로 침묵시키는 기술 통치라 할 수 있다. 겸허의 기술은 이와 같은 결정 구조를 단지 '신중하게 설계해야 한다'는 공학적 윤리가 아니라 '누가 어떤 질문을 사라지게 했는가'를 되묻는 정치적·존재론적 개념으로 전환한다. 교육에서 겸허란, 모를 수 있고 느릴 수 있으며, 실패할 수 있는 존재의 조건을 제도 설계 속에 보장하는 것이다.

관련 문헌

거트 비에스타, 곽덕주·박은주·최진 옮김(2024). **교육의 아름다운 위험.** 교육과학사.

거트 비에스타, 이민철 옮김(2024). **학습자와 교육과정을 넘어 - 세계와 함께하는 교육.** 씨아이알.

부뤼노 라투르, 홍철기 옮김(2009). **우리는 결코 근대인이었던 적이 없다.** 갈무리.

부뤼노 라투르, 홍성욱 엮음(2018). **인간·사물·동맹 - 행위자네트워크 이론과 테크노사이언스.** 이음.

손화철(2016). **랭던 위너.** 커뮤니케이션북스.

실라 재서노프, 박상준·장희진·김희원·오요한 옮김(2019). **누가 자연을 설계하는가 - 경험해보지 못한 과학의 도전에 대응하는 시민 인식론.** 동아시아.

실라 재서노프, 김명진 옮김(2022). **테크놀로지의 정치 - 유전자 조작에서 디지털 프라이버시까지.** 창비

질베르 시몽동, 김재희 옮김(2011). **기술적 대상들의 존재 양식에 대하여**. 그린비.

Jasanoff, S.(2004). *States of knowledge: The co-production of cience and social order*. Routledge.

3. 공공성의 해체

공공성의 해체disintegration of publicness는 교육이 '모두를 위한 권리'가 아닌 '플랫폼 사용성'과 '개별 성능'으로 대체되는 과정을 뜻한다. AI 디지털 교과서는 공교육의 장을 시장화된 기술 생태계로 전환하며, 학교와 교사는 서비스 소비자로 재위치된다. 공공성은 단지 운영 주체의 문제가 아니라 모든 학생이 동등하게 '자기시간'을 구성할 수 있는 시간적 권리의 기반이다. 이는 헬가 노워트니Helga Nowotny가 말한 '표준 시간의 정치성'과 비에스타가 강조한 '존재 중심 교육' 철학의 해체로 연결된다.

관련 문헌

거트 비에스타, 박은주 옮김(2022). **학습을 넘어 - 인간의 미래를 위한 민주 교육**. 교육과학사.

Adam, B.(2004). *Time*. Polity Press.

Nowotny, H.(1994). *Time: The modern and postmodern experience*. Polity Press.

Nowotny, H.(2016). *The cunning of uncertainty*. Polity Press.

4. 예측 가능한 공명

예측 가능한 공명predictive resonance은 인간의 학습과 정서, 관계를 실시간 데이터로 전환하여 미래 행동을 예측하고 통제 가능한 흐름으로 구성하려는 기술적 시간 구조를 지칭한다. 이 개념은 단지 데이터를 수집하는 차원을 넘어서, 관계와 감정의 시간까지 예측 가능성과 관리 가능성의 논리로 조직되는 현실을 가리킨다. 학생의 출결, 발언, 표정, 수행 과정 전반이 감지·기록되며, 그 신호는 알고리즘적 해석을 거쳐 '예상되는 반응'으로 가공된다. 그러나 이 구조 안에서는 인간의 리듬, 우연, 침묵, 여백 같은 시간적 특성이 점점 사라진다. 예측 가능한 공명은 데이터가 공명을 유도하기보다는 공명의 흐름마저 통제하려는 시도일 수 있음을 경고하는 비판적 개념이다.

관련 문헌

Andrejevic, M.(2013). *Infoglut: How too much information is changing the way we think and know*. Routledge.

Beer, D.(2018). *The data gaze: Capitalism, power and perception*. Sage.

Selwyn, N.(2019). *Should robots replace teachers?: AI and the future of education*. Polity Press.

5. 예측적 개별화

예측적 개별화predictive personalization는 학생의 과거 학습 데이터와 행동 패턴을 바탕으로 미래의 학습 경로와 성취 수준을 미리 설계하는 기술 기반 교육 전략이다. 이 책에서는 '개별화'가 실제로는 선택권을 주는 것이 아니라 데이터 기반 통제 구조를 강화하며 인간 주체성을 축소하는 역설을 설명하기 위해 이 개념을 활용했다. '예측적 개별화'라는 번역어는 맞춤형이라는 긍정적 이미지 이면의 통제 구조를 비판적으로 드러내기 위한 명명이다.

관련 문헌

Benjamin, R.(2019). *Race after technology: Abolitionist tools for the new Jim code*. Polity Press.

Crawford, K.(2021). *Atlas of AI: Power, politics, and the planetary costs of artificial intelligence*. Yale University Press.

Knox, J.(2020). Artificial intelligence and education in China. *Learning, Media and Technology*, 45(3), 298-311.

Van Dijck, J. et al.(2018). *The platform society: Public values in a connective world*. Oxford University Press.

Williamson, B.(2017). *Big data in education: The digital future of learning, policy and practice*. Sage.

6. 자동화 루프

자동화 루프 automation loop는 AI 기반 학습 시스템이 작동하는 알고리즘의 내적 로직을 사용자(학생·교사)로부터 비가시화한 채, 판단과 경험의 과정을 사전 정의된 패턴과 루틴으로 대체하는 구조를 지칭한다. 이 책에서는 이 구조가 교사의 전문성이나 학생의 자율적 학습을 돕기보다 교육 현장을 계산 가능한 프로토콜로 환원하며 판단의 의미 자체를 구조적으로 제거한다고 분석한다. 특히 AI 디지털 교과서가 제공하는 '맞춤형 경로'는 실제로는 편차와 지연, 탈선을 '예외'로 간주하고, 오류 가능성을 사전 제거하며, 학습을 루브릭화된 실행으로 전환시킨다. 그러나 이러한 시스템은 그 판단의 기준과 실행 조건을 교사와 학생이 알 수 없게 설계되어 있으며 시스템의 권위는 기술의 객관성이라는 가면 뒤에 숨어 있다. 이는 프랭크 파스콸레 Frank Pasquale가 말한 '블랙박스 사회'의 교육적 현현이며 교육 현장에서 알고리즘이 제안하는 모든 '추천'은 실은 사용자의 권한을 축소하는 비가시적 통제다. 교육이 관계와 질문, 망설임 속에서 이루어지는 행위라면 블랙박스 구조는 그것을 제거하는 통치 장치다.

관련 문헌

Selwyn, N.(2019). *Should robots replace teachers?: AI and the future of education*. Polity Press.

Pasquale, F.(2015). *The black box society: The secret algorithms that control money and information*. Harvard University Press.

Williamson, B.(2017). *Big data in education: The digital future of learning, policy and practice*. Sage.

7. 지배 구조로서의 플랫폼

지배 구조로서의 플랫폼 platform as governance은 학습 플랫폼이 단순한 수업 보조 도구가 아니라 교사와 학생의 판단 구조, 행위 양식, 시간 경험까지 규정하는 '디지털 통치 기구'로 작동한다는 분석적 개념이다. 이 책에서는 교육 플랫폼이 교사의 수업 행위를 실시간으로 기록하고 학생의 학습을 데이터화하며 평가 피드백을 알고리즘화하는 과정을 통해 교육의 감응적 시간과 윤리적 판단의 공간을 축소시킨다고 접근한다. 이러한 플랫폼 구조는 사용자의 자율성을 강조하지만 실제로는 반복 가능하고 통제 가능한 행동만을 학습 안에 포함시키며, 비정형적 경험과 실패, 정서적 감응을 시스템 밖으로 추방한다. 플랫폼은 기술이 아닌 '통치의 형태'로 이해되어야 하며, 이는 재서노프의 기술의 공동생산co-production 이론과 연결된다. 즉, 기술은 사회적 관계와 가치 판단을 담지한 채 설계되어야 하는데 현재의 교육 플랫폼은 민주적 의사 결정 구조를 배제한 상태에서 특정한 교육 윤리를 내면화시키는 기제로 기능한다. 이 개념은 또한 주보프Shoshana Zuboff가 말한 '감시 자본주의'와도 연결되며, 플랫폼이 수집하는 데이터는 교육의 질을 개선하기 위한 것이 아니라 학습자의 행위를 정량화하고 예측 가능하게 만들기 위한 통제 인프라로 기능한다.

관련 문헌

Jasanoff, S.(2004). *States of knowledge: The co-production of science and social order*. Routledge.

Turkle, S.(2011). *Alone together: Why we expect more from technology and less from each other*. Basic Books.

Williamson, B.(2017). *Big data in education: The digital future of learning, policy and practice*. Sage.

Zuboff, S.(2019). *The age of surveillance capitalism: The fight for the future at the new frontier of power*. PublicAffairs.

8. 초가속학교

초가속학교hyper-accelerated school는 기술이 시간 구조를 전면 설계하고, 인간은 그 안에서 실행만을 수행하는 알고리즘 기반 교육체계를 지칭한다. 이 책에서는 AI 진도표, 디지털 학습 데이터, 예측 기반 개별화 수업 등이 인간 교사와 학생의 감응과 판단을 제거하며, 시간의 통제권을 기계와 알고리즘이 가지게 되는 교육 현실을 초가속학교로 설명한다. 여기서 시간은 경험과 만남의 장이 아니라 예측-통제-최적화의 벡터로 작동하며, 인간은 그 계산에서 예외이거나 장애가 된다.

조너선 크레리Jonathan Crary의 '24/7 사회' 개념은 멈춤 없는 세계가 인간의 생체 리듬, 수면, 정서적 순환까지 침식하는 사회 구조를 분석하며, 초가속학교가 이러한 리듬의 박탈을 교육 안에서 재현함을 보여 준다. 예측 기반 학습은 미래의 성취를 데이터로 계산하며, 현재의 배움과 감정은 삭제된다. 셀윈과 하비David Harvey의 기술 결정주의 비판은 기술이 중립적 도구가 아니라 사회의 통치 기획을 담는 정치적 메커니즘임을 드러내며, 초가속학교는 인간의 시간주권을 삭제하는 가장 극단적인 시간정치의 결과물임을 보여 준다.

관련 문헌

조너선 크레리, 김성호 옮김(2014). **24/7 잠의 종말**. 문학동네.

Harvey, D.(2005). *A brief history of neoliberalism*. Oxford university press.

Selwyn, N.(2016). *Is technology good for education?*. John Wiley & Sons.

9. 표준화된 창의성

표준화된 창의성standardized creativity은 창의성이라는 가치가 강조되면서도 실제 교육 현장에서는 루브릭, 정량화된 항목, 재현 가능한 수행 기준에 의해 제도화되고 통제되는 구조적 모순을 지칭한다. 이 책에서는 창의성이 '개성의 발현'이나 '문제에 대한 독자적 접근'이라기보다 정해진 프레임 안에서 '적절히 벗어나는' 기술로 구성된다는 점을 비판한다. 특히 '창의적 사고력'이나 '융합형 인재'와 같은 표현은 자유로운 탐색이 아닌 관리 가능한 수행 양식을 반복하도록 유도하는 교육 평가 구조의 산물이다. 학생은 창의적인 사람이라기보다 창의적인 것'처럼' 행동하는 훈련 대상이 되며, 이는 평가 가능한 창의성, 즉 '정답 있는 창의성'을 양산한다. 이 개념은 앤 크래프트Anna Craft가 지적한 '작은 창의성little-c creativity'의 과잉 적용, 스티븐 볼이 말한 '성과주의 교육 시장'의 자기연출적 행위 구조, 비에스타가 경고한 '교육의 위험 회피화'가 동시에 작동하는 지점에서 탄생한 비판 개념이다. 교육에서 창의성은 통제될 수 없는 우발성과 실패 가능성을 내포해야 하며 그것이 제거될 때 창의성은 실천이 아니라 규율로 전락한다.

관련 문헌

거트 비에스타, 곽덕주·박은주·최진 옮김(2024). **교육의 아름다운 위험.** 교육과학사.

Ball, S. J.(2012). *Global education Inc.: New policy networks and the neo-liberal imaginary.* Routledge.

Broussard, M.(2018). *Artificial unintelligence: How computers misunderstand the world.* MIT Press.

Craft, A.(2005). *Creativity in schools: Tensions and dilemmas.* Routledge.

제4부

느린학교 :
시간주권을 되찾는 교육

| 여는글 |

존재를 기다릴 수 있는 학교는 가능한가

나는 오래도록 '학교란 무엇인가'를 스스로에게 물었다. 교장이 된 이후, 그 질문은 더 구체적이고 더 아프게 다가왔다. 어느 날 아침, 등교 지도를 하던 중 한 학생이 말했다.

"선생님, 그냥 아무것도 안 하고 가만히 있어도 되는 날이 있으면 좋겠어요."

나는 대답하지 못했다. 학생의 그 말이 내내 마음에 남았다. 그 말은 단지 피로가 아니라 존재의 여백을 요구하는 말이었기 때문이다.

이 책은 그 한마디에서 시작된 긴 사유의 여정이었다. 빠르게 달리는 교육, 소진되는 존재, 감정을 잃은 교실, 통제되는 시간. 나는 그 모든 구조를 견디며, 동시에 회복하고 싶었다. 그리고 이 마지막 부에서, 나는 하나의 믿음을 꺼내어 말하고 싶다. 존재를 기다릴 수 있는 학교는 가능하다. 그 믿음은 환상이 아니라 구조를 다시 짜고 시간을 다시 설계하겠다는 윤리적 기획의 선언이다.

제4부는 시간주권 개념의 철학적 구조를 소개하고, 이를 매개로 느

린학교의 여섯 가지 전환 원리, 다섯 가지 설계 원리를 제시한다. 그리고 시간주권이 어떻게 교육과정, 교수-학습, 평가, 문화, 정책 기술의 구조로 구체화될 수 있는지를 제안한다.

이 부는 단지 이론의 마무리가 아니라 교육을 다시 시작하는 선언문이다. 멈춤 없는 학교를 멈추기 위해, 시간을 잃은 존재들을 다시 맞이하기 위해, 그리고 교장이 시간의 관리자에서 감응의 존재가 되기 위해,

나는 이 마지막 부를 쓴다. 그리고 독자에게 묻는다.
당신은, 느린 시간을 기다릴 수 있는가?

| 제1장 |

시간의
주권적 전환

1절

시간역량 논의의 부상과 기술주의적 함정 :
'시간을 다룰 힘'은 누가 설계하는가

질문 시간은 측정될 수 있는 능력인가, 살아 내야 할 존재의 형식인가?

최근 몇 년간 교육 담론에서 '시간역량time competency'이라는 용어가 자주 등장하기 시작했다. 자기주도성, 학습 효율성, 시간 활용 능력은 이제 더 이상 단순한 생활 습관이 아니라 학생의 핵심 역량으로 간주된다. 진로교육과 역량 기반 교육과정, AI 시대의 필수 생존 능력이라는 이름 아래 시간은 배움의 윤리라기보다 기술로 재정의된다. 이 담론은 학생이 자신의 시간을 잘 계획하고, 활용하고, 실천할 수 있도록 돕는 것을 목표로 삼는다. 그러나 여기엔 결정적인 물음이 빠져 있다. '그 시간은 누구의 시간인가?'

시간역량은 처음에는 자기주도성과 관련된 긍정적 개념으로 등장했다. 학생이 스스로의 학습을 계획하고 관리하며, 자기 삶을 능동적으로 조직할 수 있는 존재로 성장해야 한다는 요청은 당연히 존중받아야 한다. 그러나 이 개념이 입시가속체제의 틀 안에 들어오면서, 역량은 자기실현의 통로가 아니라 성과 관리의 도구로 기능하기 시작했다. 시간은 존재의 리듬이 아니라 스케줄 관리의 대상이 되었고, 자기주도성은 '얼마나 더 많이, 더 빨리, 더 효율적으로' 수행하느냐의 문제로 전락했다.

이 변화는 시간에 대한 인식 자체를 바꾸었다. 시간을 살아가는 것이 아니라 조절하고 통제해야 할 자원으로 여기는 감각. 이 감각은 학생으로 하여금 자신의 삶을 관리 프로젝트로 바라보게 만든다. 학생은 삶을 사는 존재가 아니라 삶을 기획하고 운영하는 실천 주체로 길러진다. 이 구조는 자기결정권의 확대처럼 보이지만, 실제로는 외부로부터 부과된 시간 구조를 '스스로 관리하는 기술'을 학습하게 하는 방식이다. 자기조절이 자기기획을 대체할 때, 시간역량은 존재의 권리가 아니라 자기통제의 기술이 된다.

시간역량 담론은 교육 현장에서 '시간 관리 프로그램', '학습 스케줄 워크북', '효율적 시간 계획 훈련' 등으로 번역된다. 그러나 이런 실천은 종종 학생의 시간 구조가 왜곡되어 있다는 문제의식을 감추고, 개인의 책임으로 돌리는 방식으로 작동한다. 학교에서 '시간을 잘 써야 한다'는 말은 곧, '지금 주어진 시간을 그대로 받아들이고 그 안에서 더 잘 움직이라'는 지시로 변형된다. 하지만 학생이 사용하는 시간은 애초에 자기 것이 아니다. 구조를 성찰하지 않는 시간역량은 오히려 구조를 강화한다.

문제는 이러한 개념이 교육 정책에도 그대로 수용되고 있다는 점이다. 시간역량은 이제 국가교육과정의 핵심어로 등장하고, 다양한 교육과정 설계 지표에 반영되고 있다. '학생의 시간역량을 강화하라'는 말은, 시간을 줄 수 없으니 그 안에서 더 잘 버티고 더 잘 수행하라는 주문과 다르지 않다. 교육의 시간 구조를 바꾸지 않은 채, 시간역량만을 강조하는 것은 현실을 바꾸려는 것이 아니라 현실에 더 잘 적응시키려는 요청이다. 그 적응은 능력처럼 보이지만, 실은 순응의 기술이다.

이 담론의 이면에는 기술주의적 사고가 자리 잡고 있다. 시간은 측정 가능하고, 계획 가능하며, 조정 가능하다는 신념. 이 신념은 교육을 기술적 관리의 대상으로 환원하고, 시간에 대한 감각을 수단으로 전락시킨다. 그러나 시간은 본래 감각적이고 정동적이며, 타자와의 관계 속에서 구성되는 존재적 흐름이다. 효율과 계획으로 환원된 시간은 감정을 지우고, 여백을 제거하며, 리듬을 통제한다. 기술주의적 시간 감각은 교육의 생명력을 잠식하고, 존재의 윤리를 희미하게 만든다.

학생이 진정한 시간의 주체가 되기 위해서는 단순한 역량 이상의 것이 필요하다. 그것은 시간에 대한 감각, 머무름에 대한 권리, 여백을 누릴 수 있는 구조적 조건이다. 지금의 시간역량 논의는 이러한 조건을 배제한 채, 학생에게 더 나은 수행자로서의 태도만을 요구한다. 이 담론이 실패하는 이유는 단지 전략의 부족이 아니라 철학의 부재 때문이다. 교육에서 시간은 단지 '어떻게 이용할 것인가'의 문제가 아니라 '무엇을 위한 시간인가'라는 질문에서 출발해야 한다. 역량이 아닌 윤리로서의 시간 개념이 필요하다.

더불어, 이 기술주의 담론은 교사의 시간에도 깊은 영향을 미친다. 교사 역시 자신의 시간을 자율적으로 설계하지 못하고 외부 일정과 평가 구조에 따라 시간 단위를 관리해야 한다. 이때 교사의 전문성은 창의성이나 판단력이 아니라 얼마나 잘 시간을 운영하고 관리하느냐에 따라 평가받는다. 교사는 '시간을 어떻게 쓸 것인가'를 고민하는 존재가 아니라 '주어진 시간 안에 얼마나 효율적으로 학생을 움직일 것인가'를 묻는 존재가 된다. 시간역량은 교사에게도 통제의 언어다.

시간역량의 패러다임은 교육을 시간 자본주의의 논리에 철저히 편입시킨다. 시간은 투자되어야 하고, 효율적으로 배분되어야 하며, 성과로 회수되어야 한다. 배움은 경험의 축적이 아니라 시간당 산출물로 환원된다. 이 구조에서 '느림'은 실패의 다른 말이며, '여유'는 낭비가 된다. 시간은 본래 삶의 맥락 속에서 유기적으로 흘러야 하지만, 지금은 통제 가능한 블록으로 분절되어 배움과 감정, 관계와 실수를 지워낸다. 그 결과 교육은 시간을 가졌지만 시간을 살지 못하는 제도로 남는다.

2절

시간권리 담론의 보호주의적 한계 :
타인의 시간에 개입할 권리는 누구에게 있는가

질문 시간을 '보장'받는다는 말은 왜 충분하지 않은가?

'시간권리'라는 개념은 최근 교육 정책과 복지 담론에서 자주 등장하고 있다. 학생에게 휴식의 권리, 여백의 권리, 느림의 권리를 보장하자는 논의는 교육의 인도주의적 전환으로 여겨진다. '방과 후를 비워 주자', '방학을 돌려주자', '자율 시간을 보장하자'. 이런 외침은 분명 절박하고 시의적이다. 하지만 이러한 권리 담론은 정작 그 시간의 구성 방식, 설계 권한, 시간 구조의 위계성에 대한 문제를 외면한 채, 일정 부분의 '보호된 시간'을 선별적으로 보장하는 데 머무른다. 그것은 시간의 권리를 주는 것처럼 보이지만, 실제로는 여전히 시간을 통제하려는 방식에 가깝다.

시간권리 담론은 근본적으로 '결핍'의 인식에서 출발한다. 지금의 학생은 쉴 틈이 없고, 과중한 학습량에 시달리며, 스스로의 리듬을 느낄 수 없다. 따라서 일정한 휴식, 자율 시간, 멍 때릴 권리가 필요하다는 주장은 당연하다. 그러나 이 권리가 구조적 시간 설계의 재구성을 요구하지 않을 때, 그것은 오히려 입시체제의 정당화 장치가 될 수 있다. 일정 시간만 비워 주고 나머지는 그대로 두는 방식은 시간의 전면적 전환을 가로막고 피로를 관리 가능한 수준으로 유지하려는 통제 전략이 된다. 보호는 통제를 은폐한다.

더욱이 시간권리의 보호주의적 접근은 권리를 '주어야 할 것'으로 상정한다. 학생은 여전히 권리를 받는 존재이고, 학교나 정책은 그것을 허락하고 조정하는 주체가 된다. 이때 시간은 타자에 의해 '부여되는' 것이며, 교육 주체는 그것을 사용해야 하는 입장에 놓인다. 그러나 진정한 권리는 '주어지는 것'이 아니라 '행사되는 것'이어야 한다. 시간을 가질 권리란, 자신이 시간을 구성하고 조율하고 감각할 수 있는 주체라는 뜻이다. 그러나 보호주의적 권리는 이 구성력을 제거한 채 배분 가능한 자원으로서의 시간만을 상정한다.

시간권리는 종종 '일정 부분의 회복'으로 제한된다. 방학을 길게 준다거나 야간 자율 학습을 줄이는 방식은 실제로 구조의 윤리를 바꾸지 않는다. 시간은 여전히 성과 중심으로 흐르고, 그 안에서의 '여유'는 구조가 허락한 예외로 기능한다. 이처럼 시간권리는 잉여 시간을 회수하는 방식으로 접근될 때, 존재의 회복이 아니라 통제의 정교화를 낳는다. 교육은 시간의 총량을 조정하는 것이 아니라 시간의 흐름과 구성 방식 자체를 전환해야 한다. 그러나 권리를 '시간의 조각'으로 상정하는 한, 교육의 시간정치학은 갱신되지 않는다.

시간권리는 종종 복지적 언어로 포장된다. '학습 빈곤층', '시간소외 계층', '비주류 시간 사용자'와 같은 표현은 시간의 박탈이 구조적 문제라는 점을 드러내지만, 동시에 그것을 다시 시혜적 정책의 대상으로 위치시킨다. 시간은 '복지의 대상'이 아니라 정치적 주체화의 핵심 자원이어야 한다. 학생이 시간의 주체가 되기 위해서는 단순히 시간을 받는 존재가 아니라 시간을 설계하고 결정할 수 있는 존재로 인정받아야 한다. 하지만 보호주의적 담론은 시간을 받을 자격에 대한 기준을 정하고, 자격 없는 자를 배제하는 방식으로 작동한다.

또한 시간권리 담론은 교육 현장에서 교사와 학생의 실질적 시간 권한에 대한 재구성을 다루지 않는다. 수업 시간, 평가 일정, 과제 기한, 생활기록부 기입 주기 등 실제 시간 구조를 설계하고 통제하는 권한은 대부분 학교 외부에 있다. 교사 역시 시간권리를 누리지 못하며, 행정 업무와 성과 관리로 인해 창의적 시간 설계가 어렵다. 그럼에도 시간권리는 대부분 학생 개인에게만 적용되며, 교사와 학교의 시간 권한 구조는 성찰되지 않는다. 진정한 권리는 전체 구조의 시간 설계 권한이 재배치될 때에만 가능하다.

시간권리는 구성적 권리여야 한다. 시간을 잘 사용할 권리, 시간을 비울 권리, 시간을 다시 설계할 권리. 보호주의적 시간권리는 사용만을 허락하지만, 구성적 시간권리는 생산과 감각과 결정의 권리를 포함한다. 학생은 자신이 어떤 시간에 있을지, 어떤 리듬으로 배울지, 어떤 방식으로 감정을 주고받을지를 선택할 수 있어야 한다. 교육은 이런 구성적 시간 감각을 학습하고 실천하는 장소가 되어야 한다. 하지만 지금의 시간권리 담론은 여전히 학생을 수혜자로 규정하고, 시간의 구조를 재구성하지 않는다.

결국 시간권리 담론이 벽에 부딪히는 이유는, 그것이 시간의 본질을 수단화하고 있기 때문이다. 시간은 관리해야 할 대상이 아니라 함께 살아가는 흐름이며, 존재를 감싸는 구조다. 교육은 시간을 주는 것이 아니라 시간을 살아가는 방식 자체를 바꾸는 것이다.

3절

시간주권의 개념 정의 :
주권, 권능, 자기시간

질문 시간을 갖는다는 것과 시간을 살 수 있다는 것의 차이는 무엇인가?

　교육이 삶의 고유한 리듬과 의미를 구성하는 장이라면, 시간은 존재의 감각을 짓는 공간이어야 한다. 그러나 입시체제 아래 시간은 평가를 위한 계량 단위가 되며 계획과 통제의 대상이 된다. 이 체계는 학생 개개인의 시간 감각을 무력화시키고, 교사의 교육적 리듬을 삭제하며, 학교를 효율 중심의 장치로 재구성한다. 시간은 더 이상 살아 내는 것이 아니라 견뎌 내는 것이 된다. 그래서 나는 '시간주권'이라는 말을 소환했다. 시간주권이란 무엇보다도 '자신의 시간에 대한 권리'를 의미한다. 시간주권은 시간을 돌려 달라는 선언이 아니라 시간을 다시 구성하고 소유할 권리가 누구에게 있는지를 묻는 교육의 정치학이다.

　시간주권은 먼저 '주권'이라는 개념의 재사유를 요청한다. 여기서의 주권은 국가주권이나 법적 권리의 의미를 그대로 적용한 것이 아니라 시간의 흐름에 대해 결정할 수 있는 주체의 구성 권한을 의미한다. 주권이란 타자의 시간에 끌려가지 않고 자신의 리듬을 정치적으로 구성할 수 있는 능력이다. 교육에서 학생은 시간의 주권을 갖지 못하고 타자에 의해 설계된 시간에 적응해야 하는 존재로 길들여진다. 시간주권은 이 상황을 전도한다. 배움이란 시간을 받아들이는 것이 아니라 시간을 창조하는 감각에서 출발해야 한다는 요청이다.

시간주권은 단순한 자유 또는 선택의 문제가 아니다. 그것은 구조의 허가 아래 이루어지는 '자율'이 아닌 구조 자체를 감각적으로 재설계할 수 있는 권능potentia의 문제다. 여기서 말하는 권능은 외부의 허락 없이도 시간의 흐름을 바꿀 수 있는 내적 힘, 곧 존재가 자기리듬을 실현할 수 있는 실존적 역량이다. 시간주권은 교육 주체가 단순히 '시간을 어떻게 쓸 것인가'를 고민하는 것이 아니라 '시간을 어떻게 다시 만들 것인가'를 사유하는 방식이다. 권능 없는 주권은 수행의 기교로 전락하고, 감각 없는 자율은 통제의 연장이 된다.

이런 점에서 시간주권은 헬가 노워트니의 고유시간Eigenzeit 개념과 깊이 연결된다. 자기시간은 단순히 개인의 일정이 아니라 존재가 세계와 맺는 고유한 시간 감각이다. 그것은 물리적 시간이나 시계 시간에 종속되지 않고, 감정, 신체, 관계, 사유, 행위가 서로를 감응시키며 구성하는 다성적 시간이다. 입시가속체제는 이 고유시간을 억압하고 모든 존재를 동일한 시간 구조 속에 배치한다. 시간주권은 바로 이 고유시간을 되찾는 사유이며, 교육에서 존재의 감각을 회복하려는 감성적 정치학이다. 자기시간은 측정되지 않지만 교육의 생명이다.

시간주권은 타자와의 관계 속에서만 실현된다. 시간이란 나 혼자 누리는 자원이 아니라 함께 감각되고 조율되어야 할 리듬이기 때문이다. 학생이 멈출 수 있는 시간은 교사의 기다림 안에서만 가능하고, 느림을 선택할 수 있는 권리는 공동체가 허용한 윤리 속에서만 의미를 갖는다. 이때 시간주권은 개인의 능력이라기보다 공동의 감각을 조율하는 공존의 기술이 된다. 교육은 시간의 주권을 개인에게 분산하는 것이 아니라 학교 전체가 시간의 흐름을 재설계할 수 있는 구조를 만드는 일이다.

시간주권은 감정의 윤리와도 맞닿아 있다. 정답을 맞히는 데 필요한 시간과 감정을 이해하는 데 필요한 시간은 다르다. 감정은 반복과 기다림, 서사의 흐름 속에서 움직이는 것이며, 그 시간을 구조 안에 포함시킬 수 있을 때 교육은 비로소 살아 있는 체계가 된다. 감정의 시간이 배제된 수업은 반응 없는 학습만을 남기고 감정을 지울수록 시간은 더 얇아진다. 시간주권은 '무엇을 얼마나 했는가'가 아니라 '어떻게 감응했는가'를 중심에 놓는 시간 감각의 재구성이다. 감정 없는 시간에는 존재가 머물 수 없다.

시간주권은 배움의 속도를 재정의한다. 속도란 빠름만을 의미하지 않는다. 어떤 순간은 느림이 필요하고, 어떤 학습은 되풀이와 유예를 전제로 한다. 지금의 교육은 이 다양한 속도를 무시하고, 동일한 속도를 강제한다. 시간주권은 학생이 자신의 리듬을 느끼고 선택할 수 있는 권리를 보장해야 한다는 의미다. 교사가 수업의 템포를 조정하고 학생이 질문과 실수를 반복할 수 있도록 시간 구조를 재설계할 때, 교육은 기능을 넘어서 생명과 리듬의 윤리를 회복한다. 시간주권은 배움의 리듬을 되찾는 정치다.

이러한 관점에서 시간주권은 교육과정, 수업 운영, 평가 방식, 학교 일정의 구성 방식 전반을 재구조화하는 개념이다. 시간은 교육 내용과 분리된 형식이 아니라 내용과 감각을 모두 결정하는 핵심이다. 시간 구조가 바뀌지 않는 한, 수업 방식의 혁신도 존재의 회복도 불가능하다. 시간주권은 교육의 존재론을 전환하는 철학이다. 그것은 단지 제도적 여유를 허용하는 것이 아니라 교육의 리듬과 질서를 다시 짜는 일이다. 시간은 배움의 조건이 아니라 배움 그 자체다.

시간주권은 결국 교육의 목적을 다시 묻는 사유다. 우리가 학생들에게 줄 수 있는 가장 본질적인 것은 지식이 아니라 시간이며, 그 시간은 단지 양적인 할당이 아니라 감각과 관계와 존재가 함께 흐를 수 있는 구조적 조건이다. 시간주권은 교육을 더 빠르게 만드는 것이 아니라 교육이 더 오래 머물 수 있도록 만드는 철학이다. 시간의 주인이 되지 못한 존재는 교육의 주체가 될 수 없다. 배움이 존재를 구성하는 과정이라면, 시간주권은 존재가 자기 자신을 구성할 수 있는 감각적 정치다.

이 모든 것을 종합할 때, 시간주권은 시간역량이나 시간권리와는 질적으로 다른 개념임이 분명하다. 그것은 능력도 아니고, 배분도 아니다. 시간주권은 시간을 존재의 이름으로 재구성하려는 감각적·윤리적·정치적 기획이다. 교육은 이 기획을 통해 배움의 구조를 바꾸고 존재를 감싸는 새로운 리듬을 설계해야 한다. 우리는 학생들에게 시간을 잘 쓰는 법을 가르치는 것이 아니라 시간을 다시 살아갈 수 있는 감각을 복원하도록 도와야 한다. 교육은 시간의 예술이자, 존재의 시간 윤리학이다.

4절

교육에서 시간주권이 작동하는 방식 :
교육 장면에서의 시간 회복 전략

질문 교실에서 시간은 어떻게 감각되고 어떻게 되찾아야 하는가?

시간주권이 추상적 선언에 머무르지 않으려면, 그것이 실제 교육 장면 속에서 어떻게 작동하고 있는지를 묻는 구체적인 시선이 필요하다. 학생이 자신의 시간을 구성할 수 있고, 교사가 시간을 조율할 권한을 가지며, 학교가 시간의 흐름을 공적 감각으로 재설계할 수 있는 방식이 실제로 가능한가? 우리는 지금까지 시간을 '배분의 대상'이나 '관리의 단위'로 다뤄 왔지만, 시간주권이란 그 흐름 자체를 다시 감각하고, 살아 있는 관계 안에서 조정하는 존재의 정치이다. 이 정치가 작동하는 곳에서만 교육은 다시 배움이 된다.

시간주권은 우선 배움의 리듬 안에서 작동한다. 각 학생은 서로 다른 리듬으로 생각하고 감각하며 성장한다. 어떤 학생은 질문으로 사고를 시작하고, 어떤 학생은 관찰로 사유에 들어간다. 그러나 지금의 수업 시간은 그 다양한 리듬을 단일화된 진도표 속에 가두며, 이해가 빠른 학생과 느린 학생을 같은 속도에 묶어 놓는다. 시간주권은 학생이 자신의 사고 리듬에 맞추어 배움에 참여할 수 있도록 시간 구조를 느슨하게 설계하는 일이다. 수업의 속도를 유연하게 만들고, 각자의 리듬을 존중하는 수업 흐름을 만드는 것. 그것이 시간주권이 배움의 현장에서 작동하는 첫 조건이다.

두 번째는 여백의 시간이다. 교육은 배움과 배움 사이, 말과 말 사이, 실수와 회복 사이에 놓인 틈의 시간에서 생명을 얻는다. 하지만 지금의 교육은 이러한 여백을 두려워한다. 수업은 끊김 없이 진행돼야 하고, 쉬는 시간조차 관리의 대상이 되며, 수업 중 침묵은 교사의 무능으로 간주된다. 시간주권이 작동한다는 것은 이 여백이 허용되고 보호되며 구성되는 구조를 의미한다. 학생이 실수하고, 다시 돌아오며, 멈추었다가 다시 묻는 순간이 보장되는 구조. 이것이 시간주권의 실천적 윤리다.

시간주권은 감정의 시간에서도 구현되어야 한다. 배움은 논리 이전에 감정의 반응으로 시작되며, 이해는 정동의 공명을 통해 생긴다. 그러나 지금의 시간 구조는 감정을 변수로 간주하거나, 통제 대상으로 치환한다. 평가 일정은 감정을 고려하지 않고, 수업 흐름은 감정의 움직임을 무시한 채 나아간다. 시간주권은 이 감정을 존중하고 수업의 시간에 통합하는 구조를 요청한다. 교사는 학생들의 피로와 감정의 파동을 감각하며 수업의 리듬을 조정하고, 교육은 감정이 억제되지 않고 흐를 수 있는 시간의 윤리를 회복해야 한다.

또한 시간주권은 타자와 함께 살아가는 시간 감각으로 작동한다. 이는 '나의 시간'이 '우리의 시간'으로 확장되는 과정이다. 교실 안의 모든 시간은 동시적으로 흘러가는 듯 보이지만, 실제로는 서로 다른 감정과 사고와 리듬이 교차하는 장이다. 누군가는 생각이 길어지고, 누군가는 이미 답을 찾았으며, 누군가는 여전히 멈춰 있다. 시간주권이 작동한다는 것은 이러한 시간들의 다중성과 비동시성을 받아들이고, 그 위에 '함께 있는 리듬'을 새롭게 조율하는 일이다. 이는 단지 시간의 분배가 아니라 시간의 공존을 의미한다.

시간주권은 교사의 시간 감각 속에서도 작동해야 한다. 교사가 자신의 수업을 주체적으로 설계하고, 교육과정을 감각하며, 시간의 흐름을 공동체와 함께 조정할 수 있어야 한다. 그러나 지금 교사의 시간은 대부분 외부 일정에 맞춰져 있으며, 수업은 성과 지표와 공문 일정에 의해 왜곡된다. 시간주권은 교사에게 시간 설계자로서의 권능을 회복시키는 것이다. 교사가 수업 중 멈추고 머물며 질문을 확장할 수 있고, 감정을 살피고 되돌아갈 수 있는 시간 구조야말로 교육의 생명력을 회복하는 첫걸음이다.

이러한 시간주권은 학교라는 조직의 시간 설계 방식 전체를 재구성해야 실현 가능하다. 시간표, 학사 일정, 시험 운영, 방과 후 프로그램, 상담 구조 등은 모두 학교 시간의 총체적 형태를 구성한다. 시간주권이 작동하려면 이 모든 구조가 단지 효율과 편의가 아니라 배움과 감정과 관계의 흐름을 중심으로 다시 짜여야 한다. 느림이 허용되고, 멈춤이 인정되며, 실패와 되돌아감이 허락되는 시간 구조. 학교는 시간이 살아 있는 유기적 흐름의 장이 되어야 한다. 시간주권은 조직 설계의 방식이자 리듬의 정치학이다.

시간주권은 정책의 시간과도 연결된다. 수업 시수, 평가 주기, 학교 운영 계획 등 정책적 기준이 교육의 시간 흐름을 결정짓는다. 시간주권이 작동하려면, 이러한 기준이 일정한 재량과 조율 가능성을 내포해야 한다. 예외를 허용하고, 맥락을 수용하며, 감각을 신뢰할 수 있어야 한다. '동일한 시간 단위'를 보장하는 것이 공정함이 아니며 '고유한 시간 흐름'을 인정하는 것이 진짜 정의다. 교육은 동일한 시간 안에 가둬야 할 것이 아니라 다양한 시간 리듬들이 공존할 수 있도록 설계되어야 한다.

마지막으로, 시간주권은 존재를 감각하는 방식 자체의 전환으로 작동한다. 학생이 자신의 시간에 머물 수 있고, 교사가 그 시간을 지켜볼 수 있으며, 학교가 그 흐름 전체를 함께 살아 낼 수 있다면, 그때 교육은 다시 존재를 회복하는 장이 될 수 있다. 시간주권은 단지 시간을 쓰는 기술이 아니라 시간을 살아가는 감각이고, 시간을 다시 감각할 수 있는 존재들의 공동 실천이다. 이 감각이 회복될 때, 교육은 시간을 관리하는 체제가 아니라 존재가 펼쳐지는 시간의 생태계가 된다.

5절

시간주권의 다섯 가지 구성 요소:
리듬주권, 여유주권, 의미주권, 정동주권, 행위주권

질문 우리는 어떤 시간 속에서 살아가고, 어떤 시간을 만들고자 하는가?

다섯 가지 시간주권의 구성 요소(리듬주권, 여유주권, 의미주권, 정동주권, 행위주권)는 시간에 대해 단일한 정의나 권리의 차원으로는 오늘날 교육의 병리 구조를 전환할 수 없다는 인식에서 출발한다. 시간은 단순히 배분하거나 관리되는 자원이 아니라 존재의 감각과 감정, 관계와 의미, 그리고 실천이 중층적으로 교차하는 살아 있는 구조이다. 이에 따라 각 구성 요소는 시간의 다층성을 드러내는 윤리적 지향으로 확장하여 개념화하였다. 리듬주권은 생존을 넘어 존재로 사는 시간을, 여유주권은 비생산의 권리를, 의미주권은 시간에 의미를 부여하는 자기화의 가능성을, 정동주권은 감정과 정서가 흐를 수 있는 시간적 공간을, 행위주권은 주체가 스스로 시간의 질서를 재구성할 수 있는 실천의 권능을 가리킨다. 이 다섯 가지 구성은 시간주권을 단순한 슬로건이 아닌 철학적·정치적·실천적 개념으로 정합화하기 위한 구조적 장치이며, 존재를 회복하는 교육적 시간 윤리를 구성하는 핵심 축이다.

5.1. 리듬주권 — 존재의 고유 리듬을 존중하는 교육

교육은 언제나 시간 속에서 이루어진다. 그러나 그 시간은 누구의 시간인가? 수업은 몇 시에 시작하고, 과제는 언제까지 제출해야 하며, 피드백은 얼마나 빨리 도달해야 하는가. 오늘날 학교의 시간 구조는 '표준화된 시간'에 철저히 맞춰져 있다. 벨 소리에 따라 움직이는 시간표, 분 단위로 쪼개진 학습 블록, 실시간 데이터 기반의 개입. 이 모든 구조는 효율성과 예측 가능성을 우선하며, 인간의 리듬을 기계의 리듬으로 대체한다. 이 속에서 학생은 자신의 속도를 잃고, 교사는 수업의 감응보다 시스템의 지시에 반응하는 존재로 전락한다.

이와 같은 시간 구성은 앞에서 설명한 '시간역량' 개념으로 정당화되지만, 이러한 접근은 구조의 권력성을 비판하기보다 그에 순응하는 개인의 능력을 강조한다. 반면 리듬주권은 이 구조 자체에 질문을 던진다. 그것은 단지 시간을 잘 쓰는 능력이 아니라 어떤 시간 리듬 속에 살아갈지를 결정할 수 있는 권리다. 주권으로서의 리듬은 '내 속도대로 살 수 있는 권리'이며, 타자의 시계가 아닌 나의 리듬으로 시간을 조직할 수 있는 존재적 권력이다. 이것은 기본권이나 복지 개념처럼 외부로부터 보장받는 '쉬는 권리'가 아니라 나의 리듬을 중심으로 시간 흐름을 재조정할 수 있는 시간 구성 주체로서의 권한을 전제한다.

교육정치학적 관점에서 보면, 리듬주권은 시간에 대한 통치 권력의 분산을 요구한다. 지금까지 시간은 교육 제도와 기술 시스템이 통제하는 대상이었다. 이는 통계 가능한 진도율, 수업 밀도, 평가 일정 등으로 수렴된다. 하지만 리듬주권은 시간 통치를 문제 삼는다. 그것은 시간표를 '조율 가능한 정치 영역'으로 재구성하며, 교사와 학생이 함께 '어떻게 시간을 나눌 것인가'를 논의할 수 있는 새로운 교육주권의 지형을 요청한다. 시간은 정치적 대상이며, 리듬은 협상의 결과물이어야 한다.

이러한 관점에서 리듬주권은 단지 '느리게 살 권리'를 의미하지 않는다. 그것은 오히려 느림과 빠름, 멈춤과 속도의 균형을 스스로 조정할 수 있는 리듬의 자율성을 말한다. 한 명의 학습자는 천천히 읽는 시간에 몰입할 수 있고, 또 다른 학습자는 집중의 흐름을 따라 재빠르게 탐색할 수도 있다. 중요한 것은 속도가 아니라 속도의 결정 권한이다. 교육은 이 리듬 결정의 권위를 누구에게 줄 것인가를 끊임없이 묻고, 조정해야 한다.

오늘날 디지털 플랫폼은 리듬의 조율이 아닌 속도의 규범화를 강화하고 있다. 과제는 정해진 시간 안에 제출되어야 하고, 피드백은 즉시 제공되어야 하며, 진도는 자동화된 대시보드가 관리한다. 이런 구조 속에서 리듬은 사라지고, 단일 시간의 압력이 모든 학습자의 몸과 정신을 똑같이 밀어붙인다. 리듬주권이 요구하는 것은 이 속도 우위의 기술 설계를 전환하라는 요청이다. 알고리즘은 리듬의 조율자가 되어야지 리듬의 통제자가 되어선 안 된다.

리듬주권이 회복된 교육은 '정지와 흔들림의 윤리'를 수업 안에 포함한다. 모든 수업이 일정한 시간 블록에 맞춰 구성될 필요는 없다. 어떤 수업은 오래 머무를 수도 있고, 어떤 대화는 생각보다 빨리 끝날 수도 있다. 중요한 것은 그 유동성을 감지하고 함께 조율하는 공감의 기술이다. 교사는 감정과 분위기를 읽고, 학생은 자신의 상태를 반영하며, 시간은 존재의 흐름과 만나는 생태적 공간이 되어야 한다.

결국 리듬주권은 시간의 소유권을 되찾는 것이 아니라 시간의 설계 권한을 다시 협상하는 주권적 요청이다. 그것은 존재의 고유한 속도를 존중하고, 기술과 제도의 속도에 예속되지 않으며, 배움과 삶이 공명할 수 있는 시간 구조를 만들어 가는 실천이다. 주권이란 구성의 권한이다. 리듬주권이란, 우리가 다시 살아 있는 시간 안에서 교육을 시작할 수 있는 가장 근본적인 권위의 회복이다.

5.2. 여유주권 — 낭비되지 않는 비생산의 시간

교육의 시간은 빈틈이 없다. 수업은 일정표에 따라 흐르고, 쉬는 시간은 다음 활동을 준비하는 예열 구간처럼 여겨진다. 모든 시간은 유용하게, 생산적으로, 끊김 없이 사용되어야 한다는 강박이 자리 잡고 있다. 그러나 우리는 질문해야 한다. '왜 모든 시간은 쓰여야만 하는가?' '왜 쉬는 시간조차 학습의 연장선으로만 존재해야 하는가?' 여유주권은 바로 이 질문에서 출발한다.

오늘날 학교는 여유의 구조를 일관되게 제거한다. 시간은 '목적을 향한 경로'로만 설계되고, 계획되지 않은 시간은 '비효율'로 간주된다. 멍하니 창밖을 바라보는 시간, 같은 문장을 반복해서 읽는 시간, 이야기 속에 잠기는 시간은 잘려 나간다. 여유는 가시화되지 않고, 기록되지 않으며, 평가되지 않기 때문에 교육에서 배제된다. 그 자리를 대신하는 것은 진도율과 출석률, 활동 로그와 피드백 반응 속도이다. 여유는 쓸모없기 때문에 제거되는 것이 아니라 쓸모로 환원되지 않기 때문에 제거되는 것이다.

이 구조 안에서 여유는 권리가 아니라 일탈처럼 취급된다. 여유가 교육의 시간에서 '예외 상태'로 위치 지워질 때 존재는 '멈출 수 없는' 시간 속에 갇히게 된다. 교육의 시간은 삶의 리듬을 복원하기보다 존재를 '계속 작동하는 장치'로 만들기 위한 생산 시간으로 전락한다. 여유주권은 이러한 생산 시간에 균열을 내는 정치적 요청이다. 그것은 쉴 수 있는 능력이 아니라 쉴 수밖에 없는 인간성을 회복하기 위한 권위이다.

교육에서 여유는 학습의 느슨한 진입로이자 의미가 생성되는 미분화된 시간대다. 우리는 모두 의미 있는 배움이 여백 속에서 발생한다는 사실을 알고 있다. 아무 말 없이 앉아 있는 시간, 실패한 질문을 붙들고 사유하는 시간, 친구와 농담을 나누는 시간, 창밖의 나무를 바라보는 시간이야말로 존재가 다시 열리는 시간이다. 여유는 무용한 것이 아니라 아직 명명되지 않은 가능성의 시간이다.

여유주권은 바로 이 가능성의 시간, 의미 전의 시간, 감응의 입구로서의 시간을 제도 안에 다시 불러들이려는 요청이다. 수업 시간표는 조율 가능한 틈을 포함해야 하고, 피드백 주기는 반추를 허용하는 지연 구조를 품어야 한다. '멍 때리는 시간', '혼자 걷는 시간', '수업 외 활동' 같은 여유의 형식들이 정식 교육 구조 안에서 자리 잡을 수 있어야 한다. 이는 교육의 변두리에 머물러 있던 시간들을 교육의 중심으로 복권시키는 일이며, 그것은 시간의 정치 구조를 다시 쓰는 작업이다.

결국 여유주권은 교육을 속도의 경쟁이 아니라 존재의 여백을 품는 일로 다시 해석하는 윤리적 선언이다. 우리는 더 이상 모든 시간에 무언가를 '해야만 하는' 세계에 살 수 없다. 오히려 아무것도 하지 않는 시간이야말로 가장 깊은 배움과 연결되어 있다. 학교는 이 시간을 제거하는 곳이 아니라 그 여유를 구성하고 지키는 가장 중요한 공적 장소가 되어야 한다. 교육이 여유를 조직할 수 있을 때, 우리는 비로소 인간적인 시간을, 살아 있는 배움을 회복할 수 있다.

5.3. 의미주권 — 시간 속 의미를 구성할 권리

교육은 언제나 목적의 언어로 가득하다. '무엇을 위해 배우는가?' '어떤 성과를 위해 이 과정을 거치는가?' '어떤 기준으로 유의미한 시간을 판단할 것인가?' 그러나 이 모든 질문 앞에서 하나의 질문이 실종된다. '누가 그 시간의 의미를 결정하는가?' 의미주권은 이 물음에서 시작한다. 시간은 단지 흐르는 것이 아니라 언제나 해석된다. 문제는 해석의 권위가 누구에게 있는가이다. 의미주권이란, 시간의 의미를 외부로부터 부여받는 것이 아니라 자기 삶의 맥락 안에서 다시 구성할 수 있는 권한을 말한다.

지금의 교육은 시간의 의미를 성과 중심의 언어로 환원하고 있다. 교과서 진도, 평가 성취 기준, AI 분석 결과가 학습 시간을 '가치 있는 것'으로 만들고, 나머지는 비효율이나 낭비로 간주된다. '잘 사용된 시간'은 점수와 등급으로 입증되는 시간이며, 학습자의 감정, 맥락, 삶의 경험은 그 시간 구조에서 삭제된다. 교육의 시간은 이렇게 외부의 눈으로 구성된 타자의 시간이 되어 가고 있으며, 학생은 그 의미의 사용자이지 창조자가 되지 못한다.

이러한 구조 안에서 시간역량은 자기관리 능력으로 이해되고, 시간권리는 최소한의 여유를 요청하는 복지 담론으로 제한된다. 그러나 의미주권은 다르다. 그것은 시간의 언어를 누가 발화할 수 있는가의 문제이다. 학생은 '왜 이걸 배우는가?', '이것이 나에게 어떤 의미가 있는가?'를 질문할 수 있어야 하며, 교사는 '이 수업이 삶과 어떻게 연결되는가?'를 끊임없이 재구성할 수 있어야 한다. 의미주권이란 질문할 수 있는 자격, 정해진 목적을 보류하고 다시 서사화할 수 있는 힘이다.

의미주권이 성립하기 위해서는 학습 시간에 질문이 개입할 수 있는 여백이 필요하다. 지금처럼 정해진 목표와 시간에 맞춰 움직이는 수업 구조에서는 의미가 발생하지 않는다. 의미는 언제나 예측할 수 없는 곳에서, 계획되지 않은 맥락에서, 우연히 스치는 타자의 말에서 생겨난다. 그러므로 교육은 시간의 밀도를 높이는 일이 아니라 의미가 흘러들 수 있는 틈을 마련하는 일이어야 한다. 평가가 목적이 아니라 성찰의 과정이 되어야 하는 이유도 여기에 있다.

기술은 이러한 의미 생성의 공간을 억압하거나 조정해서는 안 된다. 의미를 데이터화할 수는 없다. 의미는 항상 내면의 울림, 타자와의 연결, 맥락의 감각 속에서 생성되는 살아 있는 사건이다. 학습 분석 시스템은 학생의 학습 속도나 정확도는 측정할 수 있지만, '왜 그 질문을 던졌는가', '이 경험이 어떤 삶의 기억과 맞닿아 있는가'는 해석할 수 없다. 따라서 의미주권은 기술 설계의 속도나 알고리즘의 정확성과는 다른 차원의 시간 감각을 요청한다.

의미주권은 궁극적으로 교육의 존재론을 다시 묻는다. '교육이 단지 기능과 수단, 결과의 축적이라면, 우리는 왜 배워야 하는가?' 교육이란 존재가 자신을 구성하고, 타자와 관계를 맺고, 세계에 관여할 수 있는 방식으로 의미를 빚는 과정이어야 한다. 의미주권이란, 바로 이 의미의 시간, 삶의 내러티브를 구성할 수 있는 권리를 지칭한다. 그것은 교육이 시간을 어떻게 정의하고 있는가에 대한 가장 근원적인 질문이기도 하다.

5.4. 정동주권 — 감정을 감추지 않는 시간

교육은 종종 감정을 방해 요소로 간주한다. '집중력 저하', '비합리적 반응', '학습 태도의 결핍'이라는 이름 아래 감정은 제어하거나 조정해야 할 문제로 다뤄진다. 그러나 배움의 순간은 언제나 감정의 동요를 수반한다. 새로운 개념을 만날 때의 당혹감, 이해하지 못했을 때의 혼란, 친구와 나눈 이야기에 울림이 일었을 때의 감동, 실패 후의 실망과 다시 시도할 때의 용기. 감정은 단지 덧붙여진 반응이 아니라 배움의 시간 그 자체를 구성하는 정동적 리듬이다.

지금의 교육은 이 리듬을 허용하지 않는다. 수업은 계획된 흐름대로 진행되어야 하고, 감정의 출현은 '방해 요인'으로 빠르게 처리된다. AI 기반 시스템은 학습자의 표정을 분석하고, 음성 톤을 감지하며, 부정 정서를 '개입 신호'로 해석한다. 여기서 감정은 경험이 아니라 관리의 대상이 되고, '슬픔', '짜증', '혼란'은 빠르게 '복원'되어야 할 상태로 간주된다. 기술이 감정을 추적할수록 우리는 감정을 살아 낼 시간을 잃어 간다.

정동주권이란 이러한 구조에 대한 근본적 비판이자, 다른 시간 구조에 대한 요청이다. 감정은 조절의 대상이 아니라 시간 속에서 발현되고 의미화되는 존재의 흐름이다. 슬픔은 머물러야 하며, 불안은 표현되어야 하고, 기쁨은 반짝임 속에서 흘러가야 한다. 정동주권은 감정을 다룰 권리가 아니라 감정과 함께 시간을 살아 낼 수 있는 구조를 구성할 권한이다. 감정은 흐름이며, 배움은 그 흐름을 따라 형성된다.

시간역량이 감정의 통제력을 말한다면, 정동주권은 감정의 시간을 빚을 수 있는 권위를 말한다. 감정은 계획된 시간표 속에 정확히 배치되지 않으며, 그 강도와 속도, 형태는 예측할 수 없다. 배움의 시간은 언제나 감정의 개입에 열려 있어야 하며, 수업은 감정이 스며드는 공간이어야 한다. 우리는 '지금 느끼는 건 옳은 감정인가?'를 묻기보다 '이 감정을 어떻게 살아 낼 것인가?'를 교육 안에서 질문할 수 있어야 한다.

정동주권은 또한 감정을 통해 타자와 연결되는 시간의 구조이기도

하다. 누군가의 실패에 공감하고, 함께 분노하며, 같이 웃고 울 수 있는 시간은 존재를 확장시키는 기회다. 감정은 단지 개인의 내면이 아니라 관계의 통로이기도 하다. 그러나 지금의 교실은 그 관계를 시간의 흐름 안에서 감싸지 못한다. 피드백은 자동화되고, 반응은 신속해야 하며, 감정의 파동은 '효율'을 해치는 요소로 여겨진다. 이로써 우리는 감정을 겪을 기회를 빼앗긴다.

정동주권이 실현되려면, 교육은 감정이 흐를 수 있는 시간 구조를 다시 설계해야 한다. 침묵이 허용되는 시간, 질문 없이 머무는 시간, 정답이 없는 토론, 느리게 말하는 수업, 울 수 있는 교실. 이 모두는 감정이 머무를 수 있는 시간적 용기와 제도적 여백을 전제로 한다. 그리고 이러한 시간은 '잘 다루어진 감정'이 아니라 완전히 살아진 감정을 가능하게 하는 리듬을 필요로 한다.

우리는 물어야 한다. '감정을 겪지 못하는 수업, 감정을 숨겨야 하는 학교, 감정 없는 성취는 무엇을 남기는가?' 정동이 제거된 시간은 배움의 시간이 아니라 수행의 시간이 된다. 정동주권은 이 수행의 시간을 넘어, 감정을 통해 존재가 흔들리고, 울리고, 다시 사유하는 시간을 되찾는 요청이다. 그것이야말로 교육이 인간의 시간으로 남을 수 있는 이유다.

5.5. 행위주권 — 시간 흐름을 결정하는 자율적 힘

우리는 흔히 '선택할 수 있다'는 것을 자유라고 착각한다. 그러나 정해진 시간에, 제시된 경로에서, 준비된 선택지를 고르는 행위는 자유가 아니다. 행위주권은 선택지가 많은 것이 아니라 무엇을 할지, 언제 할지, 어떻게 할지를 스스로 구성할 수 있는 시간적 주체성을 뜻한다. 이는 단순히 자율적인 실행 능력이 아니라 시간을 결정하고 설계할 수 있는 권위의 문제, 곧 교육에서의 주권의 문제로 귀결된다.

지금의 교육 구조는 이 행위주권을 제도적으로 박탈하고 있다. 수업은 정해진 순서와 속도에 따라 일방적으로 흐르고, 학습자는 그 안에서 지시를 수행하는 존재로 머문다. 특히 디지털 기반 교육에서는 행위의 주체가 더욱 명확히 사라진다. AI 튜터는 다음 과제를 제안하고, 학습 플랫폼은 최적의 진도를 제시하며, 개별 맞춤형 경로는 효율이라는 이름으로 학습자의 시간과 결정을 선점한다. 이때의 '선택'은 계산된 추천이지 실제적 결정의 권한이 아니다.

행위주권이 부재한 교육은 학습자를 실천적 존재가 아니라 관리 가능한 사용자로 만들며, 학습은 정해진 루트를 따라가는 통제된 경험으로 축소된다. 문제는 이러한 구조가 단순히 기술이나 시스템의 문제가 아니라 시간을 설계하는 정치의 문제라는 데 있다. 시간을 누가 구성하고, 어떤 리듬으로 조정하며, 어느 지점에서 멈출 수 있는가의 권한은 교육의 본질적 정치성을 드러낸다. 행위주권은 바로 이 권한을 학습자에게 회복하자는 요청이다.

시간역량은 행위를 '잘 해내는 능력'으로 이해한다. 시간권리는 최소한의 휴식이나 거절의 여지를 포함한 요청이다. 그러나 행위주권은 그 시간 자체를 구성하고, 구성된 흐름에 능동적으로 개입할 수 있는 존재의 권위이다. 그것은 '정해진 과제를 수행하는 힘'이 아니라 과제의 필요성과 순서를 협의하고 재구성하는 실천적 권력이다. 이것이 권력인 이유는, 교육 시스템 안에서 시간은 언제나 '정답 있는 흐름'으로 구조화되기 때문이다.

행위주권이 실현되기 위해서는 교육의 리듬이 유동성을 회복해야 한다. 수업 흐름을 교사 중심의 일방향 구조로 고정하는 것이 아니라 학생과 교사가 시간을 함께 조율할 수 있는 공간적·제도적 틈이 필요하다. 학습자는 '지금은 이 활동을 미루고 싶다', '다른 방식으로 이 내용을 탐색해 보고 싶다'는 판단을 내릴 수 있어야 하며, 교사는 이를 수업의 일탈이 아닌 공명의 지점으로 수용할 수 있어야 한다.

기술 또한 이 주권을 강화하는 방향으로 설계되어야 한다. 플랫폼은 경로를 제안하는 도우미이지 결정권자가 되어서는 안 된다. AI 시스템은 학습자의 선택을 유도하지 않고 선택의 가능성을 열어 주는 방식으로 설계되어야 한다. 정답으로 수렴하는 학습이 아니라 질문을 되살리는 흐름, 예측할 수 없는 탐색과 실패를 감내하는 시간 구조가 필요한 이유다. 실패는 예외가 아니라 학습의 리듬을 바꾸는 중요한 순간이기 때문이다.

행위주권은 교육이 다시 살아 있는 과정이 되기 위한 조건이다. 학습이란 정답에 빠르게 도달하는 경로를 따르는 것이 아니라 의미와 감정, 관계를 따라 리듬을 조율해 가는 여정이다. 이 여정에서 학습자는 시간의 순서를 바꾸고, 속도를 조절하며, 흐름을 의심할 권리를 가져야 한다. 그것이 없다면 교육은 단지 사용자 인터페이스에 불과하며, 인간적 배움은 사라질 것이다.

교육이 시간의 설계와 실행을 모두 시스템에 위임할 때, 남는 것은 자동화된 수행뿐이다. 그러나 교육은 언제나 살아 있는 존재가 시간 안에서 선택하고 흔들리는 사건이어야 한다. 행위주권은 그 사건의 가능성을 열어 주는 윤리적이고 정치적인 조건이다. 학생이 다시 시간의 주인이 되고, 교사가 시간의 조율자가 되는 학교. 그곳에서만 우리는 교육이 다시 인간의 삶을 구성하는 리듬이 될 수 있음을 확인할 수 있다.

| 제2장 |

느린학교의
설계 원리

1절

교육의 그라운드 제로를 다시 묻다 :
존재의 회복을 위한 출발점으로서 학교

질문 우리는 왜 교육을 시작하는 자리가 아니라 다시 시작해야 할 자리에 서 있는가?

1.1. 왜 '시간'이 교육의 핵심 문제가 되었는가

시간은 언제부터 교육의 주제가 되었는가. 더 근본적으로는, 우리는 왜 지금 이 시점에서 '시간'을 문제 삼아야 하는가. "할 시간이 없어요"라는 학생들의 말은 단지 일정 조율의 어려움을 뜻하는 것이 아니다. 그것은 어떤 삶이 가능하고 어떤 삶이 불가능한지를 가르는 구조적 징후다. 시간은 흐르는 것이 아니라 교육의 깊은 층위에서 이미 설계되어 있는 질서이자 통치의 형식이다. 오늘날 교육은 '시간 없는 존재들'을 만들어 내고 있다. 배움과 성장의 고유한 리듬을 따라 살아가는 대신, 정해진 시간 내에 정해진 성과를 내야 하는 존재로 조형된다. 그리고 그 조형의 기저에는 시간의 정치학이 숨어 있다.

교육에서 시간은 단순히 배경이 아니다. 그것은 배움의 구조를 결정하고, 존재의 형식을 규정한다. 시간표, 진도 계획, 수업 시수와 시험 일정은 교육과정을 외형적으로 지탱하는 틀처럼 보이지만, 실은 그 안에서 작동하는 권력이다. 제1부 제3장에서 다룬 바와 같이, 입시가속체제는 선택, 예측, 누적이라는 세 가지 시간 코드로 학생을 선별하고 분류한다. 그 속에서 학생은 스스로를 타인의 시간에 맞춰 조절하는 존재로 훈련된다. 교육은 점점 더 가속의 장치가 되고, 그 안에서 교사와 학생은 자신만의 시간을 구성할 수 없는 존재로 전락한다. 시간은 도구가 아니라 규범이 된다.

우리는 지금 시간의 상실이 아니라 시간의 왜곡을 목도하고 있다. 시간은 여전히 흐르지만, 그 흐름은 인간적인 리듬과는 무관하게 기계적이고 외부적인 기준에 의해 재편된다. 배움의 여백은 사라지고 존재의 숙성은 제거된다. 교실은 더 이상 기다림과 탐색의 공간이 아니라 과제를 처리하고 결과를 산출하는 작업장이 된다. 시간은 '결과 지향적 존재'를 양산하는 시스템의 핵심 자원이자 조건이 된다. 이처럼 시간은 '더 많이', '더 빨리', '더 일찍'이라는 명령으로 변형되어 교육의 전 영역에 침투하고 있다. 시간의 윤리가 사라진 자리엔 효율의 이념만이 남는다.

시간의 통치는 감각으로 시작되어 습관으로 굳어지고, 끝내 존재의 형식으로 내면화된다. 수업은 종소리로 시작하고 끝나며, 학생들의 말하기는 시간 내 발언권으로 제한된다. 사유의 시간은 '지나치게 길다'는 이유로 삭제되고, 감정의 시간은 비효율적이라는 이름으로 밀려난다. 교사 역시 시간에 쫓긴다. 창의적인 시도는 현실적으로 시간이 없다는 이유로 유예되고, 교육의 본질을 성찰하는 일은 당장의 수업과 행정 뒤편으로 밀려난다. 시간의 흐름이 아니라 시간의 구조 자체가 문제인 것이다. 그 구조 안에서 교육은 더 이상 존재를 여는 공간이 되지 못한다.

우리가 교육의 핵심 문제를 '시간'으로 설정하는 이유는 단순하지 않다. 시간은 가장 구체적이면서도 가장 보이지 않는 형태로 삶과 배움의 가능성을 결정하기 때문이다. 시간주권이란, 단지 일정을 스스로 계획하는 권리가 아니라 자기 존재의 리듬을 구성할 수 있는 능력을 뜻한다. 교육은 이 능력을 길러야 할 공간이지만 현실은 그 반대의 길로 나아가고 있다. 학생들은 타인의 시간에 맞춰 살아가는 법만 배우고, 교사는 주어진 시간 안에 자신을 지우는 법을 익힌다. 따라서 오늘 우리가 교육을 다시 사유한다면, 그 출발점은 '시간을 되찾는 일'이어야 한다. 시간의 문제는 곧 존재의 문제다.

1.2. 가속된 교육의 다섯 가지 얼굴

가속은 하나의 추상적 흐름이 아니라 교육 현장에서 다양한 얼굴로 구체화된다. 그 얼굴들은 때로는 제도로, 때로는 정서로, 때로는 평가와 문화로 나타난다. 우리는 이 다섯 가지 얼굴을 통해 입시가속체제가 어떻게 작동하는지를 구체적으로 진단할 수 있다.

첫째는 성과주의다. 학생의 존재는 점수로 환산되고, 교육과정은 목표 달성형 로직에 의해 조직된다. 성장은 과정이 아니라 도달해야 할 수치가 된다. 이때 배움은 곧 성취해야 할 '업무'로 변하며, 존재는 결과물로 환원된다. 성과주의는 시간이 흘러야 할 리듬을 '단기 목표'로 잘라 낸다.

둘째는 속도 중심의 시간 구조다. 교실은 빠르게 설명하고 빠르게 이해해야 하는 공간이 된다. 여백, 숙고, 반복, 실패의 시간은 제거된다. 수업은 더 이상 배움의 장이 아니라 '진도 나가기'의 장이 된다. 학습자는 질문하기보다 따라가야 하고 교사는 기다리기보다 밀어붙여야 한다. 속도는 자율성을 압도하고, 학습의 주체는 자신의 시간을 구성할 기회를 잃는다. 빠름은 덕목이 되고, 느림은 무능으로 간주된다. 이렇게 시간은 물리적 흐름이 아닌 평가적 판단의 기준으로 기능하게 된다.

셋째는 비교의 논리다. 입시 경쟁은 모든 학생을 상대적 좌표에 위치시킨다. 성취는 절대적 성장이 아니라 상대적 순위로 판단된다. 이 비교는 시간 사용마저 경쟁의 대상이 되게 만든다. 누가 더 일찍, 누가 더 빨리, 누가 더 많은 것을 하는가가 중요해진다. 삶은 끊임없는 비교의 연속이 되고, 시간은 나의 것이 아니라 타인의 시간과 겹친 경주 트랙이 된다. 이 구조 속에서 학생은 자신만의 배움의 리듬을 갖지 못하고, 교사는 평균을 기준으로 수업을 조직하게 된다. 존재는 표준화된 시간틀 속에서 사라진다.

넷째는 통제의 정동이다. 시간은 통제의 주요 수단으로 작동한다. 자율적 실험은 정해진 시간 안에서 제한되고, 수업은 시간의 흐름보다 계획의 준수에 따라 평가된다. 이 통제는 기술적 형태로 강화되고 있다. 시간표 앱, 실시간 성적 분석, 자동화된 평가 도구는 시간의 사용을 '투명하게' 만들지만 동시에 감시의 정동을 내면화시킨다. 학생과 교사는 더는 '자기시간'을 살아가지 못하고, 항상 누군가의 시간에 응답하며 살아간다. 이는 결국 존재를 시간적 기획의 부속물로 만들고, 교육을 실험이 아닌 순응의 공간으로 만든다.

마지막은 피로의 문화다. 끊임없이 계획하고, 실행하고, 성취해야 하는 압박 속에서 교사와 학생은 정서적, 신체적으로 지쳐 간다. 시간은 도전의 자원이 아니라 버텨야 할 대상이 된다. '쉬는 시간'조차 다음 수행을 위한 준비로 환원되며, 회복은 구조적으로 배제된다. 피로는 단지 결과가 아니라 가속의 증상이다. 그것은 몸의 언어로 말하는 시간주권의 상실이며, 교육의 인간적 조건이 무너지고 있음을 알리는 신호다.

이 다섯 얼굴은 서로 분리되어 있지 않다. 가속은 교육 전반의 구조와 정동을 관통하며, 결국 존재를 압축하고 소외시키는 방향으로 작동한다.

1.3. 시간주권의 철학적 등장

"할 시간이 없어요." 이 문장은 오늘날 학교에서 가장 자주 들리는 말 중 하나다. 학생들만이 아니라 교사도, 학부모도, 때로는 교육 행정가조차 이 말을 입에 달고 산다. 그러나 이 말은 단지 일정 관리의 어려움을 표현하는 것이 아니다. 그것은 자기 삶의 리듬을 잃어버린 존재의 비명이다. 교육은 더 이상 존재를 위한 시간의 틀을 제공하지 못하고, 존재를 효율과 성과에 종속시키는 구조로 변모했다. 바로 이 지점에서 우리는 시간의 '배분'이 아니라 시간의 '권리'로 사유를 전환해야 한다. 시간주권은 그렇게 태어났다. 그것은 더 가지거나 나누자는 것이 아니라 다시 구성하자는 요청이다.

시간주권은 근본적으로 존재의 윤리학이다. 우리는 얼마나 오래, 얼마나 빠르게가 아니라 어떻게 시간을 살아가는가를 묻는다. 여기서 '시간을 산다'는 말은 단지 시간을 활용한다는 뜻이 아니다. 그것은 어떤 리듬과 감각, 사유와 관계 속에서 시간을 구성하는가를 의미한다. 입시가속체제는 존재의 시간 위에 관리의 시간을 덧씌우고, 그 결과 모든 삶의 움직임은 하나의 지표로 환원된다. 이에 저항하는 시간주권의 사유는, 시간을 인간의 삶과 배움이 자라나는 관계적이고 생성적인 공간으로 되돌리는 것을 목표로 한다.

시간주권은 단순한 개인의 시간 계획권이 아니다. 그것은 시간 자체가 통치되고 있다는 사실에 대한 정치적 자각에서 비롯된다. 오늘날 교육에서 시간은 보이지 않는 규율의 장치로 작동하며, 학생과 교사는 그 안에서 성과와 책임의 단위로 분절된다. 시간주권은 바로 이 비가시적 통치의 해체를 요청한다. 이는 일정 자율권의 확대와 같은 행정적 조치로 해결되지 않는다. 시간주권은 배움의 구조, 교육의 존재론, 관계의 정동성을 다시 설계할 것을 요구한다. 그것은 시간의 재정치화이자 교육의 재구성이다.

또한 시간주권은 사유의 회복을 요청하는 개념이다. 사유는 항상 시간을 요구한다. 질문은 즉시 답할 수 없고, 의미는 기다림 속에서 형성된다. 그러나 가속된 교육은 질문을 금기시하고, 느림을 무능으로 간주한다. 시간주권은 사유의 권리, 머무름의 용기, 반복의 정당성을 되찾는 일이다. 철학 없는 교육은 존재를 길러 내지 못한다. 철학이란 결국 '살 만한 시간'을 복원하는 일이며, 시간주권은 그 철학적 실천의 언어다. 이것은 교육의 기술 이전의 문제, 제도 이전의 요청이다.

시간주권은 존재의 회복과 공동체의 재구성을 연결하는 교육적 사유다. 시간은 홀로 가질 수 없다. 누군가의 시간이 존중받기 위해선, 타인의 시간 또한 존중되어야 한다. 시간주권은 배움의 리듬이 타자와의 감응 속에서 형성된다는 전제 위에 선다. 그것은 경쟁의 시간에서 공명의 시간으로, 속도의 구조에서 깊이의 구조로 이행하는 실천을 요청한다. 우리는 시간이라는 틀을 다시 사유해야 한다. 그리고 이 사유는 교육이 무엇을 위해 존재하는가라는 근본적 물음을 다시 열어젖힌다.

1.4. 느린학교로 이어지는 교장의 질문들

이제 우리는 다시 질문 앞에 선다. 시간은 정말로 교육의 주제가 될 수 있는가. 아니, 교육은 시간을 설계할 수 있는가. 나는 교장의 자리에서 이 질문을 수없이 반복해 왔다. 시간표를 짜며, 회의를 소집하며, 교사와 학생의 일상을 바라보며, 항상 시간에 쫓기고 있는 구조를 마주했다. 학생들이 말한다. "시간이 없어요." 교사도 말한다. "이런 실험을 하고 싶지만, 시간이 없어요." 이 말들은 단순한 변명이 아니었다. 그것은 구조 자체가 어떤 실천도, 어떤 감응도, 어떤 존재의 가능성도 허락하지 않는다는 통증의 표현이었다.

시간주권이란 말을 처음 꺼냈을 때, 사람들은 고개를 갸웃했다. 하지만 시간이 지나며 교사들은 그것이 자신들의 피로, 상실감, 무기력감과 연결되어 있음을 알아차리기 시작했다. 시간은 단지 효율의 문제가 아니었다. 시간은 삶과 배움의 공간을 열거나 닫는 결정적 요소였다. 우리는 학생들을 기다릴 수 있는가. 우리는 실패를 복원할 수 있는가. 우리는 어떤 리듬 속에서 함께 살아가고 있는가. 이 질문들이 다시 물었다. '느린학교'란 무엇이어야 하는가. 그것은 단지 속도를 늦춘 학교가 아니라 시간을 새롭게 설계하는 학교여야 했다.

느린학교는 단지 반응이 느린 학생을 위한 학교가 아니다. 그것은 삶의 리듬과 배움의 리듬이 충돌하지 않는 구조를 회복하는 공간이다. 모든 학생이 같은 속도로 가야 한다는 명령에서 벗어나, 각자의 리듬이 존중받을 수 있는 교육. 교사의 실천이 성과로 환원되지 않고 존재로 존중받는 문화. 정해진 시간표가 아니라 구성된 시간이 교육의 구조를 이루는 학교. 그것이 우리가 꿈꾸는 느린학교의 윤곽이었다. 그러나 그 꿈은 구체적인 질문으로부터 시작되어야 한다. 우리는 어떤 시간 구조를 넘어야 하고, 무엇을 다시 구성해야 하는가.

　나는 다시 묻는다. '우리는 지금 무엇을 교육하고 있는가.' '우리가 설계한 시간 구조는 어떤 존재를 만들고 있는가.' '학생들이 자기시간 안에서 스스로를 구성할 수 없다면, 우리는 진정한 의미의 교육을 하고 있는 것인가.' '시간이 없는 교사는 무엇을 가르칠 수 있는가.' 시간은 단지 수업의 틀이 아니라 존재의 구조다. 그리고 그 구조를 바꾸지 않으면 교육은 결코 변하지 않는다. 느린학교로의 전환은 결국 시간의 윤리를 다시 회복하는 일이며, 그것은 교육의 본질을 재정의하는 일이다.

　이제 이 책 전체의 질문은 하나로 수렴된다.

　'우리는 교육에서 시간을 어떻게 다시 구성할 수 있는가.'

　시간주권은 더 이상 이론의 개념이 아니라 학교가 살아남기 위한 존재론적 요청이 되었다. 느린학교는 이를 실천하는 하나의 상상이다. 이 상상은 정책이 아니라 사유에서 출발하며, 그 사유는 학교 안에서의 구체적인 시간 경험으로부터 자란다. 느린학교는 이미 존재하고 있었고, 동시에 존재하지 않았다. 다음 절에서 우리는 이 느린학교를 가능하게 하는 다층적 시간 질서를 탐색할 것이다. 그 탐색은 단지 대안의 제시가 아니라 근본적인 존재 회복의 길을 여는 작업이다.

2절

비동시성의 동시성 :
서로 다른 시간들이 공존하는 교육 공간

질문 왜 한국의 학교에는 서로 다른 세기의 시간이 동시에 흐르고 있는가?

2.1. 한국의 학교 안에 공존하는 세 가지 시간 질서

예를 들어, 서울이라는 도시를 떠올려 보자. 이 도시 자체가 하나의 학교처럼 작동한다고 상상해 보자. 그 도시는 교육의 중심지이자 경쟁의 장이며, 실험의 공간이자 통제의 영역이다. 놀라운 점은 이 하나의 도시 안에 전혀 다른 시간 구조를 가진 학교들이 공존한다는 사실이다. 하나는 여전히 전통적 가속 시스템에 충실한 '일반 학교(가속학교)', 다른 하나는 느림과 공존을 실험해 온 '혁신학교(탈가속학교)', 또 다른 하나는 기술 기반 미래 교육을 구현하는 '미래학교(초가속학교)'다. 이 세 유형의 차이는 단지 제도나 커리큘럼의 차원이 아니다. 그들은 각기 다른 시간 윤리, 시간 감각, 시간 구조 위에 존재한다. 서울은 지금, 서로 다른 세 개의 시간 질서가 중첩된 교육의 실험장이자 갈등장이 되고 있다.

'가속학교'는 교육의 전통적 시간 구조를 유지하면서도 점점 더 빠른 진도, 촘촘한 시간표, 높은 경쟁 강도를 기반으로 작동한다. 이 학교에서는 시간은 곧 효율이고, 속도가 곧 우월성이다. 반면 '탈가속학교'

로 상징되는 혁신학교들은 배움의 리듬과 공동체적 시간을 회복하고자 했다. 느린 수업, 토론 중심의 수업, 프로젝트 학습 등은 단순히 방식의 변화가 아니라 시간 구조에 대한 저항이었다. 마지막으로 등장한 '초가속학교'는 AI, 빅데이터, 개별 맞춤형 학습 시스템을 기반으로 시간을 예측하고 최적화하려는 기술적 통제의 공간이다. 여기서 시간은 더 이상 흐르는 것이 아니라 설계되고 사용되는 자원이 된다.

이 세 유형의 학교는 동일한 교육청, 동일한 법제도, 동일한 행정 구조 안에 있지만 각기 다른 시간 윤리를 따르고 있다. 이로 인해 교사 간의 실천 문화도, 학생의 학습 경험도 근본적으로 달라진다. 일반 학교의 교사는 시간에 쫓겨 수업을 채우고, 혁신학교의 교사는 시간을 설계하며 감응을 실험하고, 미래학교의 교사는 알고리즘에 따라 수업을 조정한다. 그러나 문제는 이들 사이에 명확한 경계나 제도적 인정이 없다는 점이다. 정책은 획일적으로 적용되며, 평가와 성과는 동일한 기준으로 측정된다. 그 결과, 감응과 여백을 실험하는 혁신학교조차 획일적 성과 기준에 맞추어 속도를 높일 수밖에 없고, 기술 중심의 미래학교는 인간적 감수성과 교육적 관계성을 충분히 회복하지 못한 채 자동화된 흐름에 종속된다.

이처럼 한국의 학교 안에는 세 개의 시간 구조가 공존하면서도 갈등하고 있다. 이것이 바로 '비동시성의 동시성'이다. 한 사회 안에 과거, 현재, 미래가 동시에 존재하고, 서로 다른 시간의 윤리가 충돌하는 구조. 가속학교는 과거의 시간 구조를 현재의 압박으로 연장하고, 탈가속학교는 현재를 다시 인간적인 과거의 리듬으로 되돌리려 하며, 초가속학교는 미래를 앞당겨 현재를 설계하려 한다. 그러나 이들 모두는 하나의 시간정치 안에서 경쟁해야 한다. 비동시성의 동시성은 단순한 시간 차이가 아니라 존재와 실천의 방식이 충돌하는 조건이다.

따라서 한국의 교육 현실을 분석하기 위해선 공간적 분류보다 시간적 구조에 주목해야 한다. 어떤 학교가 더 좋거나 옳은 것이 아니라 어떤 시간 구조가 어떤 존재 조건을 만들어 내고 있는지를 물어야 한다. 세 가지 시간 질서는 상호 연결되며 교육의 방향을 결정짓는 조건으로 작용하고 있다. 다음에서 우리는 각각의 학교 유형 — 가속학교, 탈가속학교, 초가속학교 — 이 가진 고유한 시간 구조와 그것이 빚어내는 교육적 병리, 가능성, 정치성을 해부하게 될 것이다. 그 해부는 단지 제도 분석이 아니라 시간이라는 조건 속에서 우리가 누구로 살아가고 있는가에 대한 존재론적 물음이기도 하다.

2.2. 가속학교(일반 학교)

가속학교는 단지 빠른 학교가 아니다. 그것은 시간의 구조 자체가 효율, 성과, 경쟁을 중심으로 조직된 교육 공간이다. 이 학교에서 시간은 단위로 쪼개지고, 진도표로 표준화되며, 평가 일정으로 구체화된다. 수업은 40~50분으로 분할되고, 한 학기는 16주 단위로 설계된다. 성취 기준은 일련의 시간표와 학습 목표를 따라 정렬된다. 이는 일견 체계적이고 공정해 보이지만, 실은 모든 학생에게 동일한 시간 구조를 강제한다는 점에서 '시간의 민주성'을 위장한 통제의 구조다. 이곳에서 시간은 '같은 것을 같은 시간 안에 해내는 것'을 정상성으로 설정한다.

가속학교에서 배움은 시간과의 싸움이 된다. 학생은 더 빨리 이해하고, 더 많이 암기하며, 더 자주 평가받아야 한다. 교사는 더 짧은 시간 안에 더 많은 내용을 전달하고, 더 촘촘한 시간 관리 안에서 수업을 준비하고 평가를 마쳐야 한다. 수업의 리듬은 존재의 감각이 아니라 시간표의 압력에 따라 움직이고, 수업 중의 침묵, 돌발, 정서적 반응은 모두 비효율로 간주된다. 이로 인해 수업은 '배움'이 아닌 '진도 처리'로 전락하고, 교육은 과정을 경유하지 않은 채 결과만을 지시하게 된다. 가속은 존재를 빠르게 만들지 않는다. 오히려 존재를 얕고, 납작하고, 취약하게 만든다.

가속학교의 시간 구조는 단지 교육과정 안에 머물지 않는다. 그것은 학교 조직 전체에 침투해 있다. 수업 시간뿐 아니라 방과 후 활동, 수행 평가, 교내 대회, 상담, 회의까지 모든 것이 정해진 시간표 안에서 돌아간다. 중요한 것은 이 시간표가 누구에 의해, 어떤 감각으로 구성되었는가 하는 질문이다. 대부분의 경우 시간은 제도에 의해 미리 결정되고, 구성원은 그 틀 안에서 스스로를 조정하는 방식으로 순응한다. 이것은 시간의 통제라기보다 '자기시간의 내면화된 억압'이다. 시간은 드러나지 않지만 모든 것을 조율하는 지배 장치가 된다.

학생의 삶 역시 이 구조에 따라 재편된다. 가속학교의 학생은 하루를 7교시 수업, 보충 수업, 학원, 과제 수행으로 가득 채운다. 주말도 예외가 아니며, 방학은 보충 학습과 자기주도 학습 계획서로 점철된다. 이 시간 속에서 학생들은 '할 수 있음'보다 '언제까지 해야 함'을 먼저 배운다. 시간은 삶의 가능성을 열어 주는 것이 아니라 일정과 목표라는 이름으로 밀어붙이는 장벽이 된다. '더 일찍, 더 많이, 더 빠르게'라는 신조는 학생들의 감각과 관계, 정체성에 균열을 만든다. 시간의 속도가 존재의 두께를 지워 버리는 것이다.

가속학교는 이제 하나의 학교 유형을 넘어 교육의 '기본값'이 되고 있다. 정책 설계자들은 여전히 이 시간 구조를 전제로 교육과정을 만들고 학교 운영을 평가한다. 그러므로 가속학교의 문제는 단지 학교의 선택이 아니라 제도와 담론의 문제다. 이 구조를 해체하지 않는 한, 교육의 의미는 아무리 새로운 방식을 도입해도 근본적으로 바뀌지 않는다. 가속학교는 교육의 중심에 '시간의 효율성'을 배치한 결과이며, 그것은 존재를 위한 교육이 아니라 시스템을 위한 교육이다. 이 시간을 벗어나지 않고는 교육은 다시 시작될 수 없다.

2.3. 탈가속학교(혁신학교)

혁신학교라는 실험은 단순한 교육 프로그램의 변화가 아니다. 그것은 시간의 질서에 대한 반론이며, 가속화된 교육 구조에 맞서 새로운 배움의 리듬을 회복하려는 시도였다. 처음 혁신학교가 도입되었을 때, 가장 중요한 변화는 커리큘럼의 내용이 아니라 시간을 대하는 태도였다. 토론 중심 수업, 프로젝트 학습, 블록 타임 수업은 모두 느림을 기반으로 설계된 실험이었다. 혁신학교는 진도를 따라가는 교육이 아니라 관계를 따라가는 교육을 시도했다. 이때의 느림은 단순한 속도의 문제가 아니라 배움의 윤리와 존재의 형식을 다시 사유하는 일이었다.

탈가속학교에서 시간은 통제의 수단이 아니라 감응의 조건이었다. 교사는 수업의 흐름을 학생의 반응에 따라 유연하게 조정하고 평가는 특정 시점이 아닌 과정 전반에 분포되었다. 교실은 급히 정답을 찾는 공간이 아니라 질문과 침묵이 공존하는 장으로 변모했다. 이러한 시간 구조 속에서 학생들은 처음엔 혼란을 느꼈지만 이내 자기만의 리듬으로 배움을 구성해 나갔다. 교사들도 수업의 설계자가 아닌 동행자로 재위치했다. 시간은 더 이상 압박이 아니라 가능성이 되었고 교육은 기능이 아니라 관계의 형식으로 자리 잡기 시작했다.

그러나 탈가속의 시도는 제도 구조와 끊임없이 충돌했다. 교육청의 성과 지표, 학부모의 불안, 입시 중심의 구조는 여전히 '속도'를 기준으로 학교를 평가했다. 혁신학교가 느리게 설계한 시간은 때로는 방임으로, 때로는 비효율로 간주되었다. 정성 평가의 의미는 정량화의 틀 안에서 오해되었고, 블록 수업의 느림은 진도 누락이라는 불안을 낳았다. 결국 많은 혁신학교가 '느림을 가장한 빠름'으로 복귀하거나 가속과 탈가속을 병존시키는 이중 구조에 놓였다. 이는 단지 정책의 실패가 아니라 시간 윤리에 대한 사회적 공감 부족의 결과였다.

그럼에도 불구하고 혁신학교는 탈가속의 가능성을 열어젖힌 중요한 실험이었다. 학생이 질문할 수 있는 시간, 교사가 머무를 수 있는 공간, 관계가 복원되는 리듬이 학교 안에 생겨났기 때문이다. 이 경험은 우리에게 시간 구조를 다시 설계할 수 있는 근거가 된다. 혁신학교가 보여 준 것은 완성된 대안이 아니라 시간에 저항할 수 있는 실천의 흔적이었다. 그 흔적은 제도화되지 않았지만, 교사와 학생의 몸 안에, 기억 안에 남아 있다. 느린 수업의 감각, 기다려 주는 시선, 반복을 허용하는 분위기. 그것이 진정한 탈가속의 씨앗이었다.

이제 우리는 혁신학교를 평가할 것이 아니라 그 안에서 무엇을 배울 것인가를 물어야 한다. 느림은 단지 수업 기술이 아니라 존재의 방식이다. 탈가속학교는 우리에게 시간은 구성될 수 있다는 점, 그리고 교육은 그 시간을 매개로 존재를 다시 길러 낼 수 있다는 점을 보여 주었다. 이 가능성은 비록 체계적으로 제도화되지 못했지만 교육의 본질에 가장 근접한 실천으로 남아 있다. 느림은 과거의 회귀가 아니라 미래를 열 수 있는 가장 인간적인 속도다.

2.4. 초가속학교(미래학교)

초가속학교는 기술을 통한 시간의 최적화를 꿈꾼다. AI 기반 진단, 학습 데이터 분석, 맞춤형 콘텐츠 제공은 모든 학생이 '자기속도'로 학습할 수 있게 한다는 논리를 내세운다. 하지만 여기서 말하는 자기속도란, 타자의 간섭 없이 주어진 목표에 얼마나 빠르고 정확하게 도달할 수 있는지를 측정하는 알고리즘적 속도다. 시간은 흐르는 것이 아니라 예측되고 설계되며, 최적화되는 자원으로 재정의된다. 초가속학교의 시간은 물리적 흐름이 아니라 데이터로 추상화된 시간이다. 이 시간 안에서 배움은 과정이 아니라 성과의 시퀀스로 분해된다.

초가속학교의 수업은 교사 중심이 아니라 플랫폼 중심이다. AI 튜터가 실시간으로 학생의 반응을 분석하고, 다음 문제를 추천하며, 난이도를 조정한다. 교사는 가이드가 아니라 감시자 혹은 데이터 관리자에 가깝다. 이 구조에서 시간은 인간의 감각이 아니라 기계의 연산 속도에 따라 움직인다. '느린 질문'이나 '충분한 탐색'은 시스템이 인식할 수 없는 변수이자 오류다. 초가속의 시간 구조는 사유를 압축하고 정동을 생략한다. 그리고 교육은 점점 더, 인간을 위한 공간이라기보다 사용자를 위한 프로그램이 되어 간다.

이러한 시간 구조는 배움의 존재론을 바꾸어 놓는다. 과거에는 학생이 수업을 따라가야 했다면, 이제는 수업이 학생을 따라가야 한다는 말이 반복된다. 그러나 이 '따라감'은 학생의 존재를 존중한다는 뜻이 아니다. 오히려 학생을 예측 가능한 사용자로 환원시키는 통치 방식이다. AI는 학생의 선호와 반응을 분석하고 그 결과를 바탕으로 미래의 학습 경로를 미리 설계한다. 시간은 학습자의 선택을 유도하는 것이 아니라 선택지를 제한하며 사용자 경험을 관리하는 수단이 된다.

예측 가능한 시간은 자유를 보장하지 않는다. 오히려 그 안에서 존재는 데이터로 환원된다.

초가속학교는 기술의 중립성을 전제하지만 실은 특정한 시간 윤리와 교육 철학을 내포하고 있다. 그것은 인간의 느림, 우회, 실패, 반복, 감정 같은 요소를 시스템 바깥으로 밀어내는 윤리다. 초가속의 교육은 예외를 허용하지 않으며 공통성과 우연성을 배제한다. 모든 것이 효율화되고 개인화되며, 공공적 교육의 리듬은 사라진다. 이 시간 구조 속에서 교사는 공동체를 이끄는 존재가 아니라 기술의 뒤를 따라가야 하는 실무자가 된다. 초가속은 단지 기술의 문제가 아니라 교육의 감각적·정동적 기반이 사라지는 위기를 예고한다.

초가속학교의 위협은 단순한 외부 압력이 아니다. 그것은 이미 가속학교와 탈가속학교 안으로 침투하고 있다. 공교육 플랫폼, 디지털 교과서, 맞춤형 AI 진단 시스템은 초가속의 시간 구조를 '보편적 기준'으로 내면화시키고 있다. 이 구조는 교육의 표면을 혁신으로 포장하지만, 실제로는 사유의 여백과 존재의 다양성을 제거한다. 따라서 초가속은 단지 미래의 문제가 아니라 현재의 교육을 재구성하는 기술적 시간정치의 핵심 기제다. 우리는 이 구조에 어떻게 저항할 것인가. 그리고 교육의 시간은 과연 다시 인간적인 리듬을 회복할 수 있을까.

2.5. 다층적 시간 구조와 재가속의 교육정치

서울의 교육 현장은 하나의 시간 구조로 설명되지 않는다. 오히려 서로 다른 시간 질서가 겹치고 충돌하며, 교육의 방향과 감각을 뒤엉키게 만든다. 일반 학교의 가속적 시간, 혁신학교의 탈가속적 실험, 미래

학교의 초가속적 설계는 동일한 교육 행정 틀 안에서 '비동시성의 동시성'으로 공존한다. 이 겹침은 단순히 다양성의 문제라기보다 교육 정책이 시간에 대한 철학 없이 서로 다른 윤리를 혼합해 버린 결과이다. 결국 교육은 방향 없는 혼종의 시간 구조 안에서 '기준 없는 경쟁'과 '원칙 없는 변화'를 반복하게 된다.

겉으로는 '선택의 다양성'을 허용하는 듯 보이지만 실제로 이 세 가지 시간 구조는 하나의 공통된 흐름으로 수렴된다. 그것은 바로 '재가속'의 방향이다. 일반 학교는 여전히 성과 중심 시간 구조를 유지하고, 혁신학교는 느림의 철학 없이 성과 압박에 순응하며, 미래학교는 기술 효율화를 교육의 본질처럼 포장한다. 각기 다른 듯 보이는 이들 학교는 결국 '속도와 성과'라는 동일한 축을 따라 움직이고 있다. 다층적 시간 구조가 공존하는 듯하지만, 사실상 '재가속의 정치'가 이질적인 시간들을 하나의 규범으로 동원하고 있는 것이다.

이러한 재가속은 제도 구조에 깊이 내장되어 있다. 예를 들어, 교육청의 성과 지표와 혁신 사업 평가 체계는 모두 일정 기간 내의 '변화'를 요구한다. 그 변화는 정성적 숙성과 감응의 과정이 아니라 정량적 실적과 외형적 지표로 측정된다. 따라서 혁신학교조차 느리게 설계된 배움의 과정을 '빨리 보고해야 하는' 아이러니에 직면한다. 초가속형 플랫폼은 이를 더욱 강화한다. 실시간 진단, 즉시 피드백, 데이터 기반 분석은 교육을 '지연 없는 순환 구조'로 만드는 데 기여하며 탈가속의 여백은 제도적으로 삭제된다.

시간 구조의 다층성은 그 자체로 문제라기보다 그것이 권력의 방식으로 조직되고 있다는 점에서 정치적이다. 어떤 시간은 '혁신'으로 장려되고, 어떤 시간은 '비효율'로 낙인찍힌다. 느린 수업은 때론 무능의 표지가 되고, 즉각적 기술 반응은 효과적 교육의 모델이 된다. 이 시간의 위계는 결국 교육 주체의 실천 자체를 분할한다. 느리게 실천하는 교사는 제도에서 소외되고, 기술에 기반한 관리 능력이 있는 교사는 주목받는다. 시간은 더 이상 흐름이 아니라 자격과 통제의 메커니즘이 된다.

이러한 재가속의 정치가 가장 선명하게 드러나는 지점은 '표준화'다. 서로 다른 시간 구조를 인정하는 듯한 교육 담론은 결국 표준화된 시간 기준을 통해 학교와 교사를 평가한다. 학업 성취도, 교원 평가, 학교 성과 지표는 모두 일정한 시간 안에 달성되어야 하는 수치를 중심으로 조직된다. 그 결과, 탈가속을 실험하는 학교도 다시금 속도와 성과의 논리로 환원된다. 표준화는 다양한 시간 실천을 허용하는 것이 아니라 다양성을 관리 가능하고 비교 가능한 형태로 재포맷하는 기술이다. 시간은 측정 가능할 때만 제도 안에서 '가시화'된다.

재가속의 정치가 작동하는 또 하나의 방식은 '예외의 제도화'다. 느린 수업, 공동체 프로젝트, 창의적 체험 활동 등은 여전히 존재하지만 그것들은 본 흐름에서 벗어난 부가 활동으로 배치된다. 즉, '정규 교육과정'은 여전히 가속의 틀 안에 있고 느림은 주변화된 실험으로 제한된다. 이 구조는 결국 교육에서의 시간주권을 '선택 가능한 옵션'으로 축소시킨다. 정규 시간은 통제되고, 느린 시간은 이벤트화된다. 그 결과 교육의 주체는 제도 속에서 자신이 어떤 시간 구조를 살아가고 있는지를 감각할 수 없게 된다.

교사와 학생은 이 다층적 시간 구조 안에서 끊임없이 자기 존재를 조정한다. 교사는 수업을 느리게 진행하고 싶지만 평가 일정과 행정적 보고의 압력에 따라 속도를 조절해야 한다. 학생은 프로젝트에 몰입하고 싶지만 수행 평가와 시험 일정에 쫓겨 자율성을 포기한다. 이처럼 다층적 시간 구조는 다양한 실천을 허용하는 듯 보이지만 실은 존재의 리듬을 끊임없이 타협하게 만든다. 교육은 '가능성의 공간'이 아니라 '조율된 시간 안에서의 생존 전략'으로 재편된다. 이 조율은 주체의 자율이 아니라 시간 권력에의 내면화된 순응이다.

더 나아가 다층적 시간 구조는 교육 공동체 내부에 새로운 분열을 만든다. 빠름과 느림, 기술과 관계, 성과와 과정 사이의 긴장은 교사 간, 학생 간, 교사-학생 간 갈등으로 전이된다. 빠른 반과 느린 반, 기술에 익숙한 교사와 그렇지 않은 교사 사이의 위계는 감춰진 듯하지만 분명히 작동한다. 이 위계는 실질적인 배움의 질보다는 시간의 효율성에 의해 규정되며, '좋은 교육'에 대한 기준 역시 속도 중심으로 기울어진다. 다층적 시간 구조는 공동체의 다양성을 촉진하기보다는 속도에 따른 서열화된 존재 조건을 재생산한다.

그렇다면 이 구조에서 탈출구는 없는가? 다층적 시간 구조가 모두 재가속으로 수렴되는 이 현실 속에서, 느림은 여전히 가능한가? 중요한 것은 시간 구조 그 자체를 바꾸는 것을 넘어 시간에 대한 인식을 바꾸는 일이다. 느림은 단지 속도를 줄이는 것이 아니라 시간을 감각하는 방식의 전환이다. 존재의 리듬, 배움의 깊이, 감정의 교차가 살아 있는 시간을 중심으로 교육을 재구성하는 일. 이는 하나의 정책이나 제도로 해결될 수 없다. 그것은 교육의 감각적·윤리적·존재론적 전환을 요구하는 과제다.

결국, 다층적 시간 구조는 지금 교육의 위기를 가장 선명하게 드러내는 장면이다. 이 구조 안에서 교육은 제도의 변화와 실천의 정동, 기술의 진보와 존재의 소외가 동시에 진행된다. 우리는 그 안에서 단순히 속도를 논할 것이 아니라 시간이라는 조건 그 자체를 물어야 한다. '시간이 문제다'라는 말은 이제 선언이 아니라 분석의 출발점이다.

3절

느린학교라는 새로운 가능성 :
속도가 아닌 존재의 리듬을 중심에 둔 학교 실험

질문 학교는 언제부터 '빠름'이 아니라 '깊이'로 정의될 수 있는가?

3.1. 느린학교란 무엇인가

느린학교는 단순히 천천히 배우는 학교가 아니다. 그것은 시간의 속도가 아니라 시간의 구조를 바꾸는 실험이며, 배움의 질서를 다시 구성하는 존재론적 선언이다. 오늘날 교육은 미래 지향성과 기술 중심성, 학력 지상주의라는 세 축 위에서 작동하고 있다. 이 축들은 교육의 목적을 '효율적으로 더 나은 성과를 내는 것'으로 한정하고, 학생을 경쟁 가능한 인간 자본으로 가공하는 시스템을 정당화한다. 느린학교는 바로 이 세 축 자체를 문제 삼는다. 그것은 미래를 설계하지 않고, 기술을 수단으로 만들며, 학력을 중심이 아닌 결과 중 하나로 받아들이는 학교다.

느린학교는 시간을 다시 구성한다. 여기서의 시간은 더 많이 배우기 위한 자원이 아니라 더 깊이 살아가기 위한 리듬이다. 수업은 내용 중심이 아니라 관계 중심으로 이루어지고, 평가는 결과가 아니라 과정의 의미를 탐색한다. 배움은 효율이 아니라 감응의 사건이며, 교실은 지식 이전의 존재를 회복하는 공간이다. 느린학교는 시간표를 해체하는 것이 아니라 시간표의 배치를 통해 존재의 감각을 회복한다. 이것은 단순한 진도 조절이 아니라 시간을 교육의 핵심 요소로 사유하는 철학적 전환이다.

이러한 느린학교의 핵심은 '기다림의 윤리'다. 배움은 늘 예측 불가능하며, 학생은 저마다 다른 시간 리듬을 지닌 존재다. 느린학교는 이 차이를 인정하고, 그 차이를 기다리는 공간을 제공한다. 교사는 지식 전달자가 아니라 시간의 동반자가 된다. '늦게 오는 이해', '반복되는 실패', '다시 시작하는 용기'가 존중되는 교육. 그것이 느린학교의 실천이다. 여기서 느림은 무능이 아니라 가능성의 조건이며, 지연은 지체가 아니라 생성의 시간이다. 느린학교는 교육을 다시 '살아 있는 시간'으로 이끄는 공간이다.

하지만 느린학교는 단지 속도의 저항만으로 구성되지 않는다. 그것은 대안을 제시하기에 앞서, 무엇이 문제인지에 대한 철저한 감각에서 출발한다. 빠름의 문제는 속도 그 자체가 아니라 관계의 단절과 존재의 탈맥락화에 있다. 그러므로 느린학교는 단지 느린 수업이 아니라 '깊은 관계'와 '맥락 있는 배움'을 회복하는 구조를 지향한다. 그 안에서 시간은 결과로부터 자유로운 공간이 되고, 배움은 유예와 감응, 공명이 가능한 경험이 된다. 느린학교는 학교라는 제도를 '사유의 장소'로 되돌리려는 시도다.

결국 느린학교는 가속을 멈추는 학교가 아니라 존재가 회복되는 학교다. 그것은 기술에 저항하는 학교가 아니라 기술의 속도에 휩쓸리지 않는 감각을 회복하는 공간이다. 미래를 예측하는 학교가 아니라 현재를 함께 살아 내는 리듬을 구성하는 공간이다. 학력 중심 교육에서 이탈하는 것이 아니라 학력을 인간의 의미 안에서 재위치시키는 학교다. 느린학교는 이상향이 아니라 방향성이다. 우리는 그 방향을 따라, 다층적 시간 구조를 넘어서는 새로운 교육의 가능성을 구체화할 수 있을 것이다.

3.2. 시간의 윤리적 전환

'느림'은 오해되기 쉽다. 그것은 종종 게으름, 비효율, 낙후로 간주된다. 그러나 느린학교에서 말하는 느림은 단순한 속도의 문제가 아니다. 그것은 시간의 윤리적 구조에 대한 근본적인 재사유다. 지금까지 교육에서 시간은 '얼마나 빨리', '얼마나 많이'라는 질문에 종속되어 왔다. 이 시간은 측정 가능하고, 비교 가능하며, 성과를 기준으로 배분된다. 그러나 느림은 시간의 질을 다시 묻는 감각이다. 그것은 '얼마나 깊게', '누구와 함께', '무엇을 위해'라는 질문으로 시간의 윤리를 재구성한다. 속도는 통제의 언어지만, 느림은 관계의 언어다.

속도의 시간은 배움을 경쟁의 구조로 만든다. 학생들은 서로 앞서기 위해 공부하고, 교사는 더 많은 내용을 더 짧은 시간에 전달해야 한다. 그 과정에서 누군가는 뒤처지고, 누군가는 지쳐 간다. 그러나 관계의 시간은 다르다. 그 시간은 기다림을 포함하고, 반복을 허용하며, 실패를 감싸안는다. 느린 수업은 정답에 늦게 도달하는 것을 허락하고, 교사는 침묵을 깨뜨리지 않은 채 함께 머무를 수 있다. 여기서 배움은 목표에 도달하는 것이 아니라 함께 걷는 과정을 의미한다. 느림은 타인의 시간과 나의 시간을 함께 구성하는 윤리적 행위다.

이러한 시간 윤리의 전환은 단지 감성의 문제가 아니라 교육 구조 전반에 영향을 미친다. 시간표는 단지 물리적 구조가 아니라 존재가 움직이는 리듬의 정치적 질서다. 느린학교는 이 구조를 해체하거나 재조정하려 한다. 블록 타임, 프로젝트 수업, 공동 설계 수업은 느림을 위한 제도적 실천이다. 그러나 더 중요한 것은 그 시간 안에서 관계가 어떻게 형성되는가이다. 교육은 결국 사물 이전의 사람을 다룬다. 느림은 이 만남을 가능케 하는 유일한 시간 양식이다. 우리는 교육의 본질을 다시 생각할 때, 반드시 이 '관계의 시간'을 복원해야 한다.

기술 기반 교육이 가속을 밀어붙일수록 시간은 더 계산 가능하고 통제 가능한 자원으로 간주된다. 그러나 존재는 항상 예외적이고 관계는 항상 예측 불가능하다. 시간의 윤리적 전환이 필요한 이유는 바로 여기에 있다. 느림은 인간의 리듬에 충실한 시간이며, 교육의 사유가 작동할 수 있는 시간이다. 교육이 존재를 만나는 일이라면, 그 만남에는 우연과 머묾, 불완전함이 포함되어야 한다. 느린학교는 그 모든 가능성을 수용할 수 있는 시간 구조를 꿈꾼다. 그것은 새로운 기술이나 커리큘럼이 아니라 시간을 다시 감각하는 철학적 실천이다.

결국 느림은 저항이자 회복이다. 그것은 가속의 폭력에 맞선 인간적 리듬의 복원이며 단절된 시간 안에서 공동체를 다시 연결하려는 윤리적 선택이다. 느린학교는 속도의 반대말이 아니라 관계의 또 다른 이름이다. 우리는 '더 늦게'가 아니라 '더 함께' 가야 한다. 시간의 윤리적 전환은 그 '함께'의 조건을 다시 구성하는 일이다. 이 전환 없이 교육은 결코 인간을 가르칠 수 없다.

3.3. 느린학교의 존재론·정동론·정치학

느린학교는 하나의 수업 모델이 아니라 교육을 구성하는 존재론 자체의 전환을 요청하는 사유다. 존재론적 관점에서 학교는 단순히 지식 전달의 공간이 아니라 존재가 머무르고 구성되는 시간적 조건이다. 가속학교가 학생을 성과의 객체로 다룰 때 느린학교는 학생을 '아직 되지 않은 존재'로 바라본다. 이 관점에서 배움은 정보를 주입하는 행위가 아니라 존재가 자기 자신과 세계를 감각하고 의미화하는 과정이다. 시간주권은 이 존재의 운동을 가능케 하는 조건이며 느린학교는 이 시간의 재구성을 실천하는 구조다.

존재론적 느림은 곧 무한한 가능성의 시간이다. 빠름의 교육은 학생을 정해진 도달점으로 몰아간다. 그러나 느림의 시간은 방향은 있으되 목적지는 정해져 있지 않다. 여기서 교육은 마감이 아니라 생성이다. 수업은 끝나야 할 작업이 아니라 계속해서 열려 있는 대화의 장이다. 존재론적 교육은 바로 이 미완성성의 윤리를 품는다. 학생은 아직 무엇이 될지 모르는 존재이며, 교사는 그 가능성을 함께 감각하는 동행자다. 이때 시간은 끝을 향해 달리는 직선이 아니라 반복과 전회 속에서 의미가 생성되는 나선형의 구조를 갖는다.

정동론적 관점에서 느린학교는 교육을 감응의 시간으로 재구성한다. 배움은 인지 이전에 몸으로 온다. 사유는 언어 이전에 감각으로 스며든다. 그러나 가속된 교육은 이 정동의 층위를 삭제하고, 교육을 사고와 지식의 획득으로만 축소시킨다. 느린학교는 다시 물으며 제안한다. 배움은 언제 시작되는가? 그것은 말이 오기 전에 눈빛으로, 설명이 끝나기 전에 침묵으로, 정답이 도달되기 전에 감정의 진동으로 시작된다. 정동은 느림 속에서만 감지된다. 느린학교는 이 감응의 시간을 허용하는 교육이다.

정동은 단지 감정이 아니다. 그것은 존재와 존재가 서로를 감각하고 흔들리는 움직임이다. 느린학교의 교사는 설명을 덜어 내는 자이며 기다림을 설계하는 자다. 학생은 타자의 말에 반응하면서 동시에 자기 내면의 떨림을 감지하는 존재가 된다. 이때 수업은 정보 전달이 아니라 감정과 사유가 교차하는 공명장이 된다. 정동적 배움은 반복될 수 있고, 실패를 포용하며, 혼란 속에서 자란다. 빠른 수업은 이 리듬을 감지할 수 없다. 느린 수업만이 이 정동적 시간의 흐름을 구성할 수 있다.

느린학교는 또한 정치적 공간이다. 여기서 정치란 의사 결정과 권한의 문제가 아니라 어떤 시간을 살 것인가를 둘러싼 삶의 형식에 대한 선택의 차원을 의미한다. 학교는 기본적으로 시간을 조직하는 기관이다. 누가 시간을 배치하고, 어떤 리듬이 정상이 되며, 누구의 시간이 주변화되는가. 이 질문이야말로 교육정치의 본질이다. 느린학교는 이 통제된 시간 구조에 저항하며, 학교 구성원 모두가 시간의 설계자이자 해석자가 되어야 한다고 말한다. 이것은 단순한 자율권이 아니라 시간의 정치적 민주화를 요청하는 실천이다.

시간은 권력이다. 시간을 설계하는 자는 존재의 가능성을 배치할 수 있다. 가속된 학교는 이 권력을 보이지 않게 행사해 왔다. 효율, 진도, 평가라는 이름으로 구성원의 시간을 정해진 틀에 가두었다. 느린학교는 이 시간 통치를 가시화하고, 구성원 스스로가 자기시간을 감각하고 재구성할 수 있는 공간을 제안한다. 시간의 재구성은 곧 권력의 재배치이며 교육 주체의 행위주체성을 복원하는 기획이다. 정치학으로서의 시간주권은 여기서 시작된다. 느림은 권력을 나누는 방식이기도 하다.

이러한 존재론·정동론·정치학은 각기 분리된 이론이 아니다. 그것들은 느린학교라는 교육 공간 안에서 구체적으로 교차한다. 존재는 정동을 통해 형성되고, 정동은 정치적 구조 안에서 허용되거나 억압된다. 느린학교는 이 세 층위를 분리하지 않고 통합적으로 설계해야 한다. 단순히 수업 방식만을 바꾸는 것이 아니라 학교라는 제도적 시간장 전체를 다시 감각해야 하는 이유다. 시간주권은 단일한 권리가 아니라 존재의 리듬을 사회적 공간 안에서 실현할 수 있는 조건을 지시한다.

3.4. 깊이로 나아가는 학교

느린학교가 진정으로 지향하는 것은 단지 속도의 감속이 아니다. 배움과 존재의 '깊이'를 회복하는 것이다. 우리는 너무 오랫동안 '빠름'을 발전이라 여기며 깊이 있는 교육을 비효율이나 비현실로 간주해 왔다. 그러나 교육의 본질은 언제나 깊이에 있었다. 깊이는 단순히 오래 걸리는 것이 아니다. 그것은 한 존재가 자기 세계를 천천히 조직하며, 타자의 세계에 머물고, 사유와 감정을 겹겹이 쌓아 가는 경험이다. 깊이로 나아가는 학교는 속도 중심 학교가 지워 버린 이 층위를 다시 여는 학교다.

먼저, 깊이 있는 교육은 리듬을 회복하는 데서 시작된다. 리듬은 존재의 생리이자 감각이다. 수업과 수업 사이, 질문과 응답 사이, 배움과 삶 사이에는 각자의 리듬이 있다. 특히 진정한 리듬의 회복은 교사와 학생이 '공명하는 시간'을 함께 느끼는 순간에 존재한다.

두 번째로, 깊이 있는 교육은 사유를 존중하는 시간이다. 가속의 시간은 사유를 허락하지 않는다. 질문은 바로 답으로 이어져야 하고, 사고의 여백은 낭비로 간주된다. 그러나 깊이란 곧 머무름이다. 사유는 늘 비약을 포함하며, 그 비약은 기다림 속에서 가능해진다. 느린학교는 질문이 사라지지 않는 교실을 만든다. 거기서 교사는 정답을 유예하고, 학생은 혼란을 포용한다. 사유의 교육은 정확한 이해보다 성찰의 경험을 중시한다. 깊이 있는 수업은 수치로 환산될 수 없지만 존재의 내면을 흔드는 울림을 남긴다.

세 번째로, 깊이 있는 교육은 관계를 재구성한다. 관계는 시간이 필요하다. 서로를 알아 가고, 함께하는 리듬을 만드는 데에는 즉각적인 반응보다 반복과 동행이 요구된다. 가속된 학교는 만남을 단절하고 협업을 기능화시켰다. 깊이 있는 학교는 다시 묻는다. '우리는 함께 있는가?' 학생과 학생, 교사와 학생, 교사와 교사 사이의 느린 시간, 우연한 대화, 실패를 공유하는 경험이 관계를 엮는다. 느린학교는 관계의 구조를 다시 설계함으로써 교육을 다시 공동체로 회복한다.

네 번째로, 깊이 있는 교육은 차이를 포용한다. 빠른 교육은 동일한 시간 안에 동일한 성과를 요구한다. 그러나 느린학교는 차이를 존중하고, 각자의 시간에 따라 배움을 설계한다. 깊이란 곧 차이에 머무르는 능력이다. 여기서 교사는 평균을 설계하는 관리자가 아니라 '다른 시간의 감각자'가 된다. 어떤 학생은 천천히 질문을 품고, 어떤 학생은 반복을 통해 사유한다. 이 다양한 리듬 속에서 교육은 균질화가 아니라 '차이의 조율'이라는 새로운 정치를 구성한다.

다섯 번째로, 깊이 있는 교육은 반복을 긍정한다. 반복은 실패의 다른 이름일 수도 있지만, 동시에 배움의 가장 근본적인 구조다. 빠름의 교육은 반복을 지체로 간주하지만, 느림의 교육은 반복을 의미 생성의 장으로 전환한다. 복습이 아니라 재사유, 되풀이가 아니라 재구성이 이루어지는 시간. 그 안에서 학생은 지식을 넘어 자기 자신을 배우고, 교사는 전달자가 아니라 함께 떠도는 존재가 된다. 반복의 시간은 단조가 아니라 차이 안에서의 깊이 있는 생성이다.

여섯 번째로, 깊이 있는 교육은 존재를 위한 시간이다. 우리는 무엇을 위해 배우는가? 어떤 삶을 위해 교육은 존재하는가? 깊이는 이 질문을 학교 안으로 다시 끌어온다. 시험과 진로, 경쟁과 입시로 환원된 배움의 목적은, 느린학교 안에서 다시 물음을 갖는다. '우리는 의미 없이 빠르게 살 것인가, 의미 있게 천천히 살아갈 것인가?' 깊이 있는 학교는 교육을 존재의 감각으로 되돌리고, 배움을 삶의 리듬으로 정착시킨다. 그것은 교육을 기술이 아닌 철학으로 회복하는 일이다.

 마지막으로, 깊이 있는 교육은 공존을 위한 윤리를 품는다. 빠름은 고립을 낳고, 깊이는 연결을 낳는다. 느린학교는 공존의 학교다. 그 안에서 시간은 나눌 수 있고, 배움은 함께 만들 수 있으며, 존재는 서로를 통해 확장된다. 공존의 교육은 효율이 아니라 책임으로 이루어진다. 깊이로 나아간다는 것은 곧 함께 살아간다는 것이다. 느린학교는 교육의 방향을 미래로 미루지 않는다. 그것은 지금 이 자리에서, 인간과 인간 사이에 깃든 시간을 다시 구성하려는 감응적 실천이다.

4절

느린학교의 여섯 가지 전환 원리 :
관계, 감정, 리듬을 회복하는 교육적 구조화

질문 느림은 윤리적 설계의 이름이 될 수 있는가?

4.1. 존재의 소외 → 공명하는 연대

입시가속체제가 만들어 낸 가장 심층적인 병리는 존재의 소외다. 여기서 존재란 철학적 추상이 아니라 학교 안에서 학생과 교사, 학부모가 각자의 시간 속에서 살아가는 감각을 의미한다. 존재는 교육의 시작이어야 했으나 지금은 가장 먼저 삭제되는 요소가 되었다.

느린학교는 이 소외의 시간 구조를 해체하기 위한 실천으로 출발한다. 그것은 각자의 리듬을 존중하는 것이 아니라 그 리듬들이 서로를 감각하고 반응하는 조건을 만드는 일이다. 우리는 이 과정을 '공명하는 연대'라 부른다. 공명이란 단순한 일치나 협업이 아니라 서로 다른 존재들이 서로의 진동에 반응하며 감응하는 관계다. 느린학교는 동일한 교육을 강요하지 않는다. 오히려 서로 다른 존재의 시간대를 감지하고, 그 차이를 배움의 조건으로 삼는다. 그럴 때 교육은 조율이 아니라 공명의 예술이 된다.

공명하는 연대는 교실이라는 일상의 시간 공간 안에서 형성된다. 예를 들어, 블록 타임 수업은 단지 수업 분량을 늘리는 것이 아니라 관계가 형성될 수 있는 여유를 만든다. 프로젝트 수업에서는 학생의 내면이 서서히 드러나고 교사는 그 흐름을 기다릴 수 있게 된다. 여기서 핵심은 '시간을 확보한다'는 표현이 아니다. 시간을 열어 주는 구조를 만든다는 것이다. 느린학교는 이러한 구조를 통해 존재들이 단지 한 공간에 있는 것이 아니라 서로를 '같은 시간 안에서' 감지할 수 있게 만든다. 이는 감정의 동시성이 아니라 존재의 공명이다.

이 공명은 교육의 윤리를 바꾼다. 빠름의 윤리는 성과와 경쟁을 중심으로 작동하지만, 공명의 윤리는 배려와 응답을 중심에 둔다. 존재를 먼저 보는 교육, 아직 도달하지 않은 가능성을 기다리는 교육, 실패와 머무름을 배움의 일부로 받아들이는 교육. 공명은 그런 윤리를 가능하게 한다. 이것은 단지 관계 기술이 아니라 교육이 추구해야 할 인간학적 기반이다. 느린학교에서 교사는 성공을 이끄는 설계자가 아니라 존재의 떨림을 감지하고 함께 머무는 동반자가 된다. 교육의 방향은 결과가 아니라 함께 살아 낸 시간에 있다.

마지막으로, 공명하는 연대는 고립된 존재들이 서로를 통해 세계에 반응할 수 있는 조건을 구성한다. 입시가속체제는 각자도생의 윤리를 내면화시켰지만 느린학교는 '함께 살아간다는 감각'을 되살린다. 여기서 연대는 외부의 강제적 구호가 아니라 일상의 시간 속에서 생성되는 내면의 결이다. 교사와 학생, 학생과 학생이 서로의 존재를 감지하고 응답할 때, 학교는 다시 공동체가 된다. 이 전환이야말로 느린학교가 추구하는 첫 번째 핵심 원리이며, 그것은 존재를 되찾기 위한 시간 구조의 윤리적·정동적·정치적 기반이 된다.

4.2. 자기연출성의 지배 → 생성적 공동성

입시가속체제가 생산하는 또 하나의 병리는 '자기연출성'이다. 이 개념은 외부의 명령에 복종하는 것이 아니라 내부화된 평가 기준에 맞춰 스스로를 연출하는 존재 양식을 지칭한다. 문제는 이 연출이 타인의 인정과 성과 경쟁에 철저히 맞춰져 있다는 점이다.

느린학교는 이 자기연출성의 문화에 정면으로 저항한다. 그 저항은 '표현하지 않는 학생'을 비정상으로 보지 않고, '목표가 뚜렷하지 않은 시간'을 불안정으로 간주하지 않으며, '말하지 않는 감정'에도 정당한 자리를 부여하는 데서 시작된다. 여기서 중요한 것은 관계의 복원이다. 생성적 공동성은 타자와의 만남을 통해 자기 자신이 구성된다는 교육철학에 기반한다. 학생은 독립적인 개체로 존재하는 것이 아니라 다른 존재와의 상호작용을 통해 배움을 구성하고 정체성을 형성한다. 느린학교는 이 상호 생성의 구조를 제도적으로 설계하고, 실천적으로 조직한다.

생성적 공동성은 경쟁 없는 평등이나 역할 없는 공동체를 의미하지 않는다. 그것은 차이를 감각하며, 그 차이 속에서 함께 살아가는 방식을 실험하는 구조다. 프로젝트 수업, 공동 퍼포먼스, 집단 탐구 활동 등은 바로 이 생성을 위한 장치들이다. 중요한 것은 그 결과물이 아니라 그 과정을 함께 구성해 가는 경험이다. 한 학생의 감정이 수업 전체의 방향을 바꾸고, 한 교사의 침묵이 학생들에게 머무름의 시간을 허용할 때, 교육은 지시의 장을 넘어 생성의 장으로 전환된다. 느린학교의 교사는 이 생성의 조건을 감지하고, 촉발하고, 기다리는 존재다.

이러한 생성은 빠름의 논리와는 충돌할 수밖에 없다. 빠름은 결과 중심이고, 생성은 과정 중심이다. 빠름은 동일한 목표를 향한 경주를 요청하지만, 생성은 도착지를 공동으로 조율하는 과정을 중시한다. 느린학교가 실험하는 공동성은 단지 공동 작업이 아니라 함께 의미를 만들어 가는 감응적 실천이다. 이 실천 안에서 학생은 자신이 아니라 '우리'를 감각하게 되고, 교육은 타자를 통해 존재를 재구성하는 관계적 형식으로 자리 잡는다. 느림은 단지 속도의 차이가 아니라 생성의 시간 구조를 위한 윤리적 선택이다.

마지막으로, 생성적 공동성은 교육을 다시 '공통의 삶'으로 복원하는 정치적 힘을 가진다. 각자도생과 자기 브랜딩의 시대 속에서 우리는 교육을 통해 '함께 살아가는 감각'을 다시 구성할 수 있는가? 느린학교는 이 질문에 실천으로 답한다. 교실은 다시 '함께 존재하는 일'을 배워가는 공간이 되고, 평가는 공동의 성찰이 되며, 시간은 비교와 통제의 틀이 아니라 관계와 공동 생성의 기반이 된다. 자기연출성이 낳은 고립을 넘어 교육은 다시 연대의 감각으로 구성되어야 한다. 그것이 느린학교가 지향하는 두 번째 전환의 길, 생성적 공동성이다.

4.3. 의례의 해체 → 반복과 서사의 회복

의례는 교육의 시간을 지탱하던 구조였다. 의례는 지식을 전달하지 않지만, 존재를 감각하게 하고 배움을 살아 있는 시간으로 연결하는 방식이었다. 그러나 입시가속체제는 의례를 '쓸모없는 시간'으로 전락시켰다.

느린학교가 요청하는 전환은 단순히 예전의 의례를 복원하는 것이 아니다. 그것은 의례의 본질을 되살리고, 배움과 관계의 시간 구조 속에 '반복과 서사'를 회복하려는 시도다. 반복은 매뉴얼의 복제가 아니라 각자의 리듬으로 다시 경험되는 생성의 시간이다. 한 수업 안에서도 학생은 같은 내용을 다른 방식으로 감각하고 교사는 질문의 재등장을 통해 수업의 방향을 새롭게 감지한다. 이 반복은 기계적 순환이 아니라 감응의 기회이자 변주의 가능성이다. 느린학교는 이 반복의 공간을 교육의 본질적 조건으로 재위치시킨다.

서사는 이 반복을 연결하는 구조다. 느린학교는 교육을 다시 서사로 재조직해야 한다고 본다. 한 학기의 흐름, 학년별 성장의 단계, 주제 간의 연결고리를 통해 학생은 자기 배움의 이야기를 구성할 수 있어야 한다. 이때 교사는 지시자가 아니라 서사의 안내자이며 동행자가 된다.

의례는 이 반복과 서사의 시간을 공동체의 차원에서 묶어 주는 감각적 장치다. 성찰의 시간, 기억의 의식, 환대의 장면이 하나하나 연결되어야 학교는 단순한 운영 기관이 아니라 교육적 장소가 된다. 느린학교는 소소한 일상의 반복 속에서도 서사를 구성할 수 있는 실천을 실험한다. 아침의 시작을 여는 인사, 주간 마무리를 위한 대화 시간, 학기말 되새김 활동 등은 모두 '되풀이되는 삶의 시간' 속에서 존재의 의미를 회복하는 기회다. 교육은 이처럼 반복과 서사를 통해서만 삶의 감각을 복원할 수 있는 예술적 실천이다.

마지막으로, 느린학교에서 의례는 배움의 완성보다는 열림의 상징이 된다. 계절처럼 되돌아오는 축제, 실수해도 다시 할 수 있는 연습의 시간, 배움의 길을 다시 잇는 회고의 장면은 모두 서사의 틈새를 메우고, 공백을 감싸안는 시간 구조다. 빠름의 교육이 모든 것을 즉시성과 실적으로 환산할 때, 느림의 교육은 반복과 서사를 통해 '다시 살아가는 용기'를 기른다.

4.4. 감응의 소멸 → 정동적 배움의 공동체

입시가속체제는 교육에서 '정동'을 가장 먼저 제거했다. 속도가 모든 것을 지배하는 구조 안에서 정동은 '측정 불가능한 잉여'로 간주되었고 교사와 학생 모두에게 '감응할 수 없음'의 상태를 내면화시켰다.

느린학교는 이 단절의 자리에 다시 감응을 회복하고자 한다. 정동적 배움은 정보의 수용이 아니라 감각의 흔들림에서 시작되는 교육이다. 질문에 머무르고, 실패를 감싸안고, 침묵을 존중하는 수업. 느린학교는 이러한 정동의 장면들을 구조적으로 허용하는 시간을 만든다.

정동은 교육을 공동체로 만든다. 빠른 교육은 고립된 성취를 요청하지만, 정동적 교육은 함께 흔들리는 존재들을 중심에 둔다. 한 학생의 반응에 수업이 바뀌고, 한 교사의 눈빛에 교실이 정지된다. 느린학교의 정동 공동체는 단지 협업이 아니라 타인의 리듬에 귀 기울이는 윤리이다. 교사는 학생의 감정을 판단하는 존재가 아니라 그 감정을 공명할 수 있는 존재로 위치된다. 학생은 스스로를 표현하는 데서 그치지 않고, 타인의 감정을 감각하면서 자신을 다시 구성해 나간다. 이 정동의 교차 속에서 배움은 성과가 아니라 사건이 된다.

이 정동적 배움은 측정되지 않지만, 분명히 경험된다. 그것은 기록으로 남지 않아도 교사와 학생의 관계 안에, 반복되는 수업의 리듬 안에, 예외적인 반응과 변칙적인 흐름 안에 살아 있다. 정동은 정답보다 먼저 오고 성취보다 깊이 자리한다. 빠름의 교육은 이 정동을 가시화하지 못한 채 삭제해 왔지만 느린학교는 오히려 그것을 교육의 핵심 자원으로 삼는다. 그때 교육은 기능 이전의 사유로, 교사는 전달 이전의 존재로, 학생은 성과 이전의 감응체로 재구성된다. 이것이 정동적 배움의 본질이다.

마지막으로, 정동적 배움의 공동체는 느린학교가 지향하는 존재적·윤리적 전환의 중심축이다. 우리는 교육에서 무엇을 회복해야 하는가. 그것은 지식이나 제도가 아니라 서로를 감각할 수 있는 시간이며, 존재의 떨림을 허용하는 구조다. 느린학교는 이 감응의 윤리를 학교 전체의 시간 구조에 통합시킨다. 수업뿐 아니라 회의와 의사 결정, 생활 지도, 일상의 상호작용에서까지 감응 가능성을 열어 주는 공동체. 그것이 느린학교가 제안하는 네 번째 전환 원리이며, 교육이 다시 살아 있는 시간이 되는 조건이다.

4.5. 관리적 리더십 → 감응적 리더십

통제 중심의 입시가속체제하의 학교에서는 리더십 역시 관리자 중심의 역할로 축소되었다. 관리적 리더십은 구성원과의 관계보다 시스템의 작동에 우선순위를 두며 감각과 판단 대신 매뉴얼과 보고 체계를 기반으로 작동한다.

느린학교는 관리적 리더십을 넘어서는 새로운 리더십 감각을 요청한다. 그것은 '감응적 리더십'이다. 감응이란 먼저 반응하는 것이 아니라 타자의 리듬을 감각하고, 그에 따라 자신의 리듬을 조정하는 존재적 응답이다. 감응적 리더십은 위계적 명령이 아니라 관계적 파장으로 작동하며, 정해진 해답이 아니라 공동의 탐색을 가능케 한다. 이 리더십은 시간의 흐름 속에서 타자의 요구에 귀 기울이고, 구성원의 침묵 안에 담긴 정동을 감지하는 능력이다. 즉, 감응적 리더십은 상황을 통제하는 것이 아니라 상황에 공존하며 의미를 재구성하는 능동적 감수성이다.

감응적 리더십은 리더 개인의 자질이라기보다 학교 공동체 안에서 구성되는 관계적 능력이다. 그것은 회의 시간의 말투에서, 갈등을 다루는 방식에서, 구성원과의 우연한 만남을 대하는 태도에서 드러난다. 느린학교에서 감응적 리더는 말하기보다 먼저 듣고, 결정하기보다 먼저 기다리며, 실행하기보다 먼저 망설인다. 이 리더십은 단지 더 민주적이거나 더 부드러운 방식이 아니다. 그것은 교육이 존재의 시간을 중심으로 구성되기 위해 반드시 요청되는 시간 감각의 전환이다. 감응적 리더십은 그래서 리더의 권한이 아니라 관계의 윤리로 작동한다.

중요한 것은 감응이 단지 개인적 미덕으로 환원되지 않도록 구조적 토대를 마련하는 일이다. 관리적 리더십이 유지되는 이유는 그것이 성과 중심 체계에 가장 잘 맞는 구조이기 때문이다. 따라서 감응적 리더십은 그 자체로 학교의 시간 구조와 성과 구조에 대한 비판적 재구성을 동반해야 한다. 예측 가능한 연간 계획, 정량화된 실적 기준, 신속한 업무 처리 요구는 모두 감응을 방해하는 구조다. 느린학교는 이러한 구조를 느슨하게 만들고, 불확실성과 머묾이 작동할 수 있는 제도적 여백을 확보함으로써 감응의 리더십이 작동할 수 있는 생태계를 조성한다.

감응적 리더십은 반드시 모호함을 수반한다. 관리적 리더십이 명확한 목표와 일관된 실행을 강박적으로 요청할 때, 감응적 리더십은 예외의 감각을 열어 두고, 구성원의 다양한 리듬에 따라 잠정적 결정을 가능케 한다. 이때 리더는 권위를 포기하는 것이 아니라 권위를 공유하는 방식으로 전환한다. 예를 들어, 학생들의 정서 변화를 반영해 학사 일정을 재조정하거나 교사의 수업 흐름을 감안해 보고 일정이나 평가 방식을 유동적으로 바꾸는 일은 모두 감응의 리더십에서 가능해진다. 이 리더십은 학교를 살아 있는 유기체로 다시 구성한다.

감응적 리더십은 교사와 학생에게도 영향을 미친다. 리더가 감응하는 존재로 위치될 때, 교사도 학생의 리듬을 더 섬세하게 감지할 수 있고, 학생은 자신의 목소리가 학교 안에 울릴 수 있다는 신뢰를 경험하게 된다. 이처럼 감응은 단지 상층부의 리더십 양식을 바꾸는 것이 아니라 학교 전체의 관계 구조를 재구성한다. 교장, 부장, 교사, 학생 모두가 서로의 리듬을 감지하고 응답하는 감응의 층위 안에서, 학교는 더 이상 관리의 장소가 아니라 공동의 존재 실험장이 된다. 감응은 학교의 존재 방식을 바꾸는 교육정치학적 실천이다.

4.6. 존재 가능성의 계층화 → 존재 역량의 보편화

입시가속체제가 만들어 낸 가장 폭력적인 구조 중 하나는 존재의 계층화다. 이는 단순히 성적에 따른 서열이나 학교 간 위계만을 의미하지 않는다. 존재의 계층화는 인간을 평가 가능한 지표로 전환한 뒤, 그 지표를 바탕으로 어떤 존재는 '더 가치 있는' 것으로, 어떤 존재는 '부족하고 미달한' 것으로 낙인찍는 교육적 서사다.

느린학교는 이 존재의 계층화의 구조를 정면으로 비판하며, 존재 역량의 보편화를 새로운 전환 원리로 제안한다. 여기서 말하는 존재 역량이란 특정한 능력이나 기술을 의미하지 않는다. 그것은 각자의 리듬과 감각, 사고와 감정의 양식이 '그 자체로 의미 있는 배움의 조건이 될 수 있다'는 교육적 인식이다. 빠름과 느림, 논리와 감성, 말하기와 침묵, 사유와 행동 모두가 배움의 다양성으로 받아들여질 때, 교육은 성취의 기준이 아니라 존재의 고유성을 중심으로 재구성된다. 존재 역량의 보편화는 바로 이 고유성에 대한 신뢰로부터 출발한다. 모든 학생이 배울 수 있다는 선언이 아니라 모든 존재는 이미 배움의 잠재성을 갖고 있다는 존재론적 인식. 느린학교는 이 인식 위에서 교육을 재구조화하며, 평가와 수업, 교사와 학생의 관계를 '누가 더 나은가'의 경쟁이 아니라 '서로 어떻게 다르게 배워 가는가'의 공존적 탐색으로 전환한다.

존재 역량의 보편화는 교육과정의 재설계를 요구한다. 지금의 교육과정은 평균적 학습자라는 가상의 존재를 중심으로 설계되어 있으며, 이는 결국 빠른 학습자에 유리한 구조로 작동한다. 느린학교의 교육과정은 정해진 기준을 향해 달려가는 것이 아니라 학생의 리듬에 따라 생성되고 조율된다. 예를 들어, 프로젝트 기반 수업은 학생 각각의 역할과 기여 방식이 다르게 나타날 수 있도록 구조화되며, 공동 작업 안에서 서로의 강점을 조율하고 약점을 수용하는 경험을 제공한다. 교사는 이때 전달자가 아니라 촉진자이며, 평가자가 아니라 동행자다. 존재 역량의 보편화는 수업 방식뿐 아니라 교육의 '관점'을 전환시킨다. 무엇을 가르쳤는가가 아니라 누구와 어떻게 배움의 공간을 열었는가로. 이러한 교육의 전환은 단지 느린 학생을 배려하는 차원을 넘어서, 모든 존재가 자신의 고유한 배움 방식을 존중받을 수 있는 구조를 만들어 내는 일이다.

이 전환은 평가의 방식에도 깊은 개입을 요청한다. 빠름의 교육은 평가를 계층화의 도구로 사용해 왔다. 점수는 순위를 낳고, 순위는 기회를 나누며, 기회는 다시 존재의 차이를 심화시킨다. 느린학교에서의 평가는 이러한 구조를 해체하고, 평가를 배움의 또 다른 이름으로 회복하려 한다. 평가의 시간은 도달의 시점이 아니라 탐색의 과정으로 설계되며, 학습의 지연과 실패, 회복과 반복이 정당한 배움의 일부로 인정된다. 포트폴리오형 평가, 서술형 성찰 일지, 동료 간 상호 피드백 등은 존재의 리듬을 존중하는 평가 방식이며, 이것은 단지 형식이 아니라 존재에 대한 존중의 정치다. 평가를 통해 존재를 구분하는 것이 아니라 평가를 통해 존재의 가능성을 발견하는 것. 이것이 존재 역량의 보편화의 평가 철학이다.

이러한 보편화는 교육 주체의 감각 자체를 바꾼다. 교사는 학생을 '지도해야 할 대상'이 아니라 함께 존재를 탐색할 동반자로 인식하게 되며, 학생은 '성취해야 할 기준'이 아니라 자기리듬에 따라 배움을 만들어 갈 수 있는 주체로 스스로를 재인식한다. 존재의 위계는 관계의 감응을 차단하지만, 존재 역량의 보편화는 그 감응을 활성화한다. 교사의 설명이 학생의 반응을 따라 유연하게 조정되고, 학생의 질문이 수업의 방향을 바꾸며, 실수 하나가 배움의 기회를 여는 경험이 될 때, 우리는 교육이 진정으로 '가능성의 공간'이 될 수 있음을 확인한다. 보편화는 동일화가 아니다. 그것은 차이를 존중하면서도 그 차이가 서로를 이어 주는 윤리를 실현하는 조건이다.

존재 역량의 보편화는 궁극적으로 교육의 공공성 개념을 재구성한다. 기존의 공공성은 기회의 평등, 결과의 형평이라는 관점에서 설계되었지만, 느린학교는 여기에 존재의 리듬과 감응을 더한다. 모든 학생이 같은 기회를 가져야 한다는 말은 이제 모든 존재가 '자기시간'으로 배울 수 있는 조건을 가져야 한다는 윤리적 요청으로 확장되어야 한다. 느린학교는 이 확장을 실천으로 구현한다. 학사 일정의 유연성, 시간표의 분산 구조, 서열이 없는 수업 공간, 실패가 허용되는 교육 문화는 모두 존재 역량의 보편화를 위한 제도적 장치다. 공공성이란 결국, 누구나 자신의 존재 리듬을 따라 배움에 접근할 수 있는 조건의 정치이기 때문이다.

마지막으로, 존재 역량의 보편화는 느린학교가 추구하는 전환의 핵심 축이자, 앞으로의 교육이 재구성되어야 할 윤리적·존재론적 기반이다. 교육이 존재를 선별하고 분류하는 것이 아니라 존재의 고유한 리듬과 감응을 존중하는 구조로 작동할 때, 우리는 비로소 '누구도 배제되지 않는 교육'을 실현할 수 있다. 이때 느림은 배려의 기술이 아니라 모두의 존재가 공존할 수 있는 시간의 윤리이며, 보편화는 동일한 속도의 강요가 아니라 각자의 시간을 인정하는 민주적 구조다. 존재의 계층화를 넘어 교육은 이제 모든 존재가 서로의 리듬을 존중하며 배움의 공간을 열어 갈 수 있는 새로운 지평 위에 서야 한다. 그것이 느린학교가 제안하는 여섯 번째 전환 원리이며, 시간주권이 교육의 공공성과 인간성을 다시 회복하는 길이다.

5절

느린 민주주의의 설계 원리 :
감응, 숙의, 참여의 시간 구조를 설계하는 공교육

질문 민주주의는 어떻게 느린 시간 속에서만 진실로 존재할 수 있는가?

5.1. 교육과정 : 진도 중심 → 서사와 리듬 중심

한국 교육과정의 시간 구조는 '진도'라는 개념에 철저히 종속되어 있다. 여기서 진도는 단지 수업의 양이 아니라 교육의 속도를 규정하는 통제 장치다. 진도 중심 교육과정은 교육의 존재론을 결정적으로 왜곡한다. 배움은 본래 서사이고 리듬이어야 한다. 서사는 의미의 흐름이고, 리듬은 존재의 감각이다. 느린학교가 요청하는 교육과정의 전환은 바로 이 두 층위를 회복하는 데서 출발한다.

서사는 단순히 이야기 구조가 아니다. 그것은 경험들이 맥락 속에서 서로 연결되고, 시간의 흐름 안에서 의미화되는 방식이다. 진도 중심 수업에서는 단원이 끊기고 목표가 단절되며, 배움은 시간의 흐름 안에서 응축되지 못하고 파편화된다. 학생은 앞선 내용이 현재에 어떤 의미를 갖는지 감지하지 못한 채 다음 단원으로 넘어가고, 교사는 진도를 나가느라 학생의 감각을 기다리지 못한다. 서사 중심 교육과정은 이런 단절을 넘어, 각 단원이 서사적 맥락 안에서 재구성되도록 설계된다. 예컨대, 하나의 사회 개념을 다룰 때에도 과거와 현재, 개인과 사회, 나와 타인의 서사가 교차하면서 내용이 살아 있는 질문으로 변모한다. 서사적 배움은 질문을 구조로 만들고, 연결을 통해 이해를 확장하며, 존재가 자신의 이야기를 쓰도록 교육과정을 구성한다.

리듬은 존재의 시간이다. 누구나 같은 시간표를 따라 움직이지만, 누구나 같은 시간에 배우지 않는다. 진도 중심 교육과정은 이 비동시성을 인정하지 않는다. 그것은 교육과정을 '누구나 동일한 속도로 학습해야 하는 경로'로 설계하고, 그 속도에 맞추지 못하는 존재를 '학습 부진'이라는 이름으로 분류한다. 그러나 배움은 언제나 우연하며, 존재의 리듬은 언제나 다르다. 느린학교는 이 차이를 문제로 보지 않고, 교육의 본질로 수용한다. 리듬 중심 교육과정은 각자의 속도로 배움이 구성될 수 있도록 시간의 유연성을 제도화하고, 반복과 되새김, 대기와 회고를 통해 리듬을 감지하는 시간을 배움 안으로 끌어들인다. 여기서 교사는 진도를 통제하는 자가 아니라 리듬을 감각하고 동행하는 존재가 된다.

서사와 리듬 중심의 교육과정은 결과적으로 시간의 윤리를 바꾼다. 진도 중심 교육은 '더 빨리, 더 많이'라는 시간 감각을 내면화시킨다. 학생은 도달하지 못할까 봐 불안하고, 교사는 뒤처질까 봐 긴장한다. 시간은 존재의 흐름이 아니라 결과에 이르는 수단이 된다. 반면 느린학교에서의 시간은 의미를 만들어 내는 생성의 흐름이다. 배움의 속도가 아니라 배움의 결이 중시되며, 단원 간의 맥락과 학기 간의 성찰이 살아 있는 경험으로 조직된다. 이것은 단지 수업의 기술이 아니라 교육이 존재를 어떻게 대하는가에 대한 윤리적 실천이다. 느린학교는 시간을 효율적으로 쓰는 게 아니라 존재에 맞게 살기 위해 시간을 다시 설계한다.

이러한 전환은 교과서와 연간 지도 계획, 단원 설계, 수업 시간 구성 등 모든 교육과정의 요소에 영향을 미친다. 느린학교는 단원의 수를 줄이거나 재배치하고, 평가 시점을 유동화하며, 수업의 구성 논리를 재서사화하는 방식으로 실천된다. 한 주제를 학기 전체로 확장하거나 여러 교과를 엮어 의미화하거나 프로젝트형 수업 속에서 리듬의 다양성을 허용하는 구조가 도입된다. 교육과정은 고정된 설계가 아니라 살아 있는 과정이 된다. 교사는 커리큘럼의 소비자가 아니라 해석자이며 학생은 주어진 내용을 따라가는 수동적 존재가 아니라 배움의 공동 창작자다. 교육과정은 더 이상 시간표의 배분이 아니라 살아 있는 시간의 구조가 된다.

마지막으로 서사와 리듬 중심 교육과정은 교육의 목적 자체를 다시 묻게 한다. 우리는 왜 배우는가? 무엇을 남기기 위해 이 시간을 지나가는가? 빠른 교육과정은 이 물음을 유예하거나 삭제하지만, 느린 교육과정은 그 질문을 수업 안으로 끌어들인다. 존재의 이야기와 세계의 이야기, 개인의 리듬과 공동체의 리듬이 교차하는 곳에서 교육은 다시 살아 있게 된다. 느린학교는 이 살아 있는 교육과정, 곧 서사와 리듬의 감각을 가진 시간 구조를 통해 존재를 구성하고 관계를 엮으며 교육을 다시 윤리로 되돌리는 실천이다.

5.2. 교수-학습 : 개별화 중심 → 감응 중심

오늘날의 학교는 '개별화'를 이상으로 삼고 있지만 이는 역설적으로 관계를 제거한 개인화를 의미한다. 배움은 정서와 감정, 몸의 리듬이 함께 작동하는 총체적 경험이지만 개별화 수업은 이러한 배움의 현상을 측정 가능한 정보로 환원한다.

느린학교가 요청하는 전환은 '감응 중심 교수-학습'이다. 감응이란 정답을 말하기 전의 망설임, 설명을 마친 뒤의 침묵, 예상치 못한 질문이 떠오르는 순간의 떨림 같은 것이다. 이것은 단지 감정의 문제가 아니라 존재가 움직이는 방식이다. 감응 중심 수업은 말보다 앞선 몸의 반응을 존중하고, 질문보다 깊은 사유의 흐름을 기다린다. 교사는 콘텐츠의 공급자가 아니라 감응의 흐름을 감지하고 열어 주는 존재로 위치된다. 학생은 자기속도로만 배우는 것이 아니라 타인의 말과 감정에 반응하며 배움을 구성한다. 감응 중심 수업은 그래서 '함께 있음'의 시간이다. 그것은 느려야만 가능한 시간이고, 관계가 구조가 되는 배움의 양식이다.

감응 중심 수업은 정동적 설계에서 출발한다. 수업은 단원 중심이 아니라 질문 중심으로 조직되며, 대답보다 사유의 흐름을 더 중시한다. 교사는 학생의 말투와 표정, 눈빛과 자세를 읽으며 수업의 리듬을 조정하고, 학생은 그 리듬 안에서 자신이 존재하고 있다는 감각을 획득한다. 이 수업은 반드시 느리다. 교사는 때로 설명을 멈추고, 학생은 종종 생각에 머무른다. 이러한 정지는 배움의 단절이 아니라 배움의 공간이 확장되는 순간이다. 느린학교에서 감응은 지시 없이 연결되는 흐름이며, 설계 없이 생성되는 관계다. 이때 수업은 학습이 아니라 만남이 되고 교수-학습은 전달이 아니라 감응의 윤리가 된다.

감응 중심 교수-학습은 학교 문화를 바꾼다. 개별화는 개인주의를 강화하지만 감응은 공존의 윤리를 낳는다. 학생들은 서로의 발화를 듣고, 교사는 그 사이의 여백을 감각하며, 배움은 타자의 존재를 통해 나를 확장하는 경험으로 전환된다. 느린 수업은 공동 작업, 이야기 나눔, 즉흥적인 전환, 실패의 공유 등 다양한 장면을 통해 감응의 층위를 열어 간다. 이 감응은 기록되지 않고, 평가되지 않지만, 교실의 분위기와 학생의 태도, 교사의 눈빛 안에 분명히 존재한다. 수업은 더 이상 수단이 아니라 존재의 감응을 매개하는 장소다. 교수-학습은 지식 이전의 관계, 수행 이전의 감정, 시스템 이전의 몸에서 시작된다.

마지막으로, 감응 중심 수업은 교육의 실천을 인간 존재의 리듬 위에 다시 세우는 기획이다. 우리는 '어떻게 가르칠 것인가'를 넘어서 '어떻게 함께 있을 것인가'를 묻는다. 감응은 교사와 학생이 서로의 리듬을 느끼고, 그 안에서 배움을 만들어 가는 생성의 감각이다. 개별화가 스스로에게 몰두하게 만든다면, 감응은 타인과 함께 존재하게 만든다. 느린학교는 이 감응을 수업의 기술이 아니라 교육의 존재론으로 삼는다. 교수-학습은 단지 지식 전달의 형식이 아니라 서로의 리듬에 반응하고 머무는 '시간의 정치학'이다.

5.3. 평가 : 표준화 중심 → 의미와 시차 중심

평가는 교육의 시간을 통제하는 가장 강력한 장치다. 특히 입시가속 체제 안에서의 표준화된 평가는 단지 학생의 성취를 측정하는 것을 넘어서, 존재를 계량화하고, 시간의 흐름을 계층화하는 수단이 되어 왔다.

느린학교가 문제 삼는 것은 평가 자체가 아니라 평가가 시간과 존재를 다루는 방식이다. 표준화 평가가 측정 가능한 정답과 속도를 기준으로 삼는다면, 느린학교의 평가는 의미와 시차를 중심에 둔다. 여기서 '의미 중심'이란 평가가 결과보다 과정, 정답보다 서사, 수행보다 존재의 감각을 드러내야 한다는 요청이다. 학생은 단순히 정해진 내용을 재현하는 능력을 넘어서, 자신만의 방식으로 이해하고 해석하며 구성할 수 있어야 한다. 이러한 의미 중심 평가는 성찰 일지, 프로젝트 산출물, 포트폴리오와 같이 서사와 과정이 살아 있는 결과물들을 중심으로 설계된다. 그 속에서 평가자는 점수의 판별자가 아니라 배움의 동행자이자 해석자가 된다.

'시차 중심' 평가는 존재의 시간 차이를 인정하고 그 차이를 구성의 자원으로 삼는다. 표준화 평가가 모든 학생이 동일한 시간에 동일한 속도로 배워야 한다는 전제를 깔고 있다면, 시차 중심 평가는 학생 각자의 리듬을 존중한다. 어떤 학생은 같은 과제를 더 오래 고민하고, 어떤 학생은 더 느린 속도로 이해하지만 더 깊이 있는 통찰을 가진다. 느린학교는 이 차이를 결핍이 아닌 고유한 배움의 리듬으로 해석하며, 평가 시점의 다양성, 평가 방식의 유연성, 되돌아보기와 재제출을 허용하는 구조를 마련한다. 평가의 시간이 결과를 확정하는 절차가 아니라 배움의 의미를 되새기는 시간으로 재설계된다.

이러한 평가 구조는 교사의 역할도 변화시킨다. 표준화된 시험에서는 교사가 채점자이자 순위 결정자였다. 하지만 의미와 시차 중심 평가에서는 교사가 학생의 존재에 반응하고, 그 리듬을 읽어 내며, 배움의 결을 함께 감각하는 존재로 바뀐다. 평가 회고 대화, 학기 말 맞춤 피드백, 학생의 자기평가와 교사의 응답이 연결되는 시간은 단지 평가의 절차가 아니라 교육의 감응이 실현되는 장면이다. 이때 평가는 관계의 기술이자 시간의 윤리다. 교사는 기준을 내리는 존재가 아니라 학생의 서사를 함께 읽고, 그 안에서 배움의 가치를 발견하는 안내자가 된다.

평가의 방식이 변할 때, 교육 전체의 시간 구조도 함께 바뀐다. 점수와 순위 중심의 평가는 학습의 속도를 압박하고 모든 배움을 동일한 시점에 마감시키는 방향으로 작동한다. 그러나 시차와 의미를 중심으로 한 평가는 그 시간 구조를 유연하게 만들고, 각자의 배움이 자신의 리듬에 따라 구성되도록 허용한다. 반복과 재도전, 실패의 수용과 의미의 재구성이 가능해질 때, 교육은 존재의 리듬을 허용하는 구조로 전환된다. 느린학교는 이 평가의 전환을 통해 교육을 다시 '함께 존재하는 시간'으로 복원한다. 그것은 점수로 환산할 수 없는 교육의 울림이며 정답보다 오래가는 기억의 방식이다.

마지막으로, 의미와 시차 중심의 평가는 교육의 윤리를 다시 묻는 작업이기도 하다. 우리는 학생들에게 어떤 시간을 살도록 평가하고 있는가? 평가가 그들의 존재를 어떻게 서열화하고 또 어떻게 삭제하고 있는가? 느린학교는 이 질문에 실천으로 응답한다. 평가를 통해 서열이 아닌 서사가, 통제가 아닌 감응이, 경쟁이 아닌 존재의 다양성이 드러나는 구조. 이것이 느린학교가 제안하는 세 번째 설계 원리이며, 시간 주권이 교육의 가장 은밀한 권력 장치를 되돌리는 방식이다.

5.4. 자치 문화 : 통제와 형식 중심 → 느린 민주주의와 정동의 시간

학교 자치는 오랫동안 '민주주의 교육'의 상징처럼 여겨져 왔다. 그러나 실제로 많은 학교 자치 구조는 민주주의의 형식만을 따르며 내용과 시간의 구조는 여전히 통제 중심에 머물러 있다. 이러한 통제 중심 자치는 특히 '시간'의 배분 방식에서 그 본질이 드러난다. 회의 시간은 짧고, 결정은 빠르며, 성과는 명확해야 한다는 압박 속에서 의견 수렴은 형식화되고, 소수의 발언은 번번이 배제된다.

느린 민주주의는 이 시간 구조를 뒤집는 제안이다. 그것은 빠른 결정과 효율적 운영보다 함께 머무르며 감각을 나누는 시간을 우선시한다. 여기서 '느림'은 단순히 의사 결정의 속도가 아니라 구성원들이 자신의 입장을 구성할 수 있는 내면의 시간을 존중한다는 의미다. 교사 회의에서 충분한 사전 독서와 토론이 허용되고, 학생 자치회의 안건은 한 번의 회의가 아닌 몇 주에 걸쳐 논의되며, 학부모 참여 역시 단발성 의견 수렴이 아니라 과정 중심의 대화로 전개된다. 이러한 느림은 다름을 수용할 수 있는 윤리를 제공하며, 구성원 간의 감응을 가능하게 한다. 느린 민주주의는 절차적 정당성이 아니라 시간 안에서 서로를 감각하고 연결하는 공동체적 실천이다.

정동의 시간은 느린 민주주의의 또 다른 핵심이다. 전통적인 자치 문화는 논리와 의견 중심이지만 느린학교의 자치 문화는 감정과 분위기, 몸의 리듬까지 포함한다. 회의는 말하는 자의 감정만이 아니라 듣는 자의 리듬까지 고려되어야 하며, 결정은 그에 반응한 정서적 공감대를 기반으로 형성되어야 한다. 예컨대, 학생 회의에서 한 학생의 말이 교실 전체의 분위기를 바꾸는 감응의 장면, 교사 회의에서 침묵 속 고민이 드러나며 논의 방향이 바뀌는 흐름은 모두 정동의 시간 안에서 발생한다. 느린학교는 이 감응의 층위를 제도적 시간에 통합시킴으로써 자치가 삶의 일부로 작동하도록 설계한다. 자치는 '참여할 수 있는 권리'가 아니라 '감응하며 구성하는 시간'이어야 한다.

이러한 자치 문화는 '누가 결정했는가'보다 '어떻게 함께 있었는가'를 중심에 놓는다. 느린 민주주의는 결과보다 과정을 중시하고, 속도보다 관계의 리듬을 신뢰하며, 다름의 표현과 감정의 울림이 제도적으로 보장되는 구조를 요청한다. 이를 위해서는 회의 시간의 재조정, 의사 결정 절차의 유연화, 공동체 회복을 위한 정기적인 성찰의 시간 등이 필요하다. 학교 안에서 민주주의는 더 이상 규칙을 따르느냐의 문제가 아니라 시간을 어떻게 함께 감각하고 구성하느냐의 문제다. 느린 자치 문화는 그 감각의 복원을 통해 민주주의를 일상으로 되돌려 놓는다.

마지막으로, 느린 민주주의와 정동의 시간은 학교 자치의 궁극적 윤리를 제시한다. 그것은 참여의 양이 아니라 감응의 질을 중심에 놓고,

통제가 아니라 공존을 교육의 원리로 삼는다. 이 자치 문화 안에서 학생은 단지 의견을 말하는 존재가 아니라 시간의 흐름을 구성하는 실천자로 성장하고, 교사는 권한을 행사하는 자가 아니라 감응의 촉매자가 된다. 느린학교는 이 자치를 단순한 의사 결정 구조의 문제가 아니라 존재의 윤리이자 시간의 정치로 바라본다. 결국 자치란 함께 머무르는 시간 속에서 서로의 리듬을 느끼고, 그 차이를 삶의 조건으로 수용하는 감응적 실천이며, 그것이 가능한 공간이 바로 학교여야 한다.

5.5. 정책·기술 : 효율성 중심 → 선택 가능한 시간과 인간적 리듬

학교를 둘러싼 정책과 기술 시스템은 점점 더 효율성을 중심으로 설계되고 있다. 공문은 신속하게 처리되어야 하며, 보고는 정해진 양식에 맞추어 제출되어야 하고, 수업과 생활 지도는 디지털 플랫폼을 통해 실시간으로 모니터링된다.

느린학교는 이러한 효율 중심 구조를 넘어서는 정책과 기술의 시간 윤리를 요청한다. 핵심은 '선택 가능한 시간'과 '인간적 리듬'의 회복이다. 선택 가능한 시간이란, 구성원이 주어진 일정 안에서 자신의 리듬에 맞춰 시간의 구조를 조정할 수 있는 권리를 의미한다. 수업 시간의 유연화, 평가 시기의 자율 결정, 업무 배분 방식의 공동 설계 등은 모두 선택 가능한 시간 구조의 일부다. 기술 역시 이 선택권을 확장하는 방향으로 작동해야 한다. 플랫폼은 관리의 도구가 아니라 협력과 성찰의 매개체가 되어야 하며, 데이터는 통제가 아니라 관계의 이해를 위한 정보로 활용되어야 한다. 느린학교는 기술을 거부하는 것이 아니라 기술을 다시 인간의 리듬 안으로 되돌리는 감응적 설계를 추구한다.

인간적 리듬을 중심에 둔 정책 설계는 교육의 존재론적 기반을 다시 묻는다. 교육 정책은 더 이상 정답을 제시하는 기획이 아니라 다양한 리듬이 함께 머물 수 있는 구조를 여는 작업이어야 한다. 이를 위해 정책은 느림, 반복, 우회, 중단, 실패의 시간을 제도적으로 허용해야 하며, 기술은 감응, 관계, 생성의 시간 구조를 확장하는 방식으로 설계되어야 한다. 예를 들어, 교사의 전문성을 기록하는 시스템은 단순한 실적 정리가 아니라 수업과 만남의 이야기를 담는 서사적 기록이어야 하며, 학생의 성장을 추적하는 기술은 표준 도달 여부가 아니라 감정의 흐름과 질문의 흔적을 포착할 수 있어야 한다. 정책과 기술은 효율의 언어를 감응의 언어로 번역할 수 있어야 한다.

무엇보다 중요한 것은, 정책과 기술이 인간의 교육적 경험을 증대시키는 수단이어야 한다는 철학적 전제다. 빠른 정책은 교사와 학생 모두를 소외시키고, 자동화된 기술은 존재의 감각을 지운다. 반면 느린학교는 정책이 리듬의 틀을 제시하고, 기술이 감응의 장면을 포착하는 방식으로 교육적 시간 구조를 재설계한다. 예측과 통제 대신, 우발과 생성의 가능성을 열어 두는 정책. 사용자 중심이 아닌 관계 중심의 기술. 이것이 느린학교가 요청하는 시간의 정치이자, 교육의 미래를 위한 기술 윤리다.

마지막으로, 느린학교는 교육 정책과 기술 설계에 있어 '존재가 머무를 수 있는 시간'을 최우선 기준으로 삼는다. 이는 단지 일정 조정이나 시스템 개선의 문제를 넘어 교육이 다시 인간을 중심으로 설계되어야 한다는 존재론적 요청이다. 우리는 기술에 적응하는 것이 아니라 기술이 우리의 리듬에 감응할 수 있도록 요청할 수 있어야 한다. 느린학교의 정책과 기술은 그 요청의 언어를 회복하고, 다시 인간적 리듬이 살아 있는 학교를 가능하게 하는 실천적 전환의 토대를 제공한다.

제4부
사유의 혈관들
---

1. 감응적 리더십

　감응적 리더십responsive leadership은 명령과 효율이 아니라 타자의 요청과 공동체의 리듬에 민감하게 반응하며 작동하는 윤리적 리더십의 구조를 뜻한다. 이 책에서는 교장이 행정과 제도의 관리자가 아니라 정동과 시간의 흐름을 조율하며 구성원들의 존재에 반응하는 '리듬의 동행자'로서 재정의된다. 이는 지시 중심의 관리형 리더십이 아닌 타자적 감응을 중심으로 한 관계 기반 리더십이다. 감응적 리더십은 모든 리더가 정해진 목표를 제시하고 달성하게 만드는 것이 아니라 상황의 복잡성과 감정의 흐름, 관계의 균열에 열려 있으며, 때로는 멈춤과 기다림을 선택할 수 있는 리더십을 의미한다. 리더십은 시간 감각이고, 감정 감도이며, 윤리적 선택의 구조다.

관련 문헌

앤디 하그리브스·딘 핑크, 정바울 외 옮김(2024). **지속가능한 리더십 - 공존과 생태의 시대**. 살림터.

Thomas J. Sergiovanni·Reginald Leon Green, 신현석 외 옮김(2022). **교장론 - 성찰적 실천의 관점**. 박영스토리.

2. 공명하는 연대

　공명하는 연대resonant solidarity는 경쟁과 비교 중심의 개별화 구조를 넘어, 서로의 시간과 고통, 리듬에 감응하며 맺어지는 존재 간 관계의 윤리를 가리킨다. 이 책에서는 존재의 소외를 넘어서기 위한 시간주권 기반의 교육 철학으로 교사-학생-마을이 함께 공명하며 연대하는 학교 공동체를 설계하는 방향에서 이 개념을 사용했다. '공명'은 하르트무트 로자의 시간사회학 개념을 재해석한 것으로 연대라는 정치적 감각과 결합함으로써 느린학교가 지향하는 관계의 깊이를 드러내기 위해 '공명하는 연대'라는 번역어를 채택했다.

관련 문헌

하르트무트 로자, 김태희 옮김(2020). **소외와 가속**. 앨피.

하르트무트 로자, 유영미 옮김(2025). **공명 사회**. 니케북스.

한나 아렌트, 이진우 옮김(2019). **인간의 조건**. 한길사.

한나 아렌트, 홍원표 옮김(2019). **정신의 삶 - 사유와 의지**. 푸른숲.

3. 관계의 시간

관계의 시간 temporal relationality 은 만남, 기다림, 공동 경험의 시간 속에서 형성되는 교육적 관계의 리듬과 구조를 지칭한다. 이 책에서는 수업-과제-평가가 하나의 '패키지'처럼 시간적으로 밀착된 구조 안에서 관계가 사라지는 현상을 비판하며 느린학교는 관계가 형성될 수 있는 시간적 여백을 중심으로 설계되어야 함을 강조했다. 이는 교육을 기술이나 전달이 아니라 '살아 있는 만남'으로 다시 사유하게 한다.

관련 문헌

거트 비에스타, 곽덕주·박은주·최진 옮김(2024). **교육의 아름다운 위험**. 교육과학사.

넬 나딩스, 심성보 옮김(2016). **21세기 교육과 민주주의 - 개인적 삶, 직업적 삶, 그리고 시민적 삶을 위한 교육**. 살림터.

하르트무트 로자, 김태희 옮김(2020). **소외와 가속**. 앨피.

4. 교육의 서사 회복

교육의 서사 회복 restoration of educational narrative 은 교육이 단기 성과, 진도, 수치화된 결과로 파편화된 현실을 넘어서, 배움의 과정을 이야기로 살아 낼 수 있도록 하는 철학적·시간적 전환을 뜻한다. 이 책에서는 반복, 실패, 감정, 관계의 시간이 삭제된 학교 구조에서 교육의 본질은 다시 '이야기할 수 있는 삶'을 구성하는 데 있음을 강조하며 이 개념을 사용했다. '서사 회복'이라는 표현은 느린 시간 안에서 경험이 의미로 응결되는 교육의 존재론을 회복하기 위해 선택되었다.

관련 문헌

한나 아렌트, 이진우 옮김(2019). **인간의 조건**. 한길사.

Rosa, H.(2019). *Resonance: A sociology of our relationship to the world*. Polity Press.

5. 느린 민주주의

느린 민주주의slow democracy는 빠른 의사 결정과 효율적 집행이 아닌 시간의 여백 속에서 구성원 간의 경청과 감응, 숙의와 공명이 이루어지는 민주주의의 시간 구조를 의미한다. 이 책에서는 형식적 참여와 즉각적 피드백에 갇힌 '시간 없는 참여'의 병리를 넘어 학생과 교사, 학부모가 느린 시간 안에서 실질적 자치를 구성해 가는 학교 민주주의의 전환을 설명하는 데 이 개념을 사용했다. '느림'은 무능이 아니라 존재와 관계, 윤리가 살아나는 시간의 정치이며, 민주주의를 회복하기 위한 시간 철학의 핵심 언어로 선택되었다.

관련 문헌

샹탈 무페, 이행 옮김(2006). **민주주의의 역설**. 인간사랑.

앙리 베르그송, 조현수 옮김(2024). **시간에 대한 이해의 역사**. 그린비.

6. 느린학교

느린학교slow school는 시간주권의 교육적 구현을 목표로, 존재와 관계, 정서와 리듬이 중심이 되는 교육 공간을 지향한다. 이 책에서는 느린학교를 단지 수업 속도를 늦추는 실험이 아니라 교육의 시간 구조, 평가 방식, 리더십, 공동체 감각을 모두 다시 설계하는 철학적-정치적 기획으로 제안한다. 느림은 낙후나 비효율이 아니라 존재의 감응과 배움의 깊이를 허용하는 시간의 윤리이며, 이 학교는 바로 그 윤리를 제도와 실천 안에 구현하고자 한다.

느린학교는 리듬주권, 여유주권, 의미주권, 정동주권, 행위주권으로 구성된 시간주권의 다섯 가지 축을 기반으로 작동하며, 각 구성 요소는 학생과 교사의 시간 감각을 존중하고, 사유와 감정, 관계가 교차하는 교육 구조를 실현하는 데 필수적이다. 유네스코의『행복학교 글로벌 보고서Happy schools global framework』,『우리의 미래를 함께 다시 상상하다Reimagining our futures together: A new social contract for education』 등에서도 감정, 돌봄, 공동체 기반 배움의 복원이 강조되고 있으며, 느린학교는 이러한 국제적 담론과 현장 실천을 연결하는 통합적 모델로 기능한다.

관련 문헌

하르트무트 로자, 김태희 옮김(2020). **소외와 가속**. 앨피.

하르트무트 로자, 유영미 옮김(2025). **공명 사회**. 니케북스.

Nowotny, H.(1994). *Time: The modern and postmodern experience*. Polity Press.

UNESCO.(2013). *The culture of testing*. UNESCO Publishing.

UNESCO.(2016). *Happy schools global framework*. UNESCO Publishing.

UNESCO.(2021). *Reimagining our futures together: A new social contract for education*. UNESCO Publishing.

7. 느림의 권리

느림의 권리right to slow는 빠름을 기준으로 설계된 교육 체제 안에서 잊힌 존재의 권리를 회복하는 개념이다. 속도와 성과 중심의 학교 구조에서 학생과 교사는 늘 '지각된 존재'로 남게 되며, 이는 존재론적 소외와 정동적 단절로 이어진다. 이 책에서는 느림이 단지 속도의 반대가 아닌 존재가 발화하고 관계가 형성될 수 있는 시간의 조건임을 강조하며, 느림의 권리를 학교의 설계 원리로 제안하였다.

관련 문헌

앙리 베르그송, 조현수 옮김(2024). **시간에 대한 이해의 역사**. 그린비.
파울루 프레이리, 한준상 옮김(2003). **교육과 정치의식**. 한국학술정보.
파울루 프레이리, 남경태 옮김(2018). **페다고지**. 그린비.
하르트무트 로자, 김태희 옮김(2020). **소외와 가속**. 앨피.
하르트무트 로자, 유영미 옮김(2025). **공명 사회**. 니케북스.
Adam, B.(1990). *Time and social theory*. Polity Press.

8. 생성적 공동성

생성적 공동성generative commonality은 획일성과 집단주의를 넘어 차이를 가진 존재들이 함께 새로운 의미와 실천을 만들어 가는 창발적 관계 구조를 의미한다. 이 책에서는 자기연출성과 경쟁적 자율성에 내몰린 학생과 교사를, 서로의 리듬과 감정에 기초하여 공동의 배움과 실천을 생성하는 교육적 관계로 전환하는 방향에서 이 개념을 사용했다. '공동성'이라는 표현은 동질화를 뜻하지 않으며 '생성적'이라는 수식은 고정된 정체성이 아닌 관계 속에서 새롭게 생성되는 공존 가능성을 강조하기 위해 선택되었다.

관련 문헌

마사 C. 누스바움, 한상연 옮김(2015). **역량의 창조 - 인간다운 삶에는 무엇이 필요한가?**. 돌베개.
마사 C. 누스바움, 강동혁 옮김(2018). **분노와 용서 - 적개심, 아량, 정의**. 뿌리와이파리.
아마르티아 센, 김원기 옮김(2013). **자유로서의 발전**. 갈라파고스.
아마르티아 센, 정미나 옮김(2018). **세상은 여전히 불평등하다**. 21세기북스.
아마르티아 센, 이규원 옮김(2021). **정의의 아이디어**. 지식의 날개.
Biesta, G. J. J.(2010). *Good education in an age of measurement: Ethics, politics, democracy*. Routledge.

9. 시간 감각의 윤리

시간 감각의 윤리ethics of temporal sensibility는 무엇을 가르칠 것인가보다 '언제',

'얼마나 오래', '어떤 흐름 속에서' 가르칠 것인가에 대한 윤리적 감각을 교육의 중심에 두는 관점을 지칭한다. 이 책에서는 '교사 배제 교육과정'과 '법정 시수 중심 시간 배치'가 교사와 학생 모두의 시간 감각을 제거하고 있음을 비판하며, 교육과정 설계에서 시간의 질적 감수성을 복원할 필요성을 이 개념을 통해 제안한다. '감각'과 '윤리'의 결합은 시간의 문제를 기술이 아닌 존재의 문제로 사유하게 한다.

관련 문헌

Adam, B.(1990). *Time and social theory*. Polity Press.

Nowotny, H.(1994). *Time: The modern and postmodern experience*. Polity Press.

10. 시간 기반 교육과정

시간 기반 교육과정time-oriented curriculum은 지식의 양이나 진도 중심이 아니라 학생과 교사의 리듬과 존재의 시간에 맞춰 설계되는 교육과정을 의미한다. 이 책에서는 빠른 학습, 누적식 수행, 수업-평가 동기화로 구성된 기존의 가속 교육과정을 비판하고, 느림과 기다림, 사유와 감응이 가능한 구조로 재설계하는 실험을 중심으로 이 개념을 사용했다. '시간 기반'이라는 표현은 단순히 시간표의 재배열이 아니라 시간의 윤리와 감응 구조를 기반으로 교육과정을 기획한다는 철학적 지향을 드러내기 위해 선택되었다.

관련 문헌

거트 비에스타, 곽덕주·박은주·최진 옮김(2024). **교육의 아름다운 위험**. 교육과학사.

Nowotny, H.(1994). *Time: The modern and postmodern experience*. Polity Press.

Rosa, H.(2019). *Resonance: A sociology of our relationship to the world*. Polity Press.

11. 시간주권

시간주권time sovereignty은 헬가 노워트니의 『Time』에서 처음 개념화된 이후, 하르트무트 로자의 『Social accelleration』과 『Resonance』를 통해 사회적·존재론적 차원에서 심화된 개념이다. 시간주권은 단순히 '시간을 잘 쓰는 기술'이 아니라 자신의 삶의 시간 구조를 구성하고 선택할 수 있는 존재의 권리를 의미한다. 이 책에서는 이 개념을 학교교육에 적용하여, 성과주의적 시간표, AI 기반 진도표, 실시간 피드백에 의해 구성된 '외부의 시간'에 종속된 교사와 학생이 자기 고유의 리듬으로 사유하고 성장할 권리를 잃어버린 현실을 비판적으로 분석하는 데 사용했다.

관련 문헌

마르틴 하이데거, 이기상 옮김(2025). **존재와 시간**. 까치.

앙리 베르그송, 조현수 옮김(2024). **시간에 대한 이해의 역사**. 그린비.

하르트무트 로자, 김태희 옮김(2020). **소외와 가속**. 앨피.

Nowotny, H.(1994). *Time: The modern and postmodern experience*. Polity Press.

Rosa, H.(2013). *Social acceleration: A new theory of modernity*. Columbia University Press.

Rosa, H.(2019). *Resonance: A sociology of our relationship to the world*. Polity Press.

12. 시간주권의 재설계

시간주권의 재설계reconfiguration of time sovereignty는 시간주권을 단순한 시간 배분의 권리가 아닌 교육의 존재론적 설계를 위한 기반으로 새롭게 구성하는 철학적-제도적 작업을 지칭한다. 이 책에서는 시간주권이 정태적 권리로 고정되지 않고, 느림, 감응, 정동, 실천이 융합된 구조 안에서 지속적으로 재조정되고 구현되어야 함을 강조한다. 이 개념은 시간주권이 다섯 구성 요소(리듬, 여유, 의미, 정동, 행위)의 총체적 실천이라는 점을 드러내기 위해 제안되었다.

관련 문헌

앙리 베르그송, 조현수 옮김(2024). **시간에 대한 이해의 역사**. 그린비.

Rosa, H.(2019). *Resonance: A sociology of our relationship to the world*. Polity Press.

13. 정동적 배움

정동적 배움affective learning은 지식 전달과 정보 처리 중심의 교육을 넘어서, 감정과 몸, 관계가 살아 있는 시간 속에서 이루어지는 배움의 방식을 지칭한다. 이 책에서는 감정 없는 수업, 억제된 관계, 시간 압축에 내몰린 교실 구조를 비판하며, 감정이 흐르고 감응이 가능한 시간 구조 속에서 학습이 이루어지는 느린학교의 실험을 설명하기 위해 이 개념을 도입했다. '정동'은 들뢰즈-가타리의 사유를 바탕으로 감정의 정치성과 관계적 힘을 드러내기 위한 철학적 용어이며 단순한 '감정'과는 구별된다.

관련 문헌

질 들뢰즈·펠릭스 가타리, 김재인 옮김(2001). **천 개의 고원**. 새물결.

Ahmed, S.(2004). *The cultural politics of emotion*. Edinburgh University Press.

Massumi, B.(2015). *Politics of affect*. Polity Press.

14. 정체성의 리듬

정체성의 리듬rhythm of identity은 교육 주체가 삶의 리듬 속에서 자신의 존재를 구성해 가는 시간적·정동적 흐름을 뜻한다. 이 책에서는 빠름과 동일성 중심의 시간 구조가 학생과 교사의 정체성을 파편화하며, 진정한 교육은 반복, 차이, 정지, 사유가 공존하는 리듬 속에서 정체성이 구성된다는 점을 강조한다. 이는 시간주권의 실천이 곧 정체성 회복의 조건이자 목표임을 드러낸다.

관련 문헌

거트 비에스타, 이민철 옮김(2023). **우리는 교육에서 무엇을 평가하고 있는가**. 씨아이알.

앙리 베르그송, 조현수 옮김(2024). **시간에 대한 이해의 역사**. 그린비.

질 들뢰즈, 김상환 옮김(2004). **차이와 반복**. 민음사.

15. 존재 밀도

존재 밀도ontological density는 교육 현장에서 구성원이 자기 존재의 무게와 의미를 얼마나 느끼며 살아가는지를 가리키는 개념이다. 이 책에서는 시간의 밀도, 감정의 진폭, 관계의 농도 속에서 삶의 깊이를 구성하는 교육이 가능해야 한다고 강조하며, 느린학교는 '얇어진 존재'의 조건을 반성하고 존재의 밀도를 복원하는 방향으로 설계되어야 한다고 주장한다.

관련 문헌

하르트무트 로자, 김태희 옮김(2020). **소외와 가속**. 앨피.

하르트무트 로자, 유영미 옮김(2025). **공명 사회**. 니케북스.

16. 존재 역량의 보편화

존재 역량의 보편화democratization of ontological capabilities는 단지 모든 사람에게 동일한 능력이나 기회를 제공하자는 의미가 아니다. 여기서 사용된 보편화는 democratization의 번역어로서, 능력capabilities의 확장을 넘어 존재 가능성 자체에 대한 평등한 접근을 민주주의의 윤리로 정초하려는 시도이다. 이는 '보편화'라는 단어에 흔히 내재된 기술적 확산이나 행정적 보급의 의미를 넘어서 존재의 민주화라는 정치철학적 요구를 담고 있다.

이 개념의 뿌리는 아테네의 직접민주주의에서 출발하여 루소의 일반의지, 토크빌의 평등주의, 랑시에르의 지적 평등과 같은 정치사상 계보에 닿아 있다. 특히 랑시에르는 민주주의를 제도나 체제가 아니라 '자격 없음의 자격'을 가진 자들의 정치적 등장, 곧 자격을 박탈당한 존재가 "나는 존재한다"고 말할 수 있는 시간과 공간의 열림으로 정의하였다. '존재 역량의 보편화'는 바로 이러한 민주주의의 급진성을 교육에서 복원하고자 하는 개념이다.

관련 문헌

마사 C. 누스바움, 한상연 옮김(2015). **역량의 창조 - 인간다운 삶에는 무엇이 필요한가?**. 돌베개.

파울루 프레이리, 남경태 옮김(2018). **페다고지**. 그린비.

17. 탈가속학교

탈가속학교decelerated school는 빠름을 거부하는 것이 아니라 존재와 배움이 감응할 수 있는 시간 구조를 다시 구성하려는 윤리적·철학적 교육 실험이다. 이 책에서는 탈가속학교를 단순히 진도표를 느리게 적용하거나 수업량을 줄이는 학교로 보지 않는다. 그것은 속도의 문제가 아니라 '리듬'의 문제이며, 가속의 외부로 도피하는 것이 아니라 그 구조 자체를 재설계하는 행위다. 로자의 공명 개념은 탈가속학교의 이론적 핵심 축이다. 이 학교는 타자와 세계의 울림을 감지할 수 있는 배움의 시간, 감정이 흐를 수 있는 관계의 시간, 실패가 허용되는 존재의 시간을 복원하려 한다. 베르그송의 '지속durée' 개념은 기계적 시간에 대한 대항으로서 '살아 있는 시간'이 필요하다는 주장을 통해 수업과 평가의 시간 구조 전환을 가능하게 한다. 아렌트의 '탄생성과 행위', 레비나스의 '타자의 얼굴'은 존재 간 감응의 윤리적 기반으로 기능하며, 탈가속학교는 이를 통해 교육을 기술이 아닌 관계로 재정의한다.

관련 문헌

앙리 베르그송, 조현수 옮김(2024). **시간에 대한 이해의 역사**. 그린비.

에마누엘 레비나스, 김도형·문성원·손영창 옮김(2018). **전체성과 무한 - 외재성에 대한 에세이**. 그린비.

하르트무트 로자, 김태희 옮김(2020). **소외와 가속**. 앨피.

한나 아렌트, 이진우 옮김(2019). **인간의 조건**. 한길사.

| 마무리 |

느린 교육 선언

느림과 공명, 그리고 교육적 약속

우리는 너무 오랫동안 교육을 '빠름'과 '효율'의 언어로 말해 왔다. 교육은 학생들의 존재를 가늠하는 경주의 트랙이 되었고, 학교는 입시라는 가속된 기계를 떠받드는 기관이 되었으며, 교사는 그 기계의 부품을 맞추고 조율하는 기술자로 자리매김되었다. 이른바 '입시가속체제'는 빠른 학습, 빠른 선발, 빠른 분류를 통해 사회적 서열을 생산하고 재생산하는 구조를 구축했고, '가속학교'는 바로 그 체제 위에 세워졌다. 교실은 실적을 압축 생산하는 공장이 되었고, 학생들은 끊임없이 쫓기며 살아야 했으며, 교사는 변화하는 정책과 잦은 평가, 무한한 기대 속에 지쳐 갔다. 교육은 속도를 높이는 대신, 의미를 잃고, 관계를 놓치며, 존재를 소외시키는 방향으로 흘러갔다.

이 책은 그 자리에서 조용히, 그러나 단호하게 물었다. '우리는 지금 어디에 서 있는가?' '그리고 교육은 여전히 다른 미래를 말할 수 있는가?' 이 질문은 단지 제도나 정책을 향한 것이 아니라, 존재 그 자체를 향한 물음이었다. 하르트무트 로자와 한병철의 통찰을 빌어 우리는 오늘날 교육이 여섯 가지 병리 — 존재의 소외, 자기연출성의 지배, 의례의 붕괴와 서사의 위기, 감응과 공명의 소멸, 관리적 리더십의 강화, 존재 가능성의 계층화 — 로 구조화되어 있음을 목격했다. 그러나 이 진단은 절망을 위한 것이 아니었다. 그것은 교육을 다시 존재의 공간으로 되돌리기 위한 시도, 잃어버린 서사를 복원하고, 침묵한 감정을 불러내며, 삭제된 관계를 되살리려는 철학적 실천의 시작이었다. 이 책은 교육을 다시 묻는 일, 곧 인간과 시간, 공존과 감응의 리듬을 되찾는 일에서 출발하고 있다.

가속된 교육은 시간을 잃었고, 관계는 감정을 잃었으며, 배움은 존재를 잃었다. 교실은 기능하지만 교사는 지쳤고, 학생은 과정을 따라가지만 그 여정에 의미는 남지 않았다. 우리는 오랫동안 '어떻게 가르칠 것인가'를 논했지만, '왜 가르치며 무엇을 위해 배우는가'라는 존재의 물음은 철저히 회피해 왔다. 가속학교 안에서 시간은 압축되고, 감정은 삭제되며, 존재는 통계로 치환되었다. 이 책은 바로 그 상실의 자리를 바라보며, 다시금 교육의 고유한 리듬을 복원하려는 시도였다. 느림과 공명은, 이 복원의 윤리적 언어였다.

그러나 모든 가속이 일방적인 것만은 아니었다. 가속학교 안에서도, 입시가속체제의 압력 속에서도, 느리게 가르치고, 함께 기다리며, 관계를 이어 가려는 작은 실험들이 끊임없이 일어났다. 성적이 아닌 한 사람의 이야기를 기억하려는 교실, 실패를 회피하지 않고 삶의 일부로 받아들이는 수업, 공문보다 대화를 신뢰하는 리더십. 이 미약한 흐름들은 탈가속화의 저항선이 되었고 가속사회 한복판에서도 여전히 다른 교육의 가능성을 지켜 냈다.

교육은 여전히, 다른 사회를 상상하는 시작점이다. 교육은 단지 개인의 능력을 계량하는 제도가 아니다. 그것은 우리가 어떤 사회에서 살아가고 싶은지, 어떤 속도로, 어떤 관계로 삶을 함께 짓고 싶은지를 묻는 사회적 약속이다. 빠름과 경쟁, 실적과 비교로 점철된 교육은 경쟁적 사회, 피로한 공동체, 탈진하는 민주주의로 이어질 수밖에 없다. 그러나 시간을 기다려 주는 교사, 실패를 수용하는 학생, 실적보다 이야기를 기억하는 교실, 공문보다 관계를 신뢰하는 학교가 있다면, 우리는 그것을 바탕으로 다른 사회를 다시 꿈꿀 수 있다.

이 책은 이 상상력을 '느린학교 공동체'라는 이름으로 묶어 보았다. 이는 단순히 속도를 늦추자는 구호가 아니라 존재와 관계, 시간과 감정의 고유한 리듬을 다시 살아 내자는 새로운 사회 계약이다. 느림은 단순한 지체가 아니라 타자의 시간을 존중하고 기다리는 실천이며, 공명은 타자의 떨림에 진동할 수 있는 윤리적 감수성이다. 이 느림과 공명이 만날 때, 교육은 더 이상 표준화된 절차가 아니라 존재가 존재를 통해 변주하는 사건이 된다.

오늘날, AI, 디지털 전환, 학령 인구 감소, 입시제도 개편과 같은 수많은 변화가 '교육의 미래'를 말하고 있다. 그러나 우리는 이 가속된 미래의 언어를 거부하며, 다시 묻는다. '우리는 이 학생들과 어떤 시간을 살고 싶은가?' '우리는 교육을 통해 어떤 사회를 약속할 수 있는가?' 느림은 멈춤과 기다림을 기꺼이 받아들이는 용기이고, 공명은 타자의 울림에 흔들리는 윤리다. 이 둘이 만나면, 교육은 다시 존재의 사건, 공동체의 약속, 희망의 리듬이 된다.

입시가속체제가 세운 가속학교 위에서도, 느림과 공명의 씨앗은 끊임없이 심어지고 있었다. 비록 가속의 거대한 구조에 밀려 보이지 않을지라도, 교육은 여전히 다른 미래를 향해 작고 느린 길을 만들고 있었다. 이 길 위에서, 우리는 다시 교육을 이야기해야 한다. 교육은 여전히 존재를 열고, 관계를 만들며, 다른 사회를 상상하는 힘이기 때문이다.

마지막으로, 우리는 함께 다음의 질문들을 다시 던지고자 한다.

나는 이 학생의 속도를 기다려 주었는가?
나는 수업 안에서 공명하는 장면을 만들었는가?
나는 교육자로서 내 삶의 리듬을 스스로 결정할 수 있었는가?
이 학교는 관계가 흐르고, 이야기가 기억되는 장소인가?
이 교육 정책은 성과보다 변화를 이야기하는가?

이 질문들에 담긴 약속을 함께 지킬 수 있다면, 교육은 여전히, 다른 세계를 위한 문을 열고 있을 것이다. 그리고 우리는 그 문을 함께 열며, 가속 위에 짓는 것이 아니라 느림과 공명의 리듬 위에 다시 세워진 새로운 학교를 만날 수 있을 것이다.

타자와의 공존

존재는 고립된 섬이 아니다. 우리는 타자와의 만남 속에서 자신을 발견하고, 관계 속에서 스스로를 형성한다. 타자는 단순한 외부의 대상이 아니라 나를 나로 존재하게 하는 근원적 조건이다. 나는 타자 앞에서 나를 인식하고, 타자의 응답을 통해 나를 변화시킨다. 존재란, 결코 독립적 실체가 아니라 끝없이 타자와의 공존 속에서 형성되어 가는 과정이다. 타자는 나를 넘어서는 세계이며, 타자 없는 존재란 존재하지 않는다.

그러나 가속사회는 이 근원적 관계를 해체한다. 시간은 단절되고 만남은 파편화된다. 타자와 머물며 함께 시간을 보내는 경험은 사치가 되고, 대신 즉각적 소통과 표면적 교환이 지배한다. 사람들은 서로를 응시하기보다 스쳐 지나가고, 관계는 깊어지기 전에 사라진다. 타자는 더 이상 나를 여는 존재가 아니라 관리하고 소비해야 할 대상으로 전락한다. 공존은 무너지고, 존재는 고립된다.

가속된 사회에서 타자는 점점 더 위험한 존재로 인식된다. 타자는 나의 속도를 방해하고 나의 계획을 어지럽히는 존재로 여겨진다. 느린 사람, 다른 의견을 가진 사람, 예상치 못한 반응을 보이는 사람은 불편하고 귀찮은 타자가 된다. 가속의 리듬은 타자의 고유한 리듬을 환대하지 않는다. 오히려 타자를 배제하고, 동질적 속도로 통제하려는 충동을 강화한다. 속도의 사회는 공존을 허용하지 않는다.

학교에서도 이러한 현상은 명백히 드러난다. 학생들은 서로를 경쟁자이자 방해물로 바라본다. 협력은 전략이 되고, 관계는 도구화된다. 교실은 함께 배우는 공간이 아니라 개인이 성취를 위해 서로를 이용하거나 회피하는 전장이 된다. 타자는 함께 살아야 할 존재가 아니라 극복하거나 무시해야 할 대상으로 전락한다. 배움은 공존의 연습이 아니라 고립된 경쟁의 훈련이 된다.

이러한 구조는 학생들에게 깊은 상흔을 남긴다. 타자와의 진정한 관계를 경험하지 못한 채 자란 학생은 성인이 되어서도 타자와 신뢰를 맺는 데 어려움을 겪는다. 관계는 계산과 거래로 축소되고, 신뢰 대신 경계가 우선된다. 삶은 타자와의 공동 프로젝트가 아니라 고립된 자기 프로젝트가 된다. 존재는 점점 더 좁아지고, 삶은 점점 더 빈곤해진다. 타자가 없는 삶은 결국 삶 자체를 가난하게 만든다.

교사도 마찬가지다. 교사는 학생을 관리의 대상으로 인식하게 되고, 학생들은 교사를 점수의 관리자나 규율의 대리인으로 받아들인다. 교실은 만남의 공간이 아니라 통제와 수행의 공간으로 변질된다. 교사와 학생 모두 타자와의 공존을 경험하지 못한 채, 기능적 관계 속에 갇힌다. 교육은 존재를 여는 것이 아니라 존재를 닫고 고립시키는 훈련으로 전락한다.

이러한 공존의 붕괴는 단순히 관계의 문제가 아니다. 그것은 존재의 구조적 손상이다. 존재는 타자 없이는 자기를 완성할 수 없다. 그러나 타자를 응시할 시간도, 기다릴 여유도, 응답할 용기도 없는 삶 속에서 존재는 스스로를 잃어버린다. 공존 없는 존재는 공허하고, 타자 없는 자아는 허구적이다. 관계의 붕괴는 곧 존재의 붕괴다.

우리는 다시 타자와의 공존을 배워야 한다. 이는 단순히 다른 사람을 인정하는 차원의 문제가 아니다. 타자와 함께 머무르고, 타자의 리듬에 귀 기울이며, 예측 불가능한 타자의 세계를 환대하는 능력을 회복하는 일이다. 공존은 빠름이 아니라 기다림에서, 통제가 아니라 응답에서, 동일화가 아니라 차이의 인정에서 시작된다. 타자는 나를 방해하는 존재가 아니라 나를 열어젖히는 존재이다.

교육은 이 공존의 가능성을 실천하는 첫 번째 장이어야 한다. 학생들이 서로 다른 리듬을 가진 존재들과 함께 배우고 성장할 수 있도록 해야 한다. 질문이 달라도, 속도가 달라도, 감정이 달라도 함께 살아갈 수 있다는 경험을 제공해야 한다. 교사는 학생들의 차이를 두려워하지 않고, 오히려 그 차이 속에서 새로운 배움의 가능성을 발견하는 사람이 되어야 한다. 공존은 배움의 다른 이름이다.

공존을 회복하는 것은 학교의 문화와 구조를 다시 설계하는 일과도 직결된다. 경쟁 대신 협력을, 성과 대신 관계를, 동질성 대신 차이를 중심에 놓는 학교. 느린 학생이 존중받고, 실패하는 학생이 기다려지는 학교. 타자와 함께 시간을 보내는 것을 배움의 일부로 여기는 교실. 이러한 공간에서만 학생들은 존재를 확장하고 세계를 열어 갈 수 있다.

공존은 인간 존재의 본질이며, 교육이 지향해야 할 최종 목적이다. 타자와 함께 살아가는 법을 배우는 것은 단순한 사회적 기술을 넘어 존재의 깊이를 회복하는 일이다. 가속과 고립의 시대를 넘어, 우리는 다시 타자와 함께 머무르고, 서로의 리듬을 감응할 수 있어야 한다. 타자와의 공존은 우리 존재를 다시 살아 있게 만든다.

연대는 삶의 리듬이다

연대는 특별한 순간에만 찾아오는 감정적 결집이 아니다. 연대는 삶의 일상적 리듬 속에서 자라나는 것이다. 우리는 타자와의 느린 동행, 반복되는 일상 속의 작은 응답, 서서히 쌓이는 신뢰 속에서 연대를 체험한다. 연대는 거대한 사건이 아니라 매일 반복되는 작은 기다림과 응답의 리듬이다. 존재는 혼자서는 깊어질 수 없고, 타자와 함께 리듬을 맞추어 가며 성장한다.

그러나 현대 사회는 이 삶의 리듬을 해체했다. 빠름을 미덕으로 삼고, 즉각적인 결과를 요구하는 사회에서 연대는 사치가 되었다. 함께 걷기보다 먼저 도착하는 것이 중요해졌다. 타자와 느리게 리듬을 맞추는 대신, 효율성과 속도에 최적화된 관계가 강조된다. 연대는 느리고 비효율적이며, 가시적 성과를 즉시 가져오지 않기 때문에 주변으로 밀려난다.

삶의 리듬이 붕괴되면 존재는 고립된다. 타자와 함께 호흡하고 서로를 기다리며 살아가는 경험이 사라지면 인간은 자신만의 시간에 갇히게 된다. 속도에 내몰린 존재는 타자와의 깊은 연결을 맺을 여유를 잃는다. 삶은 단절되고, 경험은 파편화된다. 연대는 그 자체로 사라지는 것이 아니라 느림과 기다림의 리듬이 소멸함으로써 뿌리부터 고갈된다.

학교도 이 삶의 리듬을 잃어버렸다. 교실은 빠른 진도와 즉각적 결과를 중시하는 공간이 되었고, 학생들은 함께 배우기보다 경쟁하고 평가받는 데 익숙해졌다. 질문을 길게 품을 시간, 실패를 끌어안고 기다리는 시간, 함께 머물며 성장하는 시간은 사라졌다. 학교는 연대가 싹트는 공간이 아니라 개인화된 성취의 경주장이 되어 버렸다.

삶의 리듬이 없는 배움은 공허하다. 학생들은 더 많은 지식을 얻지만, 서로를 기다리는 법은 배우지 못한다. 빠르게 문제를 풀 수는 있지만, 함께 길을 잃고 다시 찾아가는 경험은 하지 못한다. 교육이 속도의 논리에 종속될 때, 배움은 존재의 깊이를 열지 못하고, 연대는 일회적 구호로만 남는다. 배움과 연대는 삶의 리듬 속에서만 실질적으로 자란다.

연대의 리듬이란, 서로의 속도에 귀 기울이는 능력이다. 빠른 이가 느린 이를 기다리고, 말 많은 이가 조용한 이를 존중하며, 실패한 이를 외면하지 않고 그 곁에 머무르는 일이다. 이 느리고 비효율적인 경험 속에서만 진정한 공동체가 형성된다. 연대는 합의나 동의의 문제가 아니라 서로의 삶의 리듬을 감응하고 조율하는 예술이다.

속도와 성과를 신성시하는 사회에서는 이 연대의 리듬이 병리처럼 여겨진다. 기다림은 낭비로, 실패는 비효율로, 다름은 방해물로 취급된다. 그러나 진정한 삶은 이러한 느린 리듬 안에서만 살아난다. 연대는 한순간의 감정적 폭발이 아니라 오래된 기다림과 끝없는 응답의 축적이다. 존재는 혼자서 성취하는 것이 아니라 타자와의 느린 리듬 속에서 깊어진다.

학교는 연대의 리듬을 다시 가르쳐야 한다. 학생들이 서로를 경쟁자로만 보지 않고 함께 성장할 수 있는 동반자로 인식할 수 있도록 해야 한다. 빠른 학생이 느린 학생을 기다리는 시간, 실패한 친구를 포기하지 않는 시간, 질문이 맺히기를 기다리는 시간. 이 모든 느린 시간이 연대의 토양이 된다. 학교는 속도의 훈련장이 아니라 연대의 리듬을 익히는 공동체여야 한다.

교사는 이 연대의 리듬을 먼저 살아 내야 한다. 교사는 모든 학생이 같은 속도로 성장할 수 없다는 것을 받아들이고, 각자의 리듬에 맞춰 기다리는 법을 배워야 한다. 교사는 학생들의 다름을 귀찮아하지 않고, 실패를 성장의 일부로 포용해야 한다. 가르침은 지식을 전달하는 일이 아니라 존재의 리듬을 함께 살아가는 일이다. 교사는 학생과 함께 걸으며 연대의 리듬을 함께 짓는 사람이다.

연대는 결과가 아니라 과정이다. 우리는 함께 걸으며 서로의 삶에 다가가고, 서로의 다름을 받아들이며 새로운 가능성을 연다. 이 과정은 빠를 수 없고, 계산될 수 없다. 연대는 예측할 수 없는 시간 속에서만 자란다. 기다리고 머물고 실망하고 다시 기다리는, 그 느린 순환 속에서만 진정한 공동체가 탄생한다.

연대는 삶의 리듬이다. 속도와 성취를 넘어, 서로를 기다리고 응답하는 느린 시간 속에서 존재는 다시 살아난다. 교육은 이 리듬을 회복하는 일이 되어야 한다. 학생들이 서로의 존재를 느끼고, 함께 걸으며 성장하는 법을 배우게 해야 한다. 그렇게 할 때, 학교는 다시 살아 있는 공동체가 되고, 삶은 고립이 아니라 공존의 리듬 속에서 울리게 된다.

느린학교가 빠른 사회를 견딘다

속도는 외부 환경이 학교에 부과한 생존의 조건이다. 그러나 속도를 그대로 수용할지, 길들일지 여부는 조직 내부의 리듬에 달려 있다. 빠름에 떠밀리는 대신, 자기 고유의 시간을 발효시킬 수 있는 조직만이 추격이 아닌 전환의 가능성을 선택할 수 있다. 느린 의사 결정은 단순한 지연이 아니라 관계적 책임과 서사적 기억을 되살리는 전략이다. 그리고 의례의 복원은 그 전략을 조직의 몸에 새기는 실천이다. 이처럼 길들여진 속도 위에서만 학교 공동체는 초가속사회를 견디는 작은 피난 섬이 될 수 있다.

제4부에서 제시하는 전환 전략은, 가속과 초가속의 병리적 징후를 진단한 제2부, 제3부의 논의와 혁신학교를 중심으로 한 탈가속 실험의 성과와 한계에 대한 논의를 바탕으로 구성되었다. 느림, 멈춤, 공명—이 세 리듬이 촘촘히 얽힌 학교는 더 이상 속도의 포로가 아니다. 오히려 속도를 도구로 삼아 자신의 리듬을 구성한다. 그러므로 이 마무리에서는 연구 전체의 기여와 한계를 점검하며, 속도의 시대에 걸맞은 교육 정책, 학교 행정, 교수-학습 담론의 재정립 가능성을 다시 열어 두고자 한다.

빠른 사회는 혁신을 가속하지만, 그 혁신이 인간다운 시간을 보장하지 못하면 곧 병리로 전락한다. 느린 조직은 속도를 늦추는 장소가 아니라 그 방향성과 윤리를 점검하는 공간이다. 관계와 서사를 통해 속도의 의미를 재배치하고, 사회 전체의 시간 균형을 되돌리는 공적 완충 지대로 작동한다. 학교가 이와 같은 느린 조직으로 자리 잡을 때 초가속사회도 인간적 얼굴을 유지할 수 있다. 속도를 견디는 힘은 더 빠른 기술이 아니라 더 깊은 이야기와 더 넓은 성찰에서 비롯된다. 느린학교는 그 깊이와 넓이를 품는 시간의 그릇이다.

　속도는 언제나 미래를 앞당기는 언어로 우리를 유혹한다. 알림은 분 단위 예측을 갱신하고, 알고리즘은 결정을 선취하며, 우리는 아직 도달하지 않은 순간을 따라 달리는 존재로 살아간다. 그러나 그 경사에서 잠시 숨을 고를 때, 비로소 우리는 지나온 경로를 서사로 직조할 수 있음을 깨닫는다. 이야기는 과거와 현재, 그리고 아직 오지 않은 미래를 하나의 리듬으로 묶는 구조이며, 성찰은 그 가락을 반복해 부르며 울림 속에서 의미를 되묻는 행위다. 이 둘이 결합할 때, 속도는 주인이 아닌 운반자가 된다. 흐름 속에 조율되고 악기처럼 삶의 박자를 지탱하는 존재로 자리매김한다.

　서사는 시간을 확장한다. 점수 그래프가 찍히는 찰나를 넘어, 사건의 앞뒤를 연결하고 맥락을 부풀린다. '왜?'라는 질문이 '얼마나 빨리?'보다 먼저 등장하고, '어떻게 달라졌는가?'라는 탐구가 '다음 목표는?'을 잠시 멈추게 한다. 학생이 오류 노트에 실패의 순간을 기록할 때, 그 기록은 속도가 지워 버리려 했던 공백을 복원한다. 교사가 포트폴리오를 함께 넘기며 "여기서 무엇을 느꼈는가?"를 묻는 순간, 그 감정은 점수 뒤편에 숨겨졌던 목소리로 떠올라, 학습의 맥락 속에 새로이 위치를 잡는다. 이야기의 실타래를 다시 풀어 보는 이 행위야말로 시간주권의 회복이다.

　성찰은 속도의 반대편에 태엽을 감는다. 멈춘다는 것은 회피가 아니라 정보와 감정을 가라앉히고 깊이를 재구성하는 느린 기술이다. 성찰 주기를 내장한 교육과정은 즉각 피드백 대신 잔향을 기다리게 한다. 그 기다림 속에서 학생은 지식을 재배치하고, 교사는 설명을 되새기며, 학부모는 숫자 밖의 이야기를 새롭게 읽는다. 속도는 순간의 회전에 그치지만, 성찰은 그 회전을 거슬러 전체 여정을 조망할 수 있게 한다. 성찰은 속도를 부정하지 않으면서도, 과속의 방향을 부드럽게 조정한다.

서사와 성찰이 병치되는 곳에는 공명이 발생한다. 학생이 자신의 포트폴리오를 낭독하고, 동료가 그 위에 질문을 얹는 순간, 거기에는 수치나 승패를 넘는 떨림이 발생한다. 그 울림은 공동의 감각을 생성하며, 관계의 깊이는 잔향을 나누는 과정 속에서 형성된다. 이때 속도는 그 감각을 운반하는 도구일 뿐이다. 속도를 완전히 제거하지 않더라도 그것을 길들일 수 있음을 공명은 증명한다.

물론 체제는 항상 경고음으로 반응한다. "진도 지연", "업데이트 실패" 같은 붉은 표시는 느린 행위를 오류로 낙인찍는다. 그러나 우리는 안다. 지연은 오류가 아니라 매듭이다. 매듭이 있을 때 서사는 풀리고, 의미는 응집된다. 교육과정은 이러한 결절점을 의도적으로 설계해야 한다. 호흡 시간, 정리 주간, 잔향 세션과 같은 리듬의 닻은 속도를 멈추게 하고, 배움을 되돌아보게 한다.

이러한 닻이 충분히 깊게 내려앉을 때, 학교는 다시 질문의 장소가 된다. '다음은 무엇인가?'보다 '지금 여기에서 왜?'가 중심에 놓이고, '얼마나 빨리?'보다 '어디까지 울렸는가?'가 중요한 평가 기준이 된다. 성찰적 서사는 속도의 주파수를 낮추고, 배움의 톤을 낮게 지속시키며, 학교 공동체를 느린 합창으로 묶는다. 그 합창이야말로 초가속 시대에 남겨야 할 마지막 공공성이다. 속도는 도착을 약속하지만 목적을 설명하지는 않는다. 목적을 되묻는 목소리가 서사이고, 그 물음을 반복해 부르는 행위가 성찰이다. 그래서 서사와 성찰은 속도를 길들인다. 그리고 우리는 길들여진 속도 위에서, 다시 배우고, 사랑하고, 공명하는 존재로 거듭난다.

느린학교를 위한 선언문

　모든 교육의 역사, 곧 인간에 대한 성찰의 역사는 '속도'와 '시간'을 둘러싼 오래된 싸움이었다. 누가 시간의 주인이 될 것인가? 누구에게 타인의 시간을 설계할 권리가 있는가? 배움은 원래 질문과 함께 머무는 일이었지만, 오늘 우리는 입시가속체제가 구축한 교육의 틀 안에서, 교육이라는 이름으로 속도의 폭력을 일상화하고 있다.

　가속학교. 그것은 더 빠르게, 더 일찍, 더 많이를 외치며 인간을 '성과'로 환원하는 체계다. 이 체계는 입시를 중심에 두고 교육과정을 압축하고, 진도표를 앞당기며, 표준화된 성취 기준으로 학생을 분류한다. 서버 위의 점수 데이터, 스마트패드 속 피드백, 경쟁적 랭킹 시스템은 학생을 성과 지표로만 남기며, 교실은 질문이 머무는 숲이 아니라 통과해야 할 스테이지이자 정복해야 할 시간표의 전장이 되어 버렸다.

　기술은 시간과 공간을 압축했고, 삶의 리듬은 효율성의 시간에 종속되었으며, 관계와 서사는 분절되었다. 가속학교는 존재를 얇게 만든다. 사유할 시간도, 머무를 여백도, 존재할 틈도 허락하지 않는다. 오직 더 빠른 진도, 더 높은 점수, 더 정확한 답안만이 요구된다.

우리는 이에 맞서 선언한다. 교육은 상품이 아니다. 학생은 사용자가 아니며, 교사는 생산자가 아니다. 교실은 컨베이어 벨트가 아니라 존재의 이야기가 피어나는 숲이어야 한다. 그러나 지금 그 숲은 베어지고 있다. 진도표는 질문을 자르고, 성취 기준은 감정을 거세하며, 알고리즘은 배움의 리듬을 하나의 속도로 환원한다. 수업은 감응을 잃고, 교사는 의례를 잃으며, 학생은 서사를 잃었다. 속도는 높아졌지만, 깊이는 사라졌다.

가속학교는 모두에게 '성공'을 약속하지만, 그 성공은 모두에게 '같은 답안'을 요구한다. 달라지는 것은 점수일 뿐, 존재의 방식은 허용되지 않는다. '모범'이라는 이름 아래 표준화된 인간이 양산되고, 느림은 낙오로 치환된다. 가속은 곧 소외다. 느리게 걷는 이들, 질문을 멈추지 않는 이들, 다르게 사유하는 이들은 부적응자로 분류되고, 성과주의의 잣대 아래 인간의 다양성과 존엄은 조용히 삭제된다.

그러므로 우리는 선언한다. 느린학교는 단순한 반작용이 아니다. 그것은 가속학교라는 시대적 구조물에 대한 존재의 응답이다. 우리는 다시 배우는 자의 속도에서 교육을 사유하고자 한다. 학생들이 자기 고유의 시간으로 사유할 권리를 갖기를 바란다. 교사가 무위의 시간 속에서 침묵과 성찰의 여백을 품을 수 있기를 희망한다. 교실이 다시 공동체가 되는 서사의 귀환을 기다린다. 우리가 잃어버린 리듬, 사라진 의례, 망각된 감응의 자리를 다시 불러낸다.

느린학교는 멈추는 학교다. 그곳에서 우리는 다시 묻는다.

왜 지금 이 지식을 배우는가?
이 배움은 누구를 위한 것인가?
누구와 함께 걷고 있는가?

느린학교는 기다리는 학교다.

질문이 머무는 공간이며, 답을 서두르지 않는 시간이다. 느린학교는 기술을 부정하지 않는다. 그러나 기술에 복속되지 않는다. 기술은 삶을 위한 도구이지 삶의 목적이 될 수 없다. 우리는 클릭보다 손 글씨의 떨림을, AI의 예측보다 인간의 망설임을, 데이터의 정확성보다 타인의 이야기 앞에서 느끼는 불편함을 더 소중히 여긴다.

느린학교는 관계의 학교다.

우리는 다시 서로를 이름으로 부르고, 눈빛으로 듣고, 몸으로 배운다. 학생들이 '배운 것'을 증명하기보다 '느낀 것'을 기억하게 하고 싶다. 우리는 서사가 끊긴 교실에 이야기를 불어넣는다. 서사는 단지 정보의 배열이 아니라 존재의 의미를 회복하는 구조다. 학생들이 자신만의 이야기를 찾고, 서로의 이야기를 존중하며, 공동체의 이야기를 함께 써 내려가는 그곳에 느린학교가 존재한다.

이 선언은 완결된 문장이 아니다. 이것은 살아 있는 사유이며, 함께 써 나가는 이야기다. 이 선언은 특정 교실이나 특정 교육자만의 것이 아니다. 이는 시간의 주권을 박탈당한 모두를 위한 새로운 '교육의 사회 계약'을 다시 쓰자는 요청이다. 지금 이 선언을 읽고 있는 당신의 교실에서, 마을의 골목에서 느림의 윤리는 다시 시작될 수 있다. 우리는 결과보다 관계를, 속도보다 리듬을, 경쟁보다 공명을 선택할 수 있다.

우리는 오늘, 여기서 다시 묻는다.

우리는 누구의 시간으로 교육하고 있는가?

그리고 그 교육은 누구의 삶을 지워 가고 있는가?

지금, 우리는 선언한다.
'먼저'를 향한 교육이 아니라 '함께'를 향한 교육으로.
더 많은 것을 아는 학교가 아니라 더 깊게 만나는 학교로.
더 잘하는 교실이 아니라 더 느끼는 교실로.

느린학교, 그 상상은 이미 시작되었다.
그리고 지금, 우리는 그 상상을 살아 내기 시작해야 한다.

교육공동체 벗

교육공동체 벗은 협동조합을 모델로 하는 작은 지식공동체입니다.
협동조합은 공통의 목적을 가진 사람들이 모여서 만든
권력과 자본으로부터 독립된 경제조직입니다.
교육공동체 벗의 모든 사업은 조합원들이 내는 출자금과 조합비로 운영됩니다.
수익을 목적으로 하지 않기에 이윤을 좇기보다
조합원들의 삶과 성장에 필요한 일들과
교육운동에 보탬이 될 수 있는 사업들을 먼저 생각합니다.
정론직필의 교육전문지, 시류에 휩쓸리지 않는 정직한 책들,
함께 배우고 나누며 성장하는 배움 공간 등
우리 교육 현실에 필요한 것들을 우리 힘으로 만들고 함께 나누고 있습니다.

조합원 참여 안내

출자금(1구좌 일반 : 2만 원, 터잡기 : 50만 원)을 낸 후 조합비(월 1만 5천 원 이상)를 약정해 주시면 됩니다. 조합원으로 참여하시면 교육공동체 벗에서 내는 격월간 교육전문지《오늘의 교육》과 조합통신을 받아 보실 수 있습니다. 출자금은 종잣돈으로 가입할 때 한 번만 내시면 됩니다. 조합을 탈퇴하거나 조합 해산 시 정관에 따라 반환합니다. 터잡기 조합원은 벗의 터전을 함께 다지는 데 의미와 보람을 두며 권리와 의무에서 일반 조합원과 차이는 없습니다. 아래 홈페이지에서 조합 가입 신청을 하실 수 있습니다.

홈페이지 communebut.com
이메일 communebut@hanmail.net
전화 02-332-0712
팩스 0505-115-0712

교육공동체 벗을 만드는 사람들

※하파타순

후쿠시마 미노리, 황지영, 황정일, 황정원, 황이경, 황윤호성, 황영수, 황선호, 황봉희, 황규선, 황고운, 홍정인, 홍승희, 홍순성, 홍성근, 홍성구, 홍시연, 현복실, 허장수, 허윤영, 허성실, 허성균, 허보영, 허망영, 함점순, 함영기, 한학범, 한재민, 한진, 한지혜, 한은옥, 한송희, 한성찬, 한석주, 한민호a, 한민호b, 한민혁, 한만중, 한낱, 한길수, 한경희, 하주현, 하정호, 하정필, 하인호, 하승우, 하승수, 하순배, 편경희, 탁동철, 최희성, 최현미, 최한나, 최진규, 최주연, 최정윤, 최정아, 최은희, 최은정, 최은숙, 최은경, 최윤미, 최유리, 최원혜, 최우성, 최영식, 최연희, 최연정, 최승훈, 최승복, 최선자, 최선경, 최봉선, 최보람, 최병우, 최미영, 최류미, 최대현, 최광용, 최경미, 최경련, 채효정, 채홍민, 채융, 채민정, 차종숙, 차용훈, 진헌, 진주형, 진웅용, 진영준, 진낭, 지영순, 지수연, 주예진, 주순영, 조희정, 조혜원, 조현민, 조향미, 조해수, 조진희, 조지연, 조정희, 조윤성, 조원희, 조원배, 조용진, 조영현, 조영실, 조영선, 조여은, 조여정, 조성희, 조성실, 조성배, 조성대, 조석현, 조석영, 조남규, 조금종, 조정애, 조정아, 조경삼, 조경미, 제남모, 정희영, 정홍음, 정현숙, 정혜레나, 정한경, 정준수, 정진영a, 정진영b, 정진규, 정주리, 정종헌, 정종민, 정재학, 정이든, 정은희, 정은주, 정은균, 정유진, 정유숙, 정유섭, 정원탁, 정원석, 정용주, 정예현, 정예슬, 정애순, 정소정, 정보라, 정민석, 정미숙a, 정미숙b, 정명옥, 정명영, 정득년, 정대수, 정남주, 정광호, 정광필, 정광일, 정관모, 정경원, 전혜원, 전지훈, 전정희, 전유미, 전세란, 전보애, 전민기, 전미영, 전명훈, 전난희, 장주연, 장인하, 장은정, 장윤영, 장원영, 장시준, 장상욱, 장병훈, 장병학, 장병순, 장근영, 장군, 장경훈, 임혜정, 임향신, 임한철, 임하진, 임하영, 임지영, 임종혁, 임종길, 임정은, 임전수, 임수진, 임수노아, 임성빈, 임선영, 임상진, 임동헌, 임덕연, 임경환, 이희옥, 이희연, 이효진, 이호진, 이혜정, 이혜영, 이혜린, 이현, 이혁규, 이향숙, 이한진, 이하영, 이태영, 이태경, 이치형, 이충근, 이진희, 이진혜, 이진주, 이진욱, 이지혜, 이지향, 이지완, 이지영, 이지연, 이중석, 이주희, 이주영, 이종은, 이정희a, 이정희b, 이재익, 이재은, 이재영, 이인사, 이은희a, 이은희b, 이은향, 이은진, 이은주, 이은정, 이은영, 이은숙, 이은민, 이윤엽, 이윤승, 이윤선, 이윤석, 이윤미, 이윤경, 이유진a, 이유진b, 이월녀, 이원님, 이용환, 이용태, 이용석, 이용기, 이영화, 이영주, 이영아, 이연진, 이연주, 이연수, 이연수, 이승태, 이승아, 이슬기, 이수현, 이수정a, 이수정b, 이수연, 이수미, 이성희, 이성호, 이성재, 이성숙, 이성수, 이선표, 이선영a, 이선영b, 이선애, 이선애b, 이선미, 이상훈, 이상화, 이상직, 이상원, 이상미, 이상대, 이상규, 이병준, 이병곤, 이범희, 이민정, 이민아, 이민숙, 이미옥, 이미숙, 이마라, 이문영, 이명훈, 이명형, 이동철, 이동준, 이동범, 이다연, 이남숙, 이난영, 이나경, 이기자, 이기규, 이근철, 이근영, 이규빈, 이광연, 이계삼, 이경화, 이경은a, 이경은b, 이경욱, 이경림, 이건희, 윤희연, 윤홍은, 윤지형, 윤종원, 윤예슬, 윤영훈, 윤영백, 윤수진, 윤상혁, 윤병일, 윤규식, 유효성, 유재을, 유은선, 유영길, 유병준, 위양자, 원지영, 원성제, 우창숙, 우지영, 우완, 우수경, 오중근, 오정오, 오재홍, 오은정, 오은경, 오유진, 오세희, 오명환, 오동석, 염정신, 여희영, 여태전, 엄창호, 엄재숙, 엄기호, 언미옥, 양현애, 양해준, 양지선, 양은주, 양은숙, 양영희, 양애정, 양선아, 양서영, 양상진, 양근라, 안효빈, 안찬원, 안지윤, 안준철, 안정선, 안옥수, 안영신, 안영빈, 안순억, 안미령, 심주호, 심은보, 심우향, 심승희, 심수환, 심동우, 심나은, 심경일, 신중일, 신창호, 신창복, 신중휘, 신중식, 신은정, 신유준, 신소희, 신성연, 신선용, 신미정, 신미옥, 송호영, 송혜원, 송혜란, 송한별, 송인혜, 송용석, 송아미, 송승훈a, 송승훈b, 송수연, 송송이, 송명숙, 송경화, 손현아, 손진근, 손지훈, 손은경, 손성연, 손민정, 손미승, 소수영, 성현식, 성열관, 성보란, 설원민, 선미라, 석옥자, 석미화, 석경순, 서지연, 서정오, 서인선, 서은지, 서예원, 서명숙, 서금숙, 서강선, 상형규, 변현숙, 변나은, 백호영, 백현희, 백승범, 배호문, 배주영, 배정현, 배이상헌, 배성연, 배아영, 배성연, 배경대, 방득일, 방경태, 박희진, 박희영, 박효정, 박환조, 박혜숙, 박혜명, 박형진, 박현희, 박현숙, 박춘애, 박철호, 박진희, 박진환, 박진수, 박진교, 박지희, 박지홍, 박지원, 박중구, 박정희, 박정호, 박정미, 박재선, 박재란, 박은하, 박은아, 박은경, 박옥주, 박옥균, 박영실, 박영란, 박연지, 박신자, 박수진, 박수경, 박세일, 박성규, 박선영, 박상현, 박복희, 박복선, 박보애, 박미희, 박미옥, 박명진, 박명숙, 박동혁, 박도정, 박대성, 박노해, 박내현, 박나실, 박기용, 박고형준, 박경화, 박경이, 박건형, 박건진, 박건오, 민병성, 문호진, 문용식, 문영주, 문연심, 문수현, 문수영, 문수경, 문명숙, 문경희, 모은정, 맹수용, 마승희, 류창모, 류정희, 류재향, 류우종, 류명숙, 류대현, 류기정, 류경원, 도정철, 데와 타카유키, 노한나, 노영희, 남은정, 남유호, 남문호, 남예린, 남미자, 남궁역, 나여훈, 나규환, 김희옥, 김홍규, 김훈태, 김효미, 김홍주, 김홍규, 김홍겸, 김혜영, 김혜림, 김현진, 김현주a, 김현주b, 김현정, 김현영, 김현실, 김헌택, 김헌용, 김해경, 김필임, 김태호, 김태원, 김찬영, 김찬, 김진희, 김진주, 김진숙, 김진, 김지훈, 김지혜, 김지원, 김지운, 김지연a, 김지연b, 김지미, 김지광, 김중미, 김준연, 김주영, 김종현, 김종진, 김종원, 김종숙, 김종성, 김정삼, 김재황, 김재현, 김재민, 김임곤, 김이은, 김은파, 김은아, 김은식, 김은숙, 김은수, 김윤주, 김윤자, 김윤우, 김원석, 김우영, 김용화, 김용문, 김요한, 김영주, 김영희, 김영재, 김영삼, 김영미, 김영모, 김연정a, 김연정b, 김연미, 김아현, 김순천, 김수현, 김수진a, 김수진b, 김수정, 김수연, 김수경, 김소희, 김소혜, 김소영, 김세호, 김세원, 김성탁, 김성숙, 김성보, 김선희, 김선철, 김선우, 김선미, 김선구, 김석규, 김서화, 김서영, 김상희, 김상정, 김상규, 김봉석, 김보현, 김보경, 김병희, 김병훈, 김병기, 김범주, 김민희, 김민섭, 김민선, 김민곤, 김민결, 김미향, 김미진, 김미선, 김문옥, 김명희, 김명섭, 김동현, 김동일, 김동원, 김동식, 김도석, 김다희a, 김다희b, 원윤희, 김다영, 김남철, 김나혜, 김기훈, 김기연, 김규태, 김규빛, 김광백, 김광민, 김고종호, 김계림, 김경일, 김가연, 길지현, 기세라, 금현진, 금현옥, 금명순, 권혜영, 권혁천, 권혁이, 권태윤, 권자영, 권유나, 권용수, 권서희, 권미지, 국찬석, 구자숙, 구원회, 구완회, 구수연, 구본희, 구미숙, 광훔, 곽혜영, 곽현주, 곽진경, 곽노현, 곽노근, 공현, 공진하, 공영아, 고춘식, 고진선, 고은경, 고윤정, 고영주, 고영실, 고병헌, 고병연, 고민경, 고미아, 강화정, 강혜인, 강현주, 강현정, 강한아, 강태식, 강준희, 강인성, 강이진, 강은영, 강윤진, 강유미, 강영일, 강영구, 강순원, 강수돌, 강성규, 강석도, 강서형, 강경모

※ 2025년 11월 4일 기준 760명

※ 이 책의 본문은 재생 용지를 사용해서 만들었습니다.